U0013779

【陝北黃帝陵】

姬軒轅的結局不是死亡，而是白日昇天，成仙而去。他的昇天，不但使他自己在人間消失，也使他所具有的神性在他後裔身上消失。而他遺留下來的衣服，被埋葬在橋山之下，即現在位置於陝西黃陵的黃帝衣冠塚。

【孔子像】

孔丘的政治生涯是失敗的，但他的教育精神則絕對的可貴而且成功。他是一位偉大的教師，被儒家學派尊崇為「萬世師表」。

【山東曲阜孔廟】

春秋時代，對中國歷史發生最大和最悠遠影響的封國，不是五霸，而是一個其小如豆，位於山東半島泰山腳下的魯國。它的首府曲阜遂成為當時全世界唯一的文化巨城。

【西安兵馬俑】

嬴政大帝握有現實世界最高的權力和光榮，但他知道逃不脫死亡，除非得到神仙的幫助。這是他的地下軍團——兵馬俑。

【四川羌寨古堡】

散居中國西部邊界內外的羌民族各部落，於一世紀中葉之後，跟東漢政府之間，爆發戰爭。連綿一百二十年之久的巨大民變，因羌民族人口太少，慘重的傷亡使他們無以為繼，有些部落幾乎滅絕。

【河南洛陽白馬寺】

東漢王朝第二任皇帝劉莊派遣蔡愔去西域求佛。蔡愔於六五年出發，兩年後返國，隨同他來的有兩位外國籍的高僧：攝摩騰、竺法蘭，和白馬馱著的佛教經典。劉莊特地在首都洛陽東郊，建造一座白馬寺，招待這兩位高僧並安置經典。

【赤壁遺址】

二〇八年，赤壁戰役最大的影響是確定了中國分裂之局。

【長江名勝張飛廟】

三國時代以及三十年混戰期間，產生了中國戲劇將近十分之一的故事材料，成為中國人最熟悉的時代。

↑↓【洛陽龍門石窟】

聞名世界的龍門懸崖（又名伊闕，洛陽南二十公里）上的佛像浮雕，有數萬個之多，鬼斧神工，使人嘆為觀止。

↑【四川成都杜甫草堂】

杜甫與李白齊名，但身世更可悲。中年後遇到安史兵變和更大的貧窮，致使他的愛子餓死。他的詩對於權貴人物窮凶極惡的奢侈浪費，以及平民所受的剝削迫害，有沉痛的反應，大多數詩句都為此呼號吶喊。

←【雲南大理三塔】

八世紀三〇年代，六詔中最南的一個「詔」皮羅閣，統一了其他五個「詔」，建立南詔王國，定都大和城（雲南大理），向中國朝貢，請求冊封。中國於七三八年封他為雲南王。

【寧夏西夏王陵】

西夏帝國既小又窮，對宋帝國的傷害，卻十倍於遼。一二二七年，蒙古兵團向西夏帝國攻擊，在將士們死盡，白骨蔽野之下，不能不屈服。最後一任皇帝李晛投降，鐵木真立即把他處斬，並將李姓皇族全部屠殺。

→【甘肅敦煌雙塔】

八世紀時，中國最繁華的都市，不在東南，而在西北。商業都市從敦煌到長安，一連串排列下來，像一條燦爛奪目的珠寶帶。尤以敦煌為最，它同時還是一個中國與西方文化交流的中心。

【內蒙成吉思汗墓】

西夏帝國滅亡後，鐵木真在六盤山逝世。然而，他的逝世，對成長中的蒙古帝國，卻沒有發生分崩離析的震撼。這是一個奇蹟，再度顯示鐵木真的組織才能。

【北京故宮】

一二六四年，忽必烈把首都從和林遷到燕京（北京），不久改名大都——當時世界上最壯觀的都市。

【海岸線風光】

中國一直是陸權國家，海岸線雖長，卻不重要。十五世紀初，朱棣派遣一個龐大的遠洋武裝船隊，向印度洋出發。於是中國驀然間出現一批海上英雄，四十年間，把南中國海和印度洋，全部置於控制之下，建立一個前所未有的海上霸權。

【長城】

萬里長城自十世紀燕雲十六州割給遼帝國後，便喪失作用。一直到明王朝，四百年來，幾乎全部倒塌。

↑【山海關】
→【嘉峪關】

明王朝為防止北方蠻族再度南下，重新興築萬里長城。於是從東方山海關（上），直築到河西走廊嘉峪關（下）。

【福建鄭成功像】

當鄭芝龍決定出賣朱聿鍵，向清軍投降時，鄭成功就率領一支孤軍，以福建廈門為根據地，尊奉遙遠的在西南雲貴高原流亡的第二十任皇帝朱由榔，跟清政府對抗。

【西藏薩茄寺】

喇嘛是西藏語。喇，意思是「上」。嘛，意思是「人」。喇嘛就是「上人」，就是高僧。十三世紀蒙古帝國跟吐蕃宗教國的關係，可發現吐蕃的沒落，全是被佛教這個奇異的支派所促成。

【河北承德避暑山莊】

一八六〇年，英法聯軍進攻北京，奕詝逃出北京，逃到北方為避暑之用的熱河（河北承德）。次年，奕詝在熱河行宮中逝世，據說是被外國使節進駐北京並且還要他接見的條款氣死的。

【北京頤和園】
那拉蘭兒挪用海軍軍費，在北京西北六公里外興建了豪華蓋世的頤和園。

【北京圓明園】
一八六〇年，逮補巴夏禮促使英法聯軍進攻北京，英軍為了報復巴夏禮所受的虐待，和他的隨從們在監獄中的慘死，把一股怒氣出到北京郊外中國皇帝豪華別墅圓明園上，縱火焚燒。

柏楊精選集

柏楊精選集㊷

中國人史綱（下）[全二冊]

作　　者——柏　楊
總監暨總編輯——林馨琴
責任編輯——游奇惠
發 行 人——王榮文
出版發行——遠流出版事業股份有限公司
臺北市 104005 中山北路 1 段 11 號 13 樓
電話／2571-0297　　傳真／2571-0197
郵撥／0189456-1
著作權顧問——蕭雄淋律師
2002 年 10 月　初版一刷
2022 年 3 月 1 日　二版三刷
售價新台幣 450 元
（缺頁或破損的書，請寄回更換）
有著作權・侵害必究 Printed in Taiwan
ISBN　978-957-32-8264-8（全套：平裝）
ISBN　978-957-32-8263-1（下冊：平裝）

YLib 遠流博識網
http://www.ylib.com　　e-mail: ylib@ylib.com

柏楊歷史研究叢書 第1部
中國人史綱
下册

《中國人史綱》目錄

柏楊歷史研究叢書總序

■上册

第一章　歷史舞台

一、空中・馬上／38

二、河流・湖泊／46

三、山／56

四、沙漠・萬里長城／65

五、城市／70

六、地理區域／81

七、演員／91

第二章　神話時代

一、開天闢地／100

二、五氏／103
三、東西方世界／106

第三章　傳說時代
一、黃帝王朝／108
二、姬軒轅／112
三、伊祁放勳與姚重華／116
四、東西方世界／121

第四章　半信史時代
一、紀元前二十三世紀／124
二、紀元前二十二世紀／125
三、紀元前二十一世紀／128
四、紀元前十九世紀／129
五、紀元前十八世紀／130
六、商王朝社會形態／132
七、紀元前十七世紀／135
八、紀元前十三世紀／135

九、紀元前十二世紀／136
一〇、周王朝封建制度／139
一一、瓶頸危機／145
一二、紀元前十一世紀／148
一三、紀元前十世紀／149

第五章　信史時代

一、紀元前九世紀／151
二、東西方世界／153

第六章　紀元前第八世紀

一、周政府的東遷／154
二、春秋時代／158
三、周鄭交戰／161
四、楚王國／163
五、衛國新台醜聞／167
六、東西方世界／169

第七章　紀元前第七世紀

一、封國的併吞與逐君殺君（上）／171
二、五霸／180
三、齊國霸權的興衰／183
四、晉國長期霸權／187
五、秦國短期霸權／190
六、楚王國問鼎事件／192
七、東西方世界／194

第八章　紀元前第六世紀

一、封國的併吞與逐君殺君（中）／195
二、楚王國霸權的隱憂／202
三、鄢陵之役／206
四、國際和平會議／208
五、伍子胥鞭屍事件／210
六、魯國的三桓政治／214
七、東西方世界／220

第九章　紀元前第五世紀

一、封國的併呑與逐君殺君（下）／223
二、中國第一個黃金時代——大黃金時代／228
三、儒家／231
四、道家・墨家・法家／238
五、諸子百家／242
六、戰國時代／246
七、晉國的分裂／250
八、東西方世界／253

第十章　紀元前第四世紀

一、封國的消失與蛻變／255
二、吳起與楚王國／260
三、歷史上最大的魔術——秦國變法／263
四、合縱對抗與連橫和解／267
五、齊宋兩國的侵略戰爭／272
六、三位巨子／274

七、東西方世界／281

第十一章　紀元前第三世紀

一、東方各國互相纏鬥／283
二、嶄新的外交政策——遠交近攻／287
三、呂不韋・韓非／293
四、六國覆滅／296
五、輝煌的八〇年代／300
六、嬴政大帝／308
七、焚書坑儒／311
八、秦王朝突然瓦解／316
九、西楚王國曇花一現／323
一〇、西漢王朝大統一／327
一一、東西方世界／330

第十二章　紀元前第二世紀

一、匈奴汗國崛起沙漠／332
二、道家思想的實踐——黃老政治／335

三、七國之亂／338
四、儒家思想定於一尊／342
五、對匈奴汗國的反擊／346
六、張騫通西域／350
七、中國疆土的再擴張／354
八、漢賦／360
九、東西方世界／362

第十三章　紀元前第一世紀

一、中匈兩國的和與戰／364
二、司馬遷・路溫舒／367
三、中國疆土的繼續擴張／372
四、匈奴汗國的分裂／377
五、外戚政治／379
六、東西方世界／383

第十四章　第一世紀

一、新王朝與新社會政策／390

二、二十一年改朝換代混戰／392
三、東漢王朝建立／398
四、匈奴汗國的再分裂／401
五、班超再通西域／404
六、羌戰／409
七、東西方世界／412

第十五章　第二世紀

一、西域的喪失／414
二、羌戰的擴大與慘烈／416
三、外戚政治的重演／421
四、士大夫及門第的形成／426
五、宦官制度／430
六、中國第一次宦官時代／433
七、佛教・道教・黃巾／441
八、三十一年改朝換代混戰／444
九、東西方世界／449

第十六章　第三世紀

一、赤壁戰役／450
二、三國時代／454
三、政制・九品・清談／458
四、晉王朝暫時的統一／461
五、八王之亂（上）／464
六、東西方世界／467

第十七章　第四世紀

一、八王之亂（下）／469
二、大分裂時代開始／474
三、三國並立／480
四、五國並立／484
五、晉帝國偏促一隅／489
六、北中國的大混戰／491
七、前秦帝國的茁壯／496
八、淝水戰役——歷史的命運／500

九、八國並立／506
一〇、九國並立／509
一一、東西方世界／512

第十八章　第五世紀

一、十一國並立／515
二、短命王國相繼滅亡／518
三、五胡亂華十九國結束／521
四、南北朝／524
五、南宋帝國的暴君／529
六、南齊帝國的暴君／533
七、北魏帝國遷都與中華化／536
八、奇異的寄生集團／540
九、佛道二教的發展／544
一〇、東西方世界／547

第十九章　第六世紀

一、南梁帝國的北伐／549

二、二〇年代——北魏遍地抗暴／552
三、北魏帝國的分裂／560
四、蕭衍父子引起的南中國混戰／566
五、北齊北周倏興倏滅／571
六、大分裂時代終結／577
七、突厥汗國崛起沙漠／581
八、東西方世界／583

■下册

第二十章　第七世紀

一、仁壽宮弒父凶案／585
二、楊廣的大頭症／588
三、十八年改朝換代混戰／596
四、中國第二個黃金時代／602
五、唐政府的結構／606
六、教育與科舉／612
七、佛教淨化與三教合一／615

八、中國疆土的再擴張／617
九、西域征服與西南地區挫敗／622
一〇、東方戰爭與永久和平／626
一一、武照——中國唯一的女皇帝／630
一二、酷吏與酷刑／633
一三、東西方世界／636

第二十一章　第八世紀

一、一連串宮廷政變／638
二、兩洋海上交通／641
三、商業都市興起／644
四、唐王朝社會結構／647
五、文學發展／651
六、唐詩／654
七、五〇年代對外挫折／658
八、安史兵變／662
九、藩鎮割據／664

一〇、西域的再喪失／667
一一、和親政策與回紇汗國／670
一二、東西方世界／673

第二十二章　第九世紀

一、藩鎮割據的惡化／676
二、中國第二次宦官時代／678
三、朋黨——兩個政客集團的鬥爭／684
四、東南地區的兵變／688
五、最大一次農民暴動／692
六、殘餘燭火上的內鬥／697
七、東西方世界／700

第二十三章　第十世紀

一、小分裂時代——五代十一國／702
二、遼帝國統一塞北／709
三、短命政權間的殊死戰／712
四、宋帝國統一中國本部／719

五、交州的脫離與獨立／724
六、宋遼對抗／726
七、東西方世界／730

第二十四章　第十一世紀

一、宋遼和解／732
二、宋帝國立國精神——苟且偷安／735
三、士大夫的樂園／738
四、教育文化／743
五、宋詞／747
六、定難戰區建立西夏帝國／754
七、王安石／759
八、新舊兩黨的鬥爭／762
九、舊黨的分裂／767
一〇、儒家學派的主流——理學誕生／770
一一、東西方世界／772

第二十五章　第十二世紀

一、趙佶輕佻／774
二、金帝國掀起的風暴／777
三、慘不忍睹的勝利／781
四、開封的陷落／785
五、宋政府南遷／789
六、岳飛之死／792
七、又一個大頭症——完顏亮／795
八、高度物質文明的社會／799
九、道學與聖人系統／803
一〇、東西方世界／807

第二十六章　第十三世紀

一、韓侂冑北伐與失敗／809
二、蒙古帝國崛起瀚海／811
三、遼・花・西夏・相繼覆亡／815
四、金帝國末路／818
五、福華篇時代／822

六、宋帝國末路／826
七、元政府的建立／830
八、蒙古最後五次征伐／836
九、中國的都市／840
一〇、元曲／843
一一、東西方世界／846

第二十七章　第十四世紀

一、蒙古對中國的統治／849
二、中國人激烈反抗／853
三、明王朝興起／857
四、朱元璋的大屠殺／862
五、人權的蹂躪／865
六、絕對專制制度的建立／870
七、大黑暗時代／874
八、靖難之役／877
九、東西方世界／879

第二十八章　第十五世紀

一、朱棣的大屠殺／882
二、中國第一位海上英雄——鄭和／884
三、交趾省的設立與永久脫離／891
四、北方邊患／894
五、中國第三次宦官時代／900
六、土木之變與奪門之變／905
七、斷頭政治／908
八、東西方世界／913

第二十九章　第十六世紀

一、朱厚照與劉瑾／916
二、大禮議事件／919
三、斷頭政治的惡化／923
四、全國沸騰的抗暴民變／926
五、倭寇／930
六、北方外患及和解／933

七、張居正的改革與慘敗／937
八、第一次保衛朝鮮／940
九、陽明學派／944
一〇、三部小說／947
一一、東西方世界／951

第三十章　第十七世紀

一、斷頭政治的極致／955
二、礦監・稅監／959
三、後金汗國崛起東北／963
四、清帝國以戰迫和／969
五、朱由校與魏忠賢／974
六、天崩地裂的農民大暴動／978
七、朱由檢的下場／984
八、清軍入關／988
九、漢民族的反抗與三藩戰役／992
一〇、中國第三個黃金時代／997

一一、東方疆土的擴張──台灣／1002
一二、東北疆土的擴張──尼布楚條約／1005
一三、塞北疆土的擴張──內蒙古／1011
一四、漠北疆土的擴張──外蒙古／1014
一五、東西方世界／1020

第三十一章　第十八世紀

一、喇嘛教與西藏／1024
二、西南疆土的擴張──西藏／1027
三、中西部疆土的擴張──青海／1031
四、準噶爾的覆亡與種族屠滅／1033
五、西北疆土的擴張──新疆／1038
六、清政府的民族政策／1042
七、朝鮮・琉球・安南／1047
八、緬甸・尼泊爾・暹羅／1050
九、藩屬外的進貢國／1054
一〇、華僑／1057

一一、文字獄／1061
一二、大黑暗的反撲／1070
一三、官逼民反（上）／1074
一四、最偉大的一部小說——紅樓夢／1079
一五、東西方世界／1083

第三十二章　第十九世紀

一、官逼民反（下）／1086
二、中國與西洋的畸形關係／1090
三、英國勢力的東進／1094
四、鴉片戰爭／1099
五、巨變／1106
六、太平天國／1112
七、捻軍・回變／1119
八、英法聯軍／1122
九、俄國攫取九十八萬方公里疆土／1129
一〇、新疆的脫離與收復／1133

一一、俄國再攫取六十三萬方公里疆土／1135
一二、中法越南戰爭／1140
一三、自強運動／1145
一四、第二次保衛朝鮮／1153
一五、中日甲午戰爭／1158
一六、中國失敗的原因／1163
一七、百日維新・戊戌政變／1167
一八、義和團／1175
一九、東西方世界／1179

第三十三章　第二十世紀

一、八國聯軍／1184

第二十章　第七世紀

本世紀初葉，剛恢復統一的中國，又發生混戰，使全國三分之二以上人口，死於刀鋒和飢餓。這場大混戰，來自暴君楊廣，他是隋王朝第二任皇帝，具有絕頂的聰明和精力，所以只短短的十數年功夫，就把自己的王朝消滅。

代之而興的是唐王朝，在一片瓦礫中，收拾殘灰餘燼，上下一心，兢兢業業，迅速走向繁榮，使中國歷史進入第二個黃金時代。

這次黃金時代約一百三十年，其中並不是全無風暴，猶如混戰時代並不是全無和平一樣。本世紀末葉，出現了一位女性皇帝武照。她當過姬妾，當過尼姑，但傳奇般的機會和她敏捷的政治才能，使她竟然奪到政權，建立她自己的南周王朝。

一、仁壽宮弒父凶案

隋王朝開國皇帝楊堅使分裂的中國歸於統一，是他最大的榮耀。他雖然有很多缺點，但他很儉樸，很知道珍惜國力，使中國很快的就恢復應有的強大。但他的妻子獨孤皇后卻是一個具有奇異癖好的女人，不但自己吃醋，也為別的女人吃醋。他們夫婦共生了五個兒子，其中跟我們有關的是長子楊勇，和次子楊廣。楊堅嘗說：「從前帝王，小老婆太多，兒子們不同母親，所以往往分黨相爭。不像我的五個兒子，一母同胞，親如手足。」

可是，世界上有兩種東西能摧毀人性和人倫，那就是權力和金錢。就在隋王朝統一中國後不久，擔任攻陳總司令的楊廣，開始奪嫡，向他的同胞哥哥皇太子楊勇伸出毒手。楊勇是一個大而化之的花花公子，疏闊豪爽，不注意小節。老娘獨孤皇后最討厭男人討小老婆，楊勇偏偏有很多小老婆，以致妻子鬱鬱而死。老爹楊堅最討厭大臣花天酒地，楊勇偏偏喜歡音樂歌舞，飲宴達旦。這些本都是小的縫隙，但已夠楊廣有計畫的楔入。楊廣只有妻子蕭妃一個人，僅此一點就使娘親高興。老夫婦有一次到楊廣家，發現婢僕們都老而且醜，樂器上佈滿灰塵，甚至連絃都沒有，不由大喜。老夫婦每派人到兒子們那裏，楊勇只把他們當僕人看待，楊廣卻不然，他和妻子一定雙雙站到門口，親自迎接，致送厚禮，於是老夫妻耳畔聽到的全是讚揚楊廣的聲音。楊廣出鎮江都（江蘇揚州），每次入朝辭行時，都痛哭流涕，依依不捨，父母看兒子如此孝心，也流下眼淚，不忍他遠離膝下。楊廣知識程度很高，有很好的文學素養，對任何人都很誠懇，很謙虛有禮，尤其曲意交結政府重要官員，包括楊堅最信任的宰相（尚書左僕射）楊素。他所展示出來的，全是一個千載難逢的標準領袖，具有肝膽相照、義薄雲天的英雄性格，和救國救民、民胞物與的聖賢抱負。節儉、樸實、謙恭、虛懷若谷、好學不倦、禮賢下士、不愛聲色犬馬。——集人類美德於一身。

一切佈置成熟後，本世紀（七）的第一年（六〇〇），「誣以謀反」的法寶罩到楊勇頭上，楊堅下令把楊勇貶爲平民，囚禁深宮。改立楊廣當皇太子，楊廣奪嫡成功，全盤勝利。

本世紀（七）第三年（六〇二），楊廣的娘親獨孤皇后逝世。第五年（六〇四），悲劇降臨到後死的父親頭上。這一年，楊堅前往長安西北一百二十公里外的仁壽宮（陝西麟遊）避暑，病情沉重，楊廣入宮侍奉。他內心的興奮使他無法再繼續控制自己，不久就對老爹最寵愛的陳夫人，垂涎三尺。一天，乘着陳夫人上廁所的時候，上前一把抱住。陳夫人掙扎逃掉，楊堅看她神色倉惶，問她怎麼回事，她垂淚說：「太子無禮。」楊堅大怒說：「獨孤誤我！」命他的兩位親信官員去長安召喚楊勇。楊廣得到消息，急急通知楊素，楊素立即把兩位親信官員逮捕，勒兵戒嚴，包圍仁壽宮，斷絕內外交通。楊廣的部屬張衡（他後來被楊廣殺掉滅口），闖進楊堅臥室，把老爹拖起來，猛擊他的胸部。楊堅口吐鮮血，哀號的聲音，傳入後宮，後宮陳夫人以下全體宮女，屏聲靜息，面無人色。

楊廣弒父後的第一件事就是找他的美麗庶母陳夫人上床，第二件事就是派人馳赴長安把他那已經被罷黜的哥哥楊勇殺掉。楊廣從開始採取奪嫡行動，到他行凶之日，歷時十四年，在這段漫長歲月中，一直保持僞裝，眞是一件不容易的事。而楊廣竟做的天衣無縫，可說明他具有絕頂的聰明才能。可惜他缺欠人類所特有的高級靈魂和情操，他奪嫡的目的只有一個，就是獲得無限權力。獲得無限權力的目的也只有一個，就是發洩他的大頭症。

二、楊廣的大頭症

大頭症是一句民間俗語，形容一個極端自私的人所發作的膚淺而強烈的炫耀狂。楊廣於如願以償的當了皇帝之後，被壓制十四年之久的獸性，像火山一樣，以雷霆萬鈞之力，向外爆發，最後除了一根絞繩外，任何東西都阻擋不住。他在位十五年，大頭症也歷時十五年。爲了敘述方便，我們將這十五年中他的重要作爲，列一年表：

年份	事項	註
六〇四	殺父，繼位。在洛陽遠郊挖掘長壕，設置關卡。範圍包括太行山、黃河。	
六〇五	一、擴建洛陽（後改稱東都）。二、在洛陽西郊築西苑花園。三、造船數萬艘。四、開通濟渠（河南滎陽到江蘇淮安運河），邗溝（淮安到江蘇揚州運河。） 五、在洛陽南郊建顯仁宮。六、從洛陽乘龍舟出遊江都（江蘇揚州）。（第一次下江都）。	
六〇六	自江都返洛陽。	
六〇七	一、鑿太行山娘子關險隘，開太原（山西太原）到華北御道。二、開漁陽郡（天津薊縣）到榆林（內蒙托克托）御道。三、從洛陽出遊涿郡（北京），再經榆林到東突厥啓民可汗王庭，從太原返洛陽。四、徵百餘萬人，築榆林到紫河（內蒙和林格爾）長城。五、在太原建晉陽宮（山西太原）。	

六〇八	一、開永濟渠（河南修武到北京運河）。二、在管涔山（山西寧武）北境建汾陽宮。三、從洛陽出遊五原（內蒙五原），出巡長城。	
六〇九	從洛陽赴長安、出遊浩亹川（青海門源）、張掖（甘肅張掖）。	
六一〇	一、從洛陽乘龍舟出遊江都（第二次下江都）。二、開江南河（自江蘇鎮江至浙江杭州運河）。	
六一一	一、乘龍舟從江都，沿運河北上，出遊涿郡，再由涿郡乘龍舟回洛陽。二、下詔宣佈高句麗王國罪狀，徵全國兵集中涿郡，徵全國糧集中遼西郡（遼寧義縣）。	民變始起
六一二	親統大軍一百一十三萬，從涿郡出發，進攻高句麗王國，圍遼東城（遼寧遼陽），大敗而還（第一次東征）。	
六一三	再徵全國兵集中涿郡，親統大軍攻高句麗王國，圍遼東城，仍不能克。大將楊玄感據黎陽（河南浚縣）叛變。楊廣解圍回軍，楊玄感敗死（第二次東征）。	
六一四	再乘龍舟去涿郡，徵全國兵攻高句麗王國，時全國民變蠭起，所徵兵多不能到，高句麗王國也筋疲力盡，請和（第三次東征），楊廣乘龍舟回洛陽。既返，徵高句麗國王高元入朝，高元拒絕。楊廣下令再徵全國兵，準備第四次東征。	
六一五	出遊太原，居汾陽宮避暑，再出長城，北巡。突厥始畢可汗發兵圍楊廣於雁門（山西代縣），賴義成公主救，始得逃歸。	
六一六	自洛陽乘龍舟出遊江都（第三次下江都）。	

六一七	在江都，日夜歡宴。
六一八	兵變，被絞死。

楊廣於弒父後，迫不及待的從長安前往洛陽，徵調民伕二百萬人，從事擴建洛陽城和洛陽宮。又徵調民伕一百餘萬人開通濟渠（河南滎陽到江蘇淮安間運河），十餘萬人開邗溝（淮安到江蘇揚州間運河，吳夫差和嬴政，都曾開鑿過），他開運河的目的不是爲人民興辦水利，而是便於他一個人乘船前往他曾經駐守過的、當時全國最繁華的大都市江都（江蘇揚州）。沿着運河建皇宮四十餘所，稱爲「離宮」。命江南趕造龍舟，龍舟完成之前，楊廣不堪寂寞，先在洛陽西郊興建西苑，面積三百方公里，內有人工湖和連綿不斷的人工山，山上宮殿林立，曲折盤旋。另有人工小運河，由人工湖通到洛水，沿小運河兩岸，建皇宮十六所，稱爲「十六院」，每院美女二三百人，佈置豪華，猶如天堂。楊廣每出遊賞月，騎馬隨駕的宮女，就有數千人之多。然而，女色的享受，日久也就煩膩。等到龍舟造成，運到洛陽，他就立刻出遊江都。帝王出遊已經不平凡，楊廣出遊更八方威風。僅只皇家所乘龍舟就有數千艘，不用槳篙，而用縴夫，縴夫有八萬餘人。禁衛軍（驍果）乘坐的軍艦也有數千艘，但由軍士自己拉縴。一萬餘艘船隻，首尾相啣一百餘公里。騎兵夾岸護衛，萬馬奔騰，旌旗遍野，誠是壯觀。飲食供應由二百五十公里以內地方政府奉獻，競爭着極盡精美，宮人們無法吃

完，臨走時一概拋棄。楊廣宣稱他喜歡江都，其實他在江都仍居深宮，從沒有跟南中國江山如畫的大自然接觸。他之所以喜歡江都，正是喜歡沿途這種使人驚心動魄的場面。楊廣如果生在二十世紀，可以乘飛機往江都的話，他一定不高興，因爲天空無人，不能發揮他的大頭症。

六〇七年，楊廣又向北出遊，到啓民可汗的王庭。這時啓民可汗已擊敗他的對手，推進到黃河以北，成爲突厥汗國的大可汗。楊廣隨駕衛士，步兵就有五十萬，戰馬就有十萬匹，旌旗輜重，連綿五百餘公里。跟出遊江都一樣，皇家人員和文武百官，全體跟從。不過乘船改爲乘車，車跟船一般大，在新開的御道上，不用車輪，而由人肩抬着走動。啓民可汗用最尊榮的禮節接待他。楊廣大爲滿意，僅綢緞就賞賜二千萬匹。然而這次大炫耀卻種下兩個禍根：一是，啓民可汗的兒子，將來的始畢可汗，冷眼旁觀，看出楊廣的愚昧本質，他決心反擊。二是，楊廣無意中見到高句麗王國派到突厥汗國的使節，楊廣吩咐那使節說，他將於六一一年前往涿郡（北京），命高句麗王高元親自到涿郡朝見。

楊廣於六一一年眞的前往涿郡，高元卻沒有到。楊廣感到沒有面子，而沒有面子能使一個大頭症病患者發狂。楊廣七竅生煙，下令討伐高句麗，動員全國士兵集中涿郡，糧秣集中遼西郡（遼寧義縣）。軍令慘急，造艦工匠站在水中，晝夜加工，腰部以下都生滿蛆蟲，半數死亡。官倉糧食和兵器盔甲，也緊急運往遼西，車船啣接，路上川流不息的有十餘萬人，病死餓死，無人收葬，屍體橫路數百公里。而這一年，黃河南北都發生大水，三十餘郡成爲澤國，飢民紛紛投奔荒山大澤。但民間徵糧，毫不放鬆，樸實的老農趕着牛車，帶着自備乾糧，踽踽上道，大多數連人帶牛死於中途。沒有牛車的人，二人合推一輛小車，可載米三石。沿途用米充飢，到達遼西時，已無剩餘，無法繳納，只好避罪逃亡。隋政府指稱他們是「盜賊」，一面派兵征剿，一面逮捕他們的家屬處刑，以期收殺一儆百之效。於是，官逼民反的形勢，完全成熟，人民紛紛武裝抗暴，集結起來，屠殺官員，搶奪富民食糧，天下大亂。

明年（六一二），集中於涿郡的兵力已達一百一十三萬。楊廣御駕親自東征，最精彩的是他對將領們所作的一段訓話，我們姑稱之爲「楊廣訓話」，以與「苻生詔書」媲美。楊廣說：「國家這次遠征，完全是爲了弔民伐罪，並不是好大喜功。你們中間有人不知道我的本意，打算乘此機會，使用奇兵突襲，以博取個人的前途，邀取勳賞。須知我們是堂堂正正的王師，正義的軍隊，豈可有不光明磊落的行爲？所以任何軍事行動，都要隨時向我報告，聽候指示，不可擅自作主。」換句話說，他要遙控指揮，以顯示他的軍事天才。遼東（遼寧遼陽）是高句麗王國西境第一大城，在中國兵團猛烈攻擊下，城垣塌陷，高句麗守軍懸白旗乞降。可是將領們既不敢接受，也不敢繼續攻擊，只好停戰，急向御營報告楊廣。等到指示回來，守軍已把缺口塡住，恢復抵抗。一連三次，都被耽誤，以致那個並不堅固的孤城，竟不可動搖。加之渡鴨綠江深入高句麗國境的另一支軍隊失敗，楊廣只好狼狽撤退。第一次東征，損失三十萬人。

明年（六一三），楊廣第二次御駕親自東征。這一次遼東城絕不可能再支持下去，可是楊玄感救了它。楊玄感是楊廣奪嫡殺父同黨楊素的兒子，這時正在黎陽（河南浚縣）督運軍糧。他在黎陽叛變，截斷楊廣的退路。楊廣對楊素一直側目而視，當楊素病故時，楊廣說：「他如果不死，我會殺他全家。」所以楊玄感始終恐懼不安，乘着前方戰爭緊張，後方民變紛起之際，想一舉把楊廣解決。楊廣只得放棄遼東，回軍迎戰，第二次東征也草草結束。楊玄感兵敗而死，但他的叛變使楊廣設立特別法庭，展開大規模逮捕處決，促使民變更加燎原，不可遏止。

六一四年，全國已經一片沸騰，舊有變民滾雪球似的四出攻掠，新的變民風起雲湧，四方響應。可是楊廣仍作第三次東征，高句麗王國一連三年受到攻擊，已筋疲力盡，只好求和，並且把楊玄感的同黨，去年投奔高句麗的斛斯政，送回中國，以表誠意。楊廣總算爭到一點面子。可是楊廣回到洛陽，用酷刑把斛斯政處死之後，徵召高元入朝，高元仍然不至，楊廣光火三丈，下令準備第四次東征。

第四次東征準備期間，楊廣不能閒着。六一五年，他從洛陽出發，先到汾陽宮（山西寧武）避暑，避暑已畢，再悠悠北進，打算順着御道前往涿郡，開始第四次軍事行動。突厥汗國始畢可汗（他父親啓民可汗於六〇九年逝世）得到消息，親統騎兵十餘萬，向楊廣突襲。楊廣退到雁門郡（山西代縣），被突厥團團圍住，百道攻城，流箭墮到楊廣面前，城內存糧又僅夠二十餘日。楊廣魂飛魄散，整天抱着他最心愛的幼子楊杲哭泣，哭的兩眼紅腫。大將樊子蓋建議說：「現在別無他法，只有一面徵兵勤王，一面請陛下宣佈不再東征。立下重賞，親自鼓勵將士奮死衛城，才有希望支持到救兵到達。」楊廣作這種表面功夫，游刃有餘。他登城巡視，向守城將士說：「各位努力殺賊，只要能夠脫險，凡隨駕官兵，不要發愁不富貴，我絕不允許銓敍機關舞文弄墨，減少你們的功勞。」大臣蕭瑀建議說：「以突厥習慣，可汗出兵，可敦（皇后）必定知道，請派密使去見義成公主求救，不失爲一策。」——義成公主是楊姓皇族的女兒，在隋王朝和親政策下，下嫁啓民可汗。楊廣大喜，立即派人間道前往。幸而有此一策，義成公主向始畢可汗告警說：「北方發生情況！」始畢可汗才解圍而去。楊廣回到洛陽，心神稍定，發現又處於絕對安全之境時，立刻恢復了偉大，深以自己在雁門郡的懦夫表現爲恥，決定一手遮天下耳目。第一步，對他所作的重賞有功將士的承諾，全部不認賬。樊子蓋一再請求不可失信，楊廣大怒說：「怎麼，你打算收買軍心呀。」樊子蓋不敢再說話。第二步，楊廣向群臣宣佈蕭瑀的罪狀：「一小撮突厥醜類，竄到雁門城下，有什麼能耐？只幾天沒有逐走，蕭瑀竟怕的不成樣子，實在可羞。」把蕭瑀貶出洛陽。接着，楊廣下令加強第四次東征的準備工作。

六一六年，全國三分之二的郡縣都陷落在「盜匪」手中，楊廣對付「盜匪」的方法，跟嬴胡亥、王莽、胡太后相同，即根本不願聽到「盜匪」。但他已不能再在涿郡集結兵力。東征既然不行，於是他改作第三次出遊江都。很多大臣泣涕勸阻他，他把他們一律斬首。臨出發時，還作了一首詩告別留守在洛陽的宮女，詩上說：「我愛江都好，征遼亦偶然。」到了江都後，各地官員朝見，楊廣從不問他們的政績，只問他們奉獻多少禮物錢糧，多的升官，少的貶黜。有些官員搜括民女進貢，馬上受到獎賞。於是地方官員更暴虐，「盜匪」也更多。

六一七年，楊廣一年都守在江都，這是他當皇帝以來第一次一年之久停留一個地方，並不是他變老實了，而是遍地「盜匪」，無處可去。並且他終於承認他已無力收拾殘局。在千萬人血染刀鋒和餓死山野之際，楊廣以一種世界末日的頹廢心情，更變本加厲的享樂。皇宮內分一百餘房，稱爲「迷宮」，跟洛陽十六院一樣，每房美女數百人，由階級最高的一位美女主持，每天由一房作主人，楊廣和隨駕的一千餘宮女作客人（注意，僅江都宮美女，至少三萬人。如連同其他各宮，全國供楊廣一人享樂的美女，總在十五萬人以上），酒不離口，賓主全醉。楊廣常對着鏡子說：「好頭顱，由誰來砍！」蕭皇后安慰他，他說：「貴賤苦樂，互相交換，沒有什麼可以傷心！」這是賭徒失敗時勉強裝出來的門面話，其實他內心卻肯定他絕不會死，至少也會像陳叔寶一樣被封爲一個公爵。他不敢面對現實，當他的禁衛軍密謀叛變，一個宮女得到消息，向他報告時，他因無法處理而大怒，竟把宮女處斬。

六一八年，楊廣最親信的大將宇文化及，率領禁衛軍入宮。楊廣逃到一個小房間躲藏，被一位恨透了他的美女指出所在。禁衛軍把他拖出來，楊廣還恬不知恥說：「我有什麼罪，對我如此？」禁衛軍當面把他最心愛的幼子，十二歲的楊杲殺掉。楊廣這時才發現公爵已沒有希望，他要求服毒自殺，禁衛軍不願浪費時間，於是把他絞死。楊廣死時才五十歲，當了十五年皇帝。他的故事使人想到伊索寓言，一個農夫牽着一匹驢子走過懸崖，農夫恐怕驢子跌下去，牽牠靠裏面一點，驢子堅決不肯，越牽牠，牠越向外掙扎，最後牠跌下深谷，粉身碎骨。農夫探頭說：「你勝利了！」楊廣嘗對大臣宣稱：「我天性不喜歡聽相反的意見，對所謂敢言直諫的人，都說他們忠誠，但我最不能忍耐。你們如果想升官晉爵，一定要聽話。」楊廣也勝利了。

三、十八年改朝換代混戰

楊廣跟他的前輩孫皓、石虎之流的暴君，不同類型。孫、石之流的凶惡，可以直接從行爲上觀察出來，而楊廣不然，他給人的是一種非常厚道和非常理性的印象。他作的詩充滿感情，造詣很高。他的言論跟他所頒佈的命令，都大義凜然，無懈可擊。他把暴行間接化和制度化，使成爲一種合法的暴政。這暴政表面上好像不是楊廣的本意，實際上卻恰恰是他的本意；而且他的本意比官員們所做的更惡毒，所以對人民的傷害就更大，人民的還報也更烈。

六一一年是民變開始的一年，楊廣下令準備東征，徵兵徵糧，官員們傳統性的貪暴使人民發現，奉公守法只有餓死，鋌而走險或許可以求生，像陳勝、吳廣一樣，第一個發難的是鄒平（山東鄒平）人王薄，他在長白山（山東章丘）號召群眾，武裝抗暴，自稱「知世郎」，意思是「看透了這個世界的人」。另一位是清河郡（河北清河）人孫祖安，他名在徵兵之列，但他全家被大水淹沒，妻子餓死，停屍在床。他要求免役，不准。再要求准許他安葬妻子後入伍，然而他所屬的漳南（河北故城東）縣長卻指責他誤期報到，予以鞭打。他就殺了縣長，號召群眾叛變。

從六一一年王薄起，到六二八年最後一位民變領袖梁師都被新興的唐王朝所滅，全國再歸統一，十八年間，兵變民變以及宮廷政變，共一百三十六起。有五十餘位領袖人物，每人都集結兵力十五萬人以上，割據一方，或稱帝王，或稱可汗，互相混戰。其中最重要的有二十餘人，列如左表：

年份	姓名	根據地	事項	註
六一一	王薄	長白山（山東章丘）		楊廣徵兵集中涿郡，徵糧集中遼西郡，準備東征。
	孫祖安	高雞泊（河北故城西）		
	竇建德	樂壽（河北獻縣）	孫祖安戰死，群眾都歸竇建德，佔據河北大部份，建夏王國，是變民領袖中最有作爲的一位。	
	張金稱	清河郡（河北清河）		
六一三	白瑜娑	靈武郡（寧夏靈武）	集結逃亡出來的奴僕，劫掠牧馬，北連突厥，隋政府稱之爲「奴賊」。	楊廣第二次東征。

	孟海公	周橋（山東定陶）	聚眾數萬叛變，最厭惡士大夫，見人談話引用儒書，立即斬首。	
	楊玄感	黎陽（河南浚縣）	·兵變·	
	朱燮	吳郡（江蘇蘇州）	朱燮是高級知識份子（崑山縣博士），與學生數十人起兵，人民不堪東征苦役，紛紛投奔。	
	杜伏威	歷陽郡（安徽和縣）	同黨輔公祏攻陷丹陽郡（江蘇南京），盡有長江下游。	
六一四	李弘芝	扶風郡（陝西鳳翔）	建立帝國，稱皇帝，部將唐弼稱「唐王」。	楊廣第三次東征。
六一五	李子通	餘杭郡（浙江杭州）	建立吳帝國，稱皇帝。	始畢可汗圍楊廣於雁門。
	朱粲	冠軍（河南鄧州）	先稱迦樓羅王，建楚帝國，稱皇帝，行爲殘暴，變民領袖中最墮落的一位。	
六一六	李密	洛口倉（河南鞏義）		楊廣出遊江都。

年	人物	地點	事件	
	林士弘	豫章郡（江西南昌）	統一江西及廣東東部，建楚帝國，稱皇帝。	
	高開道	漁陽郡（天津薊縣）	建立燕王國，稱燕王。	
	徐圓朗	任城（山東濟寧）	建魯王國，稱魯王。	
	梁師都	朔方郡（陝西靖邊）	・兵變・梁師都是隋政府的鷹揚郎將，殺官叛變，北連突厥，建梁帝國，稱皇帝，群雄中最後滅亡。	
	劉武周	馬邑郡（山西朔州）	・兵變・劉武周是隋政府的鷹揚校尉，殺官叛變，北連突厥，突厥封為定楊可汗。	
六一七	郭子和	榆林郡（內蒙托克托）	地方大饑，郭子和結死士攻殺地方官員，稱王，突厥封為平楊可汗。	楊廣在江都。
	薛舉	天水郡（甘肅天水）	建秦帝國，稱皇帝，不久病死，子薛仁果繼位。	
	李淵	太原郡（山西太原）	・兵變・	

	李軌	武威郡（甘肅武威）	・兵變・李軌是隋政府鷹揚府的司馬，殺官叛變，建涼帝國，稱皇帝。	
	蕭銑	江陵（湖北江陵）	蕭銑是南梁帝國七任帝蕭詧的曾孫，時任羅縣（湖南汨羅）縣長，起兵恢復南梁帝國，稱皇帝。	
六一八	宇文化及	江都郡（江蘇揚州）	・宮廷政變・	楊廣被絞死。唐王朝建立。
六一九	王世充	洛陽	・宮廷政變・	隋王朝亡。唐興第二年。
	劉季眞	離石郡（山西離石）	稱突利可汗。	
	宋金剛	易縣（河北易縣）	降定楊可汗劉武周，封宋王。	
六二〇	楊政道	定襄郡（內蒙和林格爾）	楊政道是楊廣的孫兒，突厥立爲隋王，在突厥的中華人都歸劃於他，達百萬餘人。	唐興第三年。
六二一	劉黑闥	漳南（河北故城東）	唐政府官員苛虐，竇建德舊部劉黑闥起兵。	唐興第四年。

在宇文化及宮廷政變的前一年（六一七），鎮守太原的大將李淵已先行叛變，起兵南下，攻陷長安（陝西西安），立楊廣的孫兒楊侑當皇帝，遙尊楊廣爲太上皇。六一八年，宇文化及把楊廣絞死後，立楊廣的侄兒楊浩繼位，統軍北返洛陽。但遍地都是武裝的抗暴力量，這個禁衛軍團每一步都受到攻擊，已不可能到達目的地。宇文化及看到大勢已去，索性把楊浩殺掉，自己當皇帝。李淵在長安聽到消息，也把楊侑殺掉，自己也當皇帝。

楊廣的另一個十五歲的孫兒楊侗，在洛陽即位，作隋王朝第五任皇帝，支持到明年（六一九），宰相王世充也把他殺掉，自己坐上寶座。隋王朝歷時僅三十九年而亡。以隋王朝力量的雄厚，如果楊廣只是中等暴君，帝國可能仍承受得住，不致如此迅速的覆沒。但楊廣太能幹了，他在短短的十五年中，就滅掉這個強大無比的帝國。

十八年的大混戰，最後的勝利屬於李淵，他建立的唐王朝代替隋王朝，使中國於二〇年代再行統一。比起從前「二十年」「三十年」改朝換代混戰，十八年是最短的痛苦，然而這最短的痛苦卻也使全國三分之二的人民死於非命。下列統計數字，可作說明：

年代	年份	全國戶數	全國人口	減少
〇〇	六〇九	八百九十萬	四千六百萬	$\frac{2}{3}$
二〇	六二六	二百九十萬	一千六百萬	

這還是就平均數而言，在混戰激烈地區，如中原（河南省）、關中（陝西省中部）一帶，人民倖存的不及十分之一，我們不能想像其中有多少人間慘劇。

四、中國第二個黃金時代

唐王朝是中國歷史上貢獻最巨，國力最強，歷時最長的王朝之一，共二百七十六年，其中接近一半時間在黃金時代之內。

但創造這個王朝的皇帝李淵，卻是貴族世家中的平凡人物。在隋王朝時世襲他父親的公爵封號，擔任太原防衛司令（太原留守），因爲不能抵禦突厥汗國的侵襲，又因爲有謠言說姓「李」的將代替姓「楊」的君臨天下，這兩件大事，促使楊廣對他不滿和疑忌。又因爲民變如火如荼，只有叛變才有可能死中求生，所以李淵冒險起兵。不過他雖然平凡，他的三個兒子：長子李建成、次子李世民、四子李元吉，卻都是一代英雄。而尤以李世民的勳績最大，幾個最強悍的敵人，像薛仁果、劉武周、王世充、竇建德，都被他擊敗。於是新興不久的唐王朝，踏上隋王朝走過的道路，發生奪嫡鬥爭。——每逢親王的聲望和力量，跟皇太子相等，或超過皇太子時，定律的要發生流血慘劇，這是專制政體下無法解決的死結。

二〇年代六二六年，唐王朝建立的第九年，李世民伏兵玄武門（皇城中門），把入朝的哥哥李建成，和弟弟李元吉格殺。李淵正在皇宮內湖上泛舟，李世民的軍隊衝到面前，聲稱護駕。老爹這才知道兩個兒子已死。爲了避免與楊堅同一命運，他立即傳位給李世民，自己退居為太上皇。

這是著名的「玄武門之變」。李世民既殺兄弟，又逼父親，儼然第二個楊廣。但楊廣沒有通過瓶頸，李世民卻順利通過，歷史重演到這裏為止，以後即向相反的方向發展。李世民大帝是中國最傑出的英明君主之一，他用他高度的智慧，殷勤而小心的治理他的帝國，不久就為中國開創了一百三十年之久的第二個黃金時代。

黃金時代的來臨，原因之一是人口大量減少，荒蕪的肥沃田地，舉目皆是，謀生比較容易。原因之二是太久的戰爭使人厭惡戰爭，樂意於和平安定。但僅此兩個原因不能促成什麼，將近三百年的大分裂大混戰，人民也有這種客觀環境和主觀願望。所以，另一個原因是，李世民大帝和他的政府正確方向的領導。再大的船舶，掌舵的只有一人，負責航行的只有少數人，這少數人即國家領導人，其重要性用不着解釋。李世民大帝和他的幹部房玄齡、杜如晦、魏徵，隨時隨地都用楊廣作為警惕對象，每一件措施都求其跟楊廣不同，使他們成為一個戰鬥團隊，互相勉勵督責，兢兢業業從事國家建設。在人民尊重和信任的支持下，推行廉潔政治，獲得空前成功。

李世民大帝個人的優秀是最主要的因素，他嚴厲的控制自己不去觸及無限權力的毒牙，並且鼓勵和接受最難堪的逆耳之言。他對官員們要求：「君主如果剛愎自用，自以為比別人聰明，他的部下一定諂媚他。結果君主失去國家，部下也不能單獨保全。隋王朝宰相虞世基，一味阿諛楊廣，以保他的富貴，結果也難逃一死。各位應以此為戒，對國家大事有意見，一定要報告給我。」——我們絕不以言論判斷人，而只以行爲判斷人，李世民大帝的言論有事實作爲基礎。有一次，他下令男子年齡雖不滿十八歲，但體格健壯，也應徵集當兵。魏徵拒絕在詔書上副署（署敕），李世民告訴他：「這都是奸民逃避兵役，故意少報年齡。」魏徵說：「陛下常說：我以誠信待天下，要人民不可詐欺；可是你卻先失去誠信。」李世民愕然，魏徵說：「階下不以誠信待人，所以先疑心人民詐欺。」李世民立即收回命令。李世民又下令凡官員僞造資歷，限期自首，否則處死。限期過後，又有查獲，李世民命即斬首。最高法院副院長（大理少卿）戴胄卻只判流刑，李世民大怒說：「你故意使我說話不算話！」戴胄忠說：「陛下命令，不過一時的喜怒。法律卻經過縝密研究，頒佈天下，人民共守。陛下應忍小忿而存大信。」李世民大喜說：「你執法如此嚴正，我還有什麼憂慮！」李世民又命宰相封德彝薦舉人才，久久沒有消息，一再催促他，封德彝說：「不是我不盡心，實在是今世沒有人才！」李世民說：「這算什麼話，帝王治理國家，都是取才當世，豈有到幾百年之前去借人才的。只可說自己不知道，怎麼可誣蔑一代中國人。」封德彝大爲慚愧。——這是李世民大帝的眞知灼見，歷史上有一種現象，越是政府人才缺乏之時，也越是民間人才輩出之時。李世民原籍武川（內蒙武川），跟關中（陝西省中部）接近，談話時常評論關中人如何，山東人（崤山以東，非山東省）如何，監察官（御史）張行成抗議說：「國家元首應該以四海爲家，不應該在地域上劃小圈圈。」李世民立加賞賜。李世民又大修洛陽宮殿，一位御前督導官（給事中）張玄素說：「陛下當初克復洛陽，把隋王朝宮殿全部燒掉，不到十年，卻加倍經營。爲什麼從前厭惡它，而今卻效法它。這種情形，比楊廣更壞。」李世民變色說：「你說我不如楊廣，那麼比子受辛如何。」張玄素說：「如果不停工，就跟子受辛一樣。」李世民嘆息說：「我考慮不周到，才有此錯誤。」賞賜張玄素綢緞二百匹，立即停工。李世民的兒子李恪親王，打獵時傷害農民，被監察官（御史）柳範彈劾。李世民責備親王府祕書長（長史）權萬紀：「這都是權萬紀不能規勸阻止，罪應處死。」柳範說：「房玄齡還不能阻止陛下打獵，怎麼能單單責備權萬紀。」李世民大怒回宮，很久很久，怒氣平息，發現自己理屈，馬上再出來召見柳範嘉勉。最嚴重的一件事發生在三〇年代六三二年，李世民受不了魏徵的直言指責，也在大怒中回宮，一面發誓：「看我殺掉這個莊稼老漢！」長孫皇后問莊稼老漢是誰，李世民說：「當然是魏徵，他總是在大庭廣眾之下侮辱我。」長孫皇后也是一位傑出的婦女，立即穿上皇后官服，站在庭院之中，向皇帝參拜。李世民大吃一驚。長孫皇后說：「我聽說，領袖英明則部下正直，魏徵所以正直，正由於你的英明，我怎能不祝賀！」李世民這才想到他自己過份，不久之後，即擢升魏徵當宰相（侍中）。

向理性屈服是一件不容易的事，李世民大帝的偉大在此，尤其難得的是，夫婦二人都有這種高度智慧的認識。自從盤古開天闢地，李世民大帝是中國帝王中最初一個被中國人眞心稱頌崇拜的人物，固由於他的勳業，也由於他本身的美德。他治理國家的一言一行，成爲以後所有帝王的規範。

在這樣偉大的領袖領導下，從本世紀（七）三〇年代起，中國開始從惡運中復甦。不數年間，欣欣向榮。

戰爭變亂容易敍述，而和平繁榮不容易敍述。我們敍述第二個黃金時代的中國社會時，深有此感。不過那盛況是顯然的，最主要的現象是一年復一年的大豐收，六三〇年時，一斗米只値三四個錢。中國人特別強烈的復興潛力，完全發揮。全國判處死刑的囚犯，一年中不過二十九人。六三二年時，全國判處死刑的囚犯增加到三百九十人，年終，李世民准許他們回家辦理後事，命於明年秋天再回來受死（古時秋天行刑）。六三三年九月，三百九十人全部回獄，無一人逃亡。社會繁榮而秩序安定，夜不閉戶。從前行旅們要自己攜帶食物，現在則凡是有道路的地方，都有旅店，工商業隨着社會安定而蓬勃。楊廣時代的暴政，成爲不可思議的古老故事。

五、唐政府的結構

我們應先行了解唐王朝的政治機構。

中國中央政府組織，到第三世紀曹魏帝國時，把九卿擠到次要地位，另行成立「尙書」「中書」二省，作爲行政中樞。經過繼起各王朝帝國四百年來不斷修正，到了唐王朝，遂成爲左表所列的形態：

元首	元首助理	性質	官署	首長	註
皇帝	三公、三師	崇官			
	宰相（中書令）（侍中）（尚書令）（尚書僕射）（同平章事）（同中書門下三品）（參知政事）（參知機務）	中樞	中書省	中書令	甲級機構
			門下省	侍中	
			尚書省	尚書令	
		輔樞	祕書省	祕書監	乙級機構
			翰林院	翰林承旨	
			御史台	御史大夫	
			九寺	卿	丙級機構
			四監	監	丁級機構

所謂崇官，即現代所稱的國家元老，一種只有尊榮而沒有實際權力的最高顧問。「三公」「三師」只是習慣稱呼，事實上包括六種官位：太師、太傅、太保、太尉、司徒、司空。他們只支領俸祿，不干預國家政務。

乙級機構　祕書省，二世紀中期，東漢政府設立祕書監官員，負責保管及校勘政府所持有的圖書。三世紀初，三國時代之曹魏帝國政府，把祕書署擴大成爲一個「省」，而命祕書監作爲首長。唐政府仍維持它存在，類似國立圖書館，當然只供應帝王和高級官員閱讀，不向人民開放。翰林院，是唐政府創立的類似文化人聚會所，或高級官員儲備所的官署。唐王朝初建時，各地經學家（研究儒書五經的學者）、文章家（專門寫宣言、文告，或短篇論文之類的知識份子）、預言家（星相占卜）、藝術家（包括畫家、雕刻家），紛紛向首都長安集中。皇帝特別指定一個處所，招待他們之中最傑出的若干人士，以便隨時召見。這個處所稱翰林院，由年高德劭的一位擔任首長，稱翰林承旨，其他人士則稱翰林學士。以後各色人等陸續淘汰，只剩下文章家，專爲皇帝撰寫詔書。因爲漢字和文言文運用困難，一個人至少要有二十年以上的刻苦努力，才能勝任。文章家在這方面的特殊能力，很受到皇帝的重視。因之翰林學士往往比其他官員容易升遷到宰相地位，所以當時稱翰林學士爲「儲備宰相」（內相），成爲知識份子最羨慕的一種職位。御史台負責監察彈劾，首長御史大夫，副首長御史中丞，以及所屬諸御史。他們是皇帝的耳目，但也不時反映民意。

丙級機構　九寺，即九卿辦公官署，從次要地位又再被擠到政府的角落，職務和權力都非昔比，大半被尙書省的六部所奪，唐王朝九卿的職掌跟秦王朝的職掌大不一樣。一、太常寺，負責典禮佈置跟宮廷醫藥。二、光祿寺，祭祀用品跟宮廷飲食供應。三、衛尉寺，管理軍械庫。四、宗正寺，處理皇族事務，如繼承封爵，保護墳陵之類。五、太僕寺，馬匹牧養跟牧場管理。六、大理寺，最高法院。七、鴻臚寺，藩屬事務部。八、司農寺，農林部。九、太府寺，負責宮廷費用供應，也就是皇帝的私人錢庫。

丁級機構　四監是尙書省的附屬機關，但它具有完全的獨立性。一、國子監，隸屬禮部，即國立京師大學，設六個學系：國子學系、太學系、四門學系、律學系、算學系、書學系，每學系有若干教授（博士）。二、將作監，隸屬工部，負責政府重大土木建設工程。三、軍器監，隸屬兵部，就是兵工廠。四、都水監，也隸屬工部，負責水利建設工程。

最後，我們敍述行政中樞，即甲級機構的「三省」。尙書、中書二省，是三世紀曹魏帝國的舊制，不過尙書省所屬六部的權力，更爲擴大，實質上已完全代替了九卿，他們的職掌在左表中已加說明。六世紀北魏帝國和南梁帝國時，又在這二省之外增加門下省——因它設在宮門之下而得名。於是中央政府遂成爲三省，具有左列的編制：

省別	首長	副首長	屬官或屬署
中書省	中書令（正二品）	侍郎（正三品）	右散騎常侍（高級顧問・從三品）　右諫議大夫（高級諫官・正四品）　中書舍人（法令規章釐訂撰寫・正五品）　起居舍人（記錄朝政・從六品）　通事舍人（禮儀官員・從六品）　右補闕（低級諫官・從七品）　右拾遺（低級諫官・從八品）

門下省	侍中（正二品）	侍郎（正三品）	左散騎常侍　左諫議大夫　給事中（御前監督官・正五品）　左補闕 左拾遺　起居郎（記錄皇帝言行・從六品）			
尚書省	尚書令（正二品）	尚書左僕射 尚書右僕射 （從二品）	吏部（文官部） 戶部（財政部） 兵部（國防部） 刑部（司法部） 禮部（教育部） 工部（建設部）	（首長） 尚書 （部長） （正三品）	（副首長） 侍郎 （副部長） （正四品）	每部設四個「司」，司長稱「郎中」（從五品），副司長稱「員外郎」（從六品）。

三省職權的劃分：中書省發佈命令，門下省審查命令，尚書省執行命令。普通情形下，諸宰相在設於中書省的政事堂，舉行會議，由中書舍人（中書省專門委員）先用書面寫出各

人的意見，送呈中書令，徵求同意，然後提出會議，由會議作成決定，奏報皇帝。皇帝批准後，再交中書省，用皇帝名義，發佈詔書。在發佈之前，必須送門下省審查，門下省認為不合適時，可以拒絕副署，詔書缺少副署，依法即不能頒佈，而給事中且有把詔書退回（封敕）的特權。如果門下省沒有異議，則副署之後，即成為國家正式法令，交由尙書省執行。整個帝國政令，在這種方式下運轉。

——三省職掌的劃分，十分有趣，卻也十分無聊，它只不過是皇權一權的瑣碎分配。實質上中書省只是皇帝私人的祕書室，門下省只是皇帝私人的收發室。看它們的官屬，無論官稱和職務，幾乎完全相同，只好勉強用「左」「右」予以區分。只有尙書省有其存在價值，但沒有像國會之類或像羅馬元老院之類會議性質的制衡機構。中國傳統文化中缺少人權思想，政治思想中缺少民主思想，再多的農民暴動或民變政變，因缺少這兩大思想的最高指導原則，所以始終無法產生代議政治或其他任何種類的民意機構。

三省首長是當然宰相，但因李世民大帝曾經擔任過尙書令的緣故，大臣們不便於再稱這個官號，尙書省遂一直由副首長尙書僕射（執行長）代理首長，成為當然宰相之一。除此之外，其他官員——大多是中書、門下二省副首長（侍郎）或六部首長（尙書），皇帝命他「參知政事」「同平章事」「同中書門下三品」時，同樣也是宰相。所以宰相名額，總在三人以上，而以聲望最高的一人為首相，不過並沒有首相名義，他只有影響力，而沒有法定權力。諸宰相除了定期會議外，還要定期在政事堂共同進餐，以更多的時間會商國事。

六、教育與科學

唐王朝的學校制度和考試制度，影響中國一千三百年之久。

學校的設立是中國古老的傳統，但大分裂時代中，各獨立王國因軍費不足，往往停頓。上世紀（六）國家統一，學校教育也隨之復興。唐政府帶給人民安定，學校教育更趨發達。各州有州立學校（州學），各縣有縣立學校（縣學）。首都長安有三個高等教育機構：一是前述的隸屬於尚書省禮部的「國子監」，即國立京師大學。二是隸屬於門下省的「弘文館」，即政府主辦的普通貴族大學。三是隸屬於皇太子宮的「崇文館」，即皇太子主辦的高級貴族大學。後二校學生限定必須具備某種資格，如皇族近親、皇后或皇太后近親，或宰相的兒子，一品以上高級官員的兒子，才能入學。只有國子監大學，低級官員的兒子或平民出身的學生，也可以就讀。李世民大帝在位時，常常去國子監視察，使學校教育更受到重視，當時學生人數已達三千餘人。東方高句麗王國、新羅王國、百濟王國、渤海王國、日本帝國；西方高昌王國。後來還有吐蕃王國，以及南方南詔王國，都有大批留學生前來受課，成為世界上最可觀的高等學府。

學校所用教科書，當然限於儒家學派的五經。因為對五經的解釋，各學者互不相同，唐政府指定國子監大學校長（國子祭酒）孔穎達，組織一個委員會，對五經的解釋，重新確定，出版五經正義，共有下列九書——因之世俗有時也索性稱之為「九經」：

總稱	經別	書別	類別
五經（九經）	詩經	毛詩正義	三經
	書經	尚書正義	
	易經	周易正義	
	春秋	左傳正義	三傳
		公羊正義	
		穀梁正義	
	禮經	儀禮正義	三禮
		周禮正義	
		禮記正義	

經過唐政府的核定頒佈，這九本書遂成爲學校的標準本教科書，無論研讀或考試，或其他任何情形下涉及五經時，都以此「正義本」爲標準。這是一個統一思想的基本措施，儒家學派的思想領域，再被縮小。學生們在學校研究九經，只要能搞通其中一經，即由唐政府授

予官職。

學校教育的發達，促使科舉制度的發達。上世紀（六）隋王朝統一全國後，對門第世家獨霸政府的現象，予以變革，改用考試的方法，向平民階層選拔新進官員。凡考試及格的知識份子，不問什麼門第，一律委派官職。唐王朝繼承了這個辦法，並使之成爲一種最受尊重的制度，稱爲「科舉」。考試分很多種類，而以「進士科」「明經科」最有地位，又因進士科及格的人士比較容易得到高位，宰相又大多數都是進士科出身的緣故，所以尤爲尊貴。參加考試的考生稱爲「士子」，士子大多數來自學校和地方政府的推薦（鄉貢）。他們千里迢迢，集中首都長安（陝西西安），首先向尚書省禮部報到，然後等候通知，入場應試。考試及格，當時術語稱「進士及第」，跟現代的「博士」一樣，是一種光榮的身份。在以後，考試及格的第一二三名，更專稱爲「狀元」「榜眼」「探花」，尤屬光榮中的光榮。他們在發榜時所受的崇拜，不亞於第一個登陸月球的太空人。科舉制度在中國實行了一千三百年，直到二十世紀初葉才被廢止。在此一千三百年中（只十三世紀蒙古帝國時中斷數十年），成爲儒家學派知識份子所追求的最高目標。狀元、榜眼、探花，也成爲家長爲女兒求偶最理想的對象。中國無數文學作品，都用此作爲題材。

李世民大帝對科舉制度有他的看法，當他從宮殿高處望到進士們魚貫而入的肅穆行列時，興奮的說：「天下英雄都被我裝到口袋裏了。」身爲世襲的專制帝王，這種看法極其自然。在此之前，政權一直是關閉的，只限於貴族和門第世家。因科舉制度，使政權的大門向民間開放，雖然只是窄窄的一條縫隙，但與根本關閉多少有點差異。聰明才智人士爲了從這一條窄窄縫隙進入政府，不得不把全部生命消磨在九經的九本儒書之中，再也沒有精力謀反革命了。這種現象，可以減少社會上不穩定的因素。

七、佛教淨化與三教合一

繼五世紀高僧釋法顯之後，本世紀（七）又出現高僧玄奘。他的行跡和功績，跟釋法顯相同，而影響更大。玄奘於六二〇年代六二七年離長安西行，冒犯當時不准出國的嚴格禁令，渡過西域（新疆省及中亞東部）流沙和蔥嶺雪山，到印度尋求佛教經典。歷時十九年，於四〇年代六四五年返抵長安。李世民大帝沒有追究他偷渡的罪名，反而給他很高的尊敬，請他主持長安最大的廟院弘福寺。玄奘翻譯他從印度千辛萬苦帶回來的佛經，先後完成了七十五部。這是一個龐大的數字，即令在二十世紀，翻譯工具如字典詞典之類書籍俱備，一個人能譯出七十五部巨著，也不容易。

——玄奘被人們稱爲「唐僧」「唐三藏」，在中國家喻戶曉，連兒童都知道他。歷史上高僧太多了，釋法顯就是其中之一。只有玄奘盛名永垂不朽，這應歸功於十六世紀時的大文學家吳承恩所寫的一部小說西遊記。這是一部成功的幽默小說，不過書中卻把玄奘寫成一個膿包，而把他的門徒之一孫悟空，寫成一個神通廣大的英雄人物。

佛教是一個在非常複雜的印度社會中產生的宗教，它包括兩種成份，一是印度當時崇拜的鬼神，一是印度當時盛行的唯心哲學。佛教經典因之也分為兩部份，一部份稱「小乘」，屬於前者；一部份稱「大乘」，屬於後者。玄奘帶回來的佛經，以大乘為主，而大乘與宗教無關，只與哲學有關，於是佛教內部，開始分裂。宗教的要件就是崇拜鬼神，必須崇拜鬼神才能稱為宗教。猶如畫家的要件是繪畫，他必須繪畫，才能稱為畫家。佛教徒中部份知識份子從大乘經典中發現到系統分明的心理分析，是中國古哲學和儒家學派儒書中所根本沒有的東西，遂如獲至寶，宣稱佛教都是哲理，並不迷信，好像畫家宣稱他並不繪畫一樣，這種態度在佛教中產生一種我們姑且稱之的「佛家學派」。它的發展順序跟道家相反，道家先有道家學派，再分裂出道教。佛家則先有佛教，才分裂出佛家學派。佛家學派與佛教的差異，如同道家學派與道教的差異，以及我們曾經比喻過的「熱狗」與「狗」的差異。

佛教傳到中國後，小乘受到道教仇視，大乘受到儒家學派仇視。數百年鬥爭的結果，終於產生一種調和的局面，即「儒」「佛」「道」三教合一。這種調和的出現十分突兀，而且在理論上根本不可能，一則，「儒」還沒有資格稱為宗教。二則，信仰具有排他性。不過如果發現佛教的分裂現象，合一的只是學派而不是宗教，便可了然。所謂三教合一，應正確的指出是三個學派合一。我們試用下表作一說明：

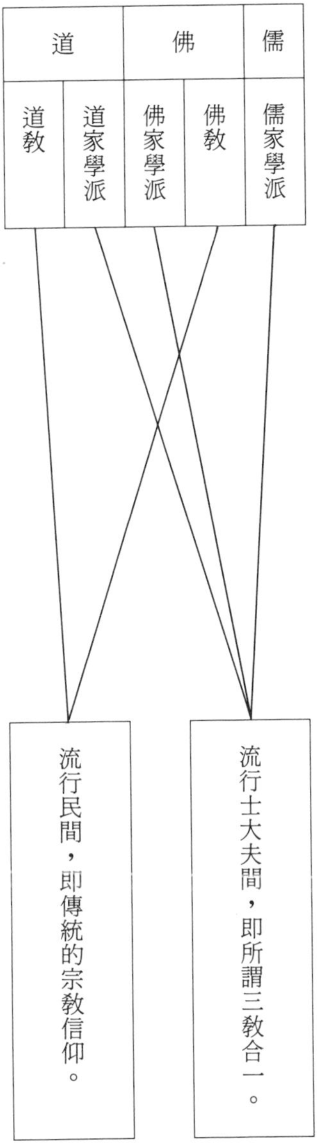

儒
- 儒家學派 → 流行士大夫間，即所謂三教合一。

佛
- 佛教 → 流行民間，即傳統的宗教信仰。
- 佛家學派 → 流行士大夫間，即所謂三教合一。

道
- 道家學派 → 流行士大夫間，即所謂三教合一。
- 道教 → 流行民間，即傳統的宗教信仰。

佛教譯經事業在本世紀（七）達到高峰，玄奘之後，便無以爲繼。因爲佛教在發源地的印度已告沒落，不再有新的經典出現。佛家學派在大量問世的佛經衝擊下，更分爲很多瑣碎的派別，如「律宗」「禪宗」「華嚴宗」「法相宗」等等，在自己的小天地中，互相排斥攻擊。但眞正的佛教，卻終於拋棄掉大乘的糾纏，成爲純淨的宗教，跟道教一樣，向民間傳播，這種力量超過僅在士大夫之間流行的大乘萬倍。因果報應，輪迴轉生，冥冥中自有神靈爲人類主宰的觀念和信仰，深植人心。

八、中國疆土的再擴張

第二個黃金時代帶給中國對外的最大成功，是恢復固有的疆土。大分裂時代使沿邊土地大量喪失，隋王朝雖一度振發，但時間太短，不久即因政府覆亡而再喪失。唐王朝最初的目標只希望排除北方突厥汗國的威脅，可是接連着不斷的軍事勝利，使中國疆域回到紀元前三世紀秦王朝和紀元前一世紀西漢王朝時的版圖，而且還要超過。唐政府在沿邊疆土，先後設立左表所列的六個總督府（都護府），像六根巨柱，保衛中國本土。

府別	設立年份	府址	轄區	備註
安西總督府	（本世紀）7 六四〇	龜茲（新疆庫車）	天山以南	初設西州交河城（吐魯番市），六五八，遷龜茲。
安北總督府	六四七	陰山（內蒙陰山）	漠北	初名「燕然總督府」，設雲中（內蒙和林格爾）。六六三，改「瀚海總督府」，遷金山（蒙古哈爾和林）。六六九，改今名。
單于總督府	六六三	雲中（內蒙和林格爾）	漠南	初名「雲中總督府」，六六四，改今名。
安東總督府	六六八	平壤（朝鮮平壤）	東北地區及朝鮮半島北部	六七六，遷遼東（遼寧遼陽）。六七七，遷新城（遼寧撫順西）。

安南總督府	六七九	交州（越南河內）	越南北部
北庭總督府	（下世紀）8 七〇二	庭州（新疆吉木薩爾）	天山以北

中國的沉重外患既是北方的突厥汗國，自然成爲反擊的第一個對象。

本世紀（七）〇〇年代六〇三年，啓民可汗的對頭達頭可汗兵敗，向啓民可汗投降，啓民可汗遂成爲突厥的大可汗。可是位於西部金山（阿爾泰山）小可汗之一的泥撅處羅可汗卻不承認，宣稱他才是突厥的大可汗。於是突厥汗國分裂爲二，東西對峙。

東突厥汗國雖然失去了西部部落，但仍然保持強大，尤其本世紀（七）初葉，中國正逢十八年改朝換代大混戰。北方崛起的民變領袖們，像梁師都、劉武周，都向東突厥進貢，接受封號。唐王朝開國皇帝李淵初叛時，也同樣向東突厥進貢。李淵在位期間的二〇年代，東突厥使節和商人，到了中國，就像猛虎進了羊群，姦淫燒殺，無法無天。而突厥兵團仍不時深入中國國境，根本忽視中國的存在。大臣們一度建議放棄長安，向南方遷都。李淵雖因關係太大沒有採納，但對突厥人的橫暴，始終不敢表示一絲不愉快。

二〇年代六二六年，玄武門事變剛剛結束，李世民大帝剛剛即位，東突厥汗國即向長安發動奇襲。大可汗頡利可汗（啓民可汗幼子，始畢可汗幼弟），和他的侄兒小可汗突利可汗

（始畢可汗長子），長馳南下，直抵渭水便橋。距長安只隔一水，上下震恐。李世民大帝無可奈何，只好孤注一擲，親自到渭水便橋向頡利大可汗乞和，除了重申誓言繼續臣服外，並答應增加進貢財物的數量，頡利大可汗才行撤退。這對李世民大帝是一個莫大的恥辱，然而也正因為這一次會面，李世民大帝親眼察看到突厥在組織上所呈現的低能，遂決定提前反擊。三年後三〇年代六三〇年，大將李靖北征，出定襄（內蒙和林格爾），深入陰山，頡利大可汗全軍覆沒，隻身向西逃走，被中國追兵擒獲。東突厥汗國所向無敵，竟被中國一戰擊潰，使北方各部落大為震駭，李世民大帝遂贏得「天可汗」的尊稱。

——東突厥汗國各部落從此星散，但仍不時有「可汗」出現，或出於某一些殘餘部落的擁立，或出於中國政府委派照顧某一些殘餘部落。其中也不斷有若干可汗跟中國對抗，不過都像火花一樣，倏燃倏熄。如此斷續的維持到下世紀（八）七四五年，最後一任大可汗白眉可汗被回紇汗國的懷仁可汗擊斬，才徹底消滅。

東突厥汗國所屬的鐵勒部落，組成份子跟突厥一樣，也十分複雜，包括很多不同種族的小部落，其中有兩個小部落最為強悍，一是薛延陀部落，一是回紇部落。二〇年代六二八年，薛延陀部落酋長夷男，取得鐵勒部落領導權，遂脫離東突厥，自稱可汗，建薛延陀汗國。兩年後三〇年代六三〇年，東突厥汗國星散，薛延陀汗國就收納突厥的流亡部落，進入突厥故地，直接跟中國為鄰。中國的富饒誘使它跟突厥一樣，不斷南侵。不過它的運氣太壞，恰巧遇上中國第二個黃金時代。四〇年代六四六年，中國大將李道宗親王出擊，薛延陀兵團崩

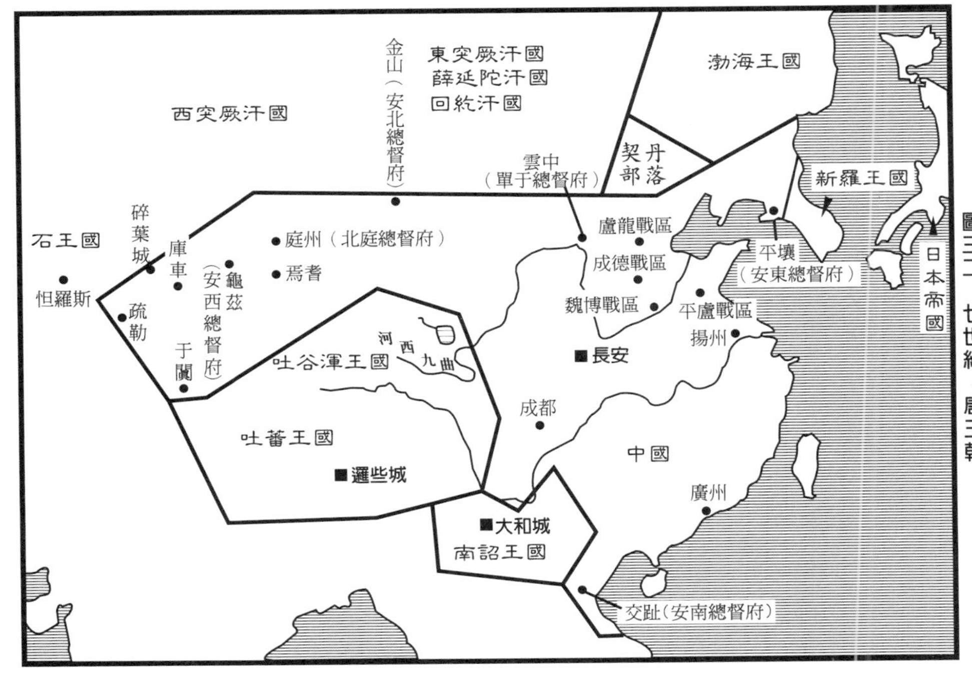
西突厥汗國
金山（安北總督府）
東突厥汗國
薛延陀汗國
回紇汗國
渤海王國
契丹部落
雲中（單于總督府）
石王國
碎葉城
恒羅斯
庫車
疏勒
龜茲（安西總督府）
于闐
庭州（北庭總督府）
焉耆
盧龍戰區
成德戰區
魏博戰區
平盧戰區
揚州
平壤（安東總督府）
新羅王國
日本帝國
河西九曲
吐谷渾王國
長安
成都
吐蕃王國
邏些城
中國
廣州
大和城
南詔王國
交趾（安南總督府）
圖三一 七世紀・唐王朝

潰，最後一任可汗咄摩支可汗向中國投降，汗國滅亡，立國只短短十九年。

薛延陀汗國滅亡後，回紇部落立即塡補起來沙漠上的權力眞空。但它仍然是一個部落形態，中國册封它的酋長爲瀚海都督。

九、西域征服與西南地區挫敗

西域（新疆省及中亞東部），中國的故地，但喪失的時間已有六百年，是太久了，所以當本世紀（七）四〇年代，中國勢力向西擴張時，面對着的是一個完全新面貌的西域，已非紀元前二世紀張騫，和紀元後一世紀班超時代城邦林立的西域。現在西域只剩下幾個大國：高昌王國、焉耆王國、龜茲王國、于闐王國、疏勒王國、西突厥汗國，在互相爭奪霸權。其中焉耆、龜茲、于闐、疏勒，都是古老的王國，因併呑鄰國之故，疆土大大的膨脹。

引起中國勢力西進的是建國於車師前王國故地的高昌王國，面積達五萬左右方公里，首都交河城（新疆吐魯番）。它跟西突厥汗國結盟，對中國採圍堵政策，封鎖邊境，斷絕中國跟西域的交通。雖經中國一再呼籲，但仍扣留中國難民不准回國。四〇年代六四〇年，中國大將侯君集西征，高昌兵團大敗，西突厥汗國協防的駐屯軍驚駭之餘，星夜撤退。橫挑強敵的國王麴文泰憂憤而死，繼位國王麴智盛出降，被送到長安，國亡。中國把交河城改爲西州，可汗浮圖城（新疆吉木薩爾）改爲庭州。

接着是焉耆王國，東西橫亙四百公里，首都焉耆城（新疆焉耆），跟中國邦交一向敦睦。侯君集滅高昌王國時，焉耆國王龍突騎支因跟高昌是世仇之故，還親自到中國遠征軍司令部道賀。可是後來卻和西突厥汗國締結婚姻（西突厥大臣的弟弟，娶了龍突騎支的女兒），對遙遠的中國轉爲冷淡，並一再扣留過境的中國使節，和往返中國的其他國家的使節。六四四年，駐軍高昌的安西總督（安西都護）郭孝恪，進攻焉耆，生擒龍突騎支，另立一位新王。但中國遠征軍撤退後，西突厥汗國來攻，把新王殺掉，另立王族親戚龍薛婆阿那支當國王。四年後（六四八），中國大將阿史那（姓）社爾（名）西征龜茲王國時，順便攻擊焉耆，把龍薛婆阿那支殺掉。這一次中國兵團不再撤退。

龜茲王國，面積約十萬方公里，擁有七百餘個城鎮，首都伊邏盧城（新疆庫車）。最初跟中國相處也很好。但西突厥汗國終於把它爭取過去，參加對中國的圍堵。六四八年，中國大將突厥籍的阿史那社爾西征，生擒國王白訶黎布失畢。中國原設在西州（新疆吐魯番）的安西總督府，遂向西推進，移到龜茲。

疏勒王國（新疆喀什），于闐王國（新疆和田），兩個與龜茲王國面積相當的國家，沒有經過戰爭，就向中國投降。中國遂在焉耆、龜茲、疏勒、于闐，設立四個軍事據點，稱爲「四鎮」，隸屬安西總督，作爲中國西陲屏藩。七〇年代六七〇年，吐蕃王國以傾國兵力對西域攻擊，四鎮一時陷落。二十二年後的九〇年代六九二年，中國大將王孝傑反攻，吐蕃敗走，四鎮又回到中國版圖。

對西域（新疆省及中亞東部）諸國來說，中國和西突厥汗國，是兩個巨人。西域諸國處在中國和西突厥汗國夾縫中，跟前二世紀時處在中國和匈奴汗國夾縫中一樣，十分狼狽。上述五個王國，就是兩大超級強權間的犧牲品。等到所有獨立王國都被中國併吞，中國邊境向北向西推進，直接跟西突厥汗國接觸時，終於爆發一場決戰。五〇年代六五七年，中國大將蘇定方，率領遠征軍，包括回紇兵團和若干歸附中國的東突厥兵團，向西突厥汗國總攻，三道並進。西突厥沙鉢略可汗親統十姓（十個部落）兵團，自中亞向東挺進迎擊。兩國大軍在伊麗水（新疆伊犁河）以北相遇，沙鉢略可汗大敗，率領殘軍渡伊麗水，向碎葉水（哈薩克吹河，或譯楚河）撤退，中國遠征軍窮追，在碎葉水北岸再次決戰，沙鉢略可汗再大敗。帶着左右少數侍衛，向西逃亡。逃到鹹海東南的石國（烏孜別克塔什干市），被石國生擒，交給抵達城下的中國遠征軍。

——跟東突厥汗國的情形一樣，西突厥汗國的部落從此星散。以後雖然同樣也有「可汗」興起，總歸曇花一現。到下世紀（八）四〇年代七四二年，最後一任中國派遣擔任大可汗的阿史那昕，被突騎施部落擊斬，西突厥汗國遂名實同亡。

中國在西域獲得的是完整的勝利，跟張騫、班超時代有很大不同，那時不過限於移殖屯墾，主要的是斷匈奴右臂的軍事聯盟。而本世紀（七）起，卻設州設縣，又設軍區，把西域納入中國行政系統，正式成爲中國領土。

但在西方邊陲，中國的擴張卻受到挫敗。

西方邊陲的吐谷渾汗國（青海省），是四世紀五胡亂華十九國之一前燕帝國的兄弟國。

弟弟的一支進入中國本土，在鄴城（河北臨漳）建立前燕帝國。哥哥的一支輾轉兩千公里之外，來到青海湖附近，建立吐谷渾汗國。在大分裂時代中，跟中國西部邊陲上的幾個短命小國，如南涼、西秦，不斷發生戰爭。本世紀（七）初，可汗慕容伏允在位，國力正強，遂跟中國大起衝突。三〇年代六三五年，中國大將李靖率軍深入青海草原，慕容伏允大敗，集結兵力再戰又大敗，不能成軍，只好率領殘部向西北逃走，打算投奔西域當時還獨立的于闐王國。走到柴達木盆地，部下散去，剩下的騎兵千餘人，勉強支持，到了大沙漠中，部下幾乎跑光。慕容伏允被侍從所殺。中國就册封他送到長安作人質的兒子慕容順當可汗。但慕容順在中國太久，漢化太深，不能爲他的人民所接受，不數個月，就被刺死，由他的兒子慕容諾曷鉢繼位。李世民大帝爲了穩定兩國間的關係，把弘化公主嫁給慕容諾曷鉢。然而吐蕃王國卻在它背後不斷抄掠它的牧群，慕容諾曷鉢不能抵禦。七〇年代六七二年，整個汗國潰散，慕容諾曷鉢和他的公主妻子，帶着僅只一千餘家殘餘部落，投奔中國。

吐谷渾汗國滅亡，土地人民，全被吐蕃王國併吞。吐蕃王國是羌民族的一支所建的王國，包括現在的西藏、青海大部份——整個世界屋頂，比西域（新疆省及中亞東部）面積還要大三分之一，首都邏些城（西藏拉薩）。中國從來不知道有這麼一個國家，即令風聞，因爲它在萬里關山之外，也從來沒有予以注意。當它於本世紀（七）三〇年代派遣使節到中國進貢，在長安出現時，中國只不過把它當作一個荒遠的小部落，但事實上它當時已十分強大。中國爲了利用它在吐谷渾汗國背後發生牽制作用，於四〇年代六四一年，把文成公主下嫁給它的國王棄宗弄讚。不過吐谷渾汗國卻在連續不斷攻擊下衰弱不振，使中國不得不倒轉過來扶助吐谷渾汗國。

文成公主下嫁後三十年，七〇年代六七〇年，吐蕃王國進攻西域（新疆省及中亞東部），西域四鎮全失。中國大將薛仁貴從青海湖西擊，一則希望影響西域的局勢，一則希望驅逐侵入吐谷渾牧地的吐蕃部落。但被吐蕃擊敗，全軍覆沒，只剩下薛仁貴和少數將領逃回。八年後（六七八），中國再派大將李敬玄西擊，再度全軍覆沒，副統帥劉審禮被吐蕃捉去。九〇年代六九二年，另一位大將王孝傑才收復西域，但六九六年王孝傑第二次向吐蕃攻擊時，又告失敗。

吐蕃王國的強悍善戰，使中國在西南邊陲遇到勁敵。

一〇、東方戰爭與永久和平

東方，指朝鮮與日本。

高句麗王國在本世紀（七）初，抵抗中國隋王朝攻擊之前，南端的新羅王國（韓國慶州）曾佔領它縱深二百五十公里的土地。四〇年代後，高句麗王國發生政變，宰相（莫離支）淵蓋蘇文把國王高建武殺掉，另立高建武的侄兒高藏當國王，由淵蓋蘇文專政。他需要用對外的軍事勝利以增加威望，於是跟半島南端的另一王國百濟（韓國扶餘）聯盟。於六四四年，向新羅進攻，宣稱索回失去的國土。但連陷四十餘城而仍不停止，顯然的它要全部嚥下去。新羅王國向中國告急。中國命高句麗停戰，淵蓋蘇文拒絕。明年（六四五），李世民大帝親征，那座楊廣傾全中國之力不能攻陷的遼東城（遼寧遼陽），終被攻陷。接着連破白巖城（遼寧海城），蓋牟城（遼寧蓋州），進圍安市城（遼寧海城）。安市城在高句麗名將楊萬春固守之下，成爲第二個遼東，中國兵團百般攻擊，楊萬春百般防守，終不能攻破。而嚴冬已至，大地冰封，中國遠征軍沒有禦寒裝備，不得不撤退。楊萬春在城上拜別致謝，李世民大帝命送他綢緞一百匹，表示對他的敬意。這一次的軍事行動並不算是成功，但李世民大帝與楊廣不同處在此，李世民沒有鬥氣再來。

高句麗在北方失地喪師，對南方新羅的侵略只好停止。但百濟王國卻不停止，新羅眞德女王撰寫太平頌，親自刺繡，呈獻中國，乞求援救。六〇年代六六〇年，眞德女王的繼承人金春秋，再向中國告急。中國派遣大將蘇定方率海軍赴援，艦隊從成山（山東榮成）出發，在百濟王國熊津江（錦江）江口，強行登陸，百濟戰敗，首都泗沘城（韓國扶餘邑）陷落，國王扶餘義慈投降。中國就把百濟收入版圖，設立熊津等五個都督府，蘇定方不久率軍回國，留大將張仁愿鎭守。

蘇定方剛走，百濟的高僧道琛，和大將福信，就迎接當時在日本的太子扶餘豐回國，繼承王位，包圍泗沘城中國駐屯軍。明年（六六一），中國大將劉仁軌增援，也在熊津江口登陸，百濟軍迎戰，大敗，泗沘城之圍解除，退保周留城（韓國韓山）。劉仁軌所率的兵力不多，不能進攻，只能幫助張仁愿堅守泗沘，僵持兩年之久。六六三年，日本大軍入援百濟，中國再派大將孫仁師渡海增兵，另一位大將劉仁軌率海軍從熊津江進入白江（韓國錦江），準備跟孫仁師會合後進攻周留城。想不到就在白江口，與日本入援的海軍艦隊相遇，遂行決戰。中國艦隊猛烈鍥入日本艦隊的腰部，日本艦隊被從中切斷，首尾不能相應，只好邊戰邊退。中國不斷衝擊，四戰四捷，擊沉和焚燒日艦四百餘艘，煙火沖天，海水都化成血水，日本艦隊全軍覆沒。這是中國跟日本第一次戰爭。扶餘豐聽到敗訊，知道大勢已去，放棄周留城，向北逃往高句麗王國。百濟王國立國六百八十一年而亡。

高句麗王國宰相淵蓋蘇文於六〇年代六六六年逝世，兒子們爆發激烈的奪嫡鬥爭，嫡子淵男生失敗，投奔中國。一個無比堅固的國家，外部歷無數嚴重打擊，都沒有使它崩潰，如今卻從內部裂開。中國抓住這個機會，派大將李勣當總司令，淵男生當嚮導，由陸道東征。六六八年，攻陷首都平壤，國王高藏被俘。高句麗王國立國七百零五年而亡，朝鮮半島的三國時代結束。

現在，朝鮮半島四分之三的土地入於中國，新羅王國偪促在半島東南角四分之一的土地上。不過中國統治的時間只有九年，新羅王國對中國併吞了那麼多土地而竟沒有分給它一點，深爲不滿。這個忘恩但勇敢的小國，開始暗中向龐然大物的中國挑戰，到處發動民變，促使平壤孤立。七〇年代六七六年，中國駐屯軍不能支持，只好撤退，把設在平壤的安東總督府遷到遼東（遼寧遼陽），新羅王國遂統一朝鮮半島的中部和南部，隔着浿水（朝鮮大同江），跟中國爲鄰。

新羅王國統一半島中南部後，並沒有繼續跟中國對抗，反而非常明智的採取事大——事奉大國政策，對中國十分恭順。這個政策獲得完美的效果，從此中國和朝鮮之間，再沒有戰爭，永爲手足般的兄弟之邦。

高句麗王國滅亡後三十年，即本世紀（七）最後一年（六九九），它的一位流亡在北方松花江流域的大將大祚榮，和他率領的一部份武力，跟當地靺鞨部落結合，建立渤海王國。跟朝鮮半島上的一些國家一樣，全盤華化，官制官名，以及政府組織，與中國無異。它對中國也採事大政策，所以中渤之間，邦交敦睦，從沒有戰爭。

——大祚榮最初稱他建立的王國爲震王國，下世紀（八）一〇年代七一三年，中國册封他爲渤海郡王，才開始改用渤海作爲國名。

日本帝國，跟朝鮮半島上諸國同樣古老，但那時候文化卻比朝鮮落後，因爲中國文化必須經過朝鮮，才能傳入日本。本世紀（七）之前，日本仍是部落形式的結構，但在中國絕對優勢的文化衝擊之下，日本固有的一切，已不能適應國內的需要和嶄新的國際局勢。於是產生現代化——即中國化運動。四〇年代六四六年，孝德天皇下令把全國土地從貴族手中收回，改爲國有。廢除類似奴隸主的世襲官爵制度，使全國人民不再隸屬貴族，而直接隸屬天皇。效法中國辦法，貴族只有封爵，沒有土地。改用中國特有的「年號」制度，定本年（六四六）爲大化元年。依照中國政府三個「省」的形態，組織日本政府，設立六個「省」，分別掌理國務。並普及教育，採取中國文字爲法定文字，以孔穎達的五經正義爲法定課本。這是日本第一次大規模接受現代化文化運動，史學家稱「大化改革」。從此，日本跟朝鮮半島諸國一樣，成爲中國之外的另一個中國，無論文字、教育、官制、政府，甚至意識形態，和中國幾乎完全相同。

——日本的中國化運動，大化改革只是起步。從此之後，對中國文化的吸收，一千餘年間，與日俱增。因之普遍的產生一種中國崇拜，認爲日本一切都是錯的，中國一切都是對的。若干著名的學者甚至認爲中國的改朝換代才合乎經典，而日本天皇萬世一系制度，是一種可恥的謬誤。日本人最初以夷狄自居，尊奉中國是中國，後來則自以爲日本才是中國，中國反而成了夷狄。平安時代（七九四—一一八五）名詩人賴忠傳，曾有詩說：「乘船當乘作文船，揚名無逾作漢詩。」可說明日本對中國傾慕的程度。

一一、武照——中國唯一的女皇帝

黃金時代二十年後，進入五〇年代，一個年輕美麗的女人在唐王朝宮廷中站起。

這個女人是武照，當她十三歲時，被選入皇宮，之後被列爲李世民大帝的姬妾之一。唐王朝初期的皇宮姬妾，有十九級：「惠妃」「淑妃」「德妃」「賢妃」「昭儀」「昭容」「昭媛」「修儀」「修容」「修媛」「充儀」「充容」「充媛」「婕妤」「美人」「才人」「寶林」「御女」「采女」。武照是第十六級的「才人」，而「才人」同時有九人之多，她不過九人中的一人，那是一個絕望的位置。武照二十六歲的那一年，即四〇年代六四九年，李世民大帝逝世，依照皇家規定，已故皇帝的姬妾，都要出家削髮爲尼，在空門青燈之下，寂寞的各終其天年。李世民大帝的姬妾都被送到長安的感業寺，武照自然也在其中，這更是一個更絕望的位置。然而，命運之神施給她恩典。五年後的五〇年代六五四年，繼任皇帝李治，跟他的妻子王皇后，到感業寺進香。李治當太子時曾對武照的美色垂涎三尺。現在，他在尼姑行列中看到武照，武照當然也看到他，但今已非昔比，她流下眼淚，李治也流下眼淚。這一切被王皇后收入眼底，王皇后那時正跟李治的另一位姬妾蕭淑妃爭寵，於是把武照接回皇宮，想用她幫助自己打擊蕭淑妃。武照的嘴可以流出蜜來，使王皇后待她如同姊妹，竭力推薦給李治。

李治於六五四年時二十七歲，武照已三十一歲，比李治大四歲。一個沒有人生經驗的年輕男人，一旦落到一個備嚐風霜，充滿機心，年齡又成熟了的美麗女人之手，就好像一隻蒼蠅落到蜘蛛網上，除了粉身碎骨外，很難逃生。僅僅幾個月功夫，李治就成爲她掌中玩物。武照遂開始她第一個目標：皇后寶座。明年（六五五），她把她剛生下來的女兒親手扼死，然後誣陷是王皇后下的毒手，這個殺女案不久就發展成爲王皇后與她的家人，以及蕭淑妃也參加的，圖謀對李治不利的謀反案，興起宮廷大獄。結果把王皇后、蕭淑妃各打一百棍，砍斷手足，再投到酒缸，聽她們哀號而死。李治正式册封武照當皇后，距她離開感業寺只有一年七個月，攻勢之凌厲與無情，使人驚駭。

武照完成第一個目標後，接着追求第二個目標：權力。這當然需要非凡的設計與耐心。

李治頭部經常劇痛，雙目不能睜開。武照就跟李治同時出現在金鑾殿上，聽取大臣報告，並由武照裁決，政府官員稱她們夫婦爲「二聖」，政府的控制權遂無聲無息的滑到武照手中。武照所需要的是李治這樣不生不死痛苦的活下去，使她有充份的時間剷除反對她的人，並埋伏下自己的力量。然而李治活的未免太久，他在位三十五年，到八〇年代六八三年才死。

——武照後來對李治厭惡入骨，但她能控制自己，沒有謀殺他，這是她絕頂聰明的地方。李治死後，武照所生的第三子李顯繼位，只有三個月，武照把他罷黜，立她所生的第四子李旦當皇帝，武照以皇太后身份臨朝聽政，李旦完全成爲木偶。這樣維持了七年，到九〇年代六九〇年，武照認爲時機已經成熟，再把李旦罷黜，自己坐上皇帝的寶座。唐王朝，這個聲勢烜赫，當時世界上最大的帝國，被武照不動聲色的取消。武照是中國歷史上第一個，也是唯一的一個女皇帝，她建立的王朝稱南周王朝。

武照是一個傑出的女人，具有絕頂的才幹和智慧，她苦心孤詣二十八年才當上皇太后，再苦心孤詣七年才當上皇帝，那時已是六十七歲的老太婆了。在那個時代，可以想像到的，幾乎所有的人都反對她，李姓皇族和政府全體官員，以及當時的儒家學派禮教社會，無一不拒絕一個女人擔任皇帝。所以武照用她自己的方法保護她的王朝，即任用酷吏，無情而擴大的執行冤獄政策，作大規模但表面合法的屠殺。凡是反對她的人，或被認爲反對她的人，以及酷吏所網羅的人，一律用法律判決他們謀反，連同家屬或家族，一併處斬。包括李治的舅父長孫無忌（李治所以能立爲太子，完全是舅父之力），和武照親生的兩個兒子——長子李弘，次子李賢。而且連武照的嫡親孫兒，也都被這位應該是慈祥的老祖母鞭死。

——只有無限權力才有如此猛烈的毒性，使一個母親和祖母瘋狂成武照這種樣子。

一二、酷吏與酷刑

南周王朝政權是一個赤裸裸的特務政權，建立在酷吏主持的詔獄系統之上。名義上是武照在統治，實際上是酷吏集團在統治。

法律的好壞，不在「法條」的本身，而在「訴訟法」的執行。不在如何處罰犯罪，而在如何確定犯罪。唐王朝的法律，是中國各王朝法律中最完善的一種，但因中國古政治思想缺乏人權觀念，所以中國始終不能產生證據主義的訴訟法，唐律自不例外。於是酷吏的酷刑就代替訴訟法，法官在偵查報告時，不追求事實，只追求口供。一個人明知道一旦誣服謀反，即將全族被屠，而仍「坦承不諱」「自動招認」，這便是酷吏的功能。

武照所組成的酷吏集團，最有名的可舉出下列數人：

來俊臣　武照最親信的助手之一，在他當權時，除了武照自己和武姓親屬外，所有政府官員和牽連所及的民眾，都在他的刑事訴訟法——酷刑之下發抖。任何人（包括親王、宰相）只要由來俊臣逮捕審訊，很少能活着走出獄門。他審訊被告時所用的酷刑，僅只「枷」一項，就有十種使人心悸的名號：「定百脈」「喘不得」「突地吼」「著即承」「失魄膽」「實同反」「反是實」「死豬愁」「求即死」「求破家」。其他酷刑，也各有名稱，而且美麗香艷，充份表示對人權和對人性尊嚴的摧折和戲弄。如「鳳凰展翅」，把被告手足綁上短木，像扭絞繩索一樣的扭絞雙臂。「驢駒拔橛」，把被告綁到柱子上，用繩子繫着頸項，向前牽引，如果不及時招認，脖子就會被拉斷。「仙人獻果」，敎被告赤裸着身體跪在碎瓦礫上，雙手捧枷，舉過頭頂。「玉女登梯」，敎被告爬上高梯，用繩子拴着脖子，向背後牽引，或窒息而死，或跌下摔死。

來俊臣不僅是實行家，還是理論家。他著有羅織經一書，是人類有史以來第一部製造冤獄的經典，經上指示的程序有七：

一、先確定對象。

二、由特務們從四面八方向有關機關或當權人物，發出告密信件或檢舉信件。

三、等候有關機關或當權人物把這些信件，交下調查（事情發展到此，對象的命運已經確定。也可以說，當酷吏在確定對象時，對象的命運就已經確定，因爲那些涉及到謀反叛國巨案的信件，不可能不交下來）。

四、根據這些交下來的信件，把對象逮捕審訊。

五、審訊時施用酷刑，取得理想的口供。——注意的是，如果拒絕招認而死於酷刑之下，就又多了另一個罪名：「畏罪自殺」。被告只有兩條路可以選擇，一是招認，一是死於酷刑之下。事實上並不需要對每一個被告都施酷刑，如宰相狄仁傑等，就沒有受到拷打，只教他知道如果不合作將發生什麼，效果相同。

六、審訊時教被告們在口供中互相牽引，並擴大向社會牽引，人數多寡和範圍大小，由當權人物或酷吏決定。

七、把被告口供整理編撰，使互相吻合，毫無破綻。於是，程序完成，一件謀反叛國巨案，宣告破獲。

索元禮　武照情夫之一的薛懷義的乾爹，所以最得信任。他最大的本領是，只幾天功夫，就可以從一個被告牽引出一千個被告。被告交給他，跟交給來俊臣一樣，百死一生。他發明一種特製的鐵籠，教被告把頭伸到裏面，而裏面滿釘鐵針。有時他把被告倒懸起來，在頭部繫上石頭，使它下墜。有時用醋汁灌被告的鼻孔，直到招認或被窒息而死。有時用鐵圈套到被告頭上，在縫隙中打入木楔，直到招認或腦漿迸裂。

侯思止　一個不識字的法官，他對武照說：「我雖然不識字，可是我忠心除奸。」武照很欣賞他。侯思止以審訊宰相魏元忠一案而聞名，當魏元忠拒絕承認謀反時，他認為魏元忠空言狡辯，把魏元忠雙足縛住，在地上倒拖。

周興　他當權的時間很短，但他在冤獄史上的地位卻非常重要。有一天，武照把一件密告周興謀反的檢舉信件交給來俊臣調查。來俊臣跟周興是最好的朋友，而且那一天二人又恰恰在一起共進午餐。任何人都以為來俊臣一定會為他的好友昭雪，但這是不懂特務本質的人的想法。特務的本質是互相吞噬的，對越是要好的朋友越加殘忍，用以表示他自己的清白與忠貞。來俊臣問周興說：「有一個被告，態度非常頑強，不肯承認謀反，最好用什麼辦法對付他？」周興說：「簡單的很，把他裝到大甕（缸）裏，四周燃起炭火，他就非承認不可。」來俊臣教人如法佈置妥當後，對周興說：「有人告兄台謀反，我奉命調查，請君入甕。」周興的尷尬與狼狽，以及結局，是可以推斷的。從此，「請君入甕」一語，成爲中國最有名的成語之一。

一三、東西方世界

——〇〇年代・六〇七年（楊廣在啓民可汗王庭炫耀威風），日本帝國推古天皇遣使節小野妹子前來中國，中國遣使節裴世清赴日本報聘。

——二〇年代・六二二年（中國正逢十八年改朝換代混戰），回教教主穆罕默德在麥加被逐，率門徒逃到麥地那。回教徒即以本年爲回曆元年。

——三〇年代・六三〇年（中國擒東突厥頡利大可汗，李世民大帝被尊爲天可汗），穆罕默德攻陷麥加，建阿拉伯帝國。中國史學家稱之爲大食、天方。

——三〇年代・六三二年（中國擒頡利大可汗後二年），穆罕默德逝世，沒有兒子，政府設「哈利發」爲元首。

——三〇年代・六三八年（中國滅高昌王國前二年），阿拉伯帝國攻陷東羅馬帝國屬城耶路撒冷，回教從此在巴勒斯坦傳播。

——四〇年代·六四六年（中國滅薛延陀汗國），㈠阿拉伯帝國攻東羅馬帝國北非領地，陷亞歷山大城。回教從此在北非傳播。㈡日本帝國「大化改革」，全盤吸收中國文化。

——六〇年代·六六一年（中國滅百濟王國前二年），阿拉伯帝國第四任哈利發被刺死，大臣穆阿偉亞自立爲第五任哈利發，廢除選舉制，改爲父子世襲，並把首都從麥地那遷到大馬士革。西洋史學家稱之爲奥米亞王朝，中國史學家稱之爲白衣大食。

——七〇年代·六七二年（吐蕃王國滅吐谷渾汗國），日本天智天皇逝世，皇弟大海人起兵攻皇太子大友，大友兵敗自殺。大海人即位，是爲天武天皇，史學家稱「壬申之亂」。

第二十一章 第八世紀

本世紀一開始，武照的南周王朝即告滅亡，唐王朝復辟。但宮廷又陷於混亂，發生皇帝皇后被殺的流血慘劇。幾經變化之後，帝位被親王之一的李隆基獲得，局勢才告穩定。

可惜李隆基在位的時間太久，幾佔去本世紀的一半。他年輕時曾把社會帶上高度繁榮，但他的聰明才智，隨着他的年齡日老而日漸消失。五〇年代後，中國第二個黃金時代在他手中結束。

中國經一百三十年的超級強大，又走上了下坡。

一、一連串宮廷政變

武照的南周王朝先天的注定它無法通過瓶頸，那就是，武照沒有能力解決她的繼承人問題。如果把帝位傳給兒子，帝位本就是奪自兒子的，不過物歸原主，南周王朝一定消滅。如果傳給侄兒，當然可以保存南周王朝，但在感情上兒子總是血親，而且武照只是一個野心家，當了皇帝，已心滿意足，她並沒有高級的政治理想，要建立一個武姓世襲帝國。更有一個原因，她也怕傳給侄兒會激起強烈的反應。分歧複雜的原因使武照不能下定決心，她知道人們都在等待着她的死亡，以便恢復正常。她唯一的辦法是命李姓子弟跟武姓子弟到神廟盟誓，互不殺害。她也知道這種辦法不過瞎胡鬧，但她已經計窮。就在她處於極端困難時，發生政變。

〇〇年代七〇五年，宰相張柬之奉迎李顯復位，派兵把武照逐回皇太后應該居住的上陽宮。武照已八十二歲，受不住這一生中最後的當頭一棒，狼狽回到上陽宮後即一命嗚呼。南周王朝自然隨之而去，它在歷史上出現短短十六年，對人類文化最大的貢獻是一部羅織經。

唐王朝中斷了十四年之後，於此復國。然而，李顯跟他老爹李治一樣的昏庸，復辟不久，他的妻子韋皇后就效法婆母武照往年故事，跟李顯同時出現在金鑾殿上聽政。並且跟武照的侄兒之一的武三思私通，把武姓家族置於新政府的保護之下，幫助李顯復國的張柬之等一批忠心耿耿的大臣，反而被祭起「誣以謀反」的法寶，落在酷吏之手，全部處死。一般人所期望的中興氣象，完全落空。當權人物除了武姓戚族（不久以前還是皇族）外，又多出了韋姓戚族。尤其是李顯最寵愛的小女兒安樂公主，她跟她母親韋皇后，公開招權納賄，把國家官爵，分別標定價格，縣長若干，州長（刺史）若干，公開兜售，價款繳足，母女就用皇帝名義，通知中書省發佈人事命令，這種官員，當時稱爲「斜封官」——皇帝下達中書省的諭旨，都斜着封口，表示不必再交門下省審查。安樂公主經常把詔書寫好，用手遮住內容，請老爹簽名。李顯愛女心切，竟然也不看到底寫些什麼，簽名了事。然而，事情不能到此爲止，韋皇后希望丈夫早日死掉，以便她步婆母武照的後塵，也當女皇帝。安樂公主要求父親立她為皇太女，李顯知道大臣們不會接受這個決定，不肯答應。於是女兒也希望老爹早日死掉，母親當女皇帝時，她就可成為合法的繼承人。

權力慾望使母女喪失人性，一〇年代七一〇年，她們把毒藥放到李顯吃的餡餅裏，這個老實的好丈夫好父親，竟死在愛妻愛女之手，總共當了六年皇帝。他死之後，韋皇后沒有親生兒子，就立李顯跟姬妾生的一位十六歲的兒子李重茂繼位，而由她以皇太后的身份主持國政。他們把政治看的太簡單了，武照佈置她的勢力費去二十餘年功夫，還不敢動謀殺念頭，而韋皇后只在短短的六年後，在沒有完全控制住局勢之前，就把自己的能源切斷。第六世紀北魏帝國胡太后所面臨的大風暴局面，重新出現。母女們只高興了十九天，李顯的侄兒李隆基親王率領禁衛軍衝入皇宮，韋皇后被殺，二十七歲的美麗少婦安樂公主，正在對鏡梳妝，變兵大刀一揮，人頭與寶鏡同時落地。

李隆基的父親李旦，是李顯的胞弟，上世紀（七）末，曾在母親武照手下當過七年的傀儡皇帝。李隆基發動政變時，他不知道。等到知道時，政變已經成功。於是把李重茂逐下寶座，由李旦繼位。兩年後（七一二），李旦把帝位傳給李隆基。

李旦是一個淡泊的人，對權力名位不太措意。但他的妹妹，也是武照唯一的女兒太平公主，卻完全遺傳了老娘的堅強性格，對政治充滿野心。李旦在位時，她通過哥哥的手，控制政府，當時七個宰相，其中五個是太平公主的黨羽。李隆基上台後，她發覺這位年輕的侄兒不太順服，計畫另立別的侄兒。李隆基察覺到這個陰謀，七一三年，他先下手為強，在首都長安戒嚴，展開大規模逮捕整肅，這位姑母只好自殺。一連串宮廷政變，延續九年，局勢才定。

二、兩洋海上交通

中國第二個黃金時代在酷吏酷刑和一連串宮廷政變陰影下，仍然繼續。

我們必須了解，酷吏酷刑不是偶發事件，而是一種常態。紀元前一世紀路溫舒所指出的現象，一直存在，並沒有改善。來俊臣之流的手段，並不能跳出這個傳統範疇。儒家學派政治制度下，「禮不下平民，刑不上大夫」，刑罰只是專爲平民而設，不可用來對付士大夫。所以任憑路溫舒怎麼爲平民呼籲，士大夫並不注意，因爲自信自己並沒有被政府酷吏苦刑拷打的危險。武照一下子用它來廣泛的對付士大夫，士大夫才震驚哀號，奔走相告。所以酷吏酷刑對士大夫的影響大，對平民的影響小，社會結構如故。至於宮廷政變，更只限於宮廷。平民對誰當皇帝，既無力量干預，也無興趣過問，社會的發展與運行也如故。所以黃金時代並沒有中斷，並且在李隆基建立一個安定的政府後，更爲蓬勃興旺。

首先是兩洋海上交通，進入一個新紀元。

西洋方面，指東南亞及印度洋沿岸。最早開始於第二世紀六〇年代一六六年，羅馬帝國的一位使臣，曾到日南（越南東河），聲稱奉羅馬皇帝安敦（安東尼）差遣，向中國皇帝致送象牙、犀牛角等禮物。這可能是商人的噱頭，藉此進行貿易，但他卻是有文字記載的第一個由海道到中國的西洋人士。第二位是第三世紀二〇年代二二六年，羅馬帝國商人秦倫，乘船到交趾郡（越南河內），交趾郡的郡長（太守）把他送到當時東吳帝國的首都建業（江蘇南京），覲見當時的東吳王孫權。中國人什麼時候由海道前往西方，沒有記錄。但沒有記錄，並不是沒有事跡，茫茫大海中，既有人冒險尋覓出一條航路，這條航路自不可能私藏，商人循跡往返貿易，應在意料之中。但定期航行，卻延遲到本世紀（八），才正式大開。中國沿海幾個最大港口，如交州（越南河內）、廣州（廣東廣州）、泉州（福建泉州）、明州（浙江寧波），都是跟西洋大規模通航下的產物。而諸港口中，又以廣州爲集散地。前往西洋（東南亞、印度）的商船，先由中國其他各小港口集中廣州，作最後一次飲水食糧補充，然後出發。由西洋到中國的商船，也先到廣州，再北上其他港口。

遠洋船舶與近海船舶，構造不同，船員需要特殊技能。而當時阿拉伯帝國商船隊，靠此兩者掌握海上商業霸權。廣州港內擠滿了阿拉伯船舶，中國商船只能屈居第二位。另外還有南海商船（馬來亞半島諸國）、波斯商船（阿拉伯帝國屬地）、崑崙商船（非洲東岸諸國）、師子國商船（錫蘭島）、婆羅門商船（印度次大陸諸國）。爲了處理這些商船的停泊供應，以及商品貿易和人員管理，中國政府在廣州設立一個機構，名「市舶司」，首長稱「市舶司使」，由廣州地方首長（嶺南戰區節度使——節度使）兼任。

當時定期航運，有下列六線：

一、廣州——波斯（伊朗）

二、廣州——美索不達米亞（伊拉克）

三、廣州——亞丁（阿拉伯帝國本土）

四、廣州——師子國（錫蘭島）

五、廣州——南海（馬來亞半島）

六、廣州——闍婆（爪哇）

中國跟東洋海上交通，指朝鮮半島、日本、琉球。

一、朝鮮半島航線　這是中國對外最早，海程最短的航線。在有文字記載前，就已開闢。中國與朝鮮半島諸國，只隔一道黃海，從中國遼東半島或山東半島任何一個港口出發，都可以毫無困難的到達朝鮮，實際上與內海航行，無太大差別。

二、日本航線　中國與日本交通，遠落在朝鮮半島之後。紀元前三世紀八〇年代前二一九年，嬴政大帝派遣使節徐福率領童男童女三千人，前往日本（蓬萊）求不死藥。這個第一批前往日本的龐大探險隊不再返國的影響之一是，中日間航線不能馬上建立。第一世紀五〇年代五七年，日本列島上諸國之一的倭奴國，派遣使節泛海到中國朝貢，中國皇帝劉秀特別封它的首長當國王，並頒發給他一個「漢委奴國王」玉印。自此以後，商人來往漸多。本世紀（八）時，已有兩條航道：一由山東半島成山角（山東榮成）出發，沿朝鮮半島南端，到達日本九洲島北部肥前。一由明州（浙江寧波）出發，到達日本九洲島南部長崎。

三、琉球航道　琉球（琉球群島）是一個比日本還古老的王國，最初名「夷邪久國」。

第三世紀時，中國遙稱它爲「夷洲」，而遙稱日本爲「亶洲」。二三〇年，中國三國時代東吳帝國皇帝孫權派遣大將衛溫，泛海東征亶洲（日本）。衛溫到了夷洲（琉球）後，不敢再進，擄掠數千琉求人而返。從明州（浙江寧波）到日本，順風順流時，三日三夜可到。從福州（福建福州）到琉求，順風順流時，五日五夜可到，有時三日三夜也可以到。但從這兩個港口，由陸路去首都長安，步行至少也要一個月。

——有一件事可注意的，台灣島比琉球約大四十倍，而且距大陸更近，但中國直到十四世紀，還沒有把它發掘出來，只知道有這麼一塊陸地，陸地上有生番而已。在航向琉球途中，有時可以望見台灣的山峰，所以遙稱台灣爲「小琉球」，有時又稱爲「毗舍耶國」，但始終沒有覓出一條航路。我們想到的原因是：台灣海峽只有南北海流，而無東西海流。只有南北季風，而無東西季風。帆船時代，很難橫斷航行。即令船舶損壞，失去控制，也只會北漂到琉球，南漂到越南，不容易漂到台灣。

三、商業都市興起

兩百年間，地球上有三大超級強國：位於南歐的是東羅馬帝國，位於西南亞的是阿拉伯帝國，位於東亞的是萬年不倒翁的中華帝國。中國與羅馬因地理相隔，不易接觸，但跟阿拉伯帝國和阿拉伯以東地區諸國，卻有陸海兩路頻繁的交通。商業繁盛必然促使新興都市的崛起，除了沿海的交州、廣州、福州、明州之外，在內陸還有洪州（江西南昌）、揚州（江蘇揚州）。在西面則有沙州（甘肅敦煌）、涼州（甘肅武威）、益州（四川成都）。都市中的都市，自然是首都長安，陪都洛陽。

以廣州爲例，可以了解當時都市的形態。廣州一地，僅西洋僑民（大多數是阿拉伯人），估計總在二十萬人以上，他們居住在一起，單獨成爲一個社區，社區內街道縱橫，完全阿拉伯式建築。有自己的行政管理，並使用自己的法律，只在跟中國人發生爭執時，才由中國政府用中國法律裁決。這好像是不平等條約下的領事裁判權，但不同的是，這種特權是中國政府主動授予。西洋人到廣州後，往往續向內陸深入，以求更厚的利潤。於是分爲兩道，一道由陸路北上，經大庾嶺到洪州（江西南昌）。另一道由海路前往沿海其他港口，或從長江到揚州（江蘇揚州）。揚州是楊廣絞死的地方，西洋僑民估計至少有數萬人，商船、酒店、旅邸，以及以美色聞名的妓女，使揚州成爲被羨慕的天堂和詩人讚美的主題。張祜詩：「十里長街市井邊，月明橋上看神仙。人生只合揚州死，禪智山光好墓田。」（神仙，指妓女，形容妓女美如神仙。）杜牧詩：「落魄江湖載酒行，楚腰纖細掌中輕。十年一覺揚州夢，贏得青樓薄倖名。」徐凝詩：「天下三分明月夜，二分無賴是揚州。」顯示出揚州這個商埠的紙醉金迷。

但中國最繁華的都市，不在東南，而在西北。河西走廊在大分裂時代，兵馬踐踏，荒涼不堪。自上上世紀（六）末葉，全國統一後，因與西域（新疆省及中亞東部）以及更西諸國的交通恢復，水利建設跟着發達，遂成爲一個廣大的黃金走廊，稻麥稼禾，青蔥千里，人給戶足，以致諺語說：「古涼州，甲天下。」商業都市從敦煌到長安，一連串排列下來，像一條條燦爛奪目的珠寶帶。尤以敦煌爲最，它同時還是一個中國與西方文化交流中心，用各種文字，如華文、西藏文、梵文、于闐文、龜茲文、粟特文、突厥文，寫成的佛教經卷和文學作品，在市面上流行，供應過往的各國商旅行人購買。

西南地區的成都，也是財富集中地，當時又有諺語：「揚州一、益州二。」揚州通海，是水陸碼頭。益州（四川成都）則純是內陸貿易，南臨新興的南詔王國，商人們可以穿過南詔，到達印度，不過道路艱險，並不能構成貿易動脈。所以成都的繁盛顯然不靠對外貿易，益州四周是一個富庶的大盆地，它本身的條件就夠它發展。

首都長安，集中全國精華。它除了是全國政治文化中心外，同時還是全國商業中心。跟任何國家的首都一樣，長安市民大部份是消費者，人口密集。內有東西方四十餘國僑民，包括遠自非洲來的黑人（崑崙奴）。他們很多在長安永久居留，開設商店酒家，用西洋女子作招待（胡姬），以與中國的男性酒保競爭。他們往往跟中國人通婚，連姓氏也都中國化。大多數都操中國語文，而且有很高的文學造詣，有些人還參加科舉考試，成爲中國政府正式官員。如進士及第的李彥昇，就是阿拉伯人。

中國被當時各國崇拜的程度，遠超過其他兩大超級強國，因爲東羅馬帝國和阿拉伯帝國對宗教是排斥性的，只有中國對各種宗教兼容並包。回教隨着阿拉伯人的足跡先到中國，此外還有景教（基督教的一支）、祆教（波斯拜火教）、摩尼教（波斯陰陽教），先後都傳入中國，教堂寺院，各地林立，尤以長安爲最多。中國高度發展的文化，使來到中國的各國人民，大多數以成爲中國人爲榮。他們來到中國之後——西洋人多爲經商，東洋人多爲求學，便不想再返回，千方百計的要留下。各國派到中國的使節，也往往不肯返回他的本國，就在長安定居，有些使節到中國已四十年之久，娶妻生子，成家立業，從言語到文字，全盤華化，但他在法律上仍是外國使節。本世紀（八）八〇年代時，這種只來不去的使節，就達四千餘人。他們來的時候，中國富饒，各國朝貢使節，一進入國境，中國政府即負責他們的飲食住宿，四千餘位（而且有增無已）使節，四十餘年招待，使第二個黃金時代結束後的中國政府不勝負擔。七八二年，宰相李泌命他們選擇，或仍保持他們的國籍，那就得早日回國；或放棄他們的身份，成爲中國國民。結果全部歸化爲中國國民。

四、唐王朝社會結構

中國社會結構，數百年來，一直沒有巨大變化。即令受到來自東西兩洋宗教上和商業上的衝擊，跟以前也沒有什麼特別不同。不過有若干部份隱晦，有若干部份突出。我們把它的縱剖面，作成下表：

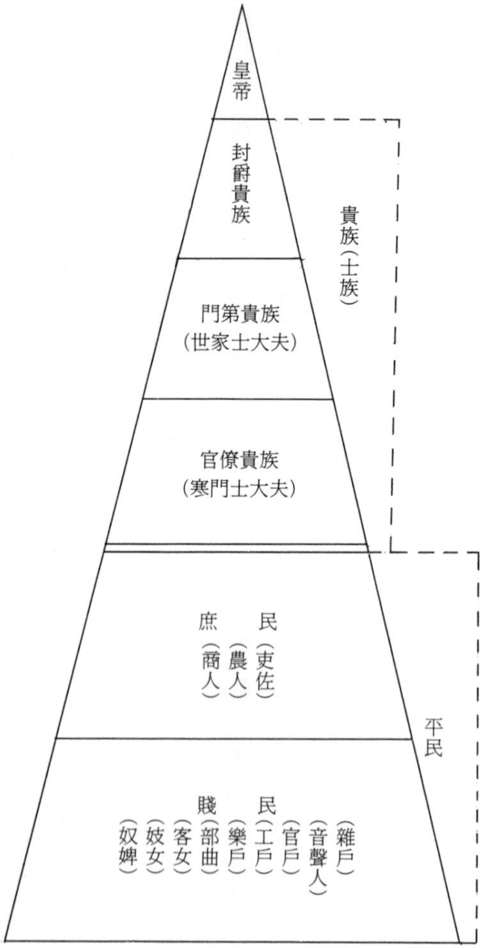

皇帝
封爵貴族
門第貴族
（世家士大夫）
官僚貴族
（寒門士大夫）
庶民
（吏佐）（農人）（商人）
賤民
（雜戶）（音聲人）（官戶）（工戶）（樂戶）（部曲）（客女）（妓女）（奴婢）
貴族（士族）
平民

貴族，當時的術語稱爲士族，是國家的統治階級。統治階級的構成，包括三個部份：

第一部份是最尊貴的封爵貴族，即皇族、戚族、封王、封侯。皇族、戚族是天生的統治階級，封王、封侯則依靠爵位參與政權。

第二部份是門第貴族，即世家士大夫。南北朝時代那種把持政府、世襲官職的烜赫情形，到了唐王朝，仍有強大的殘餘勢力。北魏帝國頒定的那些「郡姓」，照舊成爲一種特殊階級，高居平民之上，繼續以做官爲唯一職業。這種門第貴族集團中，崔、盧、李、鄭、王，五個姓氏，也繼續保持五世紀時尊貴的地位，世稱「五姓」。他們的地位，在一般人心目中，有時候還超過皇族。一個例子可作說明，下世紀（九）時，中級官員鄭顥，正在跟盧姓議婚的時候，皇帝聽了宰相白敏中的推薦，命他娶萬壽公主。這是普通人家求之不得的榮耀，但鄭顥卻因斷了盧姓婚姻的緣故，把白敏中恨入骨髓，以致白敏中以後幾乎死在他手。五姓當然對自己的身價盡量利用，所以他們的女兒遂成爲詐財的工具。選擇女婿，除了門第相當外，還要索取巨額聘金，有時高達一百萬錢——即一千緡（貫）。唐王朝開國時宰相的年俸才三百六十緡，折合起來，一個女兒的聘金等於一個宰相三年的俸祿，如再折合糧食，等於三萬石稻米，即一百五十萬公斤稻米。這個數字至爲可驚。

第三部份是官僚貴族，即寒門士大夫。指出身寒微的現職官員。所謂「寒門」，就是平民階級中的庶民，他們普通情形是，通過科舉考試，如進士及第、明經及第，進入政府，擔任官職。一旦擔任官職，他就有資格擺脫他的階級，而擠入統治者士族之林。他們最初不能避免的因出身太低而受到門第貴族的輕視與排斥，但藉着權力和通婚——如娶五姓的女兒之類，就有機會進入門第貴族階層。

平民，包括兩個部份：

第一部份是庶民，即自由人。自由人中最尊貴的一個階層是吏佐，這是一種特殊身份，介於貴族與平民之間，但本質上卻是平民。用現代軍隊階級比擬，吏佐可稱爲士官，他們比士兵高一等，但他們永不能升爲軍官。他們只能從事諸如繕寫文件，管理檔案之類工作。當官員們橫施貪暴時，吏佐因爲多是本地人士，對本地情形比較了解，往往成爲人民最大的直接災害。他們如果想升遷到官員——士族的位置，只有一條路，那就是參加科舉考試。比吏佐低一等的是農民，這個居中國人口百分之九十以上的階層，卻跟政府最無緣份，而且在東西洋貿易中，處於被剝削的地位。只有商人是天之驕子，他們擁有比農民較好的享受，而且一旦和官員結合，還具有政治上的影響力。

第二部份是賤民，也就是奴隸，沒有個人的自由。雜戶，是政府直屬農奴，由地方政府管轄，戰時調發入伍。音聲人，地位跟雜戶一樣，歸太常寺管轄，世代擔任樂工。官戶，是罪犯之家，由司農寺管轄，男子爲農奴，女子多發配洗衣局。工戶，少府寺管轄，世代擔任工匠。樂戶，包括妓女、戲劇演員，和其他遊藝從業員，太常寺管轄。部曲，是貴族私人所屬的農奴，農奴的後裔永遠是農奴。客女，部曲家的女兒，是貴族所屬的女奴。妓女，首都長安地區的妓女，原屬太常寺，後來專設教坊管轄。奴婢，是最下等、最卑賤、最哭訴無門的奴隸，身體生命，全操主人之手。奴隸的地位與畜牲相等，而奴婢的地位卻比畜牲還低。

賤民階級是法律和貧窮的產物，罪犯的家屬，經政府明令沒入官府時，就變成賤民。然而大多數賤民都因爲貧窮，農民在無法活下去時，往往出賣子女爲奴爲娼、或自願拋棄自由，投奔身兼大地主的士大夫門下，充當部曲。

貴族跟平民的對立是嚴格的，只有「科舉」一條似有似無的狹徑，作爲庶民爬上貴族地位的階梯，而賤民則連這個狹徑都沒有。貴族爲了維持自己的既得利益，在政治法律以及風俗習慣上，都有對平民鎭壓性和隔離性的不平等規定。以婚姻爲例，貴族平民之間，絕對禁止通婚，跟賤民尤其不行。我們可舉一個著名的冤獄，作爲說明。江都（江蘇揚州）縣長吳湘因爲侵佔國家錢糧下獄，僅此並不能構成死刑。但不久就查出他的妻子竟是部曲身份顏悅的女兒，這種破壞「禮教」的罪行不可原諒，於是斬首。死了之後，後任法官又查出顏悅不但不是部曲，而且還當過青州（山東青州）官員，屬於官僚貴族階級，顏悅妻子的父母，也是士大夫，原判決錯誤。皇帝特地爲此頒下詔書，爲已死了的吳湘昭雪，並對原法官懲處。

五、文學發展

中國文學，始終在音韻作品方面邁進，由詩經，而楚辭，而漢賦，一脈相下傳遞。到了第四第五世紀，漢賦發生變體，成爲花枝招展的駢體文。直到本世紀（八），再發生變化，散文和短篇小說興起，白話文也興起。

駢體文是一種純貴族的文字欣賞，反覆不停的「四六」字句，好像乞丐唱蓮花落，使人有一種油腔滑調的感受。雖然有一部份文章家樂此不疲，但開始後不久就被摒棄。反駢體文的大將是被後人尊崇爲「文起八代之衰」的古文大師韓愈。八代，指八個王朝：東漢、曹魏、晉、南宋、南齊、南梁、陳、隋。這正是第三、第四、第五、第六幾個世紀駢體文盛行時代，也正是中國文學最黯淡的時代。韓愈主張恢復駢體文之前——第三世紀之前古文的體裁。即不講韻腳，不講對仗，有什麼直說什麼。這種古文，即我們所稱的散文。

散文出現，對駢體文是一個大的傷害，駢體文逐漸萎縮到只限於一小撮士大夫圈子，專供皇帝詔書或大臣奏章之用。大多數士大夫逐漸採用散文，而且很有成就。如韓愈的祭十二郎短文，以平鋪直敍的結構，表達他喪侄的沉痛。柳宗元的永州八記，以同樣筆法，表達他對風景的印象，都是駢體文無法表達的作品。

除了散文，同時也產生了從前所沒有的短篇小說。這個突破跟科舉制度的不夠嚴肅有關，唐王朝的考試不如後代愼重，政府權貴人物，如公主、親王之類，往往事先指定人選，甚至指定名次。應考士子的激烈競爭，不在試場，而在試場之外的權貴之門，他們不惜用種種方法，博取有權大佬的垂青。其中一個方法是，把自己寫的文章，先行送請權貴鑑賞。

文章與文學不同。文章是表達思想的短文，形態類似現代中學生課堂上的「作文」，字數從幾百字到一兩千字左右不等，堆砌經文典故，發揚儒家學派的仁義道德。諸如皇帝詔書、政府文告、大臣奏章、書籍序文、墳墓碑文、應試議論，以及文章家所寫的一些論說，都包括在內。所以，無論用駢體文寫的文章，或用散文寫的文章，其枯燥無味則一，除非不得已，沒有人要看。而應考士子的文章向權貴之門集中，堆積如山，權貴人物，更不會有胃口過目。爲了引起權貴的注意，士子們在進呈他們的文章同時，另附一篇或數篇趣味濃厚的故事，即我們所稱的短篇小說，希望從第一句起，就抓住讀者——權貴人物，使他不能不看下去，這正把握了短篇小說的特質。

在這種背景下產生的文學作品，最初都以神怪爲主。如白猿傳，敍述一個女子跟白猿同居，生下一個兒子，這兒子長大後在唐政府做到將軍之職。但大量的生產使它的取材越來越廣，如枕中記，敘述一個落魄少年，遇到一位老翁借給他一個枕頭，他在夢中娶崔家（五姓之一）女兒為妻，又進士及第，一帆風順，官至宰相，然後年老逝世。大夢隨着他的死而驚醒，發現借給他枕頭的老翁正在他身旁燙酒，還沒有燙溫哩。這可看出道教思想已影響到知識份子的人生觀。又如鶯鶯傳、霍小玉傳，提出社會問題，兩篇內容相似，敘述男女戀愛故事，最後女主角都被海誓山盟的男主角拋棄。拋棄的原因是，唐王朝階級森嚴，寒門士大夫不願跟平民締婚，以免葬送跟世家士大夫締婚的機會。

無論散文和短篇小說，都是文言文寫成，所以它們只是貴族文學，跟佔全民百分之九十九以上的平民無關。平民文學一直是一片空白，但時機已經到來，一種專為平民服務的白話文寫成的散文小說，大概在第五世紀就開始出現。一旦出現，即迅速傳播。這種白話文作品，當時不稱白話文而稱「變文」，大概是由艱深變淺易，由文言變口語之意。白話文的對象不是貴族，貴族也瞧不起白話文，白話文的對象是廣大的民眾群。

白話文起因於佛教的傳播，佛經雖然大量譯成漢文，但用的是文言，文言本已深奧，再加上很多新的名詞和新的語法，遂使譯出來的佛經成為一種詰屈聱牙的天書，只有士大夫階級中少數受過特殊訓練的人，才看得懂。在這種情形下，要想民間接受，就必須靠文言文的再翻譯——譯成白話文，即變文。然後根據白話經文，用口頭向民眾宣講。這些經文，每一篇或每一部（長篇）都是一個引人入勝的故事。如維摩詰變文，敘述居士維摩詰生病，釋迦牟尼派他的門徒之一文殊前去探病，在探病時，維摩詰大顯神通。如大目乾蓮冥間救母變文，敍述目蓮到地獄中，千辛萬苦，把他母親救出苦海。這些白話經文在寺廟或街頭宣講時，聽眾心驚魂駭，恐怖和懊恨使他們痛哭流涕，沉緬於歷歷不爽的因果報應之中，不知不覺皈依佛法。

白話文因傳揚佛教而發生，最初只限於對佛經的再翻譯，後來逐漸脫離佛教，逐漸出現中國人自己的創作，完成純白話文學，內容就更豐富。社會、愛情、戰爭，都成題材。如列國傳，敍述伍子胥爲父報仇的故事。明妃傳，敍述王昭君嫁匈奴單于的故事。白話文學是大眾文學，愛好它的人數遠超過愛好貴族文學的人數，文言文學一直跳不出官僚的小天地，白話文學則植根民間。

六、唐詩

文學中的詩歌部門，本世紀（八）有驚人的成功。在中國第二個黃金時代鼎盛時，同時興起詩的黃金時代。到了政治性黃金時代結束之後，詩的黃金時代卻仍然繼續下去，保持二百餘年的巔峰。

世界上任何文學作品都可以譯成其他文字，只有詩不能。即令有絕世奇才能譯其他國家的詩，也不能譯中國的詩，中國詩是世界上唯一無法翻譯的文學作品。因爲中國詩的主詞是隱藏的，譯時必須加上主詞，就意味全失。而漢文方塊字是中國詩的主要成份之一，靠方塊字的排列組合和含糊模稜的意思，即產生一種繪畫般的詩意。拋棄方塊字而譯成其他文字，就像美女拋棄了容貌一樣。所以中國詩不但不能譯成外國文字，也不能譯成中國的白話，詩是漢文所發揮的最高藝術。

在紀元前十二世紀詩經時代，只有三言四言（三字一句或四字一句）。到紀元後四世紀大分裂時代，才進步爲五言。第六世紀隋王朝統一中國，才再進步爲七言，完成詩的形式。上世紀（七）女皇帝武照把詩列爲科舉考試中的主要課目，詩遂成爲知識份子必修課程，就如春花爭放，更爲普及。

中國最偉大的詩人，有半數以上出生在唐王朝。我們用三位詩人作代表，說明詩黃金時代的成果。

岑參　南陽（河南南陽）人，他的英雄氣概使他的詩氣吞山河，在帝國不斷對外戰爭中，他歌頌荒漠中捍衛國土的戰士。中國是一個戰爭文學最貧乏的國家，岑參悲壯的感情，在詩的領域中開闢一個新的天地，使一些斤斤計較私人感情的詩人，黯然失色。所以我們稱他爲「詩雄」。舉他的走馬川行奉送封大夫出師西征一詩爲例：

君不見走馬川行雪海邊，平沙莽莽黃入天。輪台九月風夜吼，一川碎石大如斗，隨風滿地石亂走。匈奴草黃馬正肥，金山西見煙塵飛，漢家大將西出師。將軍金甲夜不脫，半夜軍行戈相撥，風頭如刀面如割。馬毛帶雪汗氣蒸，五花連錢旋作冰，幕中草檄硯水凝。虜騎聞之應膽懾，料之短兵不敢接，車師西門佇獻捷。

（走馬川，位於車師前王國故地【新疆吐魯番市】西境。雪海，指沙漠。輪台【新疆輪台】，西漢王朝時中國在西域屯墾區中心。金山，即阿爾泰山。五花、連錢，都是名馬。旋，馬身上旋毛。）

李白　一個身世可悲的浪漫詩人，他原籍成紀（甘肅秦安），但生在西域碎葉城（吉爾吉斯托克馬克城），母親可能是外國人。他幼年生活在綿州昌明縣（四川江油），以喜歡飲酒聞名於世。李白是樂天的，在他詩中很少與人生相連的現實情調。他有豐富的想像力，又對儒家學派的始祖孔丘，輕蔑嘲笑，這兩者都是傳統知識份子所缺少的東西，因之他對一般人所重視的權力和財富，視如浮雲。他一生中從沒有擔任過公職，而只把生命貢獻給詩。他操縱詩句像魔術師操縱手帕一樣，翻騰變化，運用自如，中國人尊稱他爲「詩仙」。下面是他的一首將進酒：

君不見黃河之水天上來，奔流到海不復回。君不見高堂明鏡悲白髮，朝如青絲暮成雪。人生得意須盡歡，莫使金樽空對月。天生我才必有用，千金散盡還復來。烹羊宰牛且爲樂，會須一飲三百盃。岑夫子，丹邱生。將進酒，盃莫停。與君歌一曲，請君爲我傾耳聽。鐘鼓饌玉不足貴，但願長醉不願醒。古來聖賢皆寂寞，惟有飲者留其名。陳王昔時宴平樂，斗酒十千恣歡謔。主人何爲言少錢，逕須沽取對君酌。五花馬，千金裘。呼兒將出換美酒，與爾同銷萬古愁。

（金樽，即酒盃。岑夫子，詩雄岑參。丹邱生，李白好友之一元丹邱。陳王，曹植、三國時代曹魏帝曹丕的弟弟，名詩人。平樂，道教廟院平樂觀。）

另一位與李白齊名，但身世更可悲的偉大詩人杜甫，鞏縣（河南鞏義）人，但他曾祖父時代原籍襄陽（湖北襄樊）。他比李白小十一歲，在監督院（門下省）做過微不足道的低級官員（左拾遺）。中年後遇到安史兵變和更大的貧窮，致使他的愛子餓死。他的詩對於權貴人物窮凶極惡的奢侈浪費，以及平民所受的剝削迫害，有沉痛的反應，大多數詩句都爲此呼號吶喊。杜甫的詩不單靠他的天才，而靠他的千錘百鍊，一字一心都苦苦的追求工整，一絲不苟。所以他被尊稱爲「詩聖」。舉他石壕吏一詩爲例，這首詩寫在第二個黃金時代結束之後，中國正陷於混戰：

暮投石壕村，有吏夜捉人。老翁踰牆走，老婦出門看。吏呼一何怒，婦啼一何苦。聽婦前致詞：「三男鄴城戍。一男附書至，二男新戰死。存者且偷生，死者長已矣。室中更無人，唯有乳下孫。有孫母未去，出入無完裙。老嫗力雖衰，請從吏夜歸。急應河陽役，猶得備晨炊。」夜久語聲絕，如聞泣幽咽。天明登前途，獨與老翁別。

（鄴城，即鄴郡，今河南安陽市，九節度使在此圍攻安慶緒而大敗。河陽，河南孟縣。）

唐王朝的詩，被稱「唐詩」。一直留傳到二十世紀仍可查考的，詩人有二千三百餘人，詩有四萬八千九百餘首。上自帝王將相，下到賤民階級的妓女奴婢，都有很成熟的作品，可稱爲中國文學史上最光輝的時代。從此之後，直到二十世紀初期，一千三百年之久，詩和知識份子不可分。凡是知識份子，差不多都是詩人，他們或多或少都有他們的詩篇或詩集，只不過很少能超過唐王朝詩人的貢獻。所以對中國詩人而言，如果說他的詩像「唐詩」，他會大大歡喜。如果說他的詩像「宋詩」「明詩」，他恐怕要嗒然若喪。

七、五〇年代對外挫折

現在，我們回到政治領域。

上世紀（七），唐政府在邊疆曾設五個總督（都護）。本世紀（八）更在五個總督之外，增設十個戰區，戰區司令官稱「節度使」。十個戰區名稱，列於下表：

戰區	首長	司令部所在地	主要任務	註
平盧	節度使	營州（遼寧朝陽）	防禦室韋部落，及渤海王國。	後移青州（山東青州）
范陽	節度使	幽州（北京）	防禦奚部落，及契丹部落。	

河東	節度使	太原（山西太原）	支援單于總督府，防禦東突厥汗國。	
朔方	節度使	靈州（寧夏靈武）	防禦回紇汗國。	
河西	節度使	涼州（甘肅武威）	斷絕回紇汗國與吐蕃王國交通。	
隴右	節度使	鄯州（青海樂都）	防禦吐蕃王國	
安西	節度使	龜茲（新疆庫車）	統四鎮，防禦中亞諸國。	又稱四鎮節度使
北庭	節度使	庭州（新疆吉木薩爾）	防禦西突厥，突騎施，堅昆諸汗國。	
劍南	節度使	益州（四川成都）	防禦吐蕃王國，及南詔王國。	
嶺南	五府經略使	廣州（廣東廣州）	綏靖南中國夷民族，及獠民族。	後改稱節度使

總督只負責軍事，而戰區司令官（節度使）除了軍事外，還掌握行政權和財政權，戰區所轄各州，州長（刺史）以下官員，節度使都有任免之權，稅收田賦也不向中央政府繳納，留下來作爲軍費。目的在於集中力量，發揮高度戰力。時人稱之爲「藩鎮」，意思是國家的屏藩和重鎮。當十節度使設立之初，共擁有步騎兵四十八萬六千九百人，中國重兵百分之九十都在邊疆。

但在如此注意邊疆之際，邊疆卻不斷遭到挫折。

首先是雲南地區。紀元前二世紀時，西漢王朝曾在滇國（雲南晉寧）設立益州郡。紀元後三世紀時，蜀漢帝國宰相諸葛亮曾在那裏七擒蠻族的酋長孟獲。但大分裂時代後期，終於脫離中國。諸部落互相併吞，到了上世紀（七），只剩下六個部落，六個酋長都稱自己是王。當地語言，「王」的發音爲「詔」，所以中國就稱之爲「六詔」。本世紀（八）三〇年代，六詔中最南的一個「詔」皮羅閣，統一了其他五個「詔」，建立南詔王國，定都太和城（雲南大理），向中國朝貢，請求册封。中國於七三八年册封他爲雲南王。

南詔王國的建國，正逢中國第二個黃金時代末期，酒肉宰相楊國忠任用大酷吏鮮于仲通當劍南戰區（四川成都）司令官（節度使），鮮于仲通任用小酷吏張虔陀當雲南郡（雲南姚安）郡長（太守）。雲南郡距太和城直線只有一百公里，是南詔王國到中國的必經要道。使節入境之後，依南詔的禮節，夫婦要共同拜會地方首長，於是，張虔陀就留下使節的妻子陪宿。又一再索取南詔王國無法供應的巨額賄賂，稍不如意，就派人到太和城辱罵，又不斷向中央政府誣告南詔王國種種罪狀，要求懲處。南詔王國第二任國王閣羅鳳忍無可忍，於五〇年代七五〇年，奇襲雲南郡，把張虔陀殺掉。明年（七五一），鮮于仲通動員八萬大軍進攻，閣羅鳳表示謝罪，並表示願意退出所佔領的土地。他警告說：「如果中國逼我太甚，我就投降吐蕃王國。那時整個雲南地區，恐怕都非中國所有。」鮮于仲通這種昏暴人物是不會爲國家着想的，他繼續進兵，結果被南詔兵團誘到洱海旁，全部殲滅，士卒死亡六萬餘人，一萬餘人被俘。閣羅鳳乘勝佔領現在的雲南省全境。他在太和城下立了一個石碑，敍述事件經過及原因。他說：「我的後裔終有一天仍會歸附中國，到那時可把這個碑指給中國使節看，讓中國知道，我們今天這樣作，不是我們的本心。」楊國忠接着發動了一連串攻擊，每次都在萬山叢中被擊敗，前後共死二十餘萬人。歷史上有一個現象，腐敗的政府很難產生傑出的統帥。當時所派遣的將領，全是用不尊嚴手段達到尊嚴地位的飯桶，根本沒有取勝的可能。只爲了張虔陀和鮮于仲通兩個酷吏，使中國所能徵調的最精銳的部隊，死亡殆盡。

跟雲南地區挫折的同時，在遙遠的中亞荒漠草原上，中國也受到同樣打擊。七五〇年，安西戰區（新疆庫車）司令官高仙芝（他是朝鮮人），攻陷石國（烏孜別克塔什干市），俘擄了它的國王和王子。但王子在途中逃走，宣稱高仙芝如何僞訂和約，如何乘石國不備發動奇襲，以及如何屠殺老弱和刼掠財物。中亞諸國被這位能言善道的王子所激怒，他們知道自己的力量不足以和中國爲敵，就向西方的阿拉伯帝國（黑衣大食）求援。阿拉伯帝國認爲滅亡中國的機會已到，立即派出一個強大的兵團東征，並下令軍中說，最先進入中國的將領，即被任命爲駐中國總督。高仙芝得到消息，於七五一年，率三萬餘人的洋華混合兵團，向西迎戰。在怛羅斯（哈薩克江布爾市），跟阿拉伯軍團二十萬人相遇，血戰五日，不分勝負。可是高仙芝所屬的葛羅祿部落派遣軍叛變，與阿拉伯內外夾攻，中國洋華混合兵團崩潰。高仙芝狼狽逃回，死傷二萬餘人。

這是一次重要的戰役，阿拉伯帝國雖然勝利，但勝利的過度艱苦，從此打消征服中國的念頭。而中國也從此止步，無力再向西開拓領土。

八、安史兵變

對外挫折，宣告國內黃金時代已到尾聲。

唐王朝第九任皇帝李隆基本來是一個英明人物，但他卻在位四十五年，任何英明人物掌握無限權力如此之久，都會墮落。他六十歲時，把他一個兒子的妻子，二十六歲的楊玉環召喚進宮陪他上床，封爲貴妃（小老婆群第一級）。楊玉環是中國歷史上美女之一，有無數的文學作品，包括詩、戲劇，和現代電影、電視，都以她爲主題。楊玉環以體態豐滿聞名於世，性情忠厚，對政治沒有興趣，也沒有任何供人指責的事跡。但她的堂兄楊國忠卻恰恰相反，楊國忠的智慧和能力都不能夠勝任宰相，但他的裙帶關係使他能夠勝任。他這個宰相僅兼職就達四十餘個，除了弄權和索賄外，不知道對國家的責任是什麼。一個廣大的貪汚網，在他手下迅速建立。而且，他不久就跟范陽戰區（北京）司令官（節度使）安祿山發生衝突。

安祿山是一個粗獷而幹練的將領，幾次到長安進謁皇帝，政府的腐敗和宰相以下官員們的顢頇無能，使他留下深刻印象。楊國忠向他索取巨賄，他一口拒絕，而且對楊國忠也不維持應有的禮貌。楊國忠不能忍受這種輕蔑，遂決心打擊他。於是，誣以謀反的法寶出籠，向李隆基一再告密，李隆基一再不相信。但在那種形勢之下，沒有人敢保證李隆基下一次仍不相信。五〇年代七五五年，楊國忠採取「逼他反」的手段，派遣警備部隊包圍安祿山在長安的住宅，逮捕他的賓客，全部處死，他希望安祿山有激烈的反應。安祿山果然震恐而且憤怒，他知道向皇帝申訴沒有用，所有的奏章都不能越過宰相這一關，他唯一的一條路就是叛變，他決定叛變。率領洋華混合兵團十七萬人南下，宣稱討伐楊國忠。楊國忠得到消息，大爲興奮，因爲事情終於證明他料事如神，可以順理成章的把安祿山緝拿歸案。不過安祿山的洋華混合兵團卻一路勢如破竹，深入六百公里，渡過黃河，攻陷洛陽。明年（七五六），再向西進擊，攻陷潼關。李隆基從長安倉促逃出，逃到了距長安只六十公里的馬嵬坡（陝西興平西），憤怒的禁衛軍包圍行宮，把楊國忠殺掉，屠滅他的全家，包括他的兒女和楊玉環兩位擁有極大權力的美麗姊妹。爲了防備復仇，禁衛軍要求李隆基處置楊玉環，李隆基只好把她絞死。但李隆基仍然貪婪不肯放棄寶座，他的兒子李亨不能忍受，逕行奔向西北五百公里外的靈武郡（寧夏靈武），宣佈即位，遙尊逃到成都（四川成都）的李隆基爲太上皇。

李亨並不能集結多少兵力，二十萬精兵都死在雲南。只有向北方沙漠，剛於四〇年代建國的回紇汗國第二任可汗英武可汗乞援，付出的報酬是：收復長安時，所有美女和財產，任憑回紇姦淫燒殺和擄掠回國。英武可汗滿意這個條件，所以很高興的出兵相助。恰在這時候，在長安剛登上皇帝寶座的安祿山因眼病而雙目全盲，心情煩躁，動輒殺戮。最後，當他要殺掉他的長子安慶緒時，安慶緒反而殺了他。七五七年，回紇兵團收復長安，在李亨的兒子李豫一再要求下，回紇答應等收復洛陽時再踐約。李豫的理由是，如果在長安即行燒殺擄掠，洛陽人民必定恐慌，勢將爲安慶緒死守。後來，洛陽被收復時，那些日夜盼望政府軍的人民，卻發現政府軍如此猙獰。

安祿山兵變由於他的大將史思明在范陽（北京）投降而結束，歷時三年零五個月。可是李亨並沒有眞正的大度量容納這個過去的叛將，祕密計畫把史思明殺掉。陰謀不幸洩露，史思明再度叛變，循着安祿山南下舊路線，渡過黃河，再行攻陷洛陽。然而他也重蹈安祿山的覆轍，當他凶暴的想殺掉他的長子史朝義時，史朝義也反過來殺掉他。這時，唐王朝皇帝已由李豫接任，他用他父親李亨同樣的條件，再向回紇汗國乞援。六〇年代七六二年，回紇軍團收復洛陽，洛陽遭到第二次惡運，距上次惡運僅只五年。洛陽的婦女兒童在恐懼中湧向聖善寺和白馬寺躲避，希望佛祖的神靈保護。結果回紇縱火焚燒，一萬餘人全被燒死，大火數月不熄。繁華蓋世的東都，再罹浩劫，從此一百年間，一片荒涼。唐政府的軍隊也效法回紇，兵鋒所至，對自己的同胞，比回紇兵團還要凶暴。黃河流域數百公里，殘存的人民，用紙張糊作衣服，苟延求生。

史朝義於七六三年自殺，第二次兵變也告結束，歷時三年零十個月。連同安祿山兵變，共歷時九年。

九、藩鎭割據

安史兵變雖然平息，但一百三十年的中國第二個黃金時代，卻一去不返。接着出現的是中央政府威信衰落和藩鎭（戰區）割據的新局面。

割據的形成，由於安史手下若干當節度使（戰區司令官）的大將，在投降中央政府時，仍握有強大的武裝部隊和重要據點。大亂之後，皇帝和宰相，心驚肉跳，不敢予以調動，命他們繼續擔任原職如故，只求表面順服，維持統一的外貌。這些節度使當然了解這種政治形勢，遂乘機取得合法的割據。不但軍事、財賦、行政，全部壟斷，甚至節度使（司令官）的職位，也父子相承，成爲無名有實的獨立王國。尤以左列位於黃河以北的四個戰區，擁有重兵，最爲強悍。中央政府在忍無可忍時，也曾數度起兵討伐，但四個戰區獨立不變，世人稱爲「河朔四鎮」：

戰區	總部所在	今地	註
盧龍	幽州	北京	前范陽戰區
成德	恒州	河北正定	恒州後改鎮州
魏博	魏州	河北大名	一度改天雄戰區
平盧	青州	山東青州	原在營州（遼寧朝陽），後遷青州（山東青州），一度遷至鄆州（山東東平）

四鎮之中，盧龍（前稱范陽）與平盧屬於原來的十個節度使，成德與魏博則是後來增設

。戰區本只設在沿邊，以防禦外患。安史兵變後，首都長安城外，全國逐漸都被劃作戰區，成爲對內抗衡和安置軍閥的工具。到本世紀（八）末，已陸續增加到五十個之多，到了下世紀（九），變更紛紜，幾乎處處都是戰區，處處都有節度使。

河朔四鎮職位的世襲，使其他戰區垂涎三尺，自然不斷發生爭取世襲的爆炸性事件。很多節度使的子弟，在父親或兄長逝世後，就發動將領們擁戴自己繼位。唐政府當然厭惡這種局面。八〇年代時，新即位的第十二任皇帝李适，決心重振中央權威。七八一年，恰巧成德戰區（河北正定）節度使李寶臣，與平盧戰區（山東東平）節度使李正己逝世，李适拒絕任命他們的兒子繼位。於是河朔四鎮聯合行動，宣告脫離中央，各自稱王，正式成立四個獨立王國。而淮寧戰區（河南汝南）節度使李希烈也乘機獨立，並於七八四年索性登極當上皇帝。李适動員全國各戰區兵力，先行攻擊李希烈。想不到當涇原戰區（甘肅涇川）的出征部隊，經過長安時，本希望得到賞賜，李适卻捨不得出錢，那些帶着眷屬預備領到賞賜回家養生的士兵，由絕望而憤怒，遂爆發兵變。李适急下令趕運二十車金銀財寶，可是恩典來的太遲。叛軍攻入長安，擁立大臣朱泚當皇帝。李适倉惶逃到梁州（陝西漢中）。

這時半壁河山，都已靡爛。幸而七八四年，忠於中央政府的軍隊，收復長安，朱泚被他的部下所殺。七八六年，李希烈也被他的部下所殺。而河朔四鎮在獲得中央政府准許世襲的保證下，取消王號。中國在外貌上仍是大一統的局面。可是，從此之後，唐王朝中央政府再也不敢觸怒任何藩鎮——包括河朔四鎮以外的其他藩鎮。像宣武戰區（河南開封）節度使劉玄佐於九〇年代七九二年病死，將領們擁立他的兒子劉士寧繼位，中央政府連一句話都不敢多問，立即任命。

一〇、西域的再喪失

安史兵變除了直接引起藩鎮割據，更引起嚴重外患，使西域（新疆省及中亞東部）再度喪失。

中國外患，一向來自北方。只有第七第八兩個世紀，外患來自西南。南詔王國已使中國受到內傷，吐蕃王國更砍斷中國的肢體，唐政府還沒有遭受過這麼大的覆敗。

上世紀（七），中國把文成公主嫁給吐蕃國王棄宗弄讚。本世紀（八）七一〇年，又把金城公主嫁給它的國王棄隸縮贊（棄宗弄讚的孫兒）。金城公主的嫁妝之一是「河西九曲」（即青海省東南黃河大轉彎成S形的地方），這一帶土地肥沃。吐蕃王國面積雖大，但位於世界屋頂，全屬叢山，可耕地很少，得到九曲地區像得到一個巨大寶庫，國勢大爲增強，終於超過中國所能控制的程度。

安祿山兵變後，中央把西部邊界屬於隴右戰區（鄯州．青海樂都）和河西戰區（涼州．甘肅武威）的軍隊，調往中原參戰，邊界等於沒有防務。吐蕃王國抓住這個機會，於六〇年代七六三年，沿着一千餘公里的邊境，發動全面總攻。一連攻陷嶲州（四川西昌）、維州（四川理縣）、松州（四川松潘）、涇州（甘肅涇川）。

吐蕃的攻勢十分猛烈，攻陷涇州（甘肅涇川）的主力部隊，繼續東進，中國軍隊節節敗退，首都長安遂告陷落，皇帝李豫向東出奔陝州（河南三門峽）。吐蕃兵團就在長安立了一位來不及逃走的親王之子李承宏當皇帝，然後大掠而去。李豫雖然又回到長安，把李承宏驅下寶座，但吐蕃兵力仍留在涇州，河西走廊跟中國本土之間交通，被攔腰切斷，西域（新疆省及中亞東部）更像斷了線的風箏。

——河西走廊和西域，最後終於全部淪入吐蕃王國和回紇汗國之手，尤其是西域一百七十餘萬方公里的領土，從本世紀（八）脫離中國，達一千年之久。

西疆防衛力量，經這次摧殘，再無力振作。中國本土正陷於藩鎮的混戰，也沒有力量西顧。吐蕃兵團經常長驅直入，在關中地區（陝西省中部）攻城略地，燒殺擄掠，遊騎不時的直抵首都長安城下。過去繁華富庶地帶，現在一片荒涼。長安以西各州縣，城門日夜關閉，地方官員和將領唯一的工作是，每逢吐蕃兵團大掠而去時，就向皇帝上奏章「慶賀賊退」。李豫的繼承人李适除了全力謀求和解外，別無他策。問題是，吐蕃王國認爲和解即是斷絕財路，所以並不願意結束這種致富的強盜行爲。最後，吐蕃在陰謀下表示願意接受。八○年代七八七年，中國宰相渾瑊，吐蕃宰相尙結贊，在涇州平涼川（甘肅平涼西北）舉行高階層會議，締結和解條約。當渾瑊剛要進入會場時，吐蕃伏兵四起，渾瑊是大將出身，他奪得一匹沒有上口勒的馬，狂奔逃脫，其他中國官員全部被俘，受到殘酷的虐待。尙結贊失望的對那些被俘的中國官員說：「我爲渾瑊準備了一副金手銬，想不到只捉到你們這些不重要人物。

」於是乘勢進攻隴州（陝西隴縣），把全城居民集中，老弱的屠殺，不殺的全部挖眼斷手，拋棄道旁，只剩下青年男女數萬人，驅往西行。走到安化峽（甘肅平涼西），宣佈說：「你們可向東辭別你們的祖國家園！」民眾大哭，投入山谷自殺的有數千人，其餘的全都被賣為奴。

內憂外患，使本世紀（八）六〇至八〇年代，三十年間，日子黯淡。平涼川事件的明年（七八八），李适採用宰相李泌以夷制夷的建議，把女兒咸安公主嫁給回紇汗國的天親可汗。天親可汗感到莫大榮耀，上奏章給李适，表示願為岳父赴湯蹈火。三年後（七九一），吐蕃兵團攻擊靈州（寧夏靈武），回紇迎擊，吐蕃遭到空前大敗，天親可汗把俘虜送到長安獻捷。七九三年，南詔王國第三任國王異牟尋，在他的中國籍宰相鄭回設計下，重新歸附中國。明年（七九四），吐蕃王國向它徵兵一萬人，圖雪靈州的恥辱。異牟尋表示國小力弱，只能派出三千人。吐蕃使節一再堅持，才勉強派出五千人。但數萬人的南詔精銳兵團，卻遙遙的跟在五千人之後，進入戒備森嚴的吐蕃國境的神川（雲南麗江），縱兵攻擊，吐蕃又大敗，被俘十餘萬人（一個可觀的數字）。南詔砍斷橫亙在金沙江上的古老鐵索吊橋（在雲南中甸南），斷絕兩國交通，然後派遣使節到長安獻捷。

吐蕃王國從此衰落下去，除了回紇、南詔繼續不斷給它打擊外，同時還有另一個原因。中國兩位公主帶過去的佛教，經百餘年的傳播，已開始發生決定性的影響。吐蕃人民由凶悍漸變為溫和，所向無敵的戰鬥精神也逐日減退。所以，九〇年代之後，與中國為難，並使中國連連挫敗的吐蕃王國，光芒倏然熄滅。

——吐蕃王國不久就瓦解爲若干部落，不能再組成一個統一的中央政府。十四世紀時，稱爲土蕃。十五世紀時，稱爲烏斯藏，跟中國關係更加疏遠。十七世紀時，稱爲西藏。十八世紀時，跟中國合併，成爲中國永不可分的領土的一部份。

一一、和親政策與回紇汗國

中國和親政策是一項鋒利的政治武器。跟中國皇家結婚的榮耀，和公主下嫁時嫁妝的豐富，能使一個國家從內到外發生變化，吐蕃王國就是其中之一。但最成功的和親，則屬回紇汗國。

回紇汗國在本世紀（八）四〇年代之前，還是一個部落。但它最偉大的酋長藥羅葛（姓）骨力斐羅（名），早已把薛延陀汗國的故地，也就是突厥汗國的故地，置於控制之下。本世紀（八）七四四年，中國册封他爲懷仁可汗，一個新的回紇汗國遂告建立，王庭設在古龍城（蒙古哈爾和林），疆域跟薛延陀汗國、突厥汗國相等。從開國可汗即受中國册封這一項上，可看出回紇跟中國的關係，與其他汗國不同。建立汗國之前，就時常派遣部落兵團，聽候中國徵調出征。建立汗國後，對中國的臣附如昔。

五〇年代七五五年，安祿山兵變，中國皇帝李亨向回紇汗國乞援，英武可汗派兵進入中國。內戰平息後，七五八年，李亨把女兒寧國公主嫁給他。李亨親送女兒到咸陽（陝西咸陽），寧國公主大哭說：「國家爲重，雖死不恨。」李亨也流下眼淚。明年（七五九），英武可汗逝世，回紇要寧國公主依回紇的風俗殉葬，寧國公主拒絕說：「回紇仰慕中國文化，才娶中國女子爲妻，如果仍用回紇風俗，何必萬里之外結婚。」但仍以刀割面，以示悲痛。寧國公主後來返國，陪嫁的一位親王之女小寧國公主卻留下來，作繼任可汗英義可汗的妻子。

史思明兵變時（七五九），中國皇帝李亨再向回紇汗國乞援，英義可汗親自統兵前來，對中國人大肆燒殺擄掠。——我們並不責備回紇，因爲這是李亨、李豫父子向它乞援時所許諾的條件之一。但英義可汗對中國的野心卻由是而起。六〇年代七六五年，中國大將僕固懷恩受不了宦官駱奉仙的誣陷傾害，起兵叛變，效法李姓皇帝的傳統作法，向回紇汗國和吐蕃王國分別乞援。回、吐兩國聯合向長安進軍，長安震恐。幸好僕固懷恩適時的逝世，而中國一位大將郭子儀乘機挑撥回、吐兩國感情，吐蕃兵團懷疑回紇已被郭子儀說服，可能襲擊它時，即行拔營撤退。回紇不能獨留，也只好撤退，中、回兩國間的關係因此中斷十餘年。——另一個促使關係中斷的原因是，英義可汗統軍入援中國時，在陝州（河南三門峽）附近，對當時還是親王身份的李适態度凶暴。因李适不肯跪拜，而把李适左右兩位大臣，鞭打至死。李适對回紇恨入骨髓，他繼位後，即採取強硬政策。

英義可汗對中國的野心繼續使他躍躍欲動。他在中國親自看到農村殘破，絕無抵抗力量，決心作一次大舉進攻。八〇年代七八〇年，正當他要發動時，宰相敦莫賀極力反對，敦莫賀說：「中國是一個奇大的國，又從沒有作過對不起我們之事。決裂之後，後患無窮。上次在太原（山西太原）搶劫的牛羊一萬餘頭，運回國內時，死亡殆盡，等於沒有搶劫。如今傾國出征，萬一失敗，將歸向何處？」英義可汗拒絕接受，敦莫賀大怒，把英義可汗殺掉，自己即位，稱天親可汗。

李适跟回紇汗國的對抗態度不能持久，吐蕃王國的攻擊力量非中國所能抵禦。在宰相李泌建議下，李适屈服，跟回紇和解。而且於七八八年，把女兒咸安公主嫁給親中國的天親可汗。天親可汗大喜過望，派遣特使到長安說：「我們從前是兄弟之國，現在我是中國的半個兒子（女婿），如果吐蕃再敢犯上作亂，願爲岳父除此一害。」結果在靈州（寧夏靈武）給吐蕃重重一擊。咸安公主在回紇汗國作過四任可汗的皇后，當權二十年，於下世紀（九）〇〇年代八〇八年才逝世。咸安公主時代，中、回兩國如同一家。但回紇的使節和商人，到中國後的橫暴，跟上世紀（七）初突厥的情形一樣。衰弱的中國唐政府只有容忍，不敢取締。回紇汗國已成爲中國屏藩，不願爲這些所謂的小事使它不愉快。

——下世紀（九）二〇年代八二一年，中國唐王朝第十五任皇帝李恒把皇妹太和公主再嫁給回紇的崇德可汗。太和公主的命運跟寧國公主一樣不好，四年後（八二五），崇德可汗逝世。再過十四年（八三九），回紇汗國發生內亂。宰相掘羅勿，勾結居住在河東（山西省）北部一帶的沙陀部落內犯，彰信可汗戰死。而屈服於回紇百餘年的黠戛斯部落——古堅昆王國的後裔，仍住在古堅昆王國的故地（西伯利亞葉尼塞河上游）。乘回紇汗國沒落，起兵復仇，向回紇宣稱：「你們的好運已到了盡頭，我們要奪取你們王庭的金帳。」彰信可汗戰死的明年（八四〇），黠戛斯兵團果然攻陷回紇汗國王庭，繼彰信可汗之位的㕎馺可汗被殺，回紇汗國遂告瓦解。

——黠戛斯首領阿熱可汗自稱是中國名將李陵的後裔，所以對被俘的太和公主十分尊敬，——因爲太和公主也姓李，派人護送她回國。走到中途，被回紇汗國瓦解後殘餘的一支，擁有十萬人的烏介可汗截獲，脅同向東流亡，抵達邊界天德（內蒙古烏拉特中旗），要求中國借振武（內蒙古和林格爾）一城奉養公主，中國要求烏介可汗送公主回國磋商，烏介可汗當然不會放走人質。於是要求糧食，要求耕地，最後仍沿邊抄掠。一直相持到八四三年，中國大將石雄，在振武城上遠眺，發現回紇營帳中有數十輛氈車，人衆都穿着中國服裝，知道是太和公主的居所，派間諜密告說：「我們即將攻擊，請公主的車輛不要動。」於是一舉把回紇擊潰，烏介可汗向東北逃走，投奔黑龍江畔的室韋部落，被室韋殺掉。太和公主出國二十三年，回到長安後，曾爲「和蕃無狀」，親向皇帝請罪。

——回紇汗國瓦解後，殘部分爲三支，一支稱西州回紇，居留西州（新疆吐魯番）。一支稱甘州回紇，居留甘州（甘肅張掖）。一支稱蔥嶺回紇，越過蔥嶺（帕米爾高原）進入中亞。

一二、東西方世界

——一〇年代・七一〇年（李顯被妻子毒死），日本元明天皇即位，奠都奈良（平城）

，日本到這時候才有固定的首都，「奈良時期」始，狂熱仿傚中國，文化燦爛。

——二〇年代・七二六年（唐政府下令，酷吏來俊臣等三十二人的子孫永遠禁錮的次年），東羅馬帝國皇帝李奧三世，禁止基督徒拜任何偶像。而羅馬城主教則允許拜聖母，與君士坦丁堡主教各行其是，教會遂分裂爲二：在西者稱「羅馬公教」（天主教），在東者稱「希臘正教」。

——五〇年代・七五〇年（怛羅斯戰役前一年），阿拉伯帝國內亂，穆罕默德叔父阿拔斯後裔阿布爾，屠滅奧米亞王朝，除一王子逃掉外，男子全被屠殺。阿布爾繼任哈利發，史學家稱阿拔斯王朝，中國稱黑衣大食。

——五〇年代・七五六年（楊玉環在馬嵬坡被縊死），㈠法蘭克國王丕平，把義大利中部地區，獻給教皇，歷時一千一百年之久。㈡阿拉伯帝國逃出的王子，輾轉進入西班牙，組織政府，定都哥爾多華，仍稱奧米亞王朝（白衣大食）。阿拉伯帝國分裂爲二。

——六〇年代・七六二年（安史兵變結束前一年），東阿拉伯帝國從大馬士革遷都巴格達城。

——八〇年代・七八四年（涇原戰區兵變，朱泚稱帝的次年），日本帝國從奈良遷都長岡，「奈良時期」終。

——八〇年代・七八六年（吐蕃王國平涼川劫盟前一年），東阿拉伯帝國哈利發哈倫・阿拉西德即位（他就是天方夜譚故事的男主角），此時巴格達城繁華鼎盛。

——九〇年代·七九四年（南詔王國大敗吐蕃兵團於神川），日本自長岡遷都平安（西京），「平安時期」始。

第二十二章 第九世紀

本世紀是一個黑暗世紀，全國混戰。

所有戰區都向河朔四鎮看齊，最初只有少數成功，後來全都達到目的。那些無名而有實的獨立王國，互相的不斷併呑，不斷擴張。中央政府控制區域，像烈陽下的冰塊，最後只剩下首都長安（陝西西安）。

宦官的勢力跟藩鎮同時成長，終於出現中國第二次宦官時代，唐政府奄奄一息。

一、藩鎮割據的惡化

藩鎮（戰區）的世襲局面，原來只有四鎮。自上世紀（八）唐王朝第十二任皇帝李适失去控制之後，其他節度使（司令官）都努力培植自己私人勢力，希望也能割據一方。

李适的孫兒李純於本世紀（九）〇〇年代八〇五年即位，他決心完成祖父嘗試失敗的重振中央權威的政策。八〇六年，西川戰區（四川成都）節度使劉闢，要求兼任東川戰區（梓州·四川三台）及山南西道戰區（興元·陝西漢中）節度使，李純不答應，劉闢即行進攻梓州，強行接收。同年，夏綏戰區（夏州·陝西靖邊北）節度使韓全義退休，次年（八〇六）

，他的外甥楊惠琳打算接任節度使，李純也不答應，楊惠琳即行發兵拒絕中央派遣的新任節度使。明年（八〇七），李純徵調鎮海戰區（潤州・江蘇鎮江）節度使李錡入朝，李錡不接受命令。

李純用鐵腕對付三個叛徒，由效忠中央的軍隊分別討伐。結果劉闢被擒，送到長安處決。楊惠琳被部下所殺。李錡兵敗，被部下活捉，投降中央。劉闢是安史兵變後五十年中第一個因反抗中央而伏誅的節度使，使全國耳目一新。八一四年，彰義戰區（蔡州・河南汝南）節度使吳少陽病死，他的兒子吳元濟繼位，中央拒絕承認，下令討伐。經過三年的戰鬥，最後把吳元濟活捉，送到長安處決，這是第二個因反抗中央而伏誅的節度使。一連串整肅綱紀的勝利，使河朔四鎮大爲震驚，他們立即取消世襲，繳回行政財賦大權。四鎮之一的平盧戰區（鄆州・山東東平）節度使李師道，更獻出三個州給中央。但他馬上又懊悔失去的土地太多，臨時變卦，中央政府再對他討伐，李師道被部下殺死。

到現在爲止，中央政府權威達到高峰，正常的政治秩序再告恢復。然而這不過只是迴光反照，就在摧毀平盧戰區，完成全國再統一的明年（八二〇），李純被宦官刺死，他的兒子李恒繼位。李恒是一個花花大少，他父親多少年辛苦征戰所得到的成果，幾乎是霎時間就全部喪失。河朔地區中的盧龍（北京）、成德（河北正定）、魏博（河北大名）三鎮，發現中央政府恢復腐敗時，就首先恢復實質上的獨立王國，其他藩鎮也陸續恢復割據或半割據原狀。

戰區拒抗中央政府，司令官拒抗最高統帥。司令官因失去統御的合法力量，自己也有被部下拒抗的危險。事實上也正是如此，各藩鎮內部不斷發生叛變，將領們會突然間向節度使攻擊，擁立另一位將領當節度使，而對舊主驅逐或殺戮。節度使爲了預防內部叛變，乃採取徹底的愚民政策，在他所管轄的戰區之內，人民婚喪宴會，跟平日的拜神拜廟，都被禁止。親友之間，不准有太多往還。知識份子都懷有大一統思想，對割據形態有不利影響，所以更成爲迫害對象，學校一律封閉。又限制對外交通，切斷商旅。這樣作的目的是，使戰區孤立，使戰區內每一個人也孤立，孤立即不能集結力量。於是社會經濟和教育文化，全部破壞。尤其是河朔四鎮，簡直成爲一片蠻荒，社會上沒有人讀書，人民也不識字，商業凋零，生產停頓，殘破的程度，比大分裂時代五胡亂華十九國時代，還要嚴重。

然而，歷史定律是，純高壓並不能制止叛變。藩鎮內部的拒抗事件——主要的是兵變，不斷發生，遂使混戰的範圍更加擴大。

二、中國第二次宦官時代

促使唐王朝崩潰的，除了藩鎮外，還有宦官。

自從第二世紀第一次宦官時代之後，六百年間，宦官的影響，只是個別現象。到了上世紀（八），才有突破性的發展。

唐王朝第一位有名的宦官高力士，他是李隆基和貴妃楊玉環的貼身侍從，因爲太接近權力魔杖，雖然高力士並不喜愛政治，但權勢仍震懾朝野。連皇太子李亨都喚他「二哥」，公主駙馬都尊稱他「老太爺」。但眞正揭起宦官時代簾幕的，還是安史兵變。安史兵變後，皇帝對將領們充滿猜忌，而只信任宦官。於是發明一種此後幾乎遺害一千年的監軍制度，派遣宦官出任監軍。不但戰區設有監軍，就是比戰區小兩三級的軍事單位，也都設有監軍。武裝部隊中遂形成兩個系統，一是傳統的軍事系統，一是可以直達皇帝御座的宦官系統。監軍的任務，表面上是幫助解決困難，事實上是在防止叛變。

所以監軍是一個權威的職位，一紙密告，就可以使統帥人頭落地。中央第一位討伐安祿山的統帥高仙芝（怛羅斯戰役大將）和副統帥封常清，就因爲不能滿足監軍宦官邊令誠的勒索，邊令誠密告他們謀反，他們遂被雙雙處斬。二人死於上世紀（八）五〇年代七五五年，即黃金時代結束，安祿山兵變之年。不過最妙的是，當安祿山攻陷潼關，向長安挺進時，邊令誠帶着皇宮鑰匙，卻第一個投降。

宦官既有如此可怖的力量，在軍中自然呈現特殊面貌。他把健壯驍勇的戰士全部選拔出來作爲自己的衛隊，而把挑剩下的老弱殘兵撥給統帥。交戰的時候，稍有勝利，宦官立即派人飛馬向長安報告，功全在己。一旦失利，罪過天經地義的全罩到統帥頭上。皇帝們又都跟第五世紀南宋帝國的皇帝劉義隆一樣，喜歡遙控指揮。深宮中發出命令下達給宦官，宦官再傳達給統帥。每一次戰役，宦官就像過江之鯽般的在道上奔馳，看起來煞有介事。

——懂軍事的人絕不遙控指揮，遙控指揮的人一定不懂軍事，或對軍事一知半解。所以一個政府一旦出現遙控指揮，便是一種災難。

監軍宦官並不能如所預期的防止統帥叛變，而只會誣陷統帥叛變，或把統帥逼的叛變。昭義戰區（潞州・山西長治）監軍宦官劉承偕，經常凌辱節度使劉悟，甚至計畫綁架他。最後劉悟把劉承偕逮捕，開始打算脫離中央。同華戰區（同州・陝西大荔）節度使周智光則索性把監軍宦官張志斌殺掉，聲明說：「僕固懷恩本來不反，被你們逼反。我本來也不反，今天為你而反。」

——僕固懷恩，撲滅安史兵變的大將之一。一門之中，為國戰死的四十六人，女兒也為了國家和親政策，遠嫁到回紇汗國。但他得罪了宦官駱奉仙，駱奉仙密告他謀反。僕固懷恩發覺之後，不願作高仙芝第二，只好叛變。

宦官被派到軍中坐鎮，稱「監軍」。宦官被派出傳遞皇帝命令，稱「中使」「敕使」，這一種宦官馬蹄所到之處，亦即災禍所到之處。宰相元稹在當小官時，住在驛站旅舍，後他而至的敕使宦官仇士良立即把他逐出，並用馬鞭抽擊他的臉。第十四任皇帝李純接到報告，赫然震怒——不是震怒宦官，而是震怒元稹，把元稹貶竄到江陵（湖北江陵）。鄠縣（陝西戶縣）縣長崔發得罪了在街頭逞凶的宦官，第十六任皇帝李湛下令逮捕崔發，蜂擁而至的宦官群就在監獄中把崔發毆打。當河朔四鎮於上世紀（八）中葉歸附中央時，四鎮之一的成德戰區（恒州・河北正定）節度使李寶臣征討有功，李豫特派敕使宦官馬承倩前往慰勞。馬承倩臨返長安前夕，李寶臣親自到旅舍致謝，並送禮物綢緞一百匹。河朔貧苦，這已是超級重禮了，但馬承倩卻嫌太少，把它拋擲到道旁，大罵而去。李寶臣慚懼難當，他的部下提醒他說：「我們效命疆場，正用得着我們的時候，還是如此。一旦天下太平，還能活下去嗎？」於是李寶臣決心脫離中央。

世界上沒有人能阻止宦官的暴行，因爲皇帝頑強的支持他。像第十一任皇帝李豫，每當敕使宦官回來覆命時，他一定查問收到的禮物多少，如果收到的禮物太少，他就憤怒，不是認爲看不起宦官，而是看不起他這個皇帝。於是宦官的暴行，不但公開，而且合法。凡不能使宦官滿足的對象，隨時都會發現忽然陷於「謀反」的巨案。雖然大臣們不斷向皇帝建議加以拘束，都遭拒絕。李豫的曾孫李純根本就不承認宦官誣陷過大臣，他說：「宦官怎麼敢誣陷大臣？」強調說：「即令有什麼讒言，當皇帝的也不會聽。」又得意洋洋的宣稱：「宦官不過是一個家奴，爲了方便，差使他們奔走而已。如果違法亂紀，除掉他們就跟拔掉一根毫毛一樣。」

宦官是皇帝的家奴，一點不錯，但對別人來說，卻是惡魔。而且，一旦這些家奴掌握軍權，家奴便不再是家奴了。最早掌握軍權的宦官是李輔國，第十任皇帝李亨派他擔任參謀總長（天下兵馬大元帥府行軍司馬），不經過他批准，沒有人能見到皇帝。接着是另一位宦官魚朝恩，李亨派他當「觀軍容宣慰處置使」——沒有大元帥名義的大元帥，統率十個戰區的節度使，在鄴郡（河南安陽）討伐安祿山的兒子安慶緒，結果大敗。

上世紀（八）八〇年代，涇原戰區（甘肅涇川）兵變，第十二任皇帝李适對將領們疑心更重，於是把禁軍（左神策軍、右神策軍）交給宦官率領，兩軍司令官（中尉），也由宦官擔任。這是一個劃時代的措施，從此禁軍掌握在宦官手中，形勢爲之一變。第二次宦官時代與第一次宦官時代，在此分野。第一次宦官時代宦官的權力來自皇帝。第二次宦官時代宦官的權力，前期來自皇帝，後期來自他們所統率的禁軍。

宦官掌握軍權之初，對皇帝還存有敬畏，所以李純還可以大言不慚的形容他們是家奴和毫毛。但時間累積下來，宦官在禁軍中佈置成功，培植下不可動搖的威望之後，就發生變化。李純誇口後不久的本世紀（九）八二〇年，即被宦官陳弘志謀殺，沒有人知道使用什麼凶器。接着，爲了繼位人選，宦官內部發生火併。右禁軍司令官梁守謙，把左禁軍司令官吐突承璀，跟吐突承璀打算擁立的親王李惲，一齊殺掉，改立太子李恆。這是一個開端，繼任皇帝不由前任皇帝決定，而由宦官決定。前任皇帝即令生前決定，他死了之後也要經過宦官集團重新審查。

於是李純所稱的家奴時代和毫毛時代，成爲過去。皇帝被殺被立，都身不由主，連自己都不能保護自己，這種現象越到以後越甚。我們試把唐王朝中期以後各皇帝的遭遇，列一簡表，便可了解。

任數	皇帝姓名	在位起訖	與宦官集團的關係
一四	李純	八〇五—八二〇	爲宦官陳弘志所殺。

一五	李恒	八二〇—八二四	為宦官梁守謙所立。
一六	李湛	八二四—八二六	為宦官劉克明所殺。
一七	李昂	八二六—八四〇	為宦官王守澄所立。在位期間，發生「甘露事變」，包括宰相在內的高級官員數千人，被宦官屠殺一空。
一八	李炎	八四〇—八四六	為宦官仇士良所立。
一九	李忱	八四六—八五九	為宦官馬元贄所立。
二〇	李漼	八五九—八七三	為宦官王宗實所立。
二一	李儇	八七三—八八八	為宦官劉行深所立。
二二	李曄	八八八—九〇〇	為宦官楊復恭所立。後被宦官劉季述囚禁，迫他傳位給皇子李裕。
二三	李裕	九〇〇—九〇一	為宦官劉季述所立（後被藩鎮所殺）。
二四	李曄	九〇一—九〇四	完全被宦官控制（後被藩鎮所殺）。
二五	李柷	九〇四—九〇七	（被藩鎮所殺，唐王朝亡。）

三、朋黨——兩個政客集團的鬥爭

在藩鎮和宦官夾縫中，唐王朝中央政府又出現朋黨鬥爭，使唐王朝的命脈，不絕如縷。本世紀（九）二〇年代後，中央政府高級官員，分裂爲兩個政客集團，一稱「李黨」，一稱「牛黨」。李黨重要人物有李德裕、李紳、鄭覃。牛黨重要人物有李逢吉、牛僧孺、李宗閔。注意他們的成份：李黨多是世家士大夫，出生高貴的門第。牛黨是寒門士大夫，出身平民。

遠在〇〇年代八〇八年，李德裕的父親李吉甫當宰相時，政府舉辦一項特種考試（賢良方正直言極諫科），進士出身，擔任縣級政府中等官職的牛僧孺和李宗閔，在考試時，對政府有深刻的批評。李吉甫老羞成怒，認爲這是攻擊他自己。結果主考官以下，全部官員都予以貶謫，牛、李二人在李吉甫當權期間，也一直不能升遷。這件事本應該到此爲止，可是李德裕卻認爲老爹遭受的侮辱太大，對牛、李的懲處太輕，決心繼續予以打擊。十三年後的二〇年代八二一年，科舉考試發生醜聞。李宗閔（牛黨）、李紳（李黨），都向主考官有所請託，可是發榜之後，李宗閔的請託如願以償，而李紳的請託落空。李德裕抓住這個機會，聯合李紳，向皇帝揭發，主考官和李宗閔全被貶謫。李德裕這種爲父報仇的作法，促使政府高級官員分爲兩大陣營，互不相容。八二二年，李逢吉（牛黨）當宰相，把李德裕（李黨）逐出長安。八二三年，第十五任皇帝李恒在文武百官中，發現只有牛僧孺（牛黨）沒有受過賄賂，親自選拔他當宰相。李德裕（李黨）誤會是李逢吉（牛黨）引薦，把二人更恨入骨髓。八二五年正月，牛僧孺（牛黨）對新登極的第十六任皇帝李湛的荒淫，感到失望，自動辭職。李逢吉（牛黨）也被迫辭職，出任地方官員。八二九年，宰相裴度極力推薦李德裕（李黨）的才能，李德裕入朝就任宰相。而李宗閔（牛黨）藉着宦官的力量，也被任命為宰相。兩黨巨頭，短兵相接。但李宗閔（牛黨）因有宦官的支持，顯然佔有上風，只幾個月功夫，就把李德裕和他的黨羽，排擠到中央政府之外。任命李德裕當義成戰區（河南滑縣）節度使，稍後再出任西川戰區（四川成都）節度使；召回牛僧孺（牛黨）再任宰相。

李德裕任西川節度使時，吐蕃王國維州（四川理縣）主將，舉城歸降，這個失陷已久，百戰不克的險要，一旦物回原主，李德裕興奮之餘，立即擬具乘勢收復失土的反攻計畫。可是李宗閔、牛僧孺為了打擊李德裕，宣稱：「中國跟吐蕃和解，唯『信』與『誠』而已，得到一個維州，算不了什麼。而失去信和誠，就不能立國。」命李德裕退出維州，交回降將。吐蕃王國就在邊境上把降將和他們的家屬以及隨從約千餘人，全部用酷刑處死，用以鎮壓內部的叛變，和嘲弄中國官員的顢頇。交回降將的決定，引起公憤。八三二年，牛僧孺被迫辭職，李德裕被徵入朝。

李德裕入朝後，有一個很好的機會，能使兩個政客集團和解。身為牛黨的長安市長（京兆尹）杜悰向李宗閔（牛黨）建議：由李宗閔推薦李德裕擔任科舉考試的主考官（知貢舉），李宗閔不同意。杜悰退而求其次的又建議：由李宗閔推薦李德裕擔任御史大夫，御史大夫在當時稱「大門官」（百官朝賀時由御史大夫率領，地位跟宰相相等），李宗閔勉強同意。杜悰就去通知李德裕，李德裕感激的流下眼淚。可是李宗閔沒有這種偉大的胸襟和見識，他第二天就變了卦。李德裕認爲受到戲弄，恚恨更深。和解機會，一去不返。

明年（八三三），第十七任皇帝李昂任命李德裕當宰相，李德裕跟新任御史大夫鄭覃，聯合反擊。李宗閔失敗，被貶出長安。但宦官們不喜歡李德裕孤高不買賬的態度。八三四年，皇帝又把李宗閔召回長安擔任宰相，而把李德裕貶謫。八三五年，李宗閔爲了營救他的同黨，觸怒皇帝，再被貶出長安。李德裕屢次失敗之後，了解到宦官的重要，開始效法牛黨，也跟宦官勾結。於是，八四〇年，在宦官的牽引下，他再度被召回長安，再出任宰相。恰巧昭義戰區（潞州．山西長治）節度使劉從諫病逝，他的兒子劉稹打算效法河朔四鎭，由自己襲位。李德裕堅持討伐，劉稹兵敗被殺。李德裕遂宣稱牛僧孺、李宗閔曾寫過信給劉稹，這些信件雖然無法提出，但那是因爲劉稹看了後即行焚燬的緣故。尤其精彩的是，一個被俘的叛軍官員，願出面證實確有此事。洛陽副市長（河南少尹）也報告說：當劉稹失敗的消息傳到洛陽時，牛僧孺曾有過一聲嘆息（當時牛僧孺被貶到洛陽辦公）。

這是李德裕最毒辣的一着，企圖藉「誣以謀反」手段，屠殺他的對手。幸而牛黨有宦官的幫助，牛僧孺只被貶謫到邊遠地區。而李德裕的日子也不多了。八四六年，第十九任新皇帝李忱即位，他在當親王時就厭惡李德裕，於是也把李德裕貶謫。

兩個政客集團的重要人物，到此全部從中央政府清除，而且不久都先後死於貶所。朋黨鬥爭從八二一年到八四六年，爲時二十六年。從上面所敍述的鬥爭形態的簡單輪廓，可看出二十六年間中央政府人潮洶湧的混亂現象，幾乎每年都要發生一次「轟然而至」和「轟然而去」的浪潮。李黨當權，李黨黨羽全部調回，牛黨黨羽則被逐走。牛黨當權時亦然。他們像蟲蛆一樣，沒有政治理想，只有私人恩怨，看不到遠景，只看到眼前一寸的現實利益。個別檢查，如李德裕的能力，牛僧孺的道德，都使人尊敬。可是，只要一涉及黨派，便立刻失去理性。

牛李兩個政客集團的鬥爭，基本動力是私人恩怨。造成私人恩怨的原因，由於統治階層內鬨。統治階層中，自覺受盡委屈的世家出身的官員，集結在李德裕、鄭覃的旗幟之下，對平民出身的官員排斥。而平民出身的官員也集結在牛僧孺、李宗閔的旗幟之下反攻。

門第世家的好景，隨着大分裂時代的結束而黯然。科舉考試制度使一些他們所輕視的平民，滲透到統治階層，威脅他們的出路。舊的既得利益集團對硬擠進來分一盃羹的新興份子，感到莫大的恐懼與厭惡。於是努力掙扎，異口同聲的指責進士出身的官員「輕薄」「浮滑」，用以打擊新興的平民力量。爲了根本斷絕平民參政的機會，李德裕曾主張停止考試。他向第十八任皇帝李炎提出理由說：「政府官員，必須任用世家子弟，因爲他們從小就熟習官場生活，對政府典章制度，比較熟習。用不着特別訓練，就具有官員們所必需的禮節和風度。而平民出身的官員，即令有十分才幹，卻對這些絲毫不懂。」幸而李炎還沒有荒謬到跟李德裕一樣程度，考試制度才算保持下來。

——注意的是，李德裕雖然恨透了考試制度，並故意炫耀他不是進士出身，但他內心卻在強烈羨慕。只有牛黨智囊杜悰洞察到這個酸葡萄的祕密，所以建議由李德裕擔任主考官，企圖使世家和寒門在李德裕身上融合為一。可惜李宗閔沒有這種智慧。

朋黨鬥爭歷時二十六年，這是門第世家殘餘勢力最後一次反撲。當下世紀（十）進入小分裂時代時，殘酷而持久的混戰，全以軍功衡量人才，土地的荒蕪又促使大家族崩潰。門第世家才從中國歷史上消失。

四、東南地區的兵變

藩鎮的災難只限北方，吐蕃的災難只限西方，宦官朋黨的災難只限於中央政府。如果從徐州（江蘇徐州）向江陵（湖北江陵）畫一條線，就可發現面積佔全國一半的東南地區，在本世紀（九）初期，始終保持安定。中央政府所在地的關中地區（陝西省中部），因灌溉系統被吐蕃兵團所破壞，已不能自給自足，一向仰賴東南的糧運。東南的安定，是中央政府存在的保障。

可是，東南地區不可能長期的跟混亂隔離，猶如一個血癌患者，他的一半身體不可能單獨健康。五〇年代後，東南各戰區就一個接一個爆發兵變（見次頁表格）。

——表中官稱：節度使是一級戰區司令官。觀察使是戰區行政長官。經略使是低級戰區司令官。

年份	戰區名稱	治所	今地	事件
八五七	容管	容州	廣西容縣	逐走經略使王球
八五八	湖南	潭州	湖南長沙	逐走觀察使韓悰
	江西	洪州	江西南昌	逐走觀察使鄭憲
	宣歙	宣州	安徽宣州	逐走觀察使鄭薰
八五九	武寧	徐州	江蘇徐州	逐走節度使康季榮
八六二	武寧	徐州		逐走節度使溫璋
	嶺南西道	邕州	廣西南寧	逐走節度使蔡京
八六八	桂管	桂州	廣西桂林	攻陷徐州・殺觀察使崔彥曾
八七五	浙西	潤州	江蘇鎮江	攻陷蘇州、常州・大掠
八七八	湖南	潭州		逐走觀察使崔瑾
八七九	荊南	江陵府	湖北江陵	焚燒大掠江陵府
八八一	感化	徐州		殺節度使支詳

兵變的起因，千篇一律的由於司令官的昏匾和貪暴。出任司令官的人，往往不是靠才幹而是靠諂媚和巨額賄賂。諂媚自身可以具備，賄賂則多半來自商人的高利貸款。當時人稱這一類的司令官爲「債帥」，他們到任後的第一件事就是貪汚，以求償還貸款。第二件事是繼續貪汚，以便用繼續賄賂來保持職位。貪汚的方法很多，主要的則靠冤獄，像表中嶺南西道戰區節度使蔡京，他爲了勒索，所用的酷刑之中，竟有紀元前十八世紀的「炮烙」一種。世界上最野蠻的海盜在勒索贖金時，都不會如此。

影響最大的一次兵變發生在桂州（廣西桂林）。南詔王國於本世紀（九）又因不能忍受中國唐政府邊疆官員的騷擾而與中國決裂，曾兩度攻陷交州（越南河內），中央政府命全國各戰區派兵赴援。其中由武寧戰區（徐州・江蘇徐州）派出的二千人的部隊，於六〇年代八六三年春，進駐桂州。政府宣佈的是三年爲期，期滿即行調回。八六五年冬，三年期滿，戰區官員遙遠的頒下一紙命令，續延一期，聲明絕不再延，他們只好在三千公里外的蠻荒異鄉，再駐屯三年。到了八六八年，第二期又滿，大家高高興興準備返鄉之際，戰區官員又遙遠的頒下第二紙命令，再續延一年。而一年後會不會再續延下去，沒有人敢肯定回答。他們向戰區所作的申訴請求，都像撞到石頭上。思鄉的士兵除了叛變外，可能在十年二十年後都不能回去。於是他們決定自己回去，推舉一位負責管理糧秣的低級軍官龐勛當領袖，攻破軍械庫，取得武器，即向東挺進。沿途摧毀所有的抵抗，勢如破竹。中央政府這才大爲震動，一面下令大赦，准他們回鄉；一面命沿途地方政府予以照料保護。龐勛和這一隊被逼反的戰士不是傻瓜，他們知道一旦回到徐州解散，接着就是一網打盡的逮捕和屠殺。所以在抵達徐州之後，即行攻城。城垣不久陷落，堅持主張延期的大營總管理官（都押牙）尹戡，訓練司令（教練使）杜璋，作戰司令（兵馬使）徐行儉，全被捉住剖開肚腸。以嚴苛聞名的節度使崔彥曾，囚禁了一些日子後也被處決。

政府徵調大軍討伐，但無法取勝，最後靠蔚州（河北蔚縣）州長（刺史）李國昌的沙陀兵團，才把龐勛擊潰。叛變歷時只有一年零五個月，並不算久，但在一年零五個月中，幾乎每天都有血戰，雙方死傷，有十餘萬人。長江流域和黃河以南地區，大部份殘破。龐勛以二千人敢向中央政府挑戰，而且不斷獲勝，顯示政府軍在腐敗的債帥統率下，已喪失了戰鬥能力。假設沒有沙陀兵團的介入，沒有人敢預料它的發展。

——沙陀是突厥民族的一支，定居在蒲類縣（新疆奇台東南）之東。上世紀（八）中葉，中國喪失西域（新疆省及中亞東部）之後，即歸附吐蕃王國，作侵略中國的先鋒。但因爲他們太驍勇善戰，引起吐蕃的戒懼，打算把他們南遷。沙陀部落得到消息，即於本世紀（九）〇〇年代，轉戰東奔，向中國投降。唐政府把他們安置在靈州（寧夏靈武）附近。三〇年代時，曾襲擊回紇汗國的王庭。以後逐年東移，屢次幫助唐政府建立功勳，唐政府就任命它的酋長李國昌擔任蔚州州長（刺史）。

龐勛兵變在高壓下平息，但政府的勝利只是下一次更大失敗的前奏。

五、最大一次農民暴動

使唐政府遭受下一次更大失敗的是農民。

中國與外國貿易頻繁，財富集中於商業都市。社會的外貌繁榮，並沒有刺激工業發展，反而使農民受到更大的剝削。當時的社會現象是，純商人不容易立足，必須與官員結合，或是商人兼任官員，或是官員兼營商業，官商之間，很難區別。當權官員的驚人奢侈和必須付出的驚人賄賂，使他們永無間斷的需要大量的外國珠寶，如瑪瑙、翡翠之類。購買這些珠寶的巨款，全靠冤獄。舉一個例子即可明瞭，當農民們辛苦織成綢緞之後，官員並不需要拿錢購買，他只要把農人逮捕入獄，指控他謀反就可以了。等到農民悉數繳出他的產品之後，自然會得到平反或赦免。佔中國出口貨物大宗的絲織品，所帶給農民的不是財富，而是災禍。此僅僅一端而已，戰爭的屠殺，亂兵的焚燒劫掠，和合法的沉重賦稅，使農村普遍而徹底的破產，慘不忍睹。我們用唐王朝的兩位詩人的兩首詩，代作說明：

戴叔倫：女耕田行

乳燕人巢筍成竹，誰家二女種新穀。無人無牛不及犁，持刀砍地翻作泥。自言家貧母年老，長兄從軍未娶嫂。去年災役牛囤空，截絹買刀都市中。頭巾掩面畏人識，以身代牛誰與同。姊妹相攜心正苦，不見路人唯見土。疏通畦隴防亂苗，整頓溝塍待時雨。日正南岡午餉歸，可憐朝雉擾驚飛。東鄰西舍花發盡，共惜餘芳淚沾衣。

（塍，稻田土壠。）

元結：貧婦詞

誰知苦貧夫，家有愁怨妻。請君聽其詞，能不為酸悽。所憐抱中兒，不如山下麑。空念庭前地，化為吏人蹊。出門望山澤，回頭心復迷。何時見府主，長跪向之啼。

（麑，鹿的幼子。蹊，道路。）

第一首敍述兩個幼女的唯一的哥哥被徵去當兵，父親早死，母親臥病在床，無人耕田，她們只好以人代牛，用刀代犁。我們可以隱約的看到兩位小女孩，蹲在烈日之下，一面哭泣，一面用刀砍那堅硬的泥土。第二首敍述一個農婦，抱着命運不如雞犬的嬰兒，在等待着「府主」（地主官員）出現，跪求憐憫。

千載以下，讀者都會為她們落淚，都可以看到她們那孤苦無告、枯乾的面頰上恐懼絕望的眸子。但當時的統治集團卻無動於衷。不斷的兵變民變中，我們以為，政府一定會從中得到教訓，徹底的檢討，以謀求改革。但恰恰相反，政府卻認為，應該得到教訓的不是政府而是人民，人民必須接受血的事實，即任何犯上作亂和叛變謀反的行為，一定要受到嚴厲懲處。

龐勛兵變後，中原連年發生水旱天災，荒田千里，不收一粒糧食，到處倒斃着餓死的殭屍（那用刀砍地的兩個小女孩，我們不敢相信能逃過這寸草不生的惡運）。而皇帝的奢侈和官員的貪暴，反而更變本加厲。人民向官員哀告，好像向豬玀哀告。陝州（河南三門峽）農民代表晉見行政長官（觀察使）崔蕘，陳訴旱災嚴重，請求減賦。崔蕘大怒，指着院中一棵樹說：「看它青青樹葉，那裏來的什麼旱災？」把代表棍打一頓（那位抱着愛兒，希望得到「府主」憐憫的農婦，但願她的「府主」比崔蕘慈悲）。尤其使人震驚的是，當蝗蟲遮天蔽日，從中原向西蔓延到關中（陝西省中部）時，長安市長（京兆尹）向皇帝上奏章說：「蝗蟲飛到京畿之後，拒絕吃田裏的稼禾，都抱着荆棘樹，自動餓死。」宰相馬上率領文武百官，上殿拜賀，歌頌皇帝英明聖德。

本世紀（九）七〇年代八七四年，滑州（河南滑縣）所屬長垣（河南長垣）農民，掀起暴動，推舉濮州（山東鄄城）人王仙芝當領袖。明年（八七五），曹州（山東定陶）所屬冤句縣（山東荷澤）農民，掀起暴動響應，推舉本縣人黃巢當領袖。王仙芝曾經從事私鹽的販賣，黃巢則是一位高級知識份子，曾經到首都長安參加過進士科的考試。唐王朝的科舉，幾乎全在場外決定。最初大權操在公主親王之手，士子還可以用文章競爭，所以產生短篇小說。上世紀（八）安史兵變後，大權操縱在宦官之手，士子則完全靠毀滅自尊心的諂媚和屈辱，才能榜上題名。稍微有點才幹和性格的人，都不願向宦官屈膝，黃巢就是其中之一。他既不能適應流行的政治形態，只好落第而歸。但他對中央政府的腐敗情形，印象至爲深刻。

這是第二世紀黃巾之後最大的一次農民暴動，不幾個月就集結成兩支龐大的群眾武力，達三十萬人。龐勛兵敗時，藏匿逃亡的殘餘部屬，這時也投入行列，他們都是身經百戰的將士，因之這兩支烏合之眾的飢民，很快的就被訓練成為勁旅。他們比黃巾幸運，黃巾因沒有龐勛作為前驅，所以始終只是烏合之眾。他們攻城掠地，對地主富商和政府官員，作無情的凌辱和屠殺，用以回報平日所受的迫害。但對從事教育的知識份子，卻特別優待保護。八七八年，王仙芝戰死，兩支武力合併，由黃巢率領。黃巢了解東南地區對中央的重要，如果不把糧食倉庫摧毀，僅只攻陷長安，仍沒有用，上世紀（八）安祿山的失敗就是前車之鑑。於是他從滑州（河南滑縣）渡黃河南下，穿過淮河流域大平原，輕而易舉的渡過長江。

黃巢的進軍路線，我們不再敍述。而只提出兩點補充：第一、黃巢農民兵團的復仇和破壞政策，在江南繼續執行。攻陷廣州（廣東廣州）後，僅西洋僑民（大部份是阿拉伯人），因他們都是富商的緣故，一次就屠殺了十二萬人。然而自八〇年代八八〇年從采石磯（安徽馬鞍山西南）渡長江北上，折回中原時，即行改變，採取安撫政策。所以當他們進入洛陽時，市面上交易如故，婦女兒童都沒有受到驚擾。第二，黃巢農民兵團以兩年——八七八、八七九的時間，像秋風掃落葉一樣橫掃江南，不純靠軍事攻勢，主要靠動人心魄的政治號召，和當地窮苦無告的農民的響應。所以每到一處，都有新的力量投入。部隊遂跟滾雪球一樣，越滾越大。攻陷首都長安時，曾受到市民夾道歡迎，歡迎群眾的襤褸衣服和喜悅表情，使黃巢農民兵團感動，向他們散發金銀綢緞，並宣佈廢除唐政府的暴政。

然而，這次驚天動地的抗暴，終於失敗。黃巢於八八〇年進入長安後，即坐上寶座，稱大齊帝國皇帝。但他的對手並沒有消滅，唐王朝第二十一任皇帝李儇逃到成都（四川成都）

，再度向沙陀兵團乞援。在龐勛兵變中立下大功的李國昌的兒子李克用，出兵勤王。新建立的大齊帝國的將領，也不斷發生叛變。最重要的一位叛將是朱溫，當他宣佈投降時，唐政府大喜過望，立即任命他當宣武戰區（汴州・河南開封）節度使，作爲報酬。八八三年，黃巢在沙陀和勤王軍夾攻下，不得不放棄長安，向東撤退。八八四年，部隊潰散，在朱溫的反噬追擊之下，黃巢逃亡到狼虎谷（山東萊蕪），自殺身死。

失敗的原因是革命精神的消失，契機發生在黃巢稱帝的錯誤決策。黃巢在當皇帝之前和當皇帝之後，好像是截然不同的兩個人。稱帝前戰無不勝，攻無不取，稱帝後則困守長安孤城，一籌莫展。在中國特有的宮廷制度下，黃巢從當皇帝的那一天開始，就陷入千萬爭寵的宦官與宮女之手，與宮門外世界，完全隔絕。創業時代跟幹部們那種親密相依的無間感情，化爲烏有。幹部們在獵得官位後，也沉緬於他們過去所痛恨所反對的紙醉金迷生活。所以一切政治措施，幾乎把唐王朝的腐敗制度全部繼承下來，像「監軍」即是，黃巢也派出他的監軍。朱溫所以叛變，就是因爲不堪監軍的壓制，他的一切申訴，都被截留，無法到達黃巢面前，於是他把監軍斬首，向唐王朝投降。

大暴動歷時十一年，表面上雖然平息，但政府的殘餘基礎，已被掘空。本世紀（九）最後二十年間，呈現出來的是下列局面——

一、全國農村徹底破壞，一向稱爲中國心臟的中原地區，幾乎成爲沙漠。一直是文化政治巨城、繁華蓋世的洛陽——它以牡丹花和美女聞名，現在（已是第三次）只剩下三五貧苦人家，倘處在瓦礫之中。舉目所及，晝不見炊煙，夜不見燈火。

二、所有戰區，無一例外的都脫離了中央，自行割據，互相攻戰更烈。皇帝命令出不了首都長安，宰相和宦官，分別跟戰區司令官勾結，各人尋找各人的利害關係，作爲在小朝廷中內鬥的後台。

三、中原居民大批向南逃亡，跟第三、第四世紀三國時代和大分裂時代向南逃亡的情形一樣，他們成群結隊，組成武裝團體，逃出戰禍頻仍的故鄉，沿途轉鬥，向南流浪。他們一直進抵到五嶺山脈一帶，在蠻荒叢山中定居下來，墾田求生。跟第三、第四世紀先遷到的中原居民混合，使「客家人」的實力大爲增加。最初，他們還期待着等到局勢好轉，再回故土，但局勢一直惡化。他們一直住到二十世紀，仍保持當時中原使用的古老言語——客家話。

六、殘餘燭火上的內鬥

唐王朝的滅亡，迫在眉睫。

黃巢雖死，而中原戰爭不但不熄，反而更熾。黃巢向東撤退時，宣武戰區（汴州·河南開封）節度使朱溫，不能抵擋，他向沙陀兵團求救。那時李克用已被擢升爲河東戰區（山西太原）節度使，親自率軍赴援。擊敗黃巢後，朱溫在開封（河南開封）用盛大的酒筵勞軍。李克用喝醉了，對朱溫出言侮辱。朱溫下令關閉城門，縱兵擊殺。李克用血戰逃脫，但所率入城的將士，全都罹難。從此兩個戰區結下仇恨，展開長達四十年之久（八八四—九二三）

的戰鬥。

蔡州（河南汝南）州長秦宗權最先投降黃巢，黃巢失敗後，自己就在蔡州當起皇帝來。他的部隊行軍，一向不帶糧秣（也沒有糧秣可帶），只用車輛載着鹽和人的屍體，飢餓時就割肉烹食。朱溫經過數年苦戰，才把秦宗權擊敗，佔領蔡州。又一口氣併吞了感化戰區（徐州・江蘇徐州）、天平戰區（鄆州・山東東平）、宣義戰區（滑州・河南滑縣）、泰寧戰區（兗州・山東兗州）。李克用也併吞了盧龍戰區（幽州・北京）。其他每一個藩鎮也都在瘋狂擴張，全中國變成一片血海。暴力決定一切，黑暗不見天日。

在首都長安的唐王朝中央政府，並不為這種嚴重的瓦解局勢所動，仍堅定的繼續它的宦官時代。被黃巢驅逐到成都（四川成都）的皇帝李儇，於黃巢東撤後回到長安。宦官田令孜以陸軍大元帥（十軍觀軍容使）兼禁軍總司令（左右神策軍中尉）的身份，掌握政府大權，凶暴而且專橫。李克用跟河中戰區（河中府・山西永濟）節度使王重榮，聯合行動，要求罷黜田令孜。李儇拒絕，兩個司令官即行起兵，進攻長安。李儇第二次逃走，逃到鳳翔（陝西鳳翔）。幸而兩個司令官不為已甚，撤回軍隊，李儇才再回到首都。明年（八八六），靜難戰區（邠州・陝西彬縣）節度使朱玫、鳳翔戰區（陝西鳳翔）節度使李昌符（去年曾經收留李儇），又聯合起來，要求撤換田令孜，李儇在田令孜手中已身不由主，他只有再度拒絕，兩個司令官也起兵進攻長安，李儇第三次逃走，逃向興元（陝西漢中）。朱玫進入長安後，立另一位親王當皇帝。但朱玫的部下叛變，朱玫被殺。李昌符表示繼續效忠中央，一場混亂才勉強結束。李儇再回到首都，回來後不久，即行暴卒。

李儇死後，新任陸軍大元帥楊復恭，和左禁軍司令官劉季述，迎立李儇的弟弟李曄親王即位。李曄那年二十二歲，跟一連串花花大少的那些前任皇帝一樣，聰明輕浮，具有富貴太久的人逞能和任性的特質。楊復恭比田令孜更凶暴專橫，連李曄舅父王瓌全家跟他的賓客，都被屠殺。李曄打算殺他，楊復恭逃出長安，聯合龍劍（龍州・四川平武），武定（洋州・陝西洋縣），山南西道（興元・陝西漢中），三個戰區的節度使叛變——三個節度使都是楊復恭的義子。這給鳳翔戰區節度使李茂貞一個好機會，他聲言擁護中央政府，討伐叛徒。於擊敗楊復恭後，吞併三個戰區。

李曄和宰相韋昭度力謀振作，企圖限制宦官權力，宦官再度勾結藩鎮反擊。八九五年，靜難戰區、鳳翔戰區、鎮國戰區（華州・陝西華縣），聯合突襲長安，逮捕韋昭度。李曄一再下令保護，結果仍把韋昭度處決。事情發展到這個地步，中央政府的崩潰已不能挽救。但李曄繼續掙扎，改變方式，命親王們組織警衛部隊，以牽制宦官的禁軍。宦官們大爲憤怒，而且各藩鎮也不允許皇帝擁有眞正能作戰的自衛武力。八九六年，即三鎮殺宰相韋昭度的次年，鳳翔戰區節度使李茂貞再進攻長安，李曄逃走。他本想逃奔太原李克用的，在經過華州時，卻被鎮國戰區節度使韓建留住。韓建是李茂貞的同黨，他隆重的迎奉李曄，然後，把所有親王，只除了李曄的兒子，有數百人之多，全部屠殺，這些皇子皇孫爬到屋頂上向李曄呼救，李曄只有垂淚。

七、東西方世界

——〇〇年代・八〇〇年。羅馬教皇李奧三世加冕法蘭克國王查理曼爲「羅馬帝國奧古斯都」，史學家稱查理曼帝國。

——二〇年代・八二七年（太和公主下嫁回紇可汗後第六年），不列顚七小國中的威塞克斯王國，消滅其他六國，建英格蘭王國。

——四〇年代・八四〇年（黠戛斯部落攻入回紇汗國王庭，回紇汗國瓦解），查理曼帝國皇帝忠實路易逝世，長子羅塞爾嗣位。次子路易、幼子查理爭位。

——四〇年代・八四三年（石雄迎太和公主回國），羅塞爾、路易、查理，三弟兄和解，訂凡爾登條約，分割帝國爲三：羅塞爾據中部，稱羅塞爾王國。路易據東部，稱東法蘭克王國。查理據西部，稱西法蘭克王國。

——六〇年代・八六二年（龐勛兵變前六年），東歐俄羅斯平原斯拉夫游牧部落，迎立北蠻瓦倫吉安部落酋長羅瑞克當酋長，俄國自此才在歷史上出現。

——七〇年代・八七〇年（龐勛兵變失敗的次年），羅塞爾王國子嗣絕，東西法蘭克王國簽訂茂森條約瓜分。

——七〇年代・八七四年（農民大暴動爆發，擁王仙芝當領袖），北蠻人建冰島王國。

——八〇年代・八八二年（黃巢在長安稱帝第三年），俄羅斯酋長羅瑞克的兒子伊戈，建基輔公國。俄國自是始有國家組織。

——八〇年代·八八七年（李曄即位前一年），日本設「關白」官位，較宰相爲尊，僅低於天皇，一切奏議，必先呈准關白裁可。這個制度歷時九百八十一年才被廢止。

——九〇年代·八九二年（宦官楊復恭逃出長安的次年），新羅王國大將甄萱，起兵獨立，不久，建後百濟王國，跟新羅王國平分朝鮮半島。

第二十三章　第十世紀

本世紀較上世紀（九）更爲黑暗。

唐王朝於本世紀〇〇年代，終於滅亡，但沒有一個政府能單獨接替它遺留下來廣大而破碎的版圖。各戰區就在它們既有的領域上，公開宣佈獨立。於是中國又陷於分裂，因爲時間較短，我們稱它爲小分裂時代。

小分裂時代爲時只有七十三年（九〇七－九七九），才被新興的宋王朝統一，不過已不能恢復永逝的黃金時代。疆域也只剩下紀元前三世紀秦王朝時的範圍，中國人千餘年的經營擴張，全都喪失。

小分裂時代初起時，東北地區的契丹部落建立遼帝國，隔着長城，跟宋王朝統治的中國本土對抗。

一、小分裂時代——五代十一國

李曄於上世紀（九）最後第二年（八九八）返回長安，不斷的沉重打擊，使他喜怒無常。對稍有實力的人，他已不敢去冒犯，但對無力自衛的人，他仍有殘餘的威力逞暴，本世紀

（十）第一年（九〇〇），他出去打獵，夜半回宮時，不知道是誰把他觸怒，他親手殺死數名宦官和數名宮女，宮內外震恐。禁軍左軍司令官（左神策軍中尉）劉季述，右軍司令官（右神策軍中尉）王仲先，立即進宮把李曄逮捕，教李曄的兒子李裕繼任皇帝。

兩位大宦官把李曄逮捕後，當面斥責他種種過失，逐項的指出他「抗命」的不當，每指出一件事，就用手杖在地上劃一條線，結果積有數十條線之多，李曄的凶性沒有了，低着頭不敢回答。如果不是他的妻子何皇后踉蹌的出面求情，教他「一切聽司令官處分」，他可能喪生。

九〇〇年的最後兩個月，李曄跟他的家屬被嚴密的囚禁在過去親王們所居住的少陽院，鐵汁灌鎖，內外隔絕。正逢隆冬季節，李曄想討一頂帽子，他的幼子幼女想討幾件棉衣，都被拒絕。囚房中啼飢號寒，遠近可聞。

明年（九〇一），唐王朝宦官政權內鬨，禁軍若干忠於皇帝的宦官，起兵把兩位司令官殺掉，救出李曄，使他復位。這又是一個可以轉變的契機，宰相崔胤建議乘着這個機會使禁軍擺脫宦官的掌握，任命正規軍出身的將領擔任司令官。李曄不肯接受，表面上他顧慮驟然間改變百餘年的傳統，會招致反應。實際上他仍然覺得宦官比任何人都可靠，家奴總是家奴，只要找到順服的家奴就可以了。於是他任命他最親信的家奴宦官韓全誨、張彥弘，接任左右軍司令官。

宦官當然深恨幾乎剝奪了他們軍權的崔胤，他們勾結鳳翔戰區（陝西鳳翔）司令官（節度使）李茂貞，作爲外援。崔胤也知道自己的危機，就向宣武戰區（汴州・河南開封）司令官（節度使）朱溫靠攏，他寫信給朱溫說，奉有皇帝密旨，命朱溫發兵救駕。朱溫，這個地痞流氓出身的惡棍，從沒有想到有一天會插手高不可攀的中央政府，他唯一的目的不過想做一個強大軍閥。皇帝的密旨挑起他的野心，富貴逼人，中央政府的大門自動向他敞開，他遂統軍西上。韓全誨得到消息，立即強迫李曄投奔鳳翔，距李曄復位只十個月。

朱溫圍攻鳳翔，鳳翔堅守兩年，可怕的飢餓使它不能支持。九〇三年，李茂貞只好把韓全誨、張彥弘殺掉，跟朱溫和解，送李曄返回首都長安（陝西西安）。朱溫迅雷不及掩耳的派軍進入皇宮，對宦官作徹底的屠殺，包括新任命的兩位禁軍司令官，和大多數無權無勢，也屬於被迫害的小宦官在內，共數百人，全部死於亂刀之下。哀號呼冤，聲傳宮外。派到各戰區擔任監軍的宦官，朱溫也命李曄下令，一律就地處決。爲時一百四十九年漫長的第二次宦官時代（七五五―九〇三），到此結束。跟第一次宦官時代斬盡殺絕的結束類型，完全相同。

宦官時代結束後，唐王朝政權也到尾聲。朱溫於屠殺宦官的明年（九〇四），強迫李曄遷都到重建後的洛陽（河南洛陽），並裏脅長安全體市民跟隨東遷。長安宮殿和所有民房，悉數拆除，百萬餘市民剎那間成爲赤貧，被朱溫的汴州兵團押解，踉蹌上道，咒罵聲和哭聲，連綿四百公里。長安這個曾經作爲中國首都，先後達一千零三十八年之久的巨城，受到最慘重的一次破壞，從此喪失被選爲首都的資格。

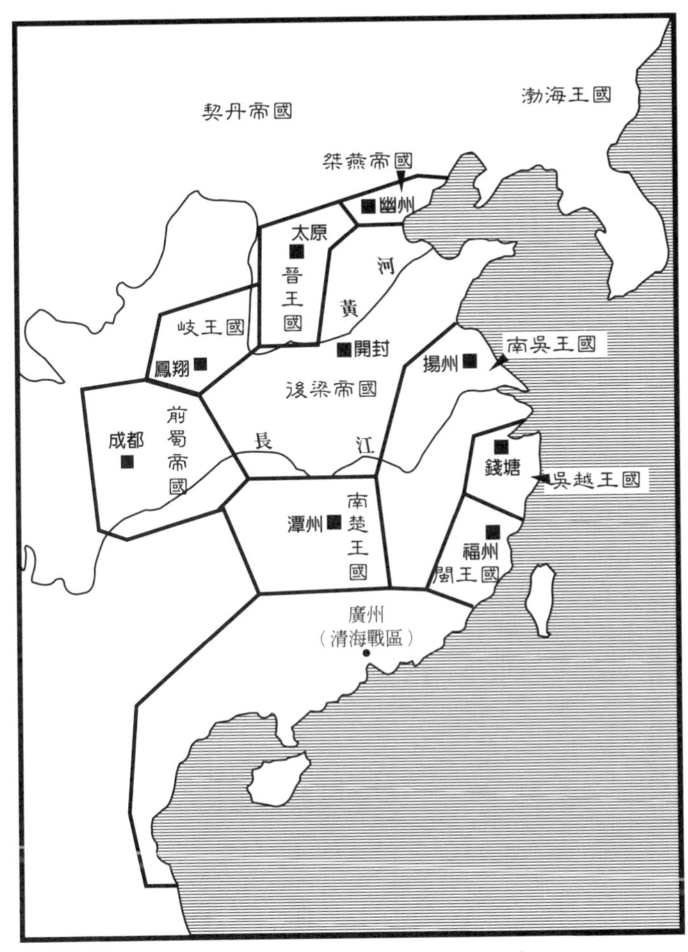

圖三三　十世紀一〇年代・九國並立

李曄到洛陽後四個月，就被朱溫派人刺死。李曄的兒子李柷繼位，三年後（九〇七），朱溫命李柷禪讓。立國二百七十六年，爲中國帶來黃金時代，也爲中國帶來黑暗時代的唐王朝，終於滅亡。朱溫在開封（河南開封）上台，建立後梁帝國。

唐王朝本來只剩下一個中央政府的空架子，朱溫把它奪過來，除了得到一個弒君篡位的罪名外，實質上並沒有得到什麼。各地藩鎮對唐王朝皇帝本來已不放在眼內，現在他們一面斥責朱溫是叛徒，一面索性效法朱溫，也紛紛稱帝稱王。於是，在此後短短的七十三年之中，中國境內共出現了左列十六個短命政權，史學家稱之爲「五代十一國」。五代，指建立在中原地區，上下啣接的五國。十一國，指建立在中原地區以外的諸國。而遼帝國和宋帝國不包括在內，因爲它們的壽命比較長。

區分	國別	建都	開國帝王	原官爵	興亡	年數	亡於
五代	後梁帝國	開封（河南開封）	朱溫	梁王・宣武（河南開封）節度使	九〇七 九二三	一七	後唐
	（遼帝國）				九一六 一二一八	三〇三	
	後唐帝國	洛陽（河南洛陽）	李存勗	晉王・河東（山西太原）節度使	九二三 九三六	一四	後晉

	後晉帝國	開封	石敬瑭	河東節度使	九三六 九四六	一一	遼
	後漢帝國	開封	劉知遠	北平王・河東節度使	九四七 九七九	三三	宋
	後周帝國	開封	郭威	鄴都(河北大名)留守	九五一 九六〇	一〇	宋
	(宋帝國)				九六〇 一二七九	三二〇	
十一國	岐王國	鳳翔府(陝西鳳翔)	李茂貞	岐王・鳳翔(陝西鳳翔)節度使	九〇七 九二四	一八	後唐
	南楚王國	長沙府(湖南長沙)	馬殷	楚王・武安(湖南長沙)節度使	九〇七 九五一	四五	南唐
	吳越王國	杭州(浙江杭州)	錢鏐	吳越王・鎮海(浙江杭州)節度使	九〇七 九七八	七二	宋
	前蜀帝國	成都府(四川成都)	王建	蜀王・西川(四川成都)節度使	九〇七 九二五	一九	後唐

南吳帝國	江都府（江蘇揚州）	楊渭	吳王・淮南（江蘇揚州）節度使	九一〇 九三七	二八	南唐
桀燕帝國	幽州（北京）	劉守光	燕王・盧龍（北京）節度使	九一一 九一三	三	後唐
南漢帝國	興王府（廣東廣州）	劉巖	南海王・清海（廣東廣州）節度使	九一七 九七一	五五	宋
南平王國	江陵府（湖北江陵）	高季興	南平王・荊南（湖北江陵）節度使	九二四 九六三	四〇	宋
閩帝國	長樂府（福建福州）	王延鈞	閩王・威武（福建福州）節度使	九三三 九四五	一三	南唐
後蜀帝國	成都府（四川成都）	孟知祥	蜀王・西川節度使	九三四 九六五	三二	宋
南唐帝國	江寧府（江蘇南京）	李昪	齊王・鎮海（江蘇南京）節度使	九三七 九七五	三九	宋

由此表可以了解，所謂五代十一國，只不過把藩鎮的招牌改上一改，節度使改稱帝王，戰區改稱帝國、王國。所以有些政權並不能適用嚴格的國家意義。如岐、南平、南楚、吳越

，往往維持着藩鎮的外貌，在表面上臣屬於中原的五代政府。尤其是南平，它爲了得到賞賜，幾乎向每一個鄰邦稱臣，各國都喚它的國王（節度使）爲「高賴子」。可是，這種臣屬，只是表面，絕對不接受內政的干預。

二、遼帝國統一塞北

朱溫建立後梁帝國同時的〇〇年代，中國即行四分五裂。北方有晉王國（後唐帝國前身）。西方有岐王國、前蜀帝國。南方有南吳王國（南吳帝國前身）、吳越王國、南楚王國、閩王國（閩帝國前身）。——八個短命政權並立。

八個短命政權中的晉王國，理論上它仍是已滅亡了的唐王朝的領土。李克用以唐王朝所封的爵位晉王，和所任命的「河東戰區節度使」身份，起兵討伐叛逆朱溫。九〇八年，李克用逝世，他的兒子李存勗繼位。另外，設置於幽州（北京）的盧龍戰區，節度使劉守光於九一一年宣佈獨立，建桀燕帝國。

後梁建立帝國第十年，一〇年代九一六年，居於長城之北、匈奴汗國故地的契丹部落，也建立帝國。契丹是東胡民族的一支，在第七第八世紀時，中國唐政府曾封它的酋長爲松漠都督。它內部共有八個大部落，大部落酋長稱爲「大人」。由此八位大人互推一位首領，負責處理有關部落間的大事，任期三年。本世紀（十）初葉，當選首領的耶律阿保機用盛大宴會招待其他七位大人，伏兵把他們殺掉，使八大部落合併爲一。他不採用北方游牧民族所習慣的「可汗」稱謂，而採用皇帝稱謂，稱他的帝國爲契丹帝國，不久再改稱遼帝國，定都西樓城（內蒙巴林左旗。後西樓城改稱臨潢）。北方游牧民族有固定的首都，由遼帝國開始。說明他們的經濟社會，已進入漁獵和農業。

自從第七世紀中國擊潰東突厥汗國後，二百餘年來，北疆一直保持某種程度的和平。現在，龐大的遼帝國崛起，塞北其他民族各部落在契丹兵團鐵蹄下，歸於統一，中國同時也恢復了北疆的傳統性的沉重外患。遼帝國於二〇年代九二六年，向東征服位於松花江流域，比它文化水準要高得多的渤海王國，向西又陸續拓展到陰山以西，影響力直到天山（新疆省）。它的北界到黑龍江，南界則隔着長城，跟小分裂時代凌亂而又混戰不息的中國爲鄰。

中國本土混亂，使沿邊一帶中華人大批流入安定的遼帝國國境，它的首都臨潢，被稱爲上京，中華人幾乎佔人口的三分之一。其他地區也都有專居住中華人的街市城堡，一律稱爲「漢城」，越向南這種漢城越多，帶給契丹人工農業高級生產技術，和更高級的國家管理技術。契丹人所以能超越突厥、回紇，建立起來一個現代化的帝國，全靠中華人的貢獻。所以遼帝國把中華人當作智慧之源，對中華人有特別的保護——主要的是嚴厲防止中華人逃回中國。這種對中華人重視的政策，從下表所列它的政府組織上，可以看出：

元首	區分	官署		職掌
皇帝	北面政府	大于越府	大于越	（崇官）
		宰相府	北宰相府　南宰相府	行政
		樞密院	北樞密院　南樞密院	軍事
		大王院	北大王院　南大王院	部落
	南面政府	中書省		
		門下省		
		尚書省		
		樞密院		

遼帝國政府是雙軌的，這是最奇異之處，但它完全爲遷就中華人而設。一爲「北面政府」，治理故疆，內部再分南北，原則上北府北院治理契丹人，北府南院治理中華人。一爲「南面政府」，治理以中華人爲主的新佔領的中國土地（如燕雲十六州），完全效法中國政府結構，以便中華人適應，這可充份說明漢人在遼帝國中的地位。

三、短命政權間的殊死戰

朱溫是一個石虎型的暴徒，以殺人和跟兒媳上床爲最大樂事，他當了六年皇帝，被他的兒子朱友珪一刀刺穿了他的肚皮。朱友珪不久又被他弟弟朱友貞殺掉。朱友貞當了十一年皇帝，二〇年代九二三年，世仇沙陀兵團的首領李存勗奇襲開封（河南開封），朱友貞束手無策，自殺。短命的後梁帝國只存在十七年。

在後梁滅亡之前，南嶺以南也發生變化。臣服後梁的清海戰區（廣東廣州）節度使劉巖，於九一七年，宣告脫離後梁帝國，另建越帝國，不久又改稱南漢帝國。

李存勗宣稱他是唐王朝帝位的合法繼承人，遂取消晉王稱號，改稱皇帝，被稱後唐帝國，定都洛陽。位於北方的桀燕帝國，只曇花一現，早被李存勗滅掉。西方的岐王國，震懾於李存勗滅掉後梁帝國的威名，也自動獻出土地，取消獨立。九二五年，李存勗派遣大將郭崇韜進攻前蜀帝國，前蜀也亡。一連串輝煌的軍事勝利，使其他各國震恐，先後向後唐政府進貢，都以爲新的大一統不可避免的即將實現。

然而，李存勗只是一個驍勇的戰將，卻不是統帥人才，更不是政治領袖人才，他沒有治理這個迅速膨脹國家的能力。他喜愛戲劇，每天在宮中忙着看戲，只信任戲劇演員和本世紀（十）〇〇年代大屠殺中漏網的一些宦官。大臣和將領們必須透過這兩種人，才能使李存勗批准他們的請求，大權完全掌握在演員和宦官之手。李存勗的妻子劉玉娘更使這種自我毀滅的局勢惡化，她除了拚命要錢外，不知道人生還有別的樂趣。中原連年大旱，那些血戰數十年的沙陀將士，沒有糧食，父母妻兒不得不到郊外挖掘草根充飢，就在挖掘草根時，往往倒地餓死。可是李存勗夫婦卻毫不在意，遊獵享樂如故，好像根本不知道他們所以能坐在寶座上，完全要靠將士的效忠。宰相們警覺到事態嚴重，建議暫時借用皇宮裏堆積如山的金銀綢緞，發給將士養家救死，等國庫充足時，再如數歸還。劉玉娘皇后對這個建議大發雷霆，她派人送出兩個銀盆和三位皇子，告訴宰相說：「宮裏只剩下這點東西，請你賣掉作軍餉吧。」宰相驚駭的呆在那裏，再不敢開口。問題是這種撒賴的幹法，堵自己人的嘴可以，卻堵不住敵人的拳頭。九二六年，即征服前蜀帝國的次年，宦官聯合起來誣陷遠征軍總司令郭崇韜謀反，劉玉娘直接下令把郭崇韜殺掉。於是軍心動搖，另一位大將李嗣源在鄴都（河北大名）叛變。李存勗親自出征，可是傷透了心的將士早已解體，乘大軍移動的時候，紛紛逃向叛軍投降。李存勗沿途不斷下馬跟將士們握手拍肩，聲言即行頒發賞賜。但這種在跟後梁帝國作戰時曾發生過作用的小動作，已不再靈光，將士們早看穿了李存勗的肺腑，他們直率的回答說：「父母妻兒都已餓死，縱有什麼賞賜，不能救回他們的生命，我們並不感激。」李存勗見眾叛親離，唯有流淚。剎那間兵變爆發，李存勗被流箭射中，全族被屠。劉玉娘攜帶着價值連城的兩包珍寶，從洛陽騎馬逃到太原（山西太原），躲進尼姑庵爲尼，新政府派人追蹤而至，把她絞死。

中原之外的其他地區，也發生變化。後唐帝國所屬的荊南戰區（湖北江陵）節度使、封

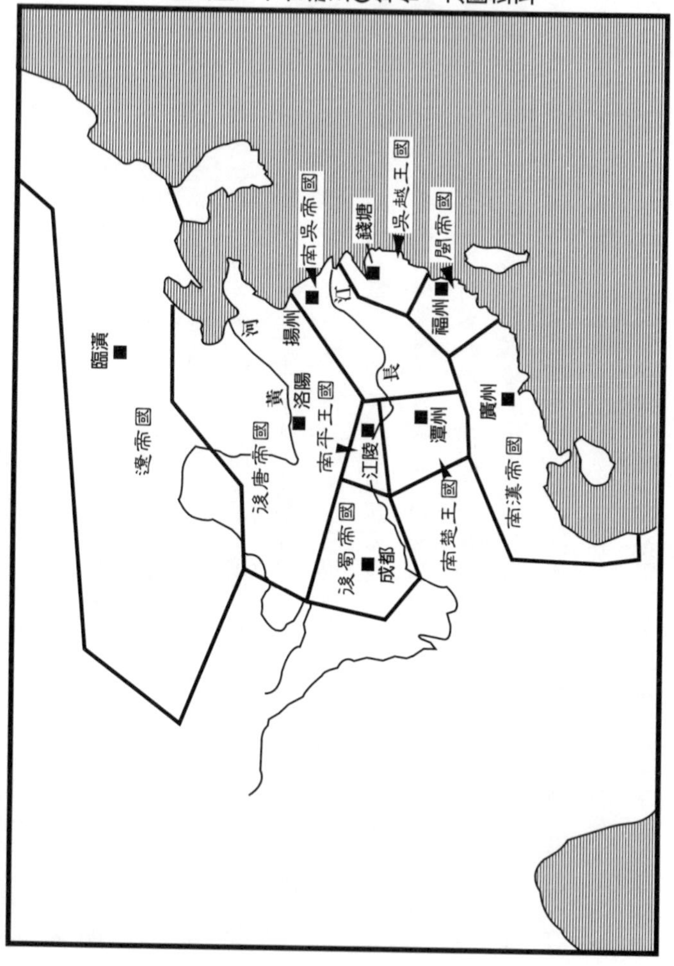

圖三四　十世紀三〇年代・九國並立

爵南平王的高季興，乘李存勗之死，游離出去，建立南平王國。西川戰區（四川成都）節度使、封爵蜀王的孟知祥，不久也脫離後唐，建立後蜀帝國。

李嗣源繼承李存勗的帝位，他死後，由他的兒子李從厚繼承。三〇年代九三四年，李從厚下令調他的義兄鳳翔戰區（陝西鳳翔）節度使李從珂到太原（山西太原）當河東戰區節度使。這種職務上的調動，在當時往往是一種屠殺陷阱，被調動的將領一旦離開據點，失去自衛力量，在中途可能會受到處決。李從珂拒絕接受，起兵攻陷洛陽。李從厚在逃亡途中被殺，李從珂繼位。九三六年，李從珂犯同樣的錯誤，他下令調他的姊夫河東戰區節度使石敬瑭到鄆州（山東東平）當天平戰區節度使，石敬瑭不接受命令，起兵叛變。

李從珂叛變，依靠自己力量。石敬瑭叛變，依靠外國力量。他向塞北的契丹帝國要求援助，應許割讓長城以南十六個州的土地作爲報酬。契丹帝國皇帝耶律德光（開國皇帝耶律阿保機的兒子）興奮的幾乎發了瘋，做夢都沒有夢到天上會掉下來這麼好的運氣。於是御駕親征，擊潰後唐帝國討伐石敬瑭的兵團。李從珂全家自焚，後唐只十四年而亡。

石敬瑭在太原叛變時，耶律德光封石敬瑭爲中國皇帝，國號後晉。後晉帝國建立後，立即把左列的長城以南十六個州交割，世稱「燕雲十六州」。燕，指幽州。雲，指雲州。

幽州（北京）

薊州（天津薊縣）

瀛州（河北河間）

莫州（河北任丘）
涿州（河北涿州）
檀州（北京密雲）
順州（北京順義）
新州（河北涿鹿）
媯州（河北懷來）
儒州（北京延慶）
武州（河北宣化）
雲州（山西大同）
應州（山西應縣）
寰州（山西朔州東）
蔚州（河北蔚縣）
朔州（山西朔州）

十六州東西約六百公里，南北約二百公里，面積約十二萬方公里，可容納三個台灣島，卻被石敬瑭輕易的連同土地上的中國人，斷送給外國。千餘年來中國人修築的萬里長城，到此失去作用，因敵人已越過了它，進入中國本土。從新邊界到當時中國的首都開封（河南開封。石敬瑭把首都從洛陽搬至此），五百公里間，一望平原，沒有一個險要的關隘可以阻擋敵騎，門戶完全洞開。石敬瑭除了割地外，九三八年，他還隆重的尊稱耶律德光爲「父」，自稱爲「兒」。那一年耶律德光只三十七歲，石敬瑭已四十七歲。三十七歲的父親收養四十七歲的兒子，實在是世界上最大的政治奇觀。

——任何國家都免不了有賣國賊，但主動找到外國主子，把國土獻到門口，又恬不知恥的稱父稱兒的行徑，卻很少見。石敬瑭在歷史上留下使中國最難堪的一頁。但差可告慰的，他是沙陀人，不是中華人。

就在中原地區改朝換代的明年（九三七），南方短命帝國之一的南吳帝國，也改朝換代。南吳最後一任皇帝楊溥被宰相徐知誥所迫，交出政權，南吳滅亡。徐知誥本是宰相徐溫的義子，他恢復本來的李姓，改名李昪。宣稱是唐王朝皇族的後裔，所以稱他新建立的短命政權是南唐帝國，從江都府（江蘇揚州）遷都江寧府（江蘇南京）。

石敬瑭當兒皇帝只七年就逝世，侄兒石重貴繼位，採納大臣景延廣的意見，向遼帝國皇帝耶律德光只稱「孫」，而拒絕稱「臣」。那就是說，私人關係我是孫皇帝，但後晉帝國跟遼帝國立於平等地位，不再臣屬。這已使耶律德光七竅生煙，但僅此還不致爆發戰爭。石重貴更下令把在中國經商的契丹人全部殺掉，斷絕兩國貿易。又下詔御駕親征，動員全國兵力，討伐「黠虜」，詔書上說：「凡生擒耶律德光的人，即擢升爲最大戰區節度使。」這已經超過最初所定爭取平等的正當範圍，而成了橫挑強鄰的蠢動，耶律德光想不採取反應都不可能。於是契丹兵團大舉南下，開封陷落，後晉帝國只十一年便亡於締造它的恩主。石重貴和

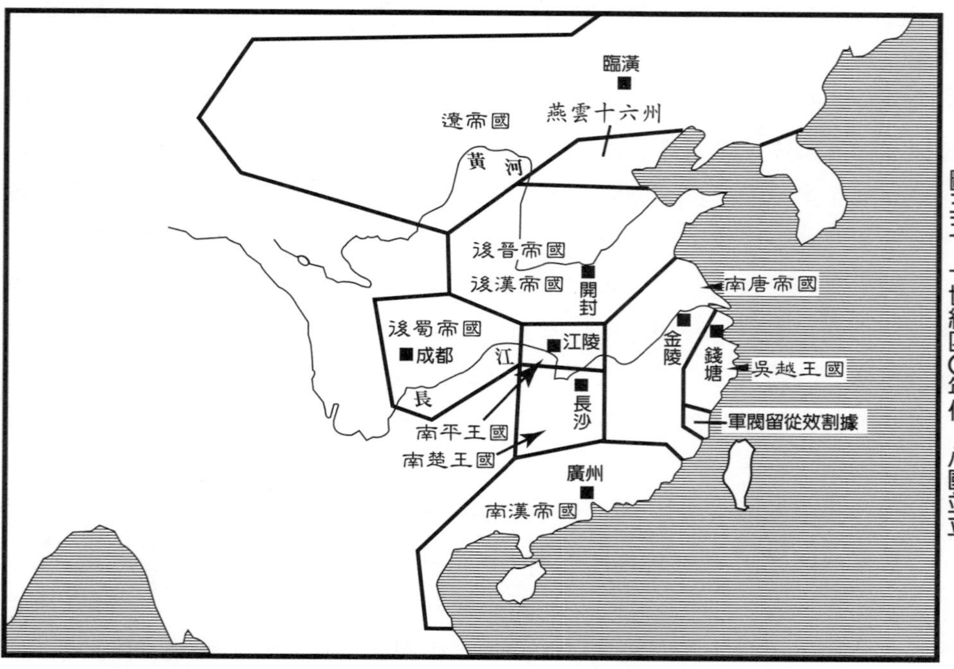

圖三五　十世紀四〇年代・八國並立

他的家屬，包括石敬瑭的妻子，即李從珂的姊姊，全部被放逐到東北兩千公里外，荒涼而寒冷的黃龍府（吉林農安），以後沒有人知道他們的下落。

後晉滅亡的前一年（九四五），南方的閩帝國也滅亡。這個短命而微小的帝國，在立國十三年中，幾乎每天都在內戰，最後招來南唐帝國的攻擊，佔領它大部份領土，吳越王國也乘機奪取東北部領土。

四、宋帝國統一中國本部

耶律德光消滅後晉，進入開封後，宣佈他兼任中國皇帝，中國人民激烈反抗，像無數火山一樣在四面八方爆發。耶律德光最初以爲所有的中國人都是石敬瑭，現在大失所望說：「想不到中國人如此難治。」只好撤退，沿途搶劫屠殺，作爲對中國人不屈服的一種懲罰。當他走到現在河北省欒城縣境一座樹林中時，暴病而死。中國人把這樹林命名爲殺胡林，以表示對這個蠻族首領的仇恨和戲弄。

反抗者之一的後晉河東戰區（山西太原）節度使劉知遠，率軍進入開封，在政治眞空中宣佈建後漢帝國。他只當了一年皇帝就逝世，由他十八歲的兒子劉承祐繼位。年輕氣盛的劉承祐厭惡那些總是限制他無限權力、使他不能暢所欲爲的幾位大臣，決心把他們剷除。五〇年代九五〇年，後漢帝國創立只有四年，劉承祐誣陷他們謀反，全部殺掉。其中一位是鄴都（河北大名）留守長官郭威，恰恰不在開封而在鄴都，幸而漏網，但全家仍被屠殺。於是郭

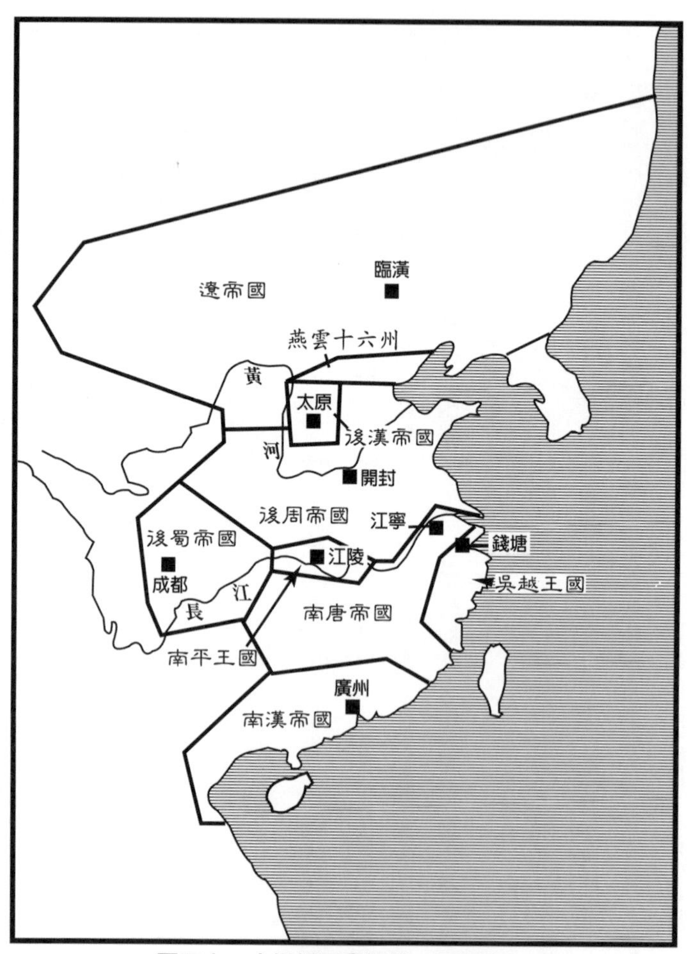

圖三六　十世紀五〇年代・八國並立

威叛變。本年（九五〇），攻陷開封，劉承祐被亂兵砍死。明年（九五一），郭威即位，建立後周帝國。但後漢帝國並沒有滅亡，劉知遠的弟弟劉崇，當時是河東戰區（山西太原）節度使，他在太原宣佈繼承帝位，跟死敵後周帝國，以太行山爲界，武裝對抗。

就在同年（九五一），南方的南楚王國，經過連續不斷爭奪王位的內戰後，最末一任國王馬希崇發現有隨時死於政變的危險，就向南唐帝國乞援。這對南唐也是天上掉下來的好運氣，南唐兵團進入南楚王國首都長沙（湖南長沙），把馬希崇和馬姓全體王族，擄到江寧（江蘇南京）。南楚滅亡。

小分裂時代唯一的英明君主，是後周帝國第二任皇帝郭榮（郭威的養子）。於九五四年即位後，即從事全國統一工作。他首先擊敗乘他新上台而大舉攻擊他的後漢帝國的反撲，後漢皇帝劉崇兵潰，逃回太原，永遠放棄復國的念頭。郭榮接着進攻南唐，把淮河以南、長江以北的廣大土地，全部征服。在消除了後顧之憂的情況下，九五九年，郭榮向北攻擊遼帝國，打算一舉收回燕雲十六州。他的兵鋒銳不可當，一連攻陷十六州中最南的二州：瀛州（河北河間）、莫州（河北任丘）。再向北挺進，又連陷三關：益津關（河北霸州）、瓦橋關（河北雄縣）、高陽關（河北高陽）。可是，當他乘勝再向北繼續挺進，進攻十六州中最重要的幽州（北京）時，郭榮卻病倒了，只好撤退。回到開封後，即行逝世。英雄之死使英雄事業夭折，郭榮的七歲兒子郭宗訓繼承帝位。殿前護從司令（殿前都點檢）趙匡胤，跟他的家屬和部下，祕密佈置向這位七歲孩子奪取政權。一切都像演戲一樣的配合十分密切，九六〇年正月初一日，當中央政府正在慶賀元旦的時候，北方邊報告警說，契丹兵團向邊境移動。宰相范質倉促間派遣趙匡胤前往抵禦。大軍走到開封（河南開封）東北十公里的陳橋驛，安營紮寨；黎明時，部下將領把早已準備好、只有皇帝才可以穿的黃龍袍，披到趙匡胤身上。於是契丹兵團也不知何處去了，趙匡胤以皇帝身份返回開封。郭宗訓退位，後周帝國立國只短短十年。

趙匡胤改國號為宋帝國——也可以稱之為宋王朝，但它事實上只控制了中國領土的一部份。這是一個長命政權，超過三個世紀。只不過在開始時沒有人看出它會有這種長命的跡象，一連串兒戲般的改朝換代，它也可能隨時被一場兵變推翻。

新任宰相趙普向趙匡胤提出這個問題，並暗示幾位最親信的高級將領石守信等的危險性。趙匡胤保證說：「我待他們恩重如山，絕不會有問題。」趙普說：「後周皇帝郭榮待你也恩重如山，你怎麼會有了問題？而且我的意思不是說他們會主動叛變，只是說他們都不是良好的統御人才，萬一部下貪圖富貴，也把黃龍袍披到他們身上，他們縱想不叛變也不可能。」這使趙匡胤如夢初醒。就在奪取帝位的明年（九六一），他召集石守信等最親密的一批將領宴會，酒興正濃時，趙匡胤嘆息說：「如果不靠各位的推戴，我不會有今天。但當皇帝也太艱難，並沒有當節度使時快樂。每天都憂心忡忡，不能安枕。」大家問他什麼緣故，趙匡胤說：「事情很明顯，這把椅子，誰不想坐？」大家駭然說：「陛下怎麼說這樣的話，現在天命已定，誰還敢懷這種非份之望。」趙匡胤說：「你們當然不會，可是一旦你們被部下擁戴，你們怎麼有力量拒絕？」大家這時候才忽然發覺殺機四伏，不由魂飛天外，請求指示一條生路。趙匡胤是一個政治人才，他不會用屠殺手段，他說：「人生有限，轉眼老死。拚命上進，追求富貴，目的是什麼？不過升官發財，自己既可享受，兒女們也不貧乏，如此而已。依我之見，各位不妨辭去軍職，改任高級文官，多多購買肥沃田地，營建豪華住宅，搜羅天下歌童舞女，晝夜飲酒取樂。我跟你們約定，世代通婚。君臣之間，兩不猜忌，上下相安，各位以爲如何。」趙匡胤的話掌握了人類低級情操上的全部弱點，大家感激接受。明天，紛紛上奏章說有病在身，請求解除軍職。

這是中國歷史上有名的「盃酒釋兵權」故事，是一種最高的政治藝術的運用。一席酒宴解決了不斷兵變和不斷改朝換代的禍根。趙匡胤把將領們都派到各地擔任地方首長，但只有尊榮，沒有實權。由中央政府另派一位副首長或祕書長（通判），負實際行政責任。軍事財政，都由中央收回。自從八世紀中葉以來炙手可熱的「節度使」官稱，從此退出政府權力舞台。

宋帝國的出現，使小分裂時代到達終站。宋政府在穩固了內部，根絕習慣性兵變之源以後，即着手統一中國。六〇年代九六三年，滅南平王國。九六五年，滅後蜀帝國。七〇年代九七一年，滅南漢帝國。九七五年，滅南唐帝國。吳越王國看出苗頭不對勁，無法再繼續稱孤道寡，於九七八年，很明智的獻出國土。最後，輪到退居在北方一隅的後漢帝國，它自知國小力弱，向遼帝國稱「侄皇帝」（劉知遠也是沙陀人），以求保護。九七九年，宋兵團北伐，擊敗遼帝國援軍，攻陷太原，後漢建國三十三年，是五代中最長久的一個政權。後漢帝國消滅，宣告為時七十三年的小分裂時代，亦即五代十一國時代結束。自八世紀七五五年安史兵變，到本世紀（十）九七九年宋帝國完成統一，我們也可稱之為二百二十五年改朝換代大混戰。二百二十五年，這個時間太長了，長的使人戰慄，但一場惡夢，總算過去。

五、交州的脫離與獨立

交州，位於元江下游，即富良江（紅河）流域沖積的平原上，面積約二十萬方公里，州政府設在交趾城（越南河內），轄有八個州：武峨州、愛州、長州、驩州、峰州、湯州、演州、陸州。紀元前二世紀，中國西漢政府消滅南越王國，於交趾地區（越南北部）設置交趾郡（越南河內）、九眞郡（越南清化）、日南郡（越南東河），同時成為中國本土。稍後，西漢政府設交趾州，即包括此地。紀元後七世紀時，唐政府在交州（交趾城）設置安南總督府。到了九世紀，又劃為靜海戰區，設立節度使。

交州處於中國國土的最南端，像杓柄一樣伸入蠻荒，所以不斷受到蠻族的滲透和攻擊。但中國一直保持主權，雖有大分裂時代，交州仍然完整如故。可是到了本世紀（十）小分裂時代，隨着各藩鎮紛紛獨立，交州屬於建都興王府（廣東廣州）的南漢帝國。九六四年，靜海戰區（越南河內）節度使吳昌文逝世，南漢帝國那時已敗壞不堪，不能顧及。戰區將領們掀起激烈的內爭，結果，驩州（越南榮市）州長丁部領取得勝利，稱大勝王，命他的兒子丁璉當靜海戰區節度使。七〇年代九七一年，宋政府征服南漢，進入興王府的遠征軍卻沒有乘勝南下收復交州。兩年後（九七三），丁璉以藩屬身份，向中國進貢，請求冊封。宋政府是一個無能的政府，只求表面平靜，就封丁璉當交趾郡王。一個交趾王國遂在中國批准之下，合法成立。

八〇年代九八〇年，丁璉逝世，幼子丁璿被大臣黎桓囚禁。中國派邕州（廣西南寧）州長侯仁寶出兵定亂，宋政府的軍隊，只能對內，不能對外，明年（九八一），黎桓用詐降計把侯仁寶殺掉，宋軍大敗而回。九八三年，黎桓向中國進貢謝罪，並呈上丁璿同意讓位的奏章，請求冊封。中國宋政府最初還不允許，僵持了三年，到九八六年，對既成事實既無力予以改變，只好同意，於是冊封黎桓當靜海戰區司令官，繼而再封爲交趾郡王。

——下世紀（十一）一〇〇六年，黎桓逝世，兒子黎龍廷即位。一〇一〇年，大臣李公蘊發動政變，殺掉黎龍廷，自己繼位，請求中國冊封。中國不再爲他們計較是非了，就冊封李公蘊當交趾郡王。李氏王朝對中國進貢不絕，但這並不能避免邊境衝突，最嚴重的一次發生於七〇年代一〇七六年，國王李乾德（李公蘊的孫兒）在位，攻陷邕州（廣西南寧），全城居民五萬八千人，全被屠殺。中國派遣郭逵當元帥，趙卨當副元帥，出軍反擊，在交趾城富良江畔決戰，交趾兵團大敗，斬首數千人，皇太子李洪眞也包括在內。李乾德恐慌，派遣大臣奉上降書，向司令部投降。趙卨極力主張進入距離只有十數公里的交趾城，收回原土。

可是郭逵膽小如鼠，受降而退。

——從此三百年間，兩國和平相處。交趾王國也採用事奉大國政策，對中國的恭順程度，較之高麗王國（朝鮮開城），有過之無不及。唯一不同的是，交趾王國本是中國領土，交趾人本是中華人。

六、宋遼對抗

歐洲人認為契丹（震旦）就是中國，因為遼帝國向西的影響力，直抵天山，跟西方各國直接接觸的機會較多。真正由中華民族建立，居於中國本部的宋帝國，西境阻於回紇部落，反而跟西方隔絕。不過宋帝國始終把遼帝國看作跟匈奴、突厥一樣，認為他們是夷狄蠻族。

事實上遼帝國文化程度雖然遠較匈奴、突厥為高，但比中華民族要低的多。開國君主耶律阿保機曾命他的大臣製造契丹文字，不過經濟狀況如果不能達到某種程度，文字的需要便不急迫。而一旦達到某種程度，漢文比契丹文佔有優勢。同時，這個由部落進化成為國家的民族，也並不真正的了解進步的意義，所以遼帝國宮廷中，一向嚴禁讀書。他們認為讀書不但浪費時間，還會把一個人的腦筋弄得太複雜。皇子貴族如果想求得知識，就得冒着「私自讀書」罪名的危險。所以他們的文化發展很慢，最顯明的例子是，人民只有名而沒有姓。只兩大部落有姓，一是皇帝族的耶律部落，一是皇后族的蕭部落。「耶律」是自己所定，「蕭」是中國人代他們起的。這兩大部落仍保留着上古時代初民互婚的習慣，世代相配。

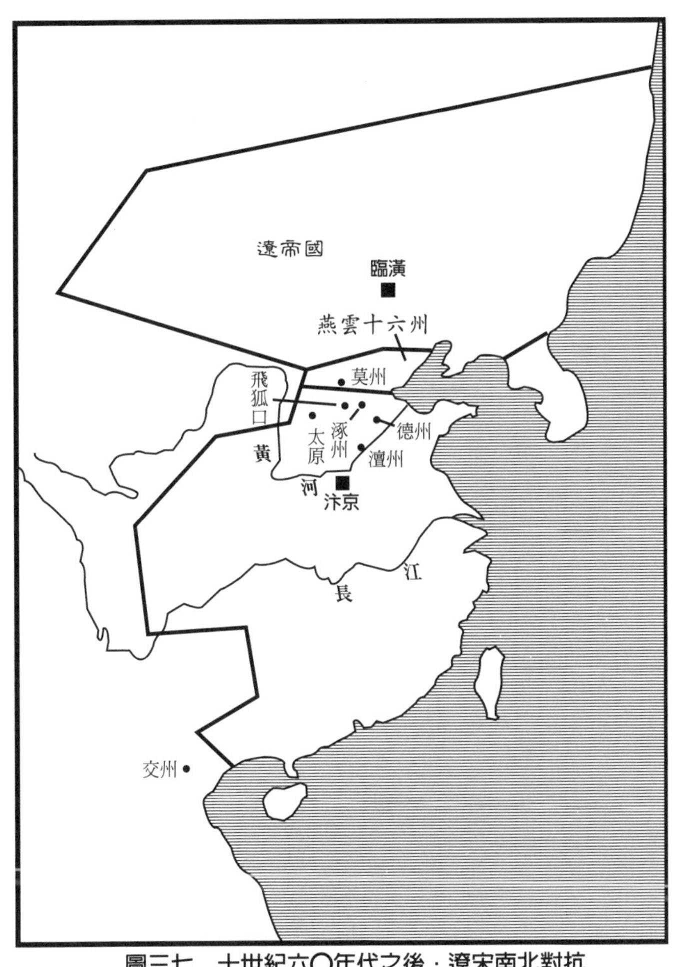

圖三七　十世紀六〇年代之後．遼宋南北對抗

遼帝國憑空得到中國的燕雲十六州，增加大量財富和國力，但也嚴重的傷害了中國的自尊。而且長城險要已失，黃河以北像敞開着大門的廣大庭院，再沒有阻止外人闖進來的重要屏障，自然使中國不能安枕。所以燕雲地區，始終成爲兩國衝突的導火線。本世紀（十）五〇年代，後周皇帝郭榮曾用兵奪回兩州——莫州和瀛州，但仍有十四州在遼帝國手中，以致本世紀末至下世紀（十一）初的二十年之間，宋遼兩國，發生四次重要戰爭。

第一次，九七九年，宋帝國第二任皇帝趙光義（趙匡胤的弟弟），在消滅後漢帝國，中國本土統一完成後，他興奮的打算一舉收復失土。但遼帝國不同於枯萎的後漢帝國，而中國將士們大戰之餘，已疲憊不堪，原來滿懷希望征服後漢之後得到休息和賞賜的，現在全部落空，還要徒步六百餘公里，越過連綿險惡的太行山脈，去進攻龐大的強敵。他們對此強烈反對，但趙光義拒絕採納任何反對意見，他堅信「成大事者不謀於眾」的格言。一個月後，大軍抵達幽都府（即幽州，北京），攻城。遼帝國大將耶律休哥反擊，在城東高粱河會戰，宋帝國憤怒的士兵乘酣戰時叛變，攻擊趙光義，於是全軍崩潰。趙光義腿部受傷，狼狽逃回涿州（河北涿州），追兵趕到，趙光義已不能騎馬，只好爬上驢車奔馳，才算逃脫，留下一萬餘具士兵的屍體。

第二次，明年（九八〇），遼帝國爲了報復宋帝國的無端攻擊，耶律休哥進圍瓦橋關（河北雄縣），宋軍大敗，遼軍追到莫州（河北任丘）才撤退。趙光義下令親征，走到大名（河北大名），距莫州直線還有二百八十公里，卻不敢再進，潦草結束。

第三次，九八六年，趙光義經過六年的準備後，向遼帝國發動總攻。東路由征服南唐帝國名將曹彬率領，出涿州（河北涿州）。西路由征服南漢帝國名將潘美率領，出雁門（山西代縣）。但兩位都是對內有餘、對外不足的「窩裏囚」人物。東路軍在岐溝關（河北高碑店西北）被遼兵團迎頭痛擊，像山崩一樣潰散。西路軍在飛狐口（河北淶源）也失敗，大將楊繼業正在前方節節勝利，聽到消息，即行護送歸附的漢人，向內地撤退。楊繼業是這次戰役中唯一的勝利者，潘美答應他在陳家谷（山西朔州南陽方口）留下重兵接應，楊繼業一路血戰，勉強抵達，卻遠遠發現谷口無一兵一卒，他知道被他的統帥所出賣，不禁放聲大哭，結果全軍覆沒。

——楊繼業是中國抵抗北方蠻族最傑出的將領之一，他的驍勇和被出賣後的壯烈殉國，使他成爲中國民間傳說中的祖父型英雄。很多作品都在描述他和他的妻子佘太君，以及他的諸子諸女，即「楊家將」一門，在跟遼帝國無數戰役中，所表現的可歌可泣的事蹟。

第四次，下世紀（十一）第一年（一〇〇〇），遼帝國進攻瀛州（河北河間），擊敗宋軍，生擒大將康保裔，深入齊州（山東濟南）、淄州（山東淄博），大掠而歸。宋帝國大將范廷召一直在尾隨，不敢進擊，等到遼兵團退出邊界，他才上奏章說是他把敵人趕走的。新即位的皇帝趙恒（趙光義的兒子，趙光義終於死於腿傷），十分高興，還作了一首喜捷詩，搞得群臣們不得不一窩蜂表示慶賀。

——范廷召告捷，趙恒喜捷，這個新興的宋政府，很快的就習慣於上下互相欺騙。

從這些戰役可以看出，宋帝國根本不是遼帝國的對手，所以每戰必敗。但遼帝國也沒有強大到能夠消滅宋帝國的程度，兩國遂形成緊張的對抗，只不過宋帝國承當的要沉重而危險。

七、東西方世界

——〇〇年代・九〇九年（後梁帝國建立第三年），㈠穆罕默德女兒法提瑪的後裔，攻陷北非洲突尼斯城，建薩拉森王國，稱法提瑪王朝（綠衣大食），阿拉伯帝國遂分裂為三。㈡新羅王國高僧弓裔叛變，建後高句麗王國，跟新羅、後百濟，三分朝鮮半島（後高句麗王國不久改稱摩震王國，又改稱泰封王國）。

——一〇年代・九一八年（前蜀帝國皇帝王建病卒），弓裔暴虐，被殺，部將王建（跟中國王建同名同姓）繼位，改國號為高麗王國。

——三〇年代・九三五年（後晉帝國建立前一年），新羅王國以疆土日縮，不能自存，舉國合併於高麗王國。新羅王國亡，立國九百九十二年。

——三〇年代・九三六年（後晉帝國建立），高麗王國滅後百濟王國，朝鮮半島再行統一。

——六〇年代・九六二年（南平王國滅亡前一年），羅馬教皇約翰十二世，加冕日耳曼國王鄂圖一世為羅馬帝國皇帝，稱神聖羅馬帝國。

一八〇年代・九八七年（楊繼業陳家谷戰死的次年），西法蘭克國王胖查理逝世，無子。由法蘭西公爵卡佩特繼位，改國號為法蘭西王國。

第二十四章　第十一世紀

宋遼對抗在本世紀〇〇年代和解，兩國之間保持一百餘年的長期和平。但宋帝國由於本身太衰弱的緣故，西北一隅的夏州（陝西靖邊北），跟西南一隅的交州（越南河內）一樣，也脫幅而去，建立西夏帝國。這個帝國既小又窮，可是，對宋帝國的傷害，卻十倍於遼。

在中國固有的領土上，事實上不是宋帝國大一統的單獨局面，而是三國分立局面。這個局面，一直延續到第十三世紀。

一、宋遼和解

宋遼兩國的衝突，到了本世紀（十一）初葉，急轉直下。〇〇年代一〇〇四年，遼帝國大舉南征，皇帝耶律隆緒和他的母親蕭太后，親自統軍，進入宋帝國本土之後，只使用少數軍隊攻擊城市，主力卻穿過原野，直趨黃河。深入四百公里，進抵澶州（河南濮陽），距宋帝國首都開封（河南開封），直線只一百二十公里。宋帝國朝野震動，皇帝趙恒召集緊急會議，群臣們除了想到遷都外，別無他法。大臣王欽若是臨江（江西樟樹）人，他主張遷都昇州（江蘇南京）。另一位大臣陳堯叟是閬州（四川閬中）

人，他主張遷都成都（四川成都）。只有宰相寇準反對，他主張御駕親征。他說：「御駕親征，對士氣是一個極大的鼓勵，可以致勝有餘。何況敵人深入，我們堅壁清野，用奇兵切斷它的糧道，它只有敗退。一旦遷都，人心崩潰，帝國可能瓦解。」

趙恒採納了寇準的意見，即行北上，進駐澶州（河南濮陽），登北門城樓，跟城外的契丹兵團對峙。這是大決戰的前奏，但和解卻早已暗中進行。被遼帝國於前一年俘擄的宋帝國大將王繼忠，深得耶律隆緒的禮遇。他乘機分析和解的利益與對抗的惡果，建議兩國舉行談判，蕭太后和耶律隆緒被他說服。於是由王繼忠寫信給趙恒，透露遼帝國的彈性態度，趙恒遂派遣代表曹利用前往遼軍司令部磋商。

當趙恒到達澶州之後，曹利用也從遼軍司令部返回澶州。遼帝國堅持要索回上世紀（十）五〇年代九五九年被後周帝國奪取的瓦橋關（河北雄縣）以南的「關南地區」，包括莫州（河北任丘）、瀛州（河北河間）。趙恒不肯接受，他希望的是沒有損失的和平。但是遼帝國後衛部隊已對莫、瀛二州開始猛烈攻擊，危在旦夕，如果陷落，遼帝國的條件勢必更苛。於是趙恒表示，關南地區不可以割讓，但宋帝國願每年向遼帝國進貢，作為補償，派遣曹利用再往談判。蕭太后、耶律隆緒正佔優勢的時候，當然不肯讓步，但曹利用提醒他們母子：「和解不成，只有戰爭。中國現在是一個統一的帝國，不像分裂狀態下的後晉政府。我們皇帝又親自督戰，士氣激昂，你們未必一定勝利。而且宋帝國進貢，是把整批財寶直接送到陛下手中，而戰爭掠奪，只便宜了將士。」這些話正確的分析了事態的眞相，結果議定宋帝國每年向遼帝國進貢銀幣十萬兩，綢緞二十萬匹。兩國代表對天盟誓，簽訂和約，這就是有名的「澶淵之盟」。

——上世紀（十）之前的貨幣，還是以銅鐵鑄造的「錢」爲主，以一千個錢爲一「緡」（貫、串），緡是最高的計算單位。本世紀（十一）兩個條約所載，白銀已成爲主要貨幣，「兩」已成爲最高計算單位。這種改變，一直使用九百年。到二十世紀初葉，才再改爲以「元」爲最高計算單位。

宋帝國向遼帝國進貢，顯然大失面子。但是，兩國對抗，最好能把敵人消滅；如果不能，那麼就只有忍氣吞聲跟它做朋友。長期的纏鬥不休，再強大的國家都會因筋疲力盡而瓦解。以當時形勢，和解實是最明智的決策。這是一次長時間的和解，從〇〇年代一〇〇四年起，到下世紀（十二）二〇年代一一二二年爲止，凡一百一十九年。自八世紀中葉安史兵變，便沉淪在混戰中二百餘年的黃河以北大平原上的中國人民，初次得到安定。

——一百一十九年長期和平中，並不是沒有爭執。爭執經常發生，但都由談判解決。最大的一次爭執發生於四十年後的四〇年代一〇四二年，遼帝國再度提出關南地區的要求。那時宋帝國正被新獨立的西夏帝國連連擊敗，結果增加每年進貢數量，共銀幣二十萬兩，綢緞三十萬匹。

二、宋帝國立國精神——苟且偷安

任何新興的政權，初起的時候，都會有一段時間具有相當強大的戰鬥力。只宋帝國不然，它一開始就高度疲憊。同樣是中國人，在唐王朝黃金時代，生龍活虎一樣使山河動搖。可是一進入宋王朝，卻成了病夫，不堪一擊。

趙匡胤是後周皇帝郭榮的親信，被認爲絕對不會叛變的將領，然而他終於叛變。他自己的故事使他警覺到部下的所謂忠心，並不可靠。要想根絕叛變，不能單純的寄託在部下的忠心上，唯一的辦法是不要爲別人累積叛變的資本。所以他定下原則：不讓大臣有權，萬不得已時，也不讓大臣有權過久。假如有權的人所掌握的權都只是暫時性的，就無法作大規模行動。這可從左列的宋王朝中央政府組織形態上，觀察出來：

元首	元首助理	中樞	職掌	名義首長	實際首長
皇帝	宰相	中書省	行政	中書令	尙書省右僕射
		樞密院	軍事	樞密使	知院事
		三司使司	財政	三司使	

這個表只列出中樞三個機構，另外「尙書省」「門下省」「九寺」，跟唐政府組織一樣，仍然存在，不過都屬於輔樞，地位並不重要。中樞三機構並不總隸於宰相，而是分隸於皇帝。宰相只在理論上統攝全局，但除非奉有特別命令，否則他不能過問樞密院（軍事）或三司使司（財政）的事。這是預防政治領袖跟軍事領袖或財政領袖結合的重要措施。

不但如此，政府各單位首長，跟他所主持的單位又完全不發生關連。像中書令，名義上是中書省的首長，事實上中書令只是一個高級官銜，他只能在自己家裏享受這個榮譽，不能去中書省行使他的首長職權。去中書省行使首長職權的人，即中書省的實際首長，則由尙書省副首長（右僕射）（尙書省首長尙書令，同樣也不能行使他的首長職權），兼任中書省副首長（侍郎），然後再代理中書省首長（尙書右僕射兼中書侍郎判省事）。這太複雜了，我們姑且用現代機構，作一比喩。猶如教育部長並不能過問教育部的事，而由商業部副部長兼任教育部副部長，此一兼任的副部長，再代理教育部部長，才是眞正的教育部部長。

地方政府的情況，完全相同，各州不設正式州長（刺史・州牧），所有州長都是臨時性的，稱之爲「知州事」或「判某州」，他們的本職都在中央，州長不過暫時兼任或暫時代理。即令他不是中央官員，有時也故意加上中央官員的官銜，表示地方職務只是暫兼暫代，隨時都會被調走。

於是，宋政府所有機關和所有官員，好像是七拼八湊走江湖的雜耍戲團，只求今天的演出能夠餬口，便心滿意足。在這種情形下，沒有人想到百年大計和長遠謀略，而趙匡胤所希望的，恰恰也正是如此。

軍事上主要目的在使將領們永遠沒有軍權。樞密院即現代的國防部，它的首長限定由文職人員擔任，並且更進一步，連戰術單位的部隊首長，也改由文職人員擔任，軍隊的戰鬥力，遂被傷害。

宋帝國的武裝部隊，分為兩種，一種是稱為「廂軍」的地方團隊。地方團隊全是老弱殘兵，分散各地，維持地方治安。國防軍則是精銳，全部集中在首都開封。遇到戰爭，即由中央臨時委派一位文職人員擔任統帥（甚至由宦官擔任統帥，卻很少由將領擔任統帥），率領出征。而負責實際作戰的將領，也出於臨時委派，他們雖然是職業軍人，但對所統率的部眾，卻一無所知。戰爭結束時，統帥把軍權交出，將領則調往別的單位，士兵返回營區。這樣的好處是，統帥跟將領不熟習，將領跟士兵不熟習，絕對不會發生陳橋式兵變。不過正因為如此，再多的部隊只不過是一群烏合之眾，不但不能擔當大的攻擊，連承受大的打擊都困難。文官擔任統帥，尤其是致命的有害制度。像澶淵之盟那一年，天雄戰區（河北大名）司令官王欽若（當時官銜「參知政事判天雄軍府兼都部署河北轉運使」，即「副宰相兼天雄戰區司令官兼總指揮兼河北省省長」），看到遼軍從城下經過，嚇得屁尿直流，唯有燒香拜佛，祈求神仙保佑。我們可以想像得到，在這種情形之下，士氣是如何形態。

宋帝國的立國精神是：抱殘守缺，苟且偷安，過一日算一日，將就一天算一天。

三、士大夫的樂園

宋王朝社會異於唐王朝社會的是，門第世家消滅。在第九第十世紀，唐王朝末期和小分裂時代，那些跟盜匪沒有區別的所謂政府軍隊和將領，往往屠殺門第世家，以奪取他們的財產，尊貴的門第已失去有效的保護。同時，長期勞力缺乏，土地不能生產足夠的食糧以供養大批寄生份子，尊貴的世家也不得不被迫星散。宋政府對封爵貴族，防範同樣嚴格，親王、駙馬，都沒有實權。所以國家統治階層，幾乎全由寒門士大夫充當。社會結構的縱剖面，有如下表所示：

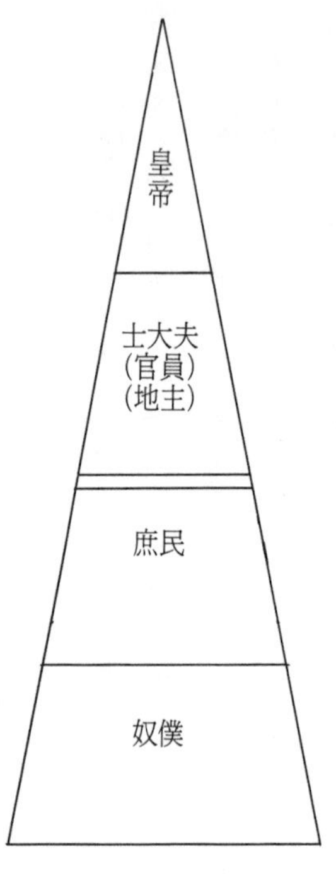

平民躍升到士大夫階層，方式跟唐王朝相同，一是學校，一是考試，一是推薦。學校，我們以後再談到它。考試制度到了宋王朝，才開始眞正的嚴肅。唐王朝那種浪漫性戲劇化的場外交易，漸被根絕。考試及格人士所受的重視，比唐王朝更甚。當進士考試及格的那些高級知識份子，結隊朝見皇帝，通過街市時，首都開封就好像瘋狂了一樣，萬人空巷。當時便有人感慨說：「縱使一位大將，於萬里之外立功滅國，凱旋歸來，所受的歡迎，也不過如此。」至於推薦，類似從前的九品中正，知識份子群中的互相讚揚，也可以使人獲得官職。在達到高階層之後，這種互相讚揚，和向皇帝表達這種讚揚，就更爲重要。宋王朝的士大夫特別容易結黨，這是基本原因。

宋王朝的立國精神，跟儒家學派的保守思想，像水乳一樣，融合爲一。宋王朝遂成爲士大夫的理想樂園，對政府所賜給他們的那些恍恍惚惚的官位，和不求進步，不求效率的職務，都能非常的勝任愉快。但趙姓皇帝對士大夫仍不放心，爲了加強他們互相間的牽制，以防團結生變，特別鼓勵彈劾和檢舉，僅監察機構，就設立兩個，一是「御史台」，一是「諫院」，任務完全相同，以便一個被野心家操縱時，另一個照樣發生功能。而且除了監察機構的官員，如御史和諫議大夫外，其他任何高級官員，同樣都可以隨時向皇帝提出意見，或隨時對宰相以下提出抨擊。這對於以寫文章爲主要學問的士大夫，誠是一個好制度，使他們舞文弄墨的英雄伎倆，有了用武之地。他們隨時隨地都會對任何進步改革，和他們所不知道的事物，發出反對的言論。目的並不在於把自己的意見付諸實行，只是希望他的文章能在皇帝心目中留下良好的印象。於是，再小再無聊的事，都會引起激烈爭論。

促使這種現象發生的另一個原因，是士大夫對他的言論所負的責任太輕。唐王朝以前，官員的彈劾或檢舉，如果被認爲失當，可能被免職或被處死。宋王朝士大夫則沒有這種危險，他們所受的最大譴責，大多數不過貶官而已——貶出首都開封，到地方政府擔任州長（判某州・知州事）、副州長，或祕書長（通判）。這與其說是一種譴責，勿寧說是一種獎賞，以鼓勵士大夫更勇於喧嘩取鬧。因爲這種譴責，絲毫不損害到他的既得利益，還可以平空多一個「正直忠良」「不畏強權」的美名。

儒家學派用兩分法把人類分爲兩個系統，一是君子系統，一是小人系統。這種分法本是經濟的，後來發展爲倫理的，後來更發展爲政治的和道德的，遂成爲政治鬥爭中的一項重要武器。這武器用下表所列的不同文字表達：

總體	區分	表達文字
人類	君子	正人　耿直　忠良　木訥　骨鯁　光明磊落　胸襟坦蕩
	小人	奸邪　傾險　卑鄙　汚濁　偏激　挾詐任數　險賊害物　罔上欺下

對好喧嘩取鬧的宋王朝士大夫而言，人類一分爲二，使他們在吵鬧內鬥中，可以節省不少精力。一旦掀起爭論，只要立刻把自己納入君子系統，把對方納入小人系統，就自以爲可以大獲全勝。

我們舉出下列一事，作爲說明。宋王朝第四任皇帝趙受益沒有兒子，收養他堂兄的兒子趙宗實作爲兒子，趙受益的堂兄是封爵濮王的趙允讓。他們的關係位置，如左表所示：

父輩	第一代	第二代	第三代	第四代
趙弘殷	一任帝 趙匡胤			
	二任帝 趙光義	三任帝（大宗） 趙恒	四任帝 趙受益	
		商王（小宗） 趙元份	濮王 趙允讓	五任帝 趙宗實

六〇年代一〇六三年，趙受益逝世，趙宗實即位。於是發生我們現代人死也想不通，但當時士大夫卻認爲異常嚴重的稱呼問題，即趙宗實應該稱呼他親生老爹（趙允讓）什麼？宰相韓琦、副宰相歐陽修主張當然稱爲父親，這主張是可以理解的。可是另一派以司馬光爲首的大臣，根據儒家學說，主張應該稱他親生老爹（趙允讓）爲伯父。因爲儒家是宗法社會的產物，在宗法制度下，趙宗實是「小宗」入繼「大宗」，應以大宗爲主，對大宗「法定父親」（趙受益）的堂兄（趙允讓），當然稱爲伯父。兩派都擁有廣大的黨羽，而以司馬光的黨

羽最多，技巧也最高；他的黨羽之一的總監察官（御史中丞）賈黯，臨死時特地留下遺書，請求趙宗實一定要稱老爹爲伯父；諮議部長（同知諫院）蔡伉，進見趙宗實時，跪下來痛哭流涕，陳述國家興亡，就在此一稱呼；趙宗實也深爲蔡伉那副急來的眼淚所感動。另三位黨羽：監察部主任祕書（侍御史知雜事）呂誨，和監察部委員（侍御史）范純仁、呂大防，更怒不可遏，把歐陽修、韓琦一下子就納入小人系統，小人當然沒有活的理由，於是請求把二人處斬，以謝天下。當趙宗實不接受他們的意見，而終於堅持稱自己的老爹爲老爹時，司馬光黨羽洶洶然表示，君子系統絕不跟小人系統和平共存，要求辭職。

這就是有名的「濮議」，我們可藉此對宋王朝士大夫作一綜合認識：

一、儒家思想，到了宋王朝，已開始僵化。歐陽修、韓琦都是最頑強的保守派，只不過在父子至情上偶爾流露一點靈性，就立刻受到凶暴的待遇。

二、士大夫攻擊一旦開始，人類兩分法立刻登場，而所運用的表達文字，翻來覆去，都是那一套。說明他們字彙的缺乏，和智慧的枯竭。

三、「濮議」是一件小事，卻被認爲是一件天塌了似的大事。比當時被西夏帝國連連擊敗，死人千萬，喪師失地，還要重要。顯示出士大夫已沒有辨別輕重是非的能力，卻勇於內鬥的特質。

四、教育文化

宋王朝的教育，比過去任何時代都發達，這是士大夫努力推廣的結果。猶如基督教牧師認爲有義務把耶穌的福音傳播給大眾一樣，士大夫也認爲有義務把儒家學派的思想傳播給中國人民。

在政府系統中，仍以國立大學（國子監）爲最高學府，設於首都開封。國立京師大學校長，最初稱「判國子監事」，後來才恢復古老的稱謂「祭酒」。國立京師大學包括兩個學院，一「國子學」，一「太學」。國子學是貴族學院，七品官職（如縣長）以上官員的子弟，才有資格入學。太學則不同，八品以下低級官員的子弟或平民子弟，也可以入學。本世紀（十一）七〇年代，王安石當宰相時，把太學學生，依他們的程度，分爲三個學級，即「外舍」「內舍」「上舍」。外舍考試及格，升爲內舍。再合格，升爲上舍，上舍考試及格，即行畢業，由政府授予官職。州政府所在地有州學，縣政府所在地有縣學。各鄉鎮有人民自費設立的小型學校——私塾。

除國立大學外，社會上復有私立大學（書院）。國立大學僅首都一所，私立大學爲數很多。規模的宏大，有時還超過國立大學，而以下列五所，最享盛譽：

名稱	設立時間	設立地址
石鼓書院	九世紀一〇年代	衡州（湖南衡陽北湘水畔）
白鹿洞書院	十世紀四〇年代	廬山（江西九江廬山五老峰下）
嵩陽書院	十世紀五〇年代	登封（河南登封太室山南麓）
嶽麓書院	十世紀七〇年代	潭州（湖南長沙嶽麓山下）
應天書院	十世紀七〇年代	應天（河南商丘城內）

它們因是私立的，所以畢業生不能像國立大學的畢業生一樣，有法定的地位。但它們卻全由政府官員創設，幾乎全靠政府的支持。石鼓學校成立最早，應該是中國最早的私立大學。其他四個學院也都成立於上世紀（十），只是到了本世紀（十一），才開始顯示出它們的影響。而白鹿洞書院，到了下世紀（十二）時，學生將近一萬人，竟成爲儒家學派主流——道學（理學）的大本營。

和學校教育配合的是圖書，中國歷代政府都設有藏書機構。宋政府的藏書機構是崇文院，即國立圖書館。國立圖書館包括四個單位，稱爲「四館」，即「昭文館」「集賢殿」「史館」「崇文院祕閣」。昭文館負責搜集和保管圖書，集賢館負責對藏書校正錯誤，史館負責搜集史料和編寫史書，崇文院祕閣負責保藏特別珍貴的書籍和名畫。圖書最多時達七萬三千卷，約七億三千萬字，比唐王朝略少。它的流通量當然很小，不過非法外流的數目很多，如管理人員私相授受，甚至偷竊而去，但對知識傳播，卻有貢獻。

——在以抄寫爲主的時代，中國圖書以「卷」爲單位，份量沒有一定標準。我們姑且以太平御覽每卷一萬字作爲平均數，加以估計，使「卷」有更明確的意義。

國立圖書館在宋政府另有一種特殊地位，它是政府高級官員（包括宰相）的候補人才儲備所。「四館」裏的供職官員，在術語上稱爲「館職」，全由具有儒書豐富知識的人選擔任。一旦擔任館職，就等於確定了他光明的前途，因之成爲新進知識份子最重要的追求目標。

然而，國立圖書館最大的貢獻，是它編纂了左列四部巨大的「類書」。類書，是中國特有的一種叢書，即把千百種圖書所包括的相類似的事件，編纂在一起。讀者如果需要某一類的資料，可免去翻查千百種圖書的艱苦。

書名	內容	分類	完成時間	卷數	字數（約）
太平御覽	綜合性類書	四四四八部門	上世紀（十）七〇年代	一千	一千萬
太平廣記	小說性類書（歷代神話傳說）	九二部門	上世紀（十）七〇年代	五百	五百萬

文苑英華	文學性類書（自六世紀中葉至十世紀中葉中國詩文）	三七部門	上世紀（十）八〇年代	一千	一千萬
册府元龜	政治性類書（前五百卷集帝王事蹟，後五百卷集大臣事蹟）	一一〇二部門	本世紀（十一）〇〇年代	一千	一千萬

四大類書除了能夠提供學者同類事件豐富的資料外，還爲中國保存大量古籍。像太平御覽所引用的原書多達一千六百八十九種，其中百分之八十八，即一千五百種以上，都已失傳。完全靠這部類書，才知道那些古籍和它們的內容，這是文化史上最大的勳績。

文化普及有賴於圖書普及，圖書普及有賴於進步的印刷術。古代圖書，都靠手抄。到了第七世紀，木刻版興起，寺廟和尚最初用來雕刻佛經——宗教信仰始終是文化傳播的主要動力之一。上世紀（十）時，士大夫才用來雕刻儒家學派的經典。到本世紀（十一），雕刻技術突飛猛進，業務蒸蒸日上，遂發展成爲一種大規模的手工藝行業，大小工廠林立。杭州（浙江杭州）、成都（四川成都）、洪州（江西南昌）、泉州（福建泉州），都是重要的出版中心。遇到篇幅巨大的圖書，像上述的四部類書，就要送到這些地方雕版。除了政府刊行圖書外，因印刷的方便，民間也大量刊行圖書，書店業由是應運而生，圖書由珍藏祕寶，逐漸變成普通商品。

——本世紀（十一）四〇年代時，最偉大的雕版家之一的畢昇，曾發明活字版。他在膠泥上刻字，用火燒鑄，使它變硬，形狀跟近代的鉛字一樣，排版的方式也相同，這是中國最早的活版印刷。但不知道什麼緣故。並沒有推廣，只曇花一現便消失了。可能是農業社會的靜態需要量，還沒有多到手刻版來不及供應的程度。

五、宋詞

中國文學在第八、第九兩世紀唐王朝時代，以詩的創作，有輝煌的成績。但中國詩有先天的缺點，即字數句數和韻腳，限制太嚴，又由於方塊文字運用困難，所以無法發展出來像希臘伊利亞特和奧德賽那種海洋般的長篇史詩。絕大多數的詩只有四句或八句，字數也只有五字或七字，只有在極少數情況下，可以稍作突破，但限度又非常的小，以致不能表達更複雜的感情，和作更複雜的敍述。同時因爲音樂的普及，於是，一種新的形式興起，最初稱之爲「詩餘」「長短句」，這是最恰當的稱呼，但中國古代習慣使用單音節，所以又改稱爲「詞」。

詞是詩的解放，無論字數句數和韻腳，大都比詩所要求的尺度爲寬，而且比詩更適於歌唱。所以每首詞都有一個固定的雅麗名稱，以標出它的音樂性質。詩人只要選擇詞調之後，照它既定的格式下筆，就立刻成爲一首歌曲。詞的歌唱法，很久以來，已經失傳。不過我們認爲，詞有很高的文學價值，但不見得有很高的音樂價值。

——詞律所最講究的，是字的平上去入四聲與清濁，蘇軾作詞往往不合這種規定，有時還不注意斷句，曾被指摘爲「把人的嗓子拗斷」。所以我們判斷，在如此單調簡陋的基礎之上，不可能有複雜的高級音樂產生。二十世紀的今天，我們可以聽到「詞」的後裔「崑曲」，實在並不悅耳，使我們更肯定這種判斷。

第八世紀，詞便出現於文壇之上，但它卻在進入第十世紀之後，才生氣蓬勃，壓倒其他形式的文學作品，造成詞的時代。宋王朝以詞聞名的有八百餘人，有專業出版的有二百餘人。我們舉出其中最偉大的五人：李煜、蘇軾、柳永、辛棄疾、史達祖，作爲詞時代的代表。李煜屬於上世紀（十）。蘇軾、柳永屬於本世紀（十一）。辛棄疾屬於下世紀（十二）。史達祖屬於下下世紀（十三）。

李煜，恐怕是中國唯一的帝王詩人，他是小分裂時代南唐帝國最後一任皇帝。一生截然的分爲兩段，前半生是無憂無慮的宮廷生涯，後半生家破國亡，成爲宋帝國俘虜。兩種絕對相反的生活，使他寫出動人心絃的好詞。當他還是皇帝時，跟妻子周娥皇（大周后）感情最篤，爲她寫下很多艷詞。我們舉一斛珠一詞爲例：

晚妝初過，沉檀輕注些兒個。向人微露丁香顆。一曲清歌，暫引櫻桃破。　羅袖裛殘殷色可，杯深旋被香醪涴。繡床斜凭嬌無那。爛嚼紅茸，笑向檀郎唾。

（沉檀，檀香木，用以焚香。丁香顆，形容舌尖。櫻桃，形容紅唇。裛，纏繞拂拭。醪：美酒。涴，漩渦。無那，無限之意。檀郎，愛人、丈夫。）

後來他瞞着妻子，跟她的妹妹（小周后）偷情，又爲她寫下很多幽會的詞，如菩薩蠻：

花明月暗飛輕霧，今宵好向郎邊去，剗襪下香階，手提金縷鞋。　畫堂南畔見，一向偎人顫。奴爲出來難，教君恣意憐。

（剗襪，脫掉鞋子，以襪着地，避免發出聲音。）

被俘之後，送到開封，小周后被宋皇帝趙光義霸佔，向他哭泣求救，李煜毫無辦法，自有無限悲愴。九七八年的七月七日，正是他的生日，他和他的家人歌唱他的新詞虞美人：

春花秋月何時了，往事知多少。小樓昨夜又東風，故國不堪回首月明中。　雕欄玉砌應猶在，只是朱顏改。問君能有幾多愁，恰似一江春水向東流。

對故國的懷念觸怒了趙光義，下令把他毒死。李煜死的很慘，他中的是牽機毒，痛苦時頭部跟足部佝僂相接。李煜當皇帝是失敗了，但當一個詞人卻很成功。他用白描手法寫詞，表面上平鋪直敘，內部卻包括眞摯的感情，是一種最艱難的功力，使他成爲詞壇之仙，沒有一個詞人在同一道路上能達到他的造詣。

蘇軾，他是中國文學史上最傑出的明星，也是中國文學史上一位十項全能。對各種形式的作品，如「賦」「詩」「詞」「文章」「駢體」「繪畫」「書法」，幾無一不精。他把詞的範圍擴大，從狹小的兒女之情的天地，擴大到廣漠的大千世界。舉他的念奴嬌赤壁懷古一詞：

大江東去，浪淘盡，千古風流人物。故壘西邊人道是，三國周郎赤壁。亂石崩雲，驚濤拍岸，捲起千堆雪。江山如畫，一時多少豪傑。遙想公瑾當年，小喬初嫁了，雄姿英發。羽扇綸巾，談笑間，檣櫓灰飛煙滅。故國神遊，多情應笑我，早生華髮。人生如夢，一樽還酹江月。

（赤壁，三世紀時，曹操大軍被周瑜在此擊敗，奠定三國時代的基礎。周郎，指周瑜。公瑾，周瑜別號。小喬，周瑜的妻子，美女之一。羽扇綸巾，傳說中諸葛亮不穿戎裝，只手執羽扇，頭戴綸巾帽，指揮大軍。酹，用酒灑地祭典。）

豪放雄渾，使一個知道這段史蹟的讀者，在讀這首詞後，感覺到風雨撲面。但蘇軾的婉約悲涼也同樣成功，如江城子一詞，寫他夜間夢見亡妻，誠是一字一慟：

十年生死兩茫茫，不思量，自難忘。千里孤墳，無處話淒涼。縱使相逢應不識，塵滿面，鬢如霜。夜來幽夢忽還鄉。小軒窗，正梳妝。相顧無言，唯有淚千行。料得年年腸斷處，明月夜，短松崗。

柳永，一個頹廢詩人，他最初在一首詞裏有兩句話：「忍把浮名，換了淺斟低唱。」當他參加進士考試時，宋王朝第四任皇帝趙受益把他的姓名抹去說：「去淺斟低唱吧，要浮名幹什麼?」柳永遂幽默的自稱「奉旨作詞」。他的詞全部是愛情和離愁，表露出本世紀（十一）社會上紙醉金迷的一面。傳播之廣，凡有井水的地方，都有他的詞。詞在他的開拓下，句數增加，成爲長調。他的創作技巧使他寫出難寫的感情和難寫的事和景，而仍保持直率的自然原始之美。像雨霖鈴描述離情，迴腸百折：

寒蟬淒切，對長亭晚，驟雨初歇。都門帳飲無緒，方留戀處，蘭舟催發。執手相看淚眼，竟無語凝噎。念去去千里煙波，暮靄沉沉楚天闊。　多情自古傷離別，更那堪冷落清秋節。今宵酒醒何處，楊柳岸曉風殘月。此去經年，應是良辰好景虛設。便縱有千種風情，更與何人說。

（都門，郡城城門。）

另一首望海潮，讚美杭州：

東南形勢，三吳都會。錢塘自古繁榮。煙柳畫橋，風簾翠幙，參差十萬人家。雲樹繞堤沙，怒濤捲霜雪，天塹無涯。市列珠璣，戶盈羅綺競豪奢。　重湖疊巘清嘉。有三秋桂子，十里荷花。羌管弄晴，菱歌泛夜，嬉嬉釣叟蓮娃。千騎擁高牙，乘醉聽簫鼓，吟賞煙霞。異日圖將好景，歸去鳳池誇。

（三吳，指蘇州【江蘇蘇州】、越州【浙江紹興】、湖州【浙江湖州】，即最富庶的太湖流域及錢塘江流域地區。羌管，笛。菱歌，江南婦女每逢採菱，在舟中邊採邊唱。高牙，古時軍營前大旗稱牙旗。）

在柳永的創作中，這並不是一首好詞。可是百年之後，到了下世紀（十二）六〇年代，金帝國皇帝完顏亮讀它，讀到「三秋桂子，十里荷花」，對南中國的富麗，怦然心動，引起他大舉南征的殺機。

辛棄疾，下世紀（十二）宋政府南遷後的偉大詞人，他原籍歷城（山東濟南），生下來時，山東已淪陷給金帝國。在女眞民族統治之下，他和一批愛國青年，起兵反抗，推舉耿京爲主。耿京派他到宋政府當時首都臨安（浙江杭州）聯絡，可是等他從臨安回來，叛徒張安國已把耿京殺掉降敵。辛棄疾和他的同志，向戒備森嚴的金軍大營突擊，把張安國擒出砍頭，然後率眾南下。從這一段英雄行徑，可了解他的英雄性格。但他強烈的愛國心，卻限於客觀的苟且偷安的環境，眼看一半國土永遠喪失，而無可奈何。於是他的詞像錢塘江的大潮，氣吞山嶽，但帶着嗚咽蒼涼。我們舉他永遇樂一詞，這首詞寫他在京口（江蘇鎭江）北固亭懷古的心情。

千古江山，英雄無覓，孫仲謀處。舞榭歌台。風流總被，雨打風吹去。斜陽草樹，尋常巷陌，人道寄奴曾住。想當年金戈鐵馬，氣吞萬里如虎。　元嘉草草，封狼居胥，贏得倉皇北顧。四十三年，望中猶記，烽火揚州路。可堪回首佛貍祠下，一片神鴉社鼓。憑誰問，廉頗老矣，尚能飯否。

（孫仲謀，孫權的別號，三世紀東吳帝國開國皇帝。寄奴，劉裕的乳名，五世紀南宋帝國開國皇帝。元嘉，南宋帝國第三任皇帝劉義隆的年號【四二四—四五三】。狼居胥，即肯特山，紀元前二世紀，西漢王朝大將霍去病追擊匈奴，到狼居胥山，不見敵蹤。封，堆土祭神。倉皇北顧，劉義隆未作準備即行北伐，凡三次均大敗，劉義隆隔着長江，北望北魏軍營，面無人色。四十三年，辛棄疾作此詞時，距南下投奔祖國已四十三年。佛貍，北魏帝國第三任皇帝拓拔燾的乳名，劉義隆北伐的對手。廉頗，紀元前三世紀趙王國名將。）——辛棄疾作詞，最喜歡使用典故，被人譏爲「掉書袋」，但典故在手中並不阻礙感情奔放。

辛棄疾的詞不僅豪放而已，而且悲壯沉鬱。蘇軾的詞如日出時萬馬奔騰，長嘯遨遊。辛棄疾的詞則如日落時兩軍生死鏖戰，縱是不悅耳的嘶喊，也出自肺腑。

史達祖，身跨十二、十三兩個世紀的偉大詞人。宋詞經過二百年的發展，到他而作出總結。十三世紀初，宰相韓侂胄北伐時，史達祖是幕僚之一。韓侂胄開罪了儒家學派的主流道學家，等到韓侂胄失敗，道學人士用毒惡的手段，大肆報復，史達祖被處黥刑——在臉上刺字後，貶謫，死在蠻荒。他雖然是政治鬥爭中的犧牲者，但他並沒有政治慾望。黥刑和道學對他的傷害，只更增高他的聲譽。他描寫春天燕子的雙雙燕：

過春社了，度簾幕中閒，去年塵冷。差池欲住，試入舊巢相並。還相雕梁藻井，又軟語商量不定。翩然快拂花梢，翠尾分開紅影。　芳徑。芹泥雨潤，愛貼地爭飛，競誇輕俊。紅樓歸晚，看足柳昏花暝。應是棲香正穩，便忘了天涯芳信。愁損翠黛雙蛾，日日畫欄獨凭。

（春社，立春後農村祈求豐收的祭神禮。）

如果把史達祖的詞跟前面各家的詞，作一個比較，可看出時間的元素，使它們大不相同。詞到史達祖，已完全成熟。他集結了前人的精華，一字一句，一音一調，都有仔細的斟酌，跟中國畫壇上的工筆畫一樣的無懈可擊。但也像工筆畫一樣，不爲後人留下餘地，就再也發展不下去了。

六、定難戰區建立西夏帝國

本世紀（十二）以來，宋帝國外與遼帝國和解，內部社會也相當安定，士大夫歌舞昇平，一切看起來都很好。但位於西北邊陲，河套以南的定難戰區（陝西靖邊北），卻於三〇年代，脫離宋帝國政府，建立西夏帝國。

——這是一個党項民族的國度，屬於羌民族的一支。四百年前七世紀時，一位姓拓拔的酋長，把他們帶領着，離開祁連山南麓柴達木盆地，投靠中國。當時李世民大帝特准他們定居在河套以南。九世紀時，因爲幫助唐政府討伐黃巢有功，唐政府就委派當時的酋長拓拔思恭擔任定難戰區（陝西靖邊北）司令官（節度使），並特許他改姓皇家的李姓。以後跟其他藩鎮一樣，世代承襲。本世紀（十一）初，表面上雖然順服宋政府，實際上仍維持着藩鎮割據的局面，不時的劫掠戰區界外的其他州縣。

三〇年代一〇三二年，定難戰區節度使李德明逝世，雄心勃勃的兒子李元昊繼位，即開始使用自己的年號。在以年號爲紀年的時代，改變年號即是改變政治立場。李元昊製定西夏文字，大量翻譯華文書籍，提高党項人的文化水準。一面向西擴張，把陷落在回紇部落手中一百餘年的河西走廊，包括涼州（甘肅武威）、瓜州（甘肅安西）、沙州（甘肅敦煌）、蘭州（甘肅蘭州），全部征服，定都興慶（寧夏銀川）。一〇三八年，李元昊宣稱他是西夏帝國皇帝，向宋政府上奏章，請求册封。中國版圖上，遂出現了第三個國家。

宋帝國當然不能容忍叛徒猖獗，皇帝趙受益下令懸賞，凡擒殺李元昊的人，就命他當定難戰區節度使。李元昊的反應是發動一連串不停止的攻擊。四〇年代一〇四〇年，西夏兵團進攻延州（陝西延安），宋軍大敗，主將被擒，延州州長（知延州）范雍被貶。中央政府任命兩位知名的文職大臣韓琦、范仲淹，到西境主持軍事，並命范仲淹擔任延州州長。范仲淹對軍事是門外漢，但他有宋王朝士大夫特有的對內宣傳技巧。到職只一個月，就自己宣稱，西夏帝國已警告他們國人：「小范老子（范仲淹）胸中有數萬甲兵，不似大范老子（范雍）可欺。」明年（一〇四一），西夏兵團進攻渭州（甘肅平涼），正在鎭戎（寧夏固原）巡視的韓琦，派大軍迎戰，在六盤山（寧夏隆德）下好水川（甜水河）接觸，一萬零三百人，全軍覆沒。韓琦狼狽逃回，陣亡將士的家屬數千人，攔住馬頭，哀號招魂，大哭說：「你們隨着司令官出征，平安而去。今天司令官回來，你們何在？願你們孤魂，也隨着司令官返家！」哭聲震動天地，韓琦又懼又慚。但不幾個月，就又有人宣稱，邊區人民到處歌唱：「軍中有一韓（韓琦），西賊聞之心膽寒。軍中有一范（當然是范仲淹），西賊聞之驚破膽。」問題是，對內宣傳只是一種肉麻當有趣的小動作，並不能解決實際困難。又明年（一〇四二），鎮戎再度會戰，宋軍再度大敗，九千四百餘人，全部戰死或被俘。

在每戰必敗的情勢下，宋帝國只好謀求和解。一〇四四年，正式承認西夏帝國獨立，並每年向西夏帝國繳納綢緞十三萬匹，銀幣五萬兩，茶葉二萬斤。每年節日（如元旦，中國皇帝生日），再增加綢緞二萬三千匹，銀幣兩萬兩，茶葉一萬斤，銀器二千兩。

——宋帝國為了面子，堅稱這項繳納是一種「賞賜」，而且只承認李元昊是西夏國王，不承認他是西夏皇帝。

宋夏之間，保持了三十六年的不穩定的和平。七〇年代，宋政府宰相王安石選拔出宋帝國開國以來第一位統帥人才王韶，擔任洮河戰區（甘肅臨潭）司令官（安撫使）。於一〇七三、一〇七四，兩年之間，收回陷於吐蕃王國二百餘年，面積達二十萬方公里，有五個台灣島大的中國故有領土，包括熙州（甘肅臨洮）、河州（甘肅臨夏），和全部河湟地區（青海省東北部），目的在切斷西夏帝國的右臂，作為向西夏帝國總攻的準備。可是，兩年之後（

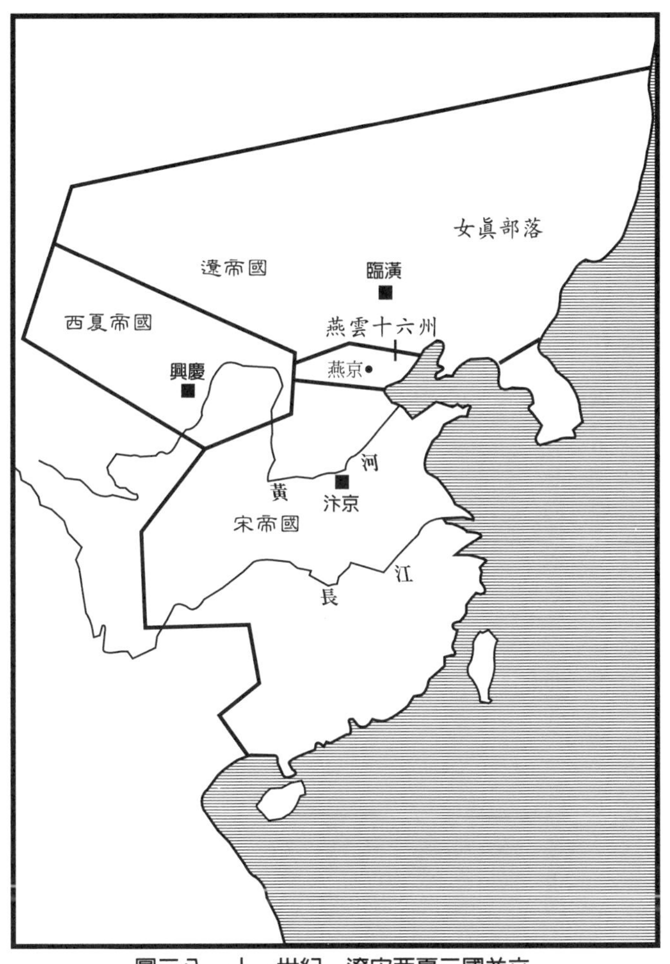

圖三八　十一世紀・遼宋西夏三國並立

一〇七六），王安石辭職，王韶也被新任宰相司馬光指責「開邊生事」，免職貶謫，以致前功盡棄。

但宋帝國仍念念不忘西夏的小而且貧，八〇年代一〇八一年，第六任皇帝趙頊停止繳納財帛。傾全國之力，分五路出兵，向西夏帝國進攻，預定在靈州（寧夏靈武）會師，可是，他卻任命宦官李憲擔任總司令。結果四路兵團如期到達，只有總司令在克復蘭州（甘肅蘭州）後，屯兵不進，沒有趕到。抵達的四路兵團，在靈州城下，群龍無首，又沒有攻城工具，無法攻城。西夏乘機反撲，決開黃河堤防灌敵，宋軍全部崩潰，死二十餘萬人。明年（一〇八二），西夏再攻陷永樂城（陝西米脂西北），宋守軍和居民二十餘萬人再全部覆沒。

——把兵將不相習，烏合之眾的軍隊，在文職官員（甚至是宦官）白癡般的指揮之下，投入戰場，跟把可憐的羔羊驅入狼群一樣，不過是殘忍的屠殺。而宋帝國建國三百年中，卻一直如此，使人為千萬無辜犧牲的將士落淚。

於是宋夏再度和解，本世紀（十一）最後一年，一〇九九年，宋帝國對西夏帝國繼續「賞賜」。

——下世紀（十二），兩國邊界上仍然不斷發生衝突，一直到金帝國大舉入侵前夕，衝突才停止。宋帝國被這麼一個蕞爾小國纏住，國力竟告枯竭。

七、王安石

宋帝國能通過瓶頸，主要原因之一是，它的第二任皇帝是長君，趙光義即位時已三十八歲，足可應付複雜的政治形勢。如果由趙匡胤年幼的兒子繼位，我們有理由相信它早被顛覆。不過趙姓皇帝雖然到了平安坦境，仍不斷做着隨時被推翻的惡夢。這惡夢使宋政府除了努力防止叛變外，其他什麼事都不能做。對遼和對西夏的屈辱戰爭，證明他們只會剝削人民財產奉獻外國，而無力保衛人民。廣大農村在沉重捐稅和士大夫地主強烈兼併下，產生大批農奴和士大夫的家奴。政府官員數目，每年都在膨脹，士大夫越多，脫離生產的人也就越多。他們以全民百分之三或百分之四的人數，佔有全民百分之九十以上的土地財富，而仍掠奪不止。這個士大夫所高興的樂園，實質上是一個熱度日高的大火藥庫。

於是產生變法運動，中國最偉大的政治家之一的王安石，他效法紀元前四世紀另一偉大的政治家公孫鞅，用革命性的全盤改革，來挽救宋帝國和士大夫自身的惡運，同時也解救倒懸在水火中的平民，他的見解被皇帝趙頊所採納。趙頊是一個生長在深宮之中的皇帝，屬於少數傑出的英明君主之一。六〇年代一〇六九年，趙頊任命王安石當宰相，變法立即開始。

變法是全面的，包括經濟、政治、軍事、教育。我們把他最重要的措施，歸納十項，作一簡單敍述。

一、確立預算制度，並控制預算。王安石設立一個「計畫部」（制置三司條例司。三司

：度支司、戶部司、鹽鐵司），自兼首長，對行政管理作合理的改進，嚴厲制止私人挪用或呑沒公款，結果每年爲國家節省開支百分之四十。

二、建立政府儲蓄食糧制度。過去，各行政區（路、州）向中央政府每年繳納以食糧爲主的賦稅，都有一定數額；豐收之年，不能多繳；歉收之年，不能少繳——全靠向貧苦的農民強迫搜括。而且還要千里輾轉，運輸到首都開封，費用巨大。王安石頒佈均輸法，用貨幣代替實物納稅，以免去運輸上的困難。由各行政區在首都設立專用倉庫，豐年時大量購入，歉年時就可不必強迫搜括農民。

三、建立政府貸款制度。中國農民最苦的日子，大都發生在「青黃不接」之時。即稻麥剛生出青苗，還沒有變黃成熟，農家存糧往往用盡，新糧又未收穫，需錢最是孔急。王安石命政府貸款給農民，收取他們向地主貸款時低得多的利息。等到收穫之後，再行歸還。因爲這項貸款是用田中的青苗作信用保證的，所以稱青苗法。

四、清查漏稅耕地和整理田賦。士大夫地主兼併貧農耕地時，往往隱沒田籍，不繳納賦稅。王安石對全國耕地，加以清查，結果清查出三百六十萬畝之多。又頒佈方田均稅法，對全國耕地，重新評估，依照肥沃貧瘠，分爲五等，肥沃的耕地賦稅多，貧瘠的耕地賦稅等差減少。

五、建立平抑物價制度，設立平抑物價機構「市易務」。首先在首都開封施行，物價低廉時，由政府購入；等到物價上漲，再行售出。「市易務」這個機構還兼營銀行，人民用金銀綢緞或不動產作抵押，就給予貸款。這是一個經濟性的大進步，稱市易法。

六、建立公平勞役制度。王安石頒佈免役法，規定全國每一個成年男子，都有爲國家服勞役的義務。如果申請免除勞役，必須繳納代金，稱免役錢，由政府代爲僱人充當。

七、加強國防軍訓練，淘汰老弱殘兵。宋帝國的國防軍，一部份集中首都，一部份集中邊疆，輪流更調，目的在使兵將不相熟習，以免叛變。這些國防軍平時就有八十萬人，僅軍餉開支，即佔國家總收入的三分之二。可是出征作戰，不堪一擊。王安石強迫老弱退役，廢止更戍法，國防軍不再輪調，而把他們永久分屯到重要地區，委派專任司令官（鎭將），平時負責訓練，戰時帶兵出征，使上下互相了解，如臂使指。王韶所以能收復河湟（青海省東北部）失土，就是因爲他所率領的部隊，是變法後的部隊。跟變法前的部隊比較，好像是來自兩個星球。

八、更新武器，國防軍裝備全部現代化。國防部隊的腐敗，在武器方面更爲嚴重。不僅數量不夠，而且大都鏽爛，一萬張斷了弦的弓，跟沒有一張弓一樣。王安石設立中央兵工廠（軍器監），徵求新式武器圖樣及設計，淘汰全部落伍的武器。

九、建立並加強人民基層組織，集合「管」「教」「養」「衛」於一個稱爲「保」的單位。王安石頒佈保甲法，規定十個家庭組織一個「保」，五十個家庭組織一個「大保」，五百個家庭組織一個「都保」。守望相助，隨時糾察有沒有違法亂紀的人。一家有兩個青年時，選出一個充當「保丁」，利用農閒時，集中軍事訓練。

十、改進考試課目和學校課程。自從唐王朝之後，考試課目，主要有二：一是詩賦，一是帖經——即對五經的塡空白試法。這種人才跟國家所需要的行政人才，毫不相干，但已實行了約四百年之久。王安石把它們一律取消，改爲考試議論文，培養青年獨立思考的能力。學校中除了教授王安石所著的三經新議（三經：詩經、書經、周禮），還教授地理學、經濟學、史學、法學、醫學。

這是王安石變法中的主要改革，然而，具有超人智慧的人總是寂寞的，甚至是悲哀的，他的變法終於失敗。

八、新舊兩黨的鬥爭

宋帝國的內在危機，人人皆知，人人都認爲必須改革。不過有一個先決條件，那就是必須在不損傷自己既得利益之下改革。遠在王安石變法二十六年之前，即四〇年代一〇四三年，宰相范仲淹也曾實行過改革。他先從小地方着手，只輕微的淘汰了少數官員，限制未來的「蔭子」數目。蔭子，高級官員的子弟不經過學校和考試即行當官的一種制度。有些官員還沒有結婚，而兒子已經被政府委派官職，甚至懷抱中的嬰兒，往往已是科長縣長。范仲淹僅把這種荒唐的流弊，稍爲縮小，要求必須確實有兒子而且年滿十五歲。但這已立刻就引起高級官員的公憤，把他納入小人系統。范仲淹是一個伶俐的人，在還沒有招來更嚴重的打擊之前，立即辭職，一切復舊。

王安石的改革面比范仲淹大百倍以上，道德的勇氣使他堅定不移。在意料之中的，他所招來的不僅是公憤而已，而是全體既得利益階層瘋狂的猛撲，他們被稱爲「舊黨」，那位在濮議中堅持稱老爹爲伯父的司馬光，則被奉爲領袖。王安石所領導的變法改革集團，被稱爲「新黨」，王安石自然是新黨領袖。王安石雖然也屬儒家學派，但他解除了儒家加給他的束縛。司馬光則是一位正統的儒家，反對任何古代所沒有的東西，反對任何改革現狀的措施。司馬光跟皇帝趙頊之間，有一段生動的對話，充份表露出這種思想。趙頊曾問他：「紀元前二世紀的西漢王朝，如果一直守着它第一任宰相蕭何制定的法律規章，不加改變，你以爲可以嗎？」司馬光回答：「當然可以。豈止西漢王朝可以，即令紀元前二十三世紀的那些帝王，和他們的夏、商、周王朝，所制定的法律規章，一直用到今天的話，也都是最完善的。西漢王朝皇帝劉徹改變祖宗的法，盜匪遂遍中國。劉奭改變父親的法，西漢王朝因之衰弱。所以，祖宗所制定的法律規章，絕不可有任何改變。」

還有兩件事可以幫助我們的了解：

一、宋帝國不成文法，皇家教師（侍講、說書），給皇帝上課（經筵）時，一向是皇帝坐着聽，而教師站着講的。變法的前一年（一〇六八），王安石建議：儒家學派一直提倡尊師重道，應該讓教師坐着講解才是。這個建議馬上遭到反擊，大臣劉邠認爲教師站着講書，是祖宗所定的制度，已實行五十餘年，絕不可更改。另一位大臣呂誨更有趣，他在彈劾的奏章上說：「王安石竟然妄想坐着講書，犧牲皇帝的尊嚴，以顯示教師的尊嚴，既不知道上下之禮，也不知道君臣之份。」他要求嚴懲王安石這個奸邪。

——世界上確確實實有一種奴性非常堅定的人，使我們嘆氣。

二、變法開始後，遼帝國曾提議重新劃定太行山以西（山後）代州（山西代縣）一帶邊界。皇帝趙頊命大臣們提出意見，退休宰相韓琦（即好水川戰役「軍中有一韓」的一韓），建議說：「我們有下列七事，觸怒敵人：一、高麗王國，早已脫離中國，成為遼帝國的藩屬。我們卻利用商人，跟它恢復舊有關係，遼帝國當然認為對它不利。二、我們用武力奪取吐蕃王國的河湟地區，遼帝國當然認為下個目標一定是它。三、我們在代州沿邊，大量種植榆樹柳樹，目的顯然在阻擋遼帝國騎兵奔馳。四、我們又在國內實行保甲制度，寓兵於農，教人民戰鬥技能。五、黃河以北各州縣，積極修築城郭，掘深護城河渠。六、我們又設立兵工廠，製造新式武器，更新武裝部隊的裝備。七、我們又在黃河以北重要的各州，安置三十七個將領，加強駐屯的國防軍訓練。以上七項，都是刺激遼帝國的措施，使他們反感。我們只有一個方法才可以使遼帝國相信我們的和平誠意，跟我們繼續友好相處。那就是，立即把這些措施，全部廢除（跟高麗王國斷絕通商，把河湟地區交還吐蕃王國，剷除沿邊限制敵人騎兵深入的榆樹柳樹。解散保甲，停止人民軍事訓練。黃河以北州縣城郭，隨它頹塌，護城河渠也隨它淤塞，停止修築。撤銷兵工廠，停止製造武器，停止更新裝備，停止軍隊現代化。撤銷黃河以北三十七將領，停止軍隊訓練）。等到上述的七項措施全部廢除之後，陛下再養民愛力，選賢與能（他跟司馬光），疏遠奸邪（王安石），進用忠良（他跟司馬光），遼帝國自然心悅口服。」

——這就是有名的「韓琦七項奏摺」，於一〇七四年呈給趙頊。韓琦因「濮議」一案，已被納入小人系統，現在因反對改革的立場一致，又被送回君子系統。

士大夫反對改革，固然是一種本能反應。但更主要的是，改革傷害到他們本身。像預算制度，使國家開支減少百分之四十，則這百分之四十所豢養的官員，或被淘汰，或不能再行貪污，自然憤怒。像青苗法，士大夫就是依靠農急時放高利貸，才能合法的兼併貧農土地，現在政府用低利放出貸款，阻塞了他們的兼併之路，自然憤怒。像免役法，過去實行差役法時，士大夫家根本不服勞役，築城築路以及地方供應任何勞役，徵調民伕時，全部由平民承當。現在把這種他們一向輕視的勞動加到身上，使他們與平民相等，自然更怒不可遏。他們當然不會傻到明目張膽爲維護既得利益而吶喊，但他們卻可以爲維護「祖宗法度」而吶喊。不過，在情急的時候，也會忍不住露出嘴臉。有一天，當趙頊告訴文彥博，人民都歡迎改革時，文彥博反問：「陛下，你是用士大夫統治國家？還是由小民統治國家？」趙頊頓時不能回答。

到了最後，舊黨更滲透到皇宮之中，使趙頊的老娘高太后也站在他們一邊，不斷向兒子警告：新法禍國害民，祖宗法度不可輕改。事實上新法本身也碰到了無可挽救的困難：一是，本世紀（十一）七〇年代恰巧發生一連串旱災，在舊黨策畫下，開封安上門管理員（監安上門）鄭俠，把飢民流亡情形，繪成圖畫，呈送給趙頊和他母親高太后，宣稱這就是變法改革的結果，如果不馬上停止變法改革，旱災還要擴大，飢民還要增多。另一是，王安石沒有力量把反對新法的舊黨逐出政府，更不要說全部清除。他得不到公孫鞅所得到的堅強支持，皇帝趙頊無法跳出宋王朝立國的傳統，他只能把舊黨貶出中央，貶到地方上擔任地方政府首長，不能把舊黨全部貶爲平民。問題就發生在這上面，因爲新法所有的改革，要完全靠地方政府執行。於是呈現出一種只有卡通影片上才有的奇異場面，即由一批反對新法的人，負責執行新法。不可避免的，他們用種種方法加以破壞，故意迫使農民痛恨新法，以證實新法的罪惡。

一〇七六年，王安石終於下台，他只當了六年宰相。他辭職後，由他的助手呂惠卿繼續主政，然而不久被攻擊去職，只靠皇帝趙頊一人堅持下去。八〇年代一〇八五年，趙頊去世，十歲的兒子趙煦即位，祖母高太皇太后臨朝執政。她立即召回被貶到洛陽的舊黨領袖司馬光擔任宰相。剎那間，變法停止，改革停止，所有的新法新制度，全部撤銷，一切恢復原狀，即韓琦所歡呼的原狀。

司馬光是當時知名度極高的士大夫，除了「濮議」使他出名外，他所主編的資治通鑑——從紀元前四〇三年到紀元後九五九年，一部很詳細的中國政治編年史，一直到二十世紀，這部大約四百萬字的巨著，仍是最有價值的史籍之一。在這部巨著中，司馬光要求國家領導人，必須有偉大的胸襟，以採納不悅耳的意見。他給人的印象是，如果他是國家領導人，他必如此，因爲這是正確而榮譽的道路。可是，當他一旦接觸到實際大權，他做不到他所要求別人的。權力像試金石，立刻使他暴露出剛愎自用的性格。當他決心撤銷縱是舊黨也不得不承認是最好的改革「免役法」時，蘇軾再三力爭不可，司馬光大怒，蘇軾說：「從前常聽你稱讚某人犯顏直諫，某人據理力爭。今天你剛當宰相，就不准別人開口。」另一位大臣范純仁（他後來也當宰相），也認爲免役法已獲得一致擁護，只不過少數權勢人家不便，萬不可改。司馬光立刻翻臉，范純仁說：「你如此聲色俱厲，不過堵人的嘴，使人不敢開口罷了。凡事應虛心的聽聽大家意見，不必一定謀從己出。」但這一切不足以動搖司馬光走回頭路的決心。

九、舊黨的分裂

司馬光於當宰相的明年（一〇八六）逝世，他的繼任人選繼續他的政策，而且一度企圖屠殺新黨。一〇八九年，已被貶爲鄧州（河南鄧州）州長的新黨前任宰相蔡確，在遊安州（湖北安陸）風景區車蓋亭時，作了一首詩。舊黨立刻挑撥說，它是諷刺正在當權的高太皇太后。高太皇太后受了刺激，立刻像一頭母老虎般的大怒起來。幸好有人恐懼大規模流血的鎮壓可能招來大規模流血的報復，才改爲從輕處置，僅把包括王安石在內的三十餘位主持變法改革的人物，列爲「奸黨」，公告全國皆知。蔡確則貶謫到距首都一千五百公里外的新州（廣東新興），死在貶所。

這是舊黨猛撲的高潮。

然而舊黨內部卻適時的分裂，使他們的力量不能集中。導火線與司馬光之死有關。當司馬光死訊傳出來時，政府官員正集體參加一項慶典。大家認爲應該馬上前去弔喪，只有皇家教師（崇政殿說書）程頤反對，他說：「孔丘說，哭的那一天不歡樂。」有人駁斥他：「孔丘並沒有說，歡樂的那一天不哭。」蘇軾在旁幽了他一默說：「這都是西漢王朝死鬼叔孫通發明的怪禮。」程頤不能忍受這種奚落，決心報復，命他的學生賈易、朱光庭，彈劾蘇軾在主持國立圖書館官員（館職）考試時，所出的題目，故意誹謗政府。這彈劾引起反應，蘇軾的朋友孔文仲，也彈劾程頤汚穢陰險，是五鬼之魁。於是舊黨遂分裂爲左列三黨：

名稱	領袖	黨衆
洛黨	程頤	賈易　朱光庭
蜀黨	蘇軾	孔文仲　呂陶
朔黨	劉摯	梁燾　王巖叟　劉安世

黨的名稱，以領袖的籍貫而定。程頤，洛陽（河南洛陽）人。蘇軾，眉山（四川眉山）人，屬於古蜀地。劉摯，東光（河北東光）人，屬於河朔地區。他們之間的鬥爭全是意氣鬥爭，但十分激烈，而且很自然的把自己納入君子系統，而把對方驅入小人系統，互相恨入骨

髓。宋政府在對新黨人士大批放逐外，又忙着大批放逐內鬥中失敗了的舊黨。

九〇年代一〇九三年，舊黨護法神高太皇太后逝世，已經十八歲的皇帝趙煦，對這位干涉國政的老祖母，早忍受夠了。他跟老祖母當年迫不及待召回舊黨領袖司馬光一樣，也迫不及待的召回新黨領袖章惇，恢復新法，貶謫舊黨——只一位例外，就是司馬光最得力的黨羽之一蔡京。當司馬光下令以五天的時間爲限，撤銷「免役法」，恢復「差役法」時，大家都擔心時間短促，不容易辦到。原屬新黨的蔡京正擔任首都開封市長（知開封府），竟如期完成，以致司馬光呼籲舊黨人士向蔡京看齊。現在他看見舊黨失勢，叛離舊黨，再投入新黨。

我們可把兩黨交互當權情形，作一排列：

世紀	黨別	領袖	當權年數	起訖
十一世紀	新黨	王安石	一七	一〇六九—一〇八五
	舊黨	高太皇太后・司馬光	一〇	一〇八五—一〇九四
	新黨	章惇	七	一〇九四—一一〇〇
十二世紀	舊黨	向太后・韓忠彥	三	一一〇〇—一一〇二
	政客朋黨	蔡京	二五	一一〇二—一一二六

本世紀（十一）在新黨重執政權中閉幕，轉眼就到下世紀（十二），舊黨徹底潰敗，新黨從內部變質。

一〇、儒家學派的主流——理學誕生

最後，我們要敍述洛黨領袖程頤，他是一個重要人物。就在本世紀（十一）末期，儒家學派中興起一個新的支派（這支派後來發展成爲主流）——理學，即由程頤開創。他的哥哥程顥則是他的同志，當時人稱之爲「二程」。他的老師周敦頤，是一位唯心論的哲學家，對「無極」「太極」「陰陽」「動靜」，以及它們的交互影響，有特殊的研究和見解。程頤從他老師那裏得到唯心哲學，再吸收佛家學派和道家學派的神祕思想，而形成他所提倡的理學。理學家認爲人生應該嚴肅，而且要非常非常的嚴肅，除了日夜努力，訓練自己成爲聖人外，不許可有其他意念。遊戲和幽默，都被視爲罪惡，比基督教清教徒和佛教苦行僧，還要嚴厲。這可以用一個例子說明，第七任皇帝趙煦登極那年（一〇八五），只有十歲，正是貪玩的孩子，有一天上課時，偶爾折了一枝柳條來玩，程頤立刻正色阻止說：「春天時節，萬物生長，不應該隨便攀摘，那會傷害天地和氣。」趙煦把那枝柳條悻悻扔掉，氣得發抖。對一個十歲頑童，就作如此壓制，無怪引起蘇軾一派的反感，認爲他斲喪人性。連最頑固的司馬光都嘆息說：「使皇帝不願意跟儒家接近的，正是程頤這種人。」

我們再敍述三件事，以增強對理學的認識。

第一，前面曾提及儒家學派主要的思想根據——五經。另外還有若干輔助性的書籍，如孔丘言論集論語，即佔僅次於五經的地位。但到了下世紀（十二），朱熹又把論語跟孟軻言論集孟子，以及禮記一書中的兩篇大學、中庸，合訂爲一部書，定名「四書」。四書遂與五經並肩，稱爲「五經四書」，後來漸漸代替五經，成爲中國知識份子的唯一經典。

第二，程頤堅決主張壓制感情和靈性，認爲沒有感情和靈性的道德，才是最高道德。所以他反對任何和感情靈性有關的事物，包括藝術與文學。曾有人對他吟詩句：「夢魂慣得無拘束，又踏楊花謝娘橋。」程頤變色說：「鬼語，鬼語。」他要求的是，人類只能做一件事，即敬畏聖人，凡不能幫助這項目的的行爲，都是邪惡。

第三，中國對婦女的貞操問題，尺度一向很寬。像當過短期宰相的范仲淹的母親，在范仲淹父親死了後，即行再嫁，沒有人對她輕視。到了程頤，才開始對婦女加強迫害，訂立片面的苛刻標準，即男人可以隨便再娶，婦女則絕對不可以再嫁。曾有人問他：「寡婦貧苦無依，能不能再嫁？」程頤斷然說：「絕對不能，有些人怕凍死餓死，才用飢寒作爲藉口。餓死事小，失節事大。」這是理學的另一特質，那就是對於犧牲別人生命或幸福的事，無不十分慷慨激昂。

理學在本世紀（十一）沒有發生大的作用，反而一開始即行碰壁，即蘇東坡的攻擊，和程頤被逐出政府。但到了下世紀（十二）末，他的門徒的門徒朱熹，在政府取得權力後，才正式結出果實。

二一、東西方世界

——三〇年代·一〇三一年（西夏帝國建國前一年），西阿拉伯帝國（白衣大食）無子嗣，奧米亞王朝絕，哈利發改爲選舉。

——四〇年代·一〇四〇年（好水川戰役前一年），突厥回教徒塞爾柱部落酋長托格茲，稱蘇丹（皇帝），於中亞（今阿富汗北部）建立塞爾柱土耳其帝國。

——七〇年代·一〇七三年（名將王韶收復河湟地區前一年），天主教教皇格列高里七世，改革教會，禁止教士經商娶妻，並不得向君主行臣服禮。神聖羅馬帝國皇帝亨利四世，否認禁令，打算把教皇罷黜。格列高里七世下令將亨利四世逐出教會。

——七〇年代·一〇七七年（王安石辭職的次年），亨利四世自從被逐出教會，國內紛叛。不得已，大雪中赴羅馬，身披悔罪麻布衣，赤足立於坎諾薩堡（教廷）三晝夜，格列高里七世始予赦免。

——八〇年代·一〇八四年（高太皇太后引用舊黨領袖司馬光，盡廢新法的前一年），亨利四世進攻羅馬，以報復被罰之仇。格列高里七世向兩西西里王國求援，亨利四世敗走。兩西西里兵團入羅馬城後，大掠。

——九〇年代·一〇九四年（新黨章惇出任宰相，盡復新法），塞爾柱土耳其帝國禁止基督徒赴耶路撒冷朝聖，並且準備進攻君士坦丁堡。東羅馬帝國皇帝亞歷蘇斯一世大懼，向羅馬教皇烏爾班二世求救。

——一〇九〇年代・一〇九五年（章惇出任宰相的次年），教皇烏爾班二世，在克勒門召集宗教會議，呼籲組織十字軍，對回教徒作戰。

——一〇九〇年代・一〇九六年（中國宮廷發生冤獄，趙煦的妻子孟皇后被囚，宦官宮女三十人，拷掠備至，肢體折毀，有的在審訊中還被割掉舌頭，最後全體處斬），歐洲第一次十字軍興起，由法國貴族統軍東征。

——一〇九〇年代・一〇九九年（向太后執政，舊黨第二次反撲的前一年），第一次十字軍結束，歷時四年。攻陷耶路撒冷，建耶路撒冷王國，選兩西西里王國的高弗梨王子當國王。

第二十五章　第十二世紀

本世紀中，強大的遼帝國發生內亂，它所臣屬的女眞部落，在東北獨立，建立金帝國，以雷霆萬鈞之力，把遼帝國擊潰。宋帝國先祕密的跟金帝國結盟，但是不久就得罪了它。於是金帝國再出兵把宋帝國擊潰，攻陷首都開封（河南開封），生擒兩位皇帝，宋帝國政府殘餘力量，撤退到長江以南。

當西方正陷於十字軍東征的狂熱時，女眞民族在東方戰無不勝，攻無不克，成爲本世紀的驕子。

宋政府退到江南後，並沒有痛改前非。抱殘守缺、苟且偷安的立國精神，仍堅定如故。尤其使我們驚愕的是，理學開始根深柢固，對中國產生七百餘年的巨大影響。

一、趙佶輕佻

本世紀（十二）第一年（一一〇〇），宋帝國七任帝趙煦逝世，沒有兒子。嫡母向太后主張由親王趙佶繼任，章惇反對，這位目光如炬而又勇於負責的政治家，大聲說：「趙佶輕佻！」他主張立另一位親王趙似，他們都是趙煦的弟弟，最後當然是向太后勝利。趙佶那年也是十九歲，即位後，向太后臨朝。向太后是舊黨第二個護法神，她再度撤銷新法新制度，恢復原狀。不過她當權只七個月，就臥病不起。

趙佶當宋帝國的皇帝，是宋帝國的不幸，也是遼帝國的不幸，更是趙佶自己跟他的家族的不幸。

章惇批評趙佶輕佻，付出批評的代價，是被輾轉貶死在距首都開封八百公里外的睦州（浙江建德）。但對章惇的報復，並不能證明趙佶不輕佻。事實上，反而更證明趙佶輕佻。〇〇年代一一〇二年，趙佶把舊黨最後一任宰相韓忠彥免職，任命新黨蔡京當宰相。但蔡京雖以新黨身份作政治號召，其實他並不是新黨，而只是一個一再變節的、投機取巧的官場混混。他對新黨的一連兩任宰相曾布、張商英，同樣排斥。雖然也下令恢復王安石的新法新制度，但只是一種宣傳手段，並不認眞執行，他所認眞的只是如何打擊他的政敵——他效法舊黨的手段，針鋒相對的，也宣佈以司馬光爲首的舊黨是「奸黨」，刻在石碑上，公告全國。但蔡京的政敵包括新舊兩黨，新黨舊黨人士，同時在政府中絕跡，只剩下一群新貴官僚，新法新制度不久也都取消，一切又恢復原狀，而且比原狀更糟。

蔡京從〇〇年代一一〇二到二〇年代一一二五，二十四年之間，四度出任宰相。趙佶還時常駕臨他家中歡宴，這在專制時代是一種特殊榮耀。趙佶所以這麼重用他，是因爲他的諂媚有獨到之處，趙佶只有在他面前才感覺到心情舒適。所以有時候趙佶雖然有點厭惡他（他的宰相職位，四次被免職），但終於仍離不開他。蔡京在這種情形下，把趙佶引導向一種看起來並不浪費的浪費漩渦。在皇宮裏大量興築人工山，佈置奇異花草和奇異石頭。這種微不足道的庭院園藝，原算不了什麼，但帝王的無限權力和蔡京集團的苦心運用，不久就成爲宋帝國建國百餘年來最大的暴政。官員們從全國各地，經由長江、黃河，把那些奇花異石，運到首都開封。船舶相連，稱爲「花石綱」。綱，結隊而行的貨物，在當時一批稱爲一綱。無論什麼人家，一根草或一塊碎石頭，都可能忽然間被率領着士兵的官員闖進來，加上標幟，指爲「御前用物」，命主人小心看護。如果看護的程度不能使官員滿意，那就犯了「大不敬」罪狀，依法主犯處斬，全家貶謫。運走的時候，則把房屋牆垣拆掉，恭恭敬敬地把御前用物抬出來。於是「花石綱」成爲最簡單而有奇效的敲詐勒索的法寶。——這使我們想到第四世紀石虎時代「犯獸」的怪事。

蔡京所以能得到權柄，由於宦官童貫的支持，童貫才是趙佶唯一始終寵信的助手。趙佶曾派他當河湟戰區（青海省東北部）總司令官，並代表皇帝出使四方，沒有人能比他更炙手可熱。一一〇年代一一一一年，宋帝國循例派遣使節前往大定府（遼中京·內蒙寧城）祝賀遼帝國第九任皇帝耶律延禧的生日，童貫擔任副大使職務。

就在那一年的十月，童貫返抵遼帝國南疆重鎮蘆溝橋（二十世紀三〇年代一九三七年，日本帝國在中國的駐屯軍，就在此向中國陸軍發動攻擊，引起八年之久的中日戰爭，最後日本失敗投降）。那一天，童貫下榻蘆溝橋招待所。晚上，一個華裔的遼國人馬植，悄悄的進入童貫房間晉見。馬植曾擔任過遼政府的中級官員，原籍燕京（北京）。他希望他的故鄉重回祖國，在這次晉見中，他向童貫提出收回燕雲十六州的祕密計畫。

——燕雲十六州，當第十世紀割給遼帝國時，遼帝國大喜若狂，卻不知道已吞下了定時炸彈。這是一個除非流血便不可能解開的結，現在開始它連鎖毀滅的第一環。

馬植用的是紀元前三世紀范睢所發明的遠交近攻政策，他告訴童貫：「遼帝國東北邊陲，有一個女眞部落，驍勇善戰，對遼帝國的暴政，切齒痛恨，有隨時叛變的可能，一旦叛變，遼政府絕沒有力量控制。我們如果派人從山東半島出發，從海道跟女眞締結軍事同盟，東西夾攻，燕雲十六州唾手可得。」

這計畫非常實際，童貫大爲興奮，就把馬植祕密帶回，介紹晉見趙佶。趙佶跟他談話之後，採納他的意見。於是立即着手實施。以購買馬匹的名義，陸續派遣使節（包括馬植在內），從山東半島，前往女眞部落。

——馬植是一位典型的愛國英雄，他在異民族統治下已歷幾個世代，而仍然熱烈的懷念當初遺棄他的祖國。可惜，遠交近攻政策只有在強大的軍事力量作後盾下，才能發揮功能。馬植高估了祖國的力量，腐敗無能的宋政府辜負了他。

二、金帝國掀起的風暴

馬植不僅是一位愛國英雄，更是一位具有遠大眼光的政治家。他的觀察和見解，無一不高瞻遠矚。

女眞民族，在第九世紀時，稱靺鞨民族。他們在黑龍江一帶漁獵爲生，以後不知道什麼緣故，改稱女眞。遼帝國長期的太平日子，宮廷的奢侈和專制政體必然有的毒素，使它的皇帝一代不如一代。皇帝和高級官員出獵時，所需要的一種稱爲「海東青」的名鷹，只有韃靼海峽才有出產。搜捕海東青的欽差大臣，川流不息的穿過女眞部落，往往過度貪暴，女眞人的憤怒已遠近皆知，可是欽差大臣並不在乎，貪暴如故，認爲他們沒有力量反抗。

上世紀（十一）九〇年代一〇九六年，女眞諸部落間發生了阿疏事件。身爲完顏部落酋長的完顏盈哥，聽到紇石烈部落酋長阿疏準備跟他對抗的消息，他就向紇石烈部落發動攻擊，阿疏逃亡到首都臨潢（內蒙巴林左旗），向遼政府控訴完顏盈哥。遼政府命完顏盈哥撤退，完顏盈哥羽毛還沒有豐滿，只好接受。但進入本世紀（十二）之後，羽毛已經豐滿，卻以不把「逃犯」阿疏交出來，當作遼帝國最大的罪惡。

——遼金兩國間，十年血戰，幾乎每次戰役都要出現阿疏的名字。金帝國堅持只有把阿疏交出來，才可以和解，而遼帝國基於對藩屬的責任和義務，每一次都加以拒絕。看起來好像阿疏是一個和戰興亡的關鍵人物，金帝國對他有不共戴天的可怕仇恨。可是等到遼帝國崩潰，金帝國把阿疏逮捕後，只不過打了幾板，即行釋放。後來每有人請教阿疏姓名時，他都幽默的自我介紹：「我叫破遼鬼。」這件史實使我們了解，「藉口」這個名詞的眞實意義。

一〇年代一一一三年，完顏盈哥的侄兒完顏阿骨打繼位。明年（一一一四），派人到首都臨潢（內蒙巴林左旗），向遼政府索取阿疏，遼政府不許。完顏阿骨打遂以遼政府不交出來阿疏這件滔天大罪，祭告天地，起兵叛變。完顏阿骨打所以急於採取行動，有他的理由。遼皇帝耶律延禧，酗酒、昏庸，而且凶暴，已經眾叛親離，民怨沸騰。完顏阿骨打曾藉着朝見的機會，親自觀察過他，留有深刻的印象，認為耶律延禧是一個最佳的敵人。

遼帝國東方重鎮寧江州（吉林松原東）最先陷落，耶律延禧正在打獵，聽到消息，命大將蕭嗣先征剿，在混同江（松花江）北岸出河店（黑龍江肇源）被女眞兵團迎頭痛擊，全軍覆沒。遼帝國先前曾流行過一個傳說：「女眞兵不能滿一萬，滿一萬即天下無敵。」這時女眞部落的武裝戰士，剛剛才滿一萬，遼帝國已無能為力。到了明年（一一一五），完顏阿骨打建立金帝國。耶律延禧御駕親征，在護步答岡（吉林雙遼境）決戰，所統七十萬國防軍，承當不住金帝國女眞兵團猛烈打擊，霎時崩潰，耶律延禧隻身逃回中京（內蒙寧城）。

當馬植代表宋帝國晉見完顏阿骨打時，已是二〇年代一一二〇年。金軍於佔領了半個遼帝國後，進抵臨潢。從來不停止遊獵和殺人的耶律延禧，這時正在外打獵，不敢回救，城中衛戍部隊登城拒守，堅強的仍同銅牆鐵壁。馬植到達時，完顏阿骨打告訴他：「你可以先看一下我們的力量，再談條件。」即下令攻城，在石箭如雨中，殺聲震動天地，從早晨開始，不到中午，這個聞名四方的契丹首都巨城，即被攻陷。馬植對女眞兵團的強悍，大吃一驚，他知道女眞是強悍的，但不知道強悍到如此程度。

金、宋兩個對遼帝國的夾擊密約，就在陷落不久的臨潢簽訂，包括下列三項：

一、金軍負責攻取遼帝國的中京大定府（內蒙寧城），然後南下，穿過平地松林（巴林左旗跟河北圍場縣之間，東西橫亙着數百公里以松樹為主的巨大森林，稱「平地松林」，也稱「松漠」，當契丹部落時代，中國唐政府曾冊封它的酋長為松漠都督，就是指此），直指長城古北口（北京密雲東北）。宋軍負責攻取遼帝國的燕京析津府（北京），然後北上，也直指長城古北口。兩國即以古北口關隘為界，互不超越。

二、金帝國同意宋帝國收回燕雲十六州。——十六州中，後周帝國時已收回瀛、莫二州，但遼帝國於十六州之外，曾強佔了易州（河北易縣）、設置景州（河北遵化），合在一起計算，仍為十六州。

三、宋帝國同意把進貢給遼帝國的貨物和銀幣，改為進貢給金帝國。

不過這個一開始就屈膝進貢的密約，根本沒有機會實施，女眞兵團像暴風一樣，把遼帝國這堆落葉，迅速的一掃而光。兩百年不可一世，迫使後晉和宋兩個帝國就範的契丹兵團，潰不成軍。耶律延禧逃入夾山（內蒙武川陰山一帶），他一直到這時候才發現他認為最能幹最忠實的宰相蕭奉先的邪惡，然而已太遲了。一一二五年，耶律延禧再向西逃，中途被女眞兵團生擒。

——耶律延禧被俘並不等於遼帝國的滅亡，皇族後裔的大將耶律大石，一個卓越的軍事天才，集結殘餘兵力和部落，向西流亡。抵達中亞的尋思干城（烏孜別克撒馬爾罕），擊敗當地諸小國的聯合反抗，到起兒漫城（烏孜別克納沃伊城），宣佈繼承帝位，組織新的中央政府。不久東返，在伊賽克湖之西，吹河（楚河）南岸，築虎思斡耳朵（斡耳朵，宮殿之意；今吉爾吉斯托克馬克），作爲首都。

——這個西遷的遼帝國，從此跟中國失去聯絡，中國也再沒有得到過它的消息。它那原來就很低的文化水準，經過天翻地覆般的轉戰逃亡，連他們自己的契丹文字恐怕記得的人都不多了。所以雖然延續國脈達九十四年，但對人類文化沒有什麼貢獻。下世紀（十三）一〇年代一二一八年，終於被新興的蒙古帝國消滅。遼帝國立國三百零三年，是中國版圖上立國時間最久的王朝之一。

三、慘不忍睹的勝利

宋金對遼帝國夾攻密約，原定於訂約的明年（一一二一）實施。馬植返國覆命後，皇帝趙佶命宦官童貫當總司令，集結部隊。可是剛剛集結完成，遠在南方八百公里外的睦州（浙江建德．章惇貶死的地方），爆發民變。

這是人民對花石綱暴政的激烈反應，由青溪（浙江淳安）人方臘領導。他們一連攻陷了睦州、杭州（浙江杭州）、歙州（安徽歙縣）、衢州（浙江衢州）。對政府官員痛恨入骨，凡官員被擒，即砍斷四肢，剖開肚子，挖取腸胃；或用亂箭射死，熬成膏油。從這些殘忍的報復行爲，可推斷出官員們平時對人民的毒害，必千百倍於此，才使這些善良的農民陷於瘋狂。

趙佶命童貫征討，宋帝國國防軍，雖不能對外，但對內仍有力量。方臘被殺，民變失敗。童貫察覺到民變的原因，於是以趙佶的名義下詔罪己，撤銷花石綱和主持花石綱的機構「應奉局」。可是，宰相王甫告訴趙佶說：「民變是茶法鹽法太苛激起的，跟花石綱無關。童貫太老實，受奸邪小人的蒙蔽，把罪過全推到陛下身上。」趙佶果然被激怒，立即恢復花石綱和應奉局。

睦州民變於二〇年代一一二一年結束，已耽誤了夾攻日期。於是順延到明年（一一二二）。一一二二年正月，金帝國攻陷遼帝國的中京（內蒙寧城），童貫急統軍北上，出白溝（河北雄縣西北白溝河鎮），分兩路進攻。當時遼皇帝耶律延禧逃往夾山（內蒙武川陰山一帶），跟外界失去聯絡。耶律延禧的叔父耶律淳親王，在燕京（北京）繼位，對女眞兵團節節抵抗。宋軍突然採取軍事行動，對燕京是一個晴天霹靂，他們再沒有想到一向卑躬屈膝的宋帝國，會在朋友背上插上刀子。耶律淳陷於腹背受敵的危境，他派人晉見童貫說：「女眞叛變作亂，貴國也應對它厭惡。如果貪圖眼前小利，捐棄百年友誼，去交結豺狼，只會種下將來無窮禍根，尚請貴國考慮。」這是一段充滿形容詞的外交詞令，當然不會發生效力。童貫繼續督軍前進。遼軍只好迎戰，兩國在蘆溝橋相遇，宋兵團兩路大軍，同時潰敗。

然而耶律淳在位四個月便逝世，他的妻子蕭皇后繼續執政。駐紮在涿州（河北涿州）、易州（河北易縣）的遼帝國「怨軍」（由家鄉淪於女眞的流亡青年組成，專向金帝國報怨復仇）司令官郭藥師，跟蕭皇后不睦，遂向宋帝國投降，獻上兩州土地。這對宋政府是一個鼓勵，趙佶命童貫作第二次北伐。蕭皇后派遣使節韓昉，晉見童貫，奉上降表，請求念及一百一十九年敦睦的邦交，不再進攻，遼帝國願降爲臣屬，永爲屏藩。童貫一口拒絕，把韓昉叱出帳外。韓昉在庭院中哀號說：「遼宋兩國，和好百年。盟約誓書，字字俱在。你能欺國，不能欺天。」痛哭而去。童貫在叱走韓昉後，即對燕京奇襲，在遼軍迎戰下幾乎全軍覆沒，被遼軍追擊到蘆溝橋，宋軍將近二十萬人，被敵人的鐵騎衝刺，死傷殆盡，屍體盈路。遼軍作歌傳唱，譏刺宋帝國的無恥與無能。

——以如此使人失笑的兵力，竟敢毀盟挑戰，再一次說明世界上確實有不自量力這回事。

金帝國接到宋軍潰敗的消息，也大吃一驚，他們固然知道宋軍衰弱，但不知道衰弱到這種地步，這對他們是一個新的誘惑。皇帝完顏阿骨打既知宋軍不能在古北口（北京密雲東北）會師，於穿過平地松林後，即放棄古北口，逕從居庸關（北京昌平）南下，進攻燕京。那些把宋軍打得落花流水的契丹兵團，跟金軍一經接戰，即被擊潰。蕭皇后逃走，燕京陷落。

在這種尷尬的情況下，宋帝國派遣馬植到燕京，仍向金帝國索取燕雲十六州。一批昏瞶的高級官員如蔡京、王甫，更異想天開，命馬植除了索取燕雲十六州外，還要額外索取九世紀唐王朝末年，盧龍戰區（北京）節度使劉仁恭失去給當時尙是契丹部落的三州——平州（河北盧龍）、灤州（河北灤縣）、營州（河北昌黎）。完顏阿骨打告訴馬植，三州的事不必胡思亂想，而且連臨潢（內蒙巴林左旗）密約也作廢，因爲宋軍並沒有履行條約在古北口會師。不過完顏阿骨打貪圖進貢，他允許把山前（太行山以東）的七州交給宋帝國。附帶條件是，燕京（北京）是金軍攻陷的，所以燕京的賦稅應納給金帝國。馬植目瞪口呆的回到雄州（河北雄縣），向趙佶飛奏，趙佶急於取得這場勝利，全部接受。

兩國遂於二〇年代一一二三年，簽訂友好和約：

一、金帝國把太行山之東七州，即燕京（原幽州．北京）、薊州（天津薊縣）、檀州（北京密雲）、順州（北京順義）、景州（河北遵化）、涿州（河北涿州）、易州（河北易縣），交還給宋帝國（事實上只交還五州，涿、易二州去年已由怨軍獻出）。

二、宋帝國每年向金帝國進貢銀幣二十萬兩，綢緞二十萬匹。以及燕京賦稅代金一百萬貫（金帝國說，燕京賦稅每年只收六分之一，已經夠寬大了）。

三、雙方都不准招降納叛（事實上這一條是專對付宋帝國的。遼帝國在瓦解中，大批華人和契丹人南奔）。

四、宋帝國一次付給金帝國軍糧二十萬石。

當五州交割、金軍撤退時，卻把燕京居民，全部擄走，宣稱這是宋帝國的意思：只要土地，不要人民。結果宋帝國得到的只是燕京一座空城，需要千里運糧接濟進駐的軍隊，和救濟漏網未走的貧苦居民。但無論如何，宋帝國總算站在勝利的一邊，收復了喪失一百八十八年之久的領土。趙佶成為中國人的救星，童貫被封為王爵，全國狂歡慶祝。

四、開封的陷落

金帝國虎視眈眈的注視着下一個——宋帝國這個獵物，只有馬植警覺到所隱伏的危機，他警告當權官員：「和平頂多維持兩三年，中國必須早作準備。」但沒有人重視，包括趙佶在內的高階層人物，都像盲目的蠢豬一樣，咻咻然不斷的左碰右撞，企圖從巨怪的血盆大口中再銜出一點殘餘食物。

燕京於一一二三年四月，勉強收回。到了五月，南京（即平州，河北盧龍）留守長官張覺，舉州向宋帝國歸降。馬植再度提出警告說：「盟約剛剛簽定，不准招降納叛，絕不可以不遵守。」輕佻的趙佶立即把馬植貶官五級。

金帝國一舉手之間，就把南京奪回，張覺逃入宋帝國，請求庇護。在金帝國嚴厲壓力下，趙佶虎頭蛇尾，只好殺掉張覺，把人頭送還。這個輕率的舉動使遼帝國的降人，包括怨軍在內，人心全部瓦解。而金軍不久就在張覺檔案中，搜查出趙佶的詔書，不僅大喜特喜，阿疏使他們破遼，張覺使他們破宋。恰好金軍向宋軍華北軍區司令官（河北燕山府路兼河東路宣撫使）譚稹，索取二十萬石軍糧。譚稹拒絕說：「馬植算什麼東西，他承諾的，怎麼能算數。」金帝國獲得一個張覺外，又幸運的獲得一個譚稹。

一一二五年二月，遼帝耶律延禧被擒。十月，金帝國就對宋帝國發動總攻，分兩路南下。東路元帥完顏斡里不，攻燕京，目標開封。西路元帥完顏粘沒喝，攻太原（山西太原），目標洛陽（河南洛陽）。西路軍被堅守不下的太原所牽制，頓兵城下。東路軍在進攻燕京時，負責燕京防務的怨軍叛變，於是燕京失守。金軍乘勝長驅南下。宋帝國前線的告急文書，和金帝國宣佈趙佶叛盟毀約的罪狀，接二連三湧到首都開封，像一個霹靂打到趙佶頭上，使他魂飛天外。大臣們認爲非趙佶退位，不足平息金帝國的憤怒。於是趙佶只好傳位太子趙桓，他悲哀的說：「想不到女眞竟敢如此。」忽然昏厥，從龍床上栽到地下。

太子趙桓即位後，派遣大將何灌率國防軍二萬人，前往保護黃河渡橋。士兵們好不容易攀上馬背，卻兩手緊抱着馬鞍，不敢放開。歡送他們出征的開封市民，大爲震駭。韓琦反對王安石訓練國防軍，這正是舊黨勝利的成果。

一一二六年一月，金軍東路兵團，抵達黃河，那些雙手抱鞍的士兵，一望見金軍旗幟，就一哄而散。南岸守軍比較勇敢，他們在縱火燒橋之後才一哄而散。趙佶聽到消息，率領他的舊有臣僚，出城向江南逃走。趙桓召集緊急會議，大臣一致主張遷都，只祭祀部副部長（太常少卿）李綱，主張堅守待援。還沒有議論完畢，金軍已渡過黃河，抵達城下。提出下列和平條件：黃金五百萬兩，銀幣五千萬兩，牛馬一萬頭，綢緞一百萬匹，尊金帝國皇帝爲伯父，除把太行山之東七州交還金帝國外，再割中山（河北定州）、太原（山西太原）、河間（河北河間）三鎭。趙桓只好接受，馬上派人搜括民間的和妓院的金銀，分批繳納。完顏斡里不因爲西路兵團被阻，不能會師，而宋帝國勤王的軍隊漸漸集結，感到力量薄弱，所以並沒有等到金銀繳齊，就帶着所得到的，和割讓三鎭的文件，向北撤退。宋政府下令，任何人膽敢中途邀擊金軍的，即以叛逆論罪。

金軍撤退之後，宋政府又恢復它抱殘守缺、苟且偷安的傳統精神，李綱被貶出開封，趙佶也逃難歸來。官員們除了忙碌於「和」「戰」的議論外，沒有在國防上採取任何防禦措施，以免觸怒敵人。可是，幼稚到可怕程度的陰謀卻在暗中進行，企圖靠一些小動作小技巧引起金帝國的覆亡。第一、趙桓寫了一封密函給金帝國大將耶律余覩（耶律余覩原是遼帝國大將，被耶律延禧所逼，於一一二一年降金），請耶律余覩發動兵變。第二、趙桓再寫一封密函給遠在西方天涯的遼帝耶律大石，對過去叛盟的事表示歉意，要求恢復百年來的傳統友誼，對金帝國夾擊。

最精彩的是，趙桓竟把如此重要，能引起千萬人死亡的祕密文件，交給金帝國派到開封催繳欠款的使節蕭仲恭，用重賄請他轉交給耶律余覩。在意料中的，蕭仲恭回國後立刻就把密函呈出。而派往西方遼帝國的使節也在邊界被金帝國的巡邏隊捉住。金帝國第二次獲得藉口。

同年（一一二六）八月，即第一次包圍開封的六個月後，金帝國對宋帝國作第二次總攻。仍分兵東西兩路南下。將近三十萬的宋帝國國防軍，奉命沿途阻攔，但他們根本不敢作戰，只要聽見女眞兵團戰鼓的聲音，就驚恐逃散。金軍這一次穩紮穩打，用兩個月的時間，把華北三十餘萬方公里土地，除了幾個城鎭外，全部佔領。在無後顧之憂的情況下，到了十一月，兩路兵團在開封城下會師。宣佈趙桓叛盟毀約罪狀，要求割讓已在他們手中的整個黃河以北地區。

趙桓再度全盤接受，但這時候一個無賴漢郭京出現，聲言他會神術「六甲法」，可以把金軍消滅，生擒兩路元帥。六甲法是挑選男子七千七百七十九人，經過咒語訓練後，即刀槍不入。國防部長（兵部尚書）孫傅，和一些高級官員，都深信不疑，於是趙桓又決定作戰。郭京指定的日子到了，他命城上守軍撤退，不准偷看（他說：偷看會使神術失靈）。然後大開城門，命他的神兵出擊，出擊的結果可以預料，全被殲滅。如果不是把守城門的戰士急把城門關閉，金軍可能乘勢衝入。郭京說：「這必須我親自作法。」於是他率領殘餘的神兵，縋城而下，下去後，頭也不回的就一溜煙向南逃走。就在此時，金軍猛烈攻擊，攀城而上，城上沒有守軍，鋼鐵般鑄成的首都開封，霎時陷落。

開封陷落之初，趙佶、趙桓仍住在皇宮，金軍並沒有表示採取什麼行動，只是向他們索取天文數字的黃金白銀和勞軍的美女，父子二人再向全城居民搜括。可是，只維持了四個月，到了明年（一一二七）三月，金軍終於把趙佶、趙桓逮捕，宣佈金帝國皇帝的命令，二人被罷黜爲平民。趙姓全體皇族三千餘人，包括駙馬和宦官，被一隊牛車載向三千公里外，朔風怒吼的遙遠東北地區，跟十世紀時石重貴家屬，同一命運。

——八年後的三〇年代一一三五年，趙佶病死在荒涼的五國城（黑龍江依蘭）一棟破爛房屋中的一個土炕上（土炕，北方苦寒地帶用泥土做的床，下面燒火，可使泥土溫暖），再過二十一年，即五〇年代一一五六年，趙桓被當時金帝國皇帝完顏亮下令押回首都中都（北京），跟被俘的遼帝國皇帝耶律延禧同囚在郊區一座廟院裏。一天，金帝國將領們比賽馬球，完顏亮命二人參加。趙桓文弱，又不大會騎馬，從馬上跌下來，被踐踏而死。那位高齡八十一歲，滿身罪惡的耶律延禧，體格仍十分健壯，他企圖逃出重圍，死於亂箭之下。

五、宋政府南遷

金帝國如果把趙桓留在寶座上，當作傀儡運用，宋帝國可能像冰塊一樣溶化在金帝國口中。那些暴發戶的女眞領導人，自然不可能有這種高智慧的政治頭腦。金軍在押解趙姓皇族北去後，也從開封撤退。注意金帝國的膨脹，只十餘年時間，它從一個只有一萬人軍隊的野蠻小部落，膨脹到一百倍以上，擁有二百餘萬方公里的龐大帝國，兵力自感不夠分配，不能長久羈留在黃河以南。它另立一位在宋政府當過宰相的張邦昌當皇帝，命他維持河淮地區的局面。但張邦昌等到金軍渡黃河北返後，就把政權歸還趙姓皇族唯一漏網的皇子趙構。

趙構是趙桓的弟弟，他正在黃河以北集結勤王兵力，沒有在開封，所以幸運的逃出魔掌，就在應天府（河南商丘）宣佈登極。宋帝國的重建引起金軍第三次總攻，這一次金軍用一年餘的時間，把黃河以南、淮河以北，包括開封、洛陽、長安（陝西西安）幾個重要城市在內，約三十五萬方公里的土地，全部佔領。趙構渡過長江，向南中國逃亡，定都臨安（浙江杭州）。金帝國大將完顏兀朮尾追，一一二九年，宋帝國的長江防衛總司令官（沿江都制置使）陳邦光降敵，引導完顏兀朮過江，直攻臨安。趙構逃向明州（浙江寧波），金軍再攻陷明州。趙構乘船飄向大海，金軍一支孤軍，深入已久，無法窮追。遂在大屠殺後，向江北撤退。

完顏兀朮一直撤退到長江，要渡江時，才遇到困難。宋帝國大將韓世忠在黃天蕩（江蘇南京東北）迎擊，韓世忠的妻子梁紅玉親擂戰鼓，女眞兵團遭到他們開國以來第一次挫敗。但它仍然突圍而去，原因很簡單，金軍十萬人，宋軍只八千人。

女眞兵團所以所向無敵，靠他們的強馬、硬弓、鐵甲，和鍥而不捨的纏鬥。宋軍跟西夏帝國間的戰役，日出接觸，日中時勝負已分，即行結束。可是女眞人不然，攻擊一旦開始，即如火如荼，宋軍已筋疲力盡，而金軍的攻擊卻轉趨猛烈。東北苦寒地帶人民強壯的體格，和最嚴格的戰鬥訓練，使這種攻勢發動後，可以鏖戰數日數夜，不勝利便不停止。連以勇敢凶悍的契丹兵團都不能抵抗，更不要說不堪契丹兵團一擊的宋軍。

然而，沉重的外患激起中國人民的覺醒，當宋政府軍隊大部份覆滅潰散之後，民間抗敵武力代之而起，而且在戰鬥中茁壯，成爲勁旅，女眞兵團才開始遇到剋星。在所有將領中，農民出生的岳飛，最爲傑出。這位籍貫相州湯陰（河南湯陰）的民族英雄，具有完美的人格和文學修養，他的書法跟所作的詩，即令從純文學觀點上，也是第一流作品。在那個軍紀敗壞到跟盜匪沒有分別的時代，岳飛兵團軍紀森嚴，即使嚴冬深夜，也寧願露宿街頭而拒絕進入民宅，使受慣殘害的中國人，從內心發出敬重。

完顏兀朮在黃天蕩的挫敗，使女眞兵團光芒萬丈的時代，顯出暗影。宋帝國民兵在各地

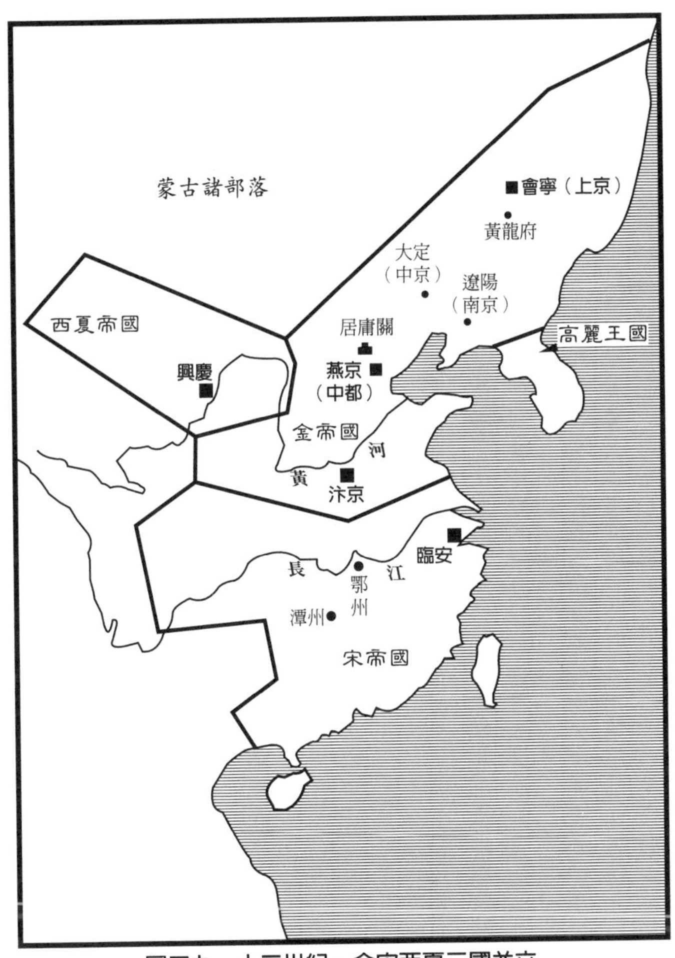

圖三九　十二世紀・金宋西夏三國並立

發動有效的阻擊，使金帝國無法繼續擴張。三〇年代一一三〇年，金帝國政府又在大名（河北大名）建立一個傀儡政權，册封一位曾經擔任過宋帝國州長的劉豫當皇帝，稱他的政權爲劉齊帝國，企圖使河淮地區成爲宋金兩國的緩衝地帶。但這個漢奸政權太明顯了，對金帝國並不能有實質上的幫助。七年後（一一三七），金帝國又把它撤銷，將河淮地區直接併入版圖。

有一件事非常奇異，位於西北的西夏帝國，仍然存在，只不過降爲金帝國的藩屬。不知道什麼緣故，金帝國從沒有攻擊過它，更沒有想到滅亡它。唯一的解釋是，可能因爲它的地方太貧苦，不屑一顧。

六、岳飛之死

千錘百煉出來的宋帝國民間抗敵武力，不久即發揮強大力量。四〇年代一一四〇年，岳飛兵團北伐，進抵郾城（河南郾城），女眞兵團總司令完顏兀朮集結重兵迎戰，宋帝國全國上下，都爲岳飛震懼，皇帝趙構特別由臨安（浙江杭州）發出訓令，要岳飛小心應付。決戰終於開始，金軍使用「拐子馬」，這是一種可怕的騎陣，三匹戰馬橫連在一起，在大平原上衝鋒時，跟現代的坦克車一樣，發出泰山壓頂的威力。完顏兀朮這次投入二千匹拐子馬，即六百輛坦克車，準備一齊把岳飛兵團殲滅。岳飛用步兵伏地，以一個人的生命換取一隻馬足，只要一匹馬的馬足被砍斷，整個拐子馬便全體仆倒。結果女眞兵團崩潰，崩潰時發出山搖地動的哭號吶喊。完顏兀朮大慟說：「自從故鄉起兵，靠此制勝，今竟如此。」他再集結部隊反攻，在小商橋（河南臨穎南）跟岳飛兵團向北挺進的先頭部隊楊再興相遇，金軍十二萬，宋軍只八百。楊再興即行攻擊，八百人全部戰死，但金軍被殺二千餘人。只不過十年之前，宋軍聞風喪膽的往事，已如雲煙。完顏兀朮大爲驚駭，他發現情勢嚴重，急縮短戰線，退回開封固守。岳飛兵團尾追，進抵距開封僅二十公里的朱仙鎮，一場更大的決戰迫在眉睫。岳飛本來不喝酒的，這時下令軍中說：「我們要打到黃龍府（吉林農安），迎接二位皇帝陛下回國，再慶祝痛飲。」（黃龍府跟金帝國首都會寧——黑龍江阿城，相距二百公里。當時宋、金兩國首都相隔太遠，會寧又是一個新興都市，黃龍府則在遼帝國時便已聞名。）這時淪陷區各地人民，紛紛起義，切斷金軍糧道，準備迎接祖國部隊。完顏兀朮束手無策，打算放棄黃河以南地區，退守燕京（北京）。但他的一個智囊阻止他說：「世界上從沒有聽說過，當權人物在政府內部猜忌掣肘，而大將能夠在外建立功勳的。岳飛生命都有危險，豈能有所作爲。」完顏兀朮立刻領悟。

這位智囊的判斷完全正確。趙構自從登上皇帝寶座，他日夜恐懼的有兩件事，一是恐懼他的哥哥趙桓突然被釋放回國，他的皇帝便做不成，而且有被控非法篡奪的可能性。二是恐懼民間武力和從民間崛起的將領，萬一發生陳橋式兵變，他的皇帝同樣也做不成。這是一個沉重的心理負擔，但又無法說出口。只有一個人洞察他的肺腑，即不久之前才從金帝國逃回的總監察官（御史中丞）秦檜。他抓住趙構心理上的要害，提議跟金帝國和解，並暗示和解只是一種手段，目的在於解除帝位的威脅。趙構大喜過望，任命秦檜當宰相，跟金帝國接觸，而且有過數次談判。正當岳飛挺進到朱仙鎭時，談判也進入重要階段，岳飛日夜不忘迎還二位被俘皇帝的言論，更使趙構憎惡。於是，趙構下令撤退，並在一天之內，連續頒發十二道命令，每道命令都用「金字牌」送達（金字牌送達的命令，驛馬每天飛奔二百公里），用以造成嚴重壓力，使岳飛不能反抗。岳飛在接到第十二個金字牌時，他不能不退，否則就是叛變。他向攔在馬前懇求不要撤退的民衆垂淚說：「十年準備反攻，嘔盡心血。而今一天之內，化爲烏有。」

趙構把所有將領召集到首都臨安（浙江杭州），論功行賞，擢升韓世忠當國防部長（樞密使），岳飛當國防部副部長（樞密副使），乘着這機會，一律解除他們的軍權。但岳飛不知道趙構的隱情，強烈的愛國心，使他反對和解。金帝國不得不暗示說，如果趙構沒有能力整頓內部，金帝國就把趙桓放回來，由趙桓整頓。趙構遂決心剷除岳飛，命秦檜誣陷岳飛謀反，逮捕岳飛下獄。韓世忠向秦檜質問岳飛是不是眞的謀反時，秦檜回答說：「莫須有。」韓世忠嘆息：「莫須有三個字，怎麼能服天下人心？」趙構大概也知道如果把岳飛公開綁赴刑場斬首，可能激起事變，於是岳飛遂被祕密處死，同死的還有他的兒子，和他的幾位忠心部將。

——「莫須有」是一個不合文法的句子，無法解釋。秦檜是江寧（江蘇南京）人，或許是當時江寧方言。根據情況推測，應是「不見得沒有」之意。從此，「莫須有」三字在中國就成爲「誣陷」和「冤獄」的代名詞。

岳飛於四〇年代一一四一年——距他挺進到朱仙鎮僅只一年，在臨安監獄風波亭被殺，沒有人知道他的死法，民間堅信他們父子都受到剝皮慘刑。明年（一一四二），金、宋和約簽訂。和約規定，宋帝國降爲金帝國藩屬，趙構向金帝國的皇帝稱臣，由金帝國册封趙構爲宋皇帝。宋帝國每年向金帝國進貢銀幣二十五萬兩，綢緞二十五萬匹。兩國東以淮河爲界，西以大散關（陝西寶雞西南）爲界。這時趙佶已死，金帝國歸還趙佶的棺柩，和趙構的母親韋太后。並承諾繼續囚禁趙桓和其他所有親王。

——岳飛死時只三十九歲，這是中國歷史上最悲痛的冤獄之一。專制政體下，人們不敢公開指責主凶趙構，只好把罪惡全部推給幫凶秦檜。後來人們就在杭州西湖，爲岳飛修築一座墳墓，墓前跪着用生鐵鑄成的四個塑像：秦檜，秦檜的妻子王氏，和擔任審判法官的万俟卨、張俊。這四個鐵像，一直到二十世紀，仍跪在那裏。遊客們每每故意的便溺到他們頭上，或錘擊敲打，以洩心中憤怒，以致那些鐵像必須不斷重鑄，才能承當。

七、又一個大頭症——完顏亮

岳飛死後，金、宋兩國第一次和平，維持了二十年，被完顏亮破壞。

完顏亮是金帝國第三任皇帝完顏亶的宰相，以生活簡樸和對人謙恭，受到舉國尊敬。四〇年代一一四九年，他殺掉完顏亶，自己即位。完顏亮跟七世紀隋王朝的暴君楊廣好像是一個模子裏澆出來的，都具有使人失笑的大頭症。無限權力到手之後，他那一向艱苦克制的獸性，全部爆發。

完顏亮即位的明年，五〇年代的第一年（一一五〇），即對皇族大肆屠殺，本世紀（十二）初那些開國功臣元勳，如完顏斡里不，完顏粘沒喝，完顏兀朮的後裔，幾乎全部滅絕。最有趣的是，完顏亮殺了他們之後，卻把他們的妻子和女兒，納入後宮，以供淫樂。而這些婦女正是完顏亮的叔母、姑母、姊妹，完顏亮對亂倫有特別的喜愛。

首都上京會寧（黑龍江阿城），是一個荒遠寒冷、建築簡陋的地方，完顏亮認爲無法炫耀他的偉大。一一五三年，他遷都燕京（北京），把燕京改稱中都。但這不過是第一步，他的終極目標是柳永詞中「三秋桂子，十里荷花」的江南。完顏亮要順序的滅掉宋、西夏、遼（西遼），而成爲中國的唯一元首。於是，有一天，他召集群臣，宣佈說：「我夢見到上帝那裏，上帝派我當天策上將，命我征討一個國家。受命出來，剛要上馬，看見無數鬼兵。我射出一箭，他們大聲呼喊。醒了之後，耳邊仍聽到聲音。教人到馬廄察看，發現我平常所騎的那匹馬，滿身流汗。再察看我的箭袋，也少了一枝箭。這個奇異的夢，證明上帝將用我的手去削平江南。」群臣一致表示相信他的連篇鬼話，並一致高呼萬歲。

六〇年代一一六一年，完顏亮把首都從中都（北京）再南遷到南京開封（河南開封）。他的嫡母徒單太后對他的窮兵黷武，略微表示憂慮，他立刻宣稱徒單太后謀反，把她用鐵錘擊死。接着向宋帝國提出最後通牒，要求割讓淮河以南、長江以北約十八萬方公里土地。當趙構吃驚的嘴巴還沒有閉住的時候，完顏亮已發動攻擊。這次南征兵團六十萬人，分為三十三軍，五道並進。

完顏亮是八月把嫡母擊殺的，消息於九月傳到東京（遼寧遼陽），大家深信這是對皇族展開第二次屠殺的信號，就擁立東京留守長官（東京留守）完顏雍親王即位，進據中都（北京），聲討完顏亮罪狀，下令南征兵團回國復員。

完顏亮還不知道這些，攻擊照常進行。大軍渡過淮河，宋帝國江淮軍區司令官王權的部隊，望風逃散。金軍毫無阻擋的到達長江北岸的和州（安徽和縣），對岸即是采石（安徽馬鞍山采石鎮），完顏亮命準備船隻渡江。就在這千鈞一髮的時候，宋帝國中央政府的一位祕書職務（中書舍人）的官員虞允文，奉命到前方勞軍，適時的抵達采石。這時采石已一片混亂，人民逃走一空，從江北潰退下來的敗兵，三三兩兩，在四方遊蕩。虞允文立刻把他們集結起來，自任統帥，激勵他們的鬥志，沿江佈防。佈防剛畢，金軍已經渡江，搶岸登陸。虞允文指揮他的烏合之眾，分從水陸兩路，作殊死抵抗。金軍只善於騎馬，不善於駕船，大批戰艦被擊沉，已登陸的金軍因無後援而被殲滅，全線崩潰。完顏亮氣得發瘋，把逃命回去的戰士，全體驅到江邊敲殺。然後放棄和州，向東前進至瓜洲（江蘇揚州瓜洲鎮），虞允文的烏合兵團也向下游行動，到達瓜洲對岸的京口（江蘇鎮江）。完顏亮這時已得到東京（遼寧遼陽）叛變的消息，更怒不可遏。依正常情況，他應該回軍討賊，但被激起的怒不可遏的情緒，使他不能靜下來作深遠的考慮，他認為完顏雍不足掛齒，消滅宋帝國之後，完顏雍自會瓦解。

完顏亮念念不忘二〇年代一一二九年完顏兀朮輕而易舉的渡過長江的往事，認爲他當然也能夠。他沒有想到那時候有高級漢奸投降，作爲嚮導。而現在完顏亮必須強渡，但制江權握在宋帝國水軍手中，強渡等於自殺。完顏亮不管這些，他下令三日內渡江，敗退者即斬。軍令慘急，部隊大批逃亡，揚言投奔新皇帝，軍心動搖。

就在渡江前夕，爆發兵變。當變兵攻擊御營時，完顏亮還以爲是宋軍偷襲，等到發現竟是自己部下，他知道他的大頭症即將痊癒。亂箭把他射倒，但手足仍動，最後被叛軍絞死。完顏亮死後，金軍撤退。宋帝國國防軍只敢遙遙跟蹤，不敢進擊。

明年（一一六二），趙構傳位給他的堂侄趙伯琮（趙構沒有兒子）。趙伯琮乘金帝國內亂，委任老將張浚當總司令，大舉北伐。可是，除了遼、宋那一段長期和解外，宋帝國似乎是屢次都在選擇錯誤的時機，作錯誤的決策，不應和解時和解，不應作戰時作戰。張浚是一位非常愛國而又非常有名望的將軍，但他卻是一個草包。三十一年前的一一三一年，當他擔任關中軍區（陝西省中部）司令官（處置使）時，他誣陷全軍最尊敬的名將曲端謀反，酷刑處死，以致軍心瓦解，一戰而潰，關中（陝西省中部）從此淪喪，不能奪回。用這種人北伐，結果自在意料之中。一一六三年，主力十三萬人在符離（安徽宿州）被女眞兵團擊敗，全軍覆沒。

不過，這是本世紀（十二）金、宋兩國最後一次戰爭。和約恢復後，屈辱的和平維持了四十一年。這四十一年之中，金帝國在北中國它所鯨呑的土地上，耐心的消化，並加速自己的漢化。宋帝國則在南中國，它所剩留下來的土地上，恢復社會繁榮。

八、高度物質文明的社會

我們的篇幅幾乎全部在敍述宋政府的政治形態，以及因這個顢頇的政治形態所引起的災難。不可避免的會產生一種印象，認爲那時的中國社會跟它的宋政府一樣，也是墮落的。其實不然，而且恰恰相反。整個宋帝國時代，起自上世紀（十一），經過本世紀，再到下世紀（十三），二百餘年間，它的物質文明，有輝煌成就，不但超過中國過去任何一個時代，並超過同時代的西方世界。最保守的觀察，中國至少比歐洲進步一百年。

這種情形，我們分作五項敍述：

一、火藥　這是中國最重要的發明之一，我們不能確切指出它發明於某年，但可確定至遲本世紀（十二）已經大量生產。二〇年代一一二六年首都開封之圍，守城的宋軍，就使用過火藥反擊，名「震天雷」，從這個名字可看出它的威力。宋軍把火藥製造的鐵炮埋在城下，等金軍攀城時引發，發出巨響，能爆炸出一個巨洞。同時還製成一種「飛天炮」，即二十世紀火箭的始祖，用火藥的後射力推進炮火，擊入遙遠的弓箭射不到的金軍大營。女眞兵團對這個魔鬼般的新武器，大爲震恐，成爲它第一次撤退的原因之一。而第二次圍城，如果不是郭京荒唐，開封在火藥保護下，不是一個容易陷落的城市。六〇年代一一六一年采石戰役，虞允文也曾使用一種「霹靂炮」，轟擊金艦。它可以說沒有什麼殺害力，因爲它不能瞄準，但它的聲音能使女眞戰士心驚。張浚北伐時，一個平民發明家魏勝，曾用他發明的「炮車」，作爲野戰攻擊的武器。不過它無法阻止張浚的挫敗。再好的武器，在不能作戰的部隊手中，都沒有用。

——跟其他的中國古發明一樣，火藥的功能到此爲止，沒有進一步發展。中國只用它來製造鞭炮，在慶典時點燃，以驅逐邪神惡鬼。不過，它卻透過金帝國，流入蒙古人之手。在下世紀（十三）時，蒙古帝國得到中亞科學家們的合作，製造出精確的巨炮，反過來摧毀金帝國。並於一二七三年，一炮擊碎襄陽（湖北襄樊）城樓，襄陽投降，宋帝國門戶洞開，不久即亡。

二、紙幣（交子）　紙幣的發行，起於上世紀（十一）〇〇年代。益州（四川成都）商人對金錢攜帶，感到困難，十貫（一萬錢）的重量就是五十公斤，不僅攜帶不方便，而龐大的體積，又容易引起盜匪注意。於是紙幣應運而生，以一貫（一千錢）爲一張紙幣的單位金額，如此，十貫不過十張鈔票。最初由地方富豪以財產擔保，聯合發行，每次發行一百二十五萬貫——即一百二十五萬張紙幣。只有在進步的印刷術支持下，才能供應這麼巨量的發行。時間以三年爲期，到期即可兌換現款。後來由政府主辦，設立國家銀行（交子務），禁止私人發行。這是世界上使用紙幣的開端。

——紙幣對宋帝國社會有繁榮安定的作用，並被其他國家所仿效。金帝國發行過五貫（

五千錢）和十貫（一萬錢）大鈔，以後的蒙古帝國更發行十兩銀幣的大鈔，後來發現鈔票既有如此奇妙功用，遂大量印刷，以致引起嚴重的通貨膨脹和農村破產，促成遍地民變。到了更後的明王朝，在排外的情緒下，認爲紙幣也是外國工具，下令取消。這對商業的發展，是一個打擊。

三、羅盤　姬軒轅於紀元前二十七世紀發明指南車的神話，一直盤旋在中國人腦海之中。但眞正的航海羅盤，要到上世紀（十一）才出現。不過跟火藥一樣，我們不知道它的發明人，只知道中外海上貿易，原來只靠定期的貿易風和星象的觀察，對方位的辨別力，十分薄弱。首先使用羅盤的，可能是中國海盜，他們把磁針放在稻草上，使它浮在一碗水上，裝在一個小匣子裏，它在陰霾和大霧中，就能始終保持所指的方位不變。這種簡陋的設備被引用到商船上之後，加以改良，使貿易風的價值頓時減低。本世紀（十二）趙構泛海逃亡，金軍曾用擄掠到的船艦出海追擊，就使用羅盤導航。只因女眞戰士不能忍受海上的風濤，才告放棄。

——羅盤至遲在本世紀（十二），就經由阿拉伯船隊傳到歐洲，這對整個人類文化有很大的貢獻。發現新大陸，以及歐洲那些海上帝國，都在有了中國羅盤之後，才成爲可能。

四、瓷器　這是手工藝術和科學技術結合的產品之一。自上世紀（十一）以降，直到十九世紀，瓷器始終是中國最大的出口貨物，使東方西方保持一千餘年的驚奇。十九世紀時日本帝國曾苦心仿造，不能成功，歐洲更不足論。瓷器生產在本世紀（十二）進入黃金時代，中國共擁有三大名窰：景德窰，在景德鎮（江西景德鎮），由政府經營，稱爲「官窰」「御窰」。汝窰，在汝州（河南汝州），也是政府經營，宋帝國皇帝趙佶有一次曾給它下命令說：「雨過天青雲破處，這般顏色做將來。」於是汝窰出產一種雨過天青色瓷品，成爲特殊珍品。製造時把瑪瑙研成細粉，作爲主料，調成釉汁。出窰後，形成隱約像螃蟹瓜一樣極美觀的細紋（古物鑑別家，就靠此種細紋，判斷瓷器的眞僞）。哥窰，在龍泉（浙江龍泉），當地章氏兄弟二人，同是偉大的藝術家和企業家。哥哥章生一，弟弟章生二。最初合造一窰，名琉田窰。後來兄弟分造，章生一的窰稱哥窰，章生二的窰稱龍泉窰。哥窰出品因土質奇潤，呈現一種魚子般的紋路。龍泉窰則沒有這種紋路，但彩色同樣優異。

——景德窰和汝窰，是國營企業成功的先例。章氏兄弟世界性的貢獻，使二百餘年衰弱的中國生色。

五、其他　紡織，刺繡，都十分發達，尤其杭州刺繡，它的領導地位保持到二十世紀不衰。棉花經阿拉伯人引進中國，大量在江南種植。天文渾天儀已用水力發動，氣壓測量計（浮漏景表）也開始使用。數學家秦九韶，對平方根的計算方法有很大貢獻。在建設上，在江南的水利灌溉系統，在世界上首屈一指。三百年間，江南（半個歐洲那麼大）幾乎年年豐收，很少水災旱災（宋帝國把黃河移交給金帝國，它永不停止氾濫潰決的特性，使金帝國焦頭爛額）。本世紀（十二）的江南，已不是小分裂時代，更不是大分裂時代的江南，而是一個富庶繁華，錦繡般的世界。

中國高度文化盛況，類似羅馬帝國在蠻族入侵之前的情形，武裝力量跟文化水準不能配合。七世紀第二個黃金時代已經過去，不再重現。但廣大的社會在被長期的蹂躪破壞後，自動復甦，而且更加蓬勃。這是中國人所具有的一種雄厚潛力。靠此潛力，永遠屹立在地球之上。假如有李世民大帝一樣的人物作爲國家領導人，而不是趙匡胤之類，中國第三個黃金時代當比第二個黃金時代更偉大。

然而，中國沒有出現李世民大帝，卻出現道學。

九、道學與聖人系統

道學，即上世紀（十一）萌芽的理學。

進入本世紀（十二）後，理學改稱道學，我們不知道爲什麼要改，可能是理學只是純學術性的學派，而道學則由意識形態領域，進入到實際的行爲，成爲一種政治上或社會上的黨派。士大夫在理學思想指導下，一面自衛，一面打擊異端。我們似乎可以稱道學是「應用理學」。

道學一開始就以儒家學派的正統自居，而儒家學派的思想又一直被認爲是中國的正統思想，所以道學自然順理成章的成爲中國的正統思想。此一正統，靠一個道學家所擬就的、莊嚴的聖人系統維持，所以這系統有時候也被稱爲「道統」，道統由左表所列一系列的聖人組成：

代別	世紀	聖人姓名	術語簡稱
第一代	前23	伊祁放勳	堯
第二代	前23	姚重華	舜
第三代	前22	姒文命	禹
第四代	前18	子天乙	湯
第五代	前12	姬昌	文
第六代	前12	姬發	武
第七代	前12	姬旦	周公
第八代	前6	孔丘	孔子
第九代	前4	孟軻	孟子
第十代	後11	程頤	伊川
第十一代	後12	朱熹	朱子

從這個表可以看出，中國自紀元前三世紀到紀元後十世紀，凡一千二百年之久，所有的人都是凡夫俗子，沒有出現過聖人。而在上世紀（十一）和本世紀（十二），卻連續產生兩位：程頤和朱熹，由此可知道學家的重要地位。朱熹的哲學基礎是程頤的「敬畏」，他把它闡揚爲「居敬窮理」。於是他發現「天」是宇宙的自然法則，同時也是道德（個人的）法則，和政治（國家的）法則。一個道德上沒有瑕疵的人，才有資格去治理國家。一個道德上有瑕疵的人，即令再有才幹，也不會把國家治理完善。至於道德的內容和標準，則由道學家訂定。

道學家認爲，人類只有兩種：「不是聖賢，便是禽獸。」這跟「君子」「小人」的二分法同樣嚴厲。聖人是一種凝固劑，主要功能在維持社會秩序的安定，維持既定的名份和既定的尊卑，使不作任何改變，以免名份和尊卑紊亂。這種道德法則的精神和形態，被稱爲「禮教」（以後又稱爲「名教」）。怎麼樣使禮教達到至善，朱熹認爲關鍵在於「天理人慾」。

天理是善，人慾是惡，所以必須盡量發揚善而摒斥惡。禮教的正常運行，是天理、是善。企圖予以變革的，是人慾、是惡。一個人必須努力減少自己的慾望，減少越多，越接近聖人的境界。減少慾望最有效的方法是：無時無刻不在思念聖人們所下定義的道德，無時無刻不在思念忠君愛國，除此一念外，別無他念。

——自從紀元前二世紀，西漢政府罷黜百家，獨尊儒家學說為中國法定思想，中國人的思想開始受到拘束，經過一千餘年的累積，到了本世紀（十二），更加嚴厲的拘束，在理學家道學家手中完成。

問題就恰恰發生在這裏，因為道學家的要求太高，所以很難有人能夠達到標準，連道學領袖，聖人系統中最重要人物朱熹都不能。朱熹擔任浙東地區（浙江省）高等法院院長（提舉浙東刑獄）時，跟台州（浙江臨海）州長（知台州）唐仲友，為了爭奪一位漂亮的妓女嚴蕊，朱熹失敗（我們可以想像得到，她對滿面道學的聖人，恐怕難以激起澎湃的愛情），朱熹遂攻擊唐仲友奸邪，向皇帝上奏章彈劾，是跟程頤對付蘇軾的手段如出一轍。他們在感情激動時，都不能實踐他們對人的要求，其他人當然更為困難。於是產生左列兩種現象：

一、道學家在禮教甲胄之中，因不能忍受那種壓力，往往人格分裂，成為言行不符，甚至言行恰恰相反的兩面人，道學家所要求的道德，幾乎全部都是外銷品。

二、因為自己做不到，所以道學家往往一味要求別人在禮教甲胄中受苦。這種心理背景，產生一種願望，對別人的責備永無止境。動不動就要求別人死，甚至即令死也不能逃脫責備。

這種偏差的行爲，當然引起反感。道學與反道學雙方都向皇帝爭取支持，反道學的一派在宰相韓侂冑領導下，獲得勝利。九〇年代一一九六年（已是本世紀尾聲），第十五任皇帝趙擴下令，禁止道學傳播，擔任國立圖書館官員（祕閣修撰）的朱熹，也被免職。但只禁止了六年，到下世紀（十三）〇〇年代一二〇二年，即行解禁。但道學家卻掌握着兩大武器：一是教育，朱熹在私立大學白鹿洞書院當校長，學生遂成爲道學的主要傳播者。另一是考試，國家考試大權，始終握在道學家之手，它只錄取讚揚道學的人，知識份子遂大批被引到他們指定的道路上。

在這個龐然而堅固的道學思想指導原則下，寡婦被迫活活餓死，也不許再嫁。音樂、戲劇、繪畫，一律成爲壞人心術的毒品，逐漸被輕視。作詩也屬於墮落行爲，因爲不專心便作不好，專心則就沒有時間思念道德和忠君愛國的大事了。其他文學作品，如小說、散文之類，看一眼都是罪過。只有低賤的人才去從事體力勞動，聖人系統和準聖人系統——道學家，則必須全神灌注道德，和道德基礎上的「治國」「平天下」。人們連走路都要有一定姿態，奔跑和急促的步子，都是輕浮下賤。服從傳統權威，崇拜古人古事，崇拜祖先，都是最高貴的善。任何改變和抗拒的念頭，都是邪惡，必須在念頭一起時就予以無情克制。任何發明創造，更都是專門取悅小人和女人的奇技淫巧。

這就是直到二十世紀，中國大多數的知識份子——士大夫的意識形態，我們必須對此有簡明的印象。

一〇、東西方世界

——四〇年代．一一四七年（岳飛冤獄後第六年），第二次十字軍興起。

——四〇年代．一一四九年（金帝完顏亮即位），第二次十字軍結束，歷時三年，他們在敍利亞境，即被擊退。

——六〇年代．一一六六年（釆石戰役後第五年），英王亨利二世，頒佈克拉林敦條例，設司法陪審員制度（這是英國人對全人類最偉大的貢獻之一，使人權獲得法律的具體保障，本年應是文化史劃時代的一年）。

——八〇年代．一一八五年（宋帝趙構逝世前二年），日本「平安時期」終。

——八〇年代．一一八六年（宋帝趙構逝世前一年），日本征夷大將軍源賴朝，在鎌倉設司令部，號令全國，世稱「鎌倉幕府」。日本幕府政治自此開始，「前期武家時代」也自此開始。

——八〇年代．一一八七年（宋帝趙構逝世），回教徒興起反十字軍，攻陷耶路撒冷，耶路撒冷王國亡，歐洲基督徒大爲震恐。

——八〇年代．一一八九年（金帝完顏雍逝世，孫兒完顏璟繼位），第三次十字軍興起，統帥都是名王：神聖羅馬帝國皇帝紅鬍子腓特烈一世，法王腓力，英王獅心李查。

一一九〇年代・一一九二年（宋帝趙伯琮病逝前二年），第三次十字軍結束，歷時四年。紅鬍子腓特烈一世在小亞細亞渡河時溺死，軍隊星散。腓力於中途折回。李查挺進到耶路撒冷近郊，跟回教領袖薩拉丁訂約締和，規定基督徒可以自由朝聖。

一一九〇年代・一一九五年（宋政府下令禁止道學前一年），東羅馬帝國皇帝艾沙克二世，荒淫無道，貴族把他廢掉，立他的弟弟亞力蘇斯三世繼位。艾沙克二世的兒子逃亡到義大利，廣結外援，企圖使他父親復位（種下了下世紀第四次十字軍戲劇性結局）。

第二十六章　第十三世紀

本世紀，英國在它的不列顚小島上，頒佈大憲章，創立國會，爲人類立下萬世光芒的楷模。但世界上其他大多數地區，卻一片血腥。

原因是蒙古帝國像巨怪一樣，在荒涼窮惡的瀚海沙漠群上崛起，它的強大攻擊力量，超過女眞百倍。開國可汗鐵木眞，在攻陷中亞信奉回教的花剌子模王國的重鎭不花剌城（烏孜別克布哈拉市），準備屠殺之前，曾把居民召集到祈禱場，向他們宣佈說：「你們必須知道，你們都犯了滔天大罪，所以必須加以懲罰。你們一定會問，我有什麼證據，證明你們犯罪。我告訴你們，我就是上天的災禍，如果你們沒有犯罪，上天爲什麼派我來屠殺你們？」

在這種邏輯下，中國版圖上的四個帝國：遼、西夏、金、宋，全被消滅。

本世紀最後二十年，漢民族第一次全部淪入異民族的統治之下。

一、韓侂冑北伐與失敗

上世紀（十二）六〇年代，宋帝國大將張浚，大舉北伐，結果在符離（安徽宿州）被擊敗。從此再沒有人敢想這件事，大家沉緬在首都臨安（浙江杭州）歌舞昇平之中，把反攻當作一件不祥的妄動。一直到韓侂胄當宰相，這個反苟且偷安傳統，雄心勃勃的人物，決心再度北伐。他遭受最大的阻力在意料中的來自道學家，道學家抨擊他開罪鄰邦。韓侂胄用嚴厲的手段對付他們，他請皇帝下令禁止道學，並把道學領袖朱熹逐出政府。但到了本世紀（十三）開始後的第三年（一二〇二），有人勸告韓侂胄應該適可而止，如果壓迫太甚，可能招來的報復更大。韓侂胄也厭倦於內鬥，才把道學解禁。

韓侂胄選擇本世紀（十三）初北伐，時機上十分明智。金帝國正被北方新興的蒙古諸部落連連擊敗，而韓侂胄在把道學家整肅了之後，已完全控制政府，兵源糧秣，都獲得充份的支持。可是，他沒有適當的統帥人才，連張浚那種庸碌之輩都沒有，他所依靠的全是一些用不尊嚴手段達到尊嚴地位的將領，這些將領在太平日子裏表演韜略有餘，卻沒有能力實際行動。北伐是一件嚴重的大事，韓侂胄卻犯了五世紀南宋帝國皇帝劉義隆的錯誤，把如此嚴重的大事，看得過於簡單。他只檢查了敵人的弱點，沒有檢查自己的弱點。

〇〇年代一二〇六年，韓侂胄任命的北伐軍總司令（京洛招撫使）郭倪，出奇兵突擊，攻陷金帝國邊境重鎮泗州（江蘇盱眙北）。韓侂胄大喜，就由皇帝趙擴昭告全國，宣佈金帝國的罪狀，下令北伐。金帝國着實大吃一驚，不是吃驚宋帝國又叛盟（宋帝國叛盟的次數，在歷史上恐怕佔第一位），而是吃驚宋帝國可憐的國防軍，怎麼一再如此不自量力的盲動。宋軍四道並進，總司令郭倪攻宿州（安徽宿州），大將李爽攻壽州（安徽鳳台），皇甫斌攻唐州（河南唐河），另一位大將王大節攻蔡州（河南汝南）。四道相繼失敗，而且失敗的很慘。金軍分九路渡過淮河追擊，一連攻陷十餘州，再度抵達長江北岸的眞州（江蘇儀徵），揚言造艦渡江，宋帝國上下震恐。

——郭倪一向以諸葛亮自居，認爲可以在輕鬆談笑之間，建立震動天地的奇功。大軍出發時，他告訴後勤司令官說：「木牛流馬，靠你支持。」（木牛流馬，諸葛亮所使用的運輸工具。）等到全軍崩潰，他對殘兵敗將不能控制，狼狽逃命，發現闖下的是一件不能挽救的大禍時，不禁泫然流淚。人們遂稱他是「帶汁諸葛亮」。

韓侂胄的美夢破滅，急向金帝國求和。金帝國答覆說：必須先交出禍首。於是趙擴的妻子楊皇后，佈下羅網，乘韓侂胄入朝時，將他殺掉，把人頭送到一千一百公里外的金帝國首都中都（北京），懸掛街頭。然而對韓侂胄之死最高興的還是道學家，開始大批返回政府。接連下去的一些宰相，如參與殺韓侂胄的史彌遠，和被國立大學學生歌頌爲「師相」的賈似道，都是道學家在當時所喜歡的人物。靠着政治權力，道學日固。

——不過，「道學」這個名詞，卻因韓侂胄反道學一派，不斷公開揭瘡疤的緣故，漸帶有諷刺意義，如果稱某人「道學」，即等於指責他面貌忠厚而內心奸詐。所以「道學」逐漸不再使用，而恢復「理學」原名。

二、蒙古帝國崛起瀚海

就在宋帝國北伐失敗，金軍九路反攻的那一年（一二〇六），中都（北京）西北九百六十公里瀚海沙漠群北的斡難河（鄂嫩河）上游，金帝國的藩屬蒙古民族諸部落，正舉行一個重大的集會。在集會上，孛兒只斤部落五十二歲的酋長鐵木眞，被推舉爲大可汗，號稱成吉思可汗，意思是海洋皇帝，蒙古帝國正式誕生。

——古中華人最喜歡用單音節，「可汗」有時就被簡稱爲「汗」。

蒙古民族是匈奴民族的後裔，不知道什麼原因和什麼時候，改稱蒙古。他們居住在以不兒罕山（肯特山）爲中心的荒漠地帶，四周有著名的斡難河（鄂嫩河），怯綠連河（克魯倫河），土兀剌河（土拉河）。蒙古民族似乎從沒有過統一的政府組織，即令有，恐怕也都爲期很短。在我們所知的他們的歷史中，諸部落都是獨立的自求生存。最重要的部落有：孛兒只斤部落（鐵木眞當酋長的部落）、主兒勤部落、泰赤烏部落（俺巴孩的後裔）、弘吉剌部落（蒙古帝國的皇后，多出於這個部落）。而蒙古民族諸部落四周，則環繞着突厥民族諸部落，像塔塔兒部落（即聞名世界的韃靼）、克烈部落（酋長汪罕）、蔑兒乞部落、乃蠻部落（酋長太陽可汗）。

因長期的互相通婚的緣故，他們之間民族的界線並不明顯。明顯的卻是以經濟利益爲主的部落界線。沙漠地帶，水草有限，爲爭奪水草，部落間遂不斷的攻殺和劫掠，往往成爲血海世仇。不但搶水草，而且搶女人，鐵木眞的母親就是被鐵木眞父親搶來的，鐵木眞的妻子也曾被人搶去又搶回。縱在和平狀態之下，暗殺行爲也從沒有中止。鐵木眞的父親也速該，就是在塔塔兒部落的宴席上中了毒，死於歸途。但這也有一點好處，使蒙古每一個人，包括婦女和孩童，都成爲堅強而機警的戰士。一旦團結對外，即勢不可當。

歷史似乎在重演，當初金帝國如何對待遼帝國，現在蒙古帝國也如何對待金帝國。一〇年代一二一〇年，金帝國第七任皇帝完顏允濟的欽差大臣，到蒙古地區巡視，他顯然的還不知道鐵木眞已被推舉爲成吉思可汗這回事。在召集各部落酋長集會時，命鐵木眞跟過去一樣，跪拜詔書。鐵木眞問：「皇帝是誰？」欽差大臣告訴他是完顏允濟，鐵木眞是見過完顏允濟的，對他的昏庸有深刻了解，不由得把口水唾在地上：「我以爲南方皇帝都是天上人，原來是這種蠢貨。」在欽差大臣目瞪口呆中，跨馬馳去。

金帝國從上世紀（十二）五〇年代後，便開始沒落。女眞民族本沒有文字，文化水準很低，連契丹人都不如。驟然間接觸到繁華世界，雖然及時的創造了女眞文字，但它阻擋不住華化的趨勢。尤其在遷都中都（北京）之後，接受了中國傳統的宮廷制度，就再也產生不出英明的君主。第五任皇帝完顏雍對加速華化，有過警覺。他曾下令禁止女眞人改爲華姓，並不准穿華人服裝。但這些都是小節，問題並不在此，而且他也不過順口談談，表示他很聰明罷了，並沒有認眞的去做。

鐵木眞唾口水到地上的明年（一二一一），他宣佈爲蒙古過去被金帝國釘死在木驢上的一位酋長俺巴孩報仇，向金帝國攻擊。金帝國的西京（山西大同），立即陷落。蒙古兵團尾追金軍，沿途截殺，攻破居庸關（北京昌平）——注意這個居庸關，它是中國本部和塞北沙漠分界線上最險要的長城關隘，南距中都（北京）四十公里，萬山環抱。蒙古既攻破居庸關，便直抵中都城下，一口氣再攻破燕雲十六州大部份州縣城鎮，燒殺飽掠而去。金帝國驚魂甫定，認爲這只是邊將偶然疏忽所致。可是兩年後（一二一三），蒙古兵團再攻破居庸關，金帝國最精銳的主力部隊，全被殲滅，橫屍一百五十公里，中都再被包圍。金軍總司令紇石烈（姓）胡沙虎（名）恐怕皇帝完顏允濟追究他戰敗的責任，索性把完顏允濟殺掉，另立完顏允濟的侄兒完顏珣當皇帝。完顏珣向蒙古求和，獻出岐國公主（蒙古稱她爲漢公主，由此可看出女眞民族華化的程度，至少在蒙古人眼中，已無法分別中華民族和女眞民族的不同），再獻出童男童女各五百人（沒有人知道這些孩子們的命運），馬三千匹，以及大批來自宋帝國進貢的金銀綢緞，蒙古兵團才高高興興的撤退。

金帝國枯槁的原形，到此完全暴露。中都咫尺之外，就是敵境，隨時有在再一次突擊之下陷落的危險。完顏珣決定躲避，他把首都南遷到一度南遷過的、宋帝國的故都開封（河南開封）。鐵木眞得到報告，咆哮說：「既然和解，而又南遷，只是騙我們罷了。」立即作第三度攻擊。一二一五年，中都陷落。

不過，鐵木眞並沒有揮軍南下，他的興趣轉向中亞的花剌子模王國（烏孜別克撒馬爾罕）。只留下少數兵力給他的大將木華黎，命木華黎徹底摧殘金帝國的農村。木華黎採取游擊戰術，避免攻城，只使騎兵部隊百道俱發，縱橫華北大平原上、殺掠燒毀，如入無人之境。

三、遼・花・西夏・相繼覆亡

鐵木眞是歷史上最偉大的組織家暨軍事家之一，他在政治上和戰場上的光輝成就，在二十世紀之前，很少人可跟他媲美。鐵木眞具有野蠻民族殘忍好殺的缺點，也具有英雄們所不容易集於一身的各種優點。鐵木眞胸襟開闊，氣度恢宏，對朦朧不明的情況能立即作出正確的判斷。他用深得人心的公正態度和嚴厲的警察手段統御他那每天都在膨脹的帝國。高度智慧使他發揮出高度的才能，第一、蒙古地區其亂如麻的大小部落，互相間隔閡很深，有些且爲世仇。經他統一以後，即行融合爲一個堅固的核心集團，沒有再發生致命的分裂叛變，這是他稀有的政治才能。第二，鐵木眞除了年輕初起兵時，跟札只剌部落（俄羅斯額爾古納河中游）酋長札木合作戰，打過一次敗仗外，以後他從沒有戰敗過。甚至他的下一代，也都如此。這是他稀有的軍事才能。

鐵木眞奪取了金帝國的中都（北京）後，即親自西征。本世紀（十三）內，蒙古帝國總共發動六次大規模的軍事行動，建立一個前無古人，之後一直到二十世紀尚無來者的龐大帝國。我們把這六次大的征伐列爲左表。其中三次西征，跟中國無關。另三次南征，災禍才加到中國人身上。

征次	征向	年代	滅國	建國
1	第一次西征	一〇—二〇	遼帝國・花剌子模王國	察合台汗國
2	第一次南征	二〇—三〇	西夏帝國・金帝國	
3	第二次西征	三〇—四〇	東歐平原諸國	欽察汗國
4	第二次南征	五〇	大理帝國	
5	第三次西征	五〇	阿拉伯帝國(黑衣大食)	窩闊台汗國・伊爾汗國
6	第三次南征	五〇—七〇	宋帝國	

鐵木眞攻擊金帝國是蓄意的，是百餘年來所受壓迫的反應，也是鞏固新國家的必要手段。但對三千五百公里之外，遠在中亞鹹海以南圖蘭低地的花剌子模王國，並沒有侵略的企圖，只是希望能夠自由貿易。可是花剌子模王國邊境大將，卻把鐵木眞派去的蒙古商隊屠殺。鐵木眞再派一個使節團前往，要求道歉並保證不再發生第二次事件，結果被國王殺了一半，另一半被剃掉鬍子逐回。國家衰弱就是一種罪惡，不承認衰弱而又橫挑強敵，更是不能原諒的罪惡。爲了帝國顏面和商業利益，鐵木眞暫時放下金帝國，大軍西征。

這是蒙古兵團第一次西征，鐵木眞親自率領，於一〇年代一二一八年出發。爲了肅清道路，鐵木眞派遣大將者別，攻擊西遷後殘存到現在的遼帝國（吉爾吉斯托克馬克），遼帝國在一擊之下，立即覆亡，立國三百零三年。花剌子模王國首都尋思干（烏孜別克撒馬爾罕），在鐵木眞圍攻下陷落，國王逃到裏海一個荒島上病死；屠殺蒙古商隊的大將被捉住後，用滾熱的銀汁灌到他耳朵和眼睛裏而死。消滅花剌子模王國後，鐵木眞繼續率兵南下，消滅位於今阿富汗及伊朗東部的幾個古老王國。這次西征歷時八年，於二〇年代一二二五年結束。鐵木眞把原遼帝國（西遼）大部份、以及花剌子模王國故地封給他的次子察合台，稱察合台汗國，建都阿力麻里（新疆霍城）。

花剌子模王國的滅亡，是一個轉捩點，本來並沒有野心的鐵木眞，和他的那些傑出的兒子們，現在受到鼓舞。遼帝國和花剌子模王國的脆弱，戰爭勝利後精神上和物質上的滿足和享受，使他們的人生觀改變。鐵木眞在歸途中便擬定下帝國的擴張計畫，決定迅速征服西夏帝國和金帝國。

西征回軍後的第二年（一二二七），蒙古兵團向西夏帝國攻擊，這個曾使宋帝國筋疲力盡的頑強小邦，對蒙古慘烈抵抗，寸土必爭，房屋城市燒掉後，即轉入地洞。然而勇敢和信心並不是決定勝負的唯一要素，在戰士們死盡，白骨蔽野之下，不能不屈服。最後一任皇帝李晛投降，鐵木眞立即把他處斬，並將李姓皇族全部屠殺，這個本不具有立國資格的西夏帝國，立國一百九十六年。

西夏帝國滅亡後，鐵木眞在六盤山（寧夏隆德北）逝世。臨死時，他吩咐身旁最小的兒子拖雷說：「金帝國的重兵，都駐防潼關（陝西潼關），一邊是河，一邊是山，攻擊不易。宋帝國跟金帝國是世仇，可以向宋帝國借路，從金帝國南方重鎮鄧州（河南鄧州）鍥入，直趨他們的首都開封（河南開封）。潼關守軍勢必回軍援救，數百里敵前行軍，人困馬乏，一戰就可把它擊潰。」

很多聞名西方世界的帝王，如亞歷山大、查理曼等，身死之後，千辛萬苦經營的帝國即告瓦解。然而，鐵木眞的逝世，對成長中的蒙古帝國，卻沒有發生分崩析離的震撼。這是一個奇蹟，再度顯示鐵木眞的組織才能。一二二九年，鐵木眞的第三子窩闊台繼任第二任大可汗，遵照老爹的遺囑，對金帝國採取行動。

四、金帝國末路

金帝國華化太深的現象之一是，政府中繁文縟節，一切以失敗在自己手下的宋帝國爲藍圖。國家領導階層唯一的工作是比賽誰更能敷衍。遇到事情，都希望由對方解決，以便失敗時自己不負責任。會議時低言緩語，措詞高雅，互相謙讓，毫無爭執，當時稱爲「保持宰相的風度」（養相禮）。遇到重大變故必須反應時，就說：「聖主心正憂困，我們不應該輕率的向他報告。」或者決定：「下一次會議時再加討論。」中國歷代王朝將亡時必有的各種亡徵，一一具備。

金帝國自一〇年代一二一四年遷都開封（河南開封），沉重的積習使它已不能作痛定思痛的改革，卻相反的產生了兩項錯誤的決策。一是因爲東北故土和黃河以北領地的全失，他們想向南奪取宋帝國的土地，作爲補償。但這時的女眞兵團，已不是上世紀（十二）的女眞兵團，腐敗日甚。雖然宋帝國仍然抵擋不住，金軍的進展仍很困難，最後不得不自行停止，除了損失更多兵力，更增加宋帝國的仇恨外，毫無收穫。另一是，他們認爲女眞人所以不能像往昔一樣驍勇，是因爲家庭貧困，沒有恆產的緣故，於是金政府下令分田給女眞人。黃河和淮河流域正是中華民族密集耕種地帶，並沒有荒田。但荒田不荒田，在於金政府判斷，它判斷的結果是，所有的肥田都是荒田。大批漢人遂被逐出他們的耕地，這舉動徒使中華人跟女眞人結下深仇，而女眞人不能作戰如故。這時候，金帝國只剩下黃河以南、淮河以北小小一隅，處境已經絕望，境外四面都是死敵，境內又沸騰着中華人的憤恨。

蒙古大汗窩闊台即位後第二年（一二三一），皇弟拖雷派遣使節速不罕到宋帝國，談判借路。然而走到沔州（陝西略陽）時，被守將張宣殺掉。拖雷大怒，即從大散關（陝西寶雞西南）攻入宋境，一連攻陷興元（陝西漢中）、金州（陝西安康），沿漢水而下，在光化（湖北老河口）進入金境。宋帝國因一個將領的顢頇，竟付出數十萬人死亡的代價，並爲拖雷解決了借路的困難；現在不需要借，路已經成爲他的了。金帝國駐防鄧州（河南鄧州）大將完顏合達，在鄧州西南境禹山迎戰，大敗，急撤退到鄧州固守，一面向中央報告大捷。首都開封城內雀躍歡騰，奔走相告，群臣齊向皇帝慶賀。國務院祕書長（尙書省左丞）李蹊，在慶祝宴會上，感動得流淚，他說：「如果不是這一次勝利，人民還要受到更大的災難。」

金帝國在狂歡中度過新年，轉眼明年（一二三二）春天，拖雷兵團繞過鄧州，向北挺進。完顏合達放棄鄧州，統軍北上，星夜趕向開封入衛。可是蒙古大汗窩闊台親自統率另一支大軍，乘着隆冬時節，黃河結冰，在河清縣（河南孟縣）踏冰渡河南下。分兵兩路，一路由大將速不台率領，向東進攻開封，一路由窩闊台率領，繼續南下，在三峰山（河南禹州境）跟北上的拖雷兵團會師。完顏合達的女眞兵團適時趕到，進入蒙古的口袋陣地。在蒙古騎兵衝殺下，霎時崩潰，崩潰時，十五萬人四散逃命，發出天塌地裂般巨聲。這時潼關守軍也急行軍赴援開封，他們攜妻負子，疲憊恐懼，好容易走到洛陽以南，被埋伏的蒙古兵團截擊，全軍覆沒。一切如鐵木眞所料。

開封現在成爲孤島，金帝完顏守緒（完顏珣的兒子）只好乞和。速不台表示同意，退到鄭州（河南鄭州），派遣使節唐慶到開封談判，唐慶堅持必須完顏守緒親自前往蒙古軍營跟速不台舉行高階層會議，完顏守緒拒絕，唐慶言詞激烈，金帝國禁衛軍（飛虎卒）看見皇帝受到如此屈辱，不勝羞憤，就把唐慶和他率領的蒙古使節團，全部殺掉。完顏守緒不忍心對這批愛國將士處分，同時他也想乘此機會，親自出征河北（黃河以北），收復若干土地，再集結一支野戰主力。於是，在年尾嚴寒中，離開開封北進。速不台得到消息，再把開封團團圍住。

明年（一二三三）春天，完顏守緒到了黃河以北，用御旗向各城鎮招降，表示皇帝御駕親臨，然而沒有一個城鎮響應，有些甚至登城拒戰。完顏守緒這才發現他的政府並得不到人民的支持，他所帶的軍隊因沒有糧食，陸續潰散，他只好撤退，但已不能返回開封，便退到開封東方一百三十公里外的歸德（河南商丘）。開封留守長官崔立，遂向蒙古投降，獻出全部完顏皇族，包括皇后、嬪妃、親王、公主、駙馬。這是一個有趣的對比，就在上世紀（十二）——一百零六年之前，也在這個巨城，也在這個宮廷，宋帝國政府獻出它的全部趙姓皇族。完顏皇族被送到北方沙漠後，沒有人知道他們的命運。

歸德距敵人太近，又缺少食糧。完顏守緒向南逃亡，投奔蔡州（河南汝南）。蒙古帝國派人到宋帝國的襄陽（湖北襄樊），要求援助。於是，兩國簽訂軍事同盟，蒙古帝國答應宋帝國可以收回淮河以南若干被金帝國強佔的地區，宋帝國答應供應糧秣；宋與蒙古，仍以淮河爲界。

蔡州保持了六個月的平靜，在這六個月中，大小官員都以爲蒙古會放過他們，天下終於又歸太平，紛紛結婚成家。不久，商旅雲集，市面呈現繁榮，完顏守緒還朦朦朧朧，企圖挑選秀女和興建宮殿。然而，到了年終，蒙古兵團抵達城下。宋軍二萬人在大將孟珙率領下，攜帶盟約規定餽贈給蒙古兵團的糧秣三十萬石，也抵達城下。兩國戰士在城外砍伐樹木，製造攻城的武器撞車雲梯，聲音傳聞數里，城中恐怖。

明年（一二三四）正月，完顏守緒在圍城中知道大勢已去，傳位給皇族大將完顏承麟之後，自縊身死，縱火焚屍。剛剛火起，城即陷落，完顏承麟在巷戰中殉國。金帝國立國一百二十年，到此滅亡。

五、福華篇時代

孟珙把完顏守緒一部份燒焦了的骨骼，帶回宋帝國首都臨安（浙江杭州）呈獻，趙貴誠命祭皇家祖廟。百餘年的血海深仇，終於報復，宋帝國再一次的又站在勝利的一邊，全國狂歡。官員們對被俘擄的金帝國副宰相（參知政事）張天綱，爭着侮辱——這正是最安全的表演忠貞的機會。臨安市長（知臨安府）薛瓊，尤其激昂，他問張天綱：「你有什麼臉面到此？」張天綱說：「敝國之亡，比你們貴國的兩位皇帝如何？」薛瓊除了老羞成怒外，別無他法。

雖然有人警告宋政府，現在的情勢，跟上世紀（十二）遼帝國崩潰後的情勢，完全相同；一個也是新興的，但卻是更強大的蠻族巨怪，驀然間成爲緊鄰，絕不可有絲毫疏忽大意。但當權的官員認爲這是一種掃興的反調，跟上世紀（十二）當權的官員認爲馬植的警告是一種掃興的反調一樣，根本聽不進去。所以，沒有多久，宰相鄭清之和大將趙范，就決定乘蒙古帝國不備的千載良機，收復三京：東京開封，西京洛陽，南京應天（河南商丘）。也就是收復整個黃河以南地區。

——宋帝國幫助蒙古消滅金帝國，在感情上有合理的解釋。但竟然再蹈歷史覆轍，迅速的即對蒙古叛盟，這是第二次像盲目的蠢豬一樣，咻咻然把頭伸到巨怪的血盆大口中，尋找食物，便找不出合理的解釋了。因此，我們只好認爲，歷史至少對某些人不發生教訓作用。

蔡州（河南汝南）於三〇年代一二三四年正月陷落，蒙古兵團撤回關中（陝西省中部）。六月，宋帝國北伐兵團，即三道出擊。一切順利，大將趙葵、全子才，在沒有遇到抵抗下，收復開封和歸德（即應天，金帝國改名歸德）。七月，另一位大將徐敏子，也在沒有遇到抵抗下，收復洛陽。然而，到了八月，宋帝國還沒有來得及舉國慶祝，蒙古兵團已發動反攻。結果是可以推測的，除了三京再度陷落外，宋軍並喪失（包括被殺或餓死）戰士十餘萬人。

在此之前，蒙古並沒有跟宋帝國爲敵的意思，江南縱橫的河渠和稻田，對他們既神奇又陌生。現在被宋帝國的無端攻擊所激怒，也被宋軍的腐朽無能所誘惑。於是順便的把宋帝國也列入它的狩獵名單。不過，幸運的是，宋帝國在名單上居最末位，蒙古正準備對西方世界發動征伐，對宋帝國只採取當初對金帝國的辦法，留下少數兵力，沿着邊境，作無休止的攻擊，促使宋帝國疲憊。

宋帝國叛盟後的第二年（一二三六），蒙古兵團在鐵木眞的孫兒拔都率領下，作第二次西征，歷時七年，於一二四二年，因大汗窩闊台逝世而結束。共計征服東部歐洲，包括不里阿耳（伏爾加河中游薩馬拉市）、斡羅思（俄羅斯）、波蘭、匈牙利。蒙古大汗把這塊廣大的土地分封給拔都。拔都在伏爾加河下游，建薩來城（今阿斯特拉罕市），作爲封國首都，稱欽察汗國。

——因爲日耳曼諸王國、波蘭王國、和匈牙利王國的聯合兵團被擊敗，歐洲震恐。對這個亞洲黃種人的侵略者，稱爲「黃禍」。這跟六百年後十九世紀亞洲人稱向東侵略的歐洲白種人爲「白禍」，成一個對比。

蒙古第二次西征結束後十年（一二五二），在鐵木眞另一位孫兒旭烈兀率領下，由帝國首都和林（蒙古哈爾和林）出發，作第三次西征。歷時八年，於一二五九年，因大汗蒙哥逝世而結束（兩次西征，都如此結束，我們不能想像，如果這兩位大汗的壽命延長幾年，世界又成什麼局面）。這次征服了波斯（伊朗）和黑衣大食（伊拉克），軍隊曾一度佔領今敍利亞和土耳其東部。蒙古大汗把這塊廣大的土地分封給旭烈兀。他在裏海南岸，建帖必力思城（伊朗西北大不里士市），作爲封國首都，稱伊爾汗國。

在兩次西征中間，第二任大汗窩闊台的孫兒海都，因爲不滿意他的堂兄蒙哥繼任第六任大汗，就在祖父原來的封地上，建也迷里城（新疆額敏），稱窩闊台汗國，跟大汗對抗。蒙古帝國所屬舉世聞名的四大汗國，先後完成。

蒙古帝國在西方世界的大征伐，宋帝國一點都不知道，只知道邊境所受的壓力，越來越重。當第三次西征進入第二年（一二五三）時，蒙古在東方也給了宋帝國凶猛的一擊，蒙古兵團深入萬山叢立的雲南地區（雲南省），攻陷大理帝國的首都大理城（雲南大理）。明年（一二五四），大理皇帝段興智被擒。這個在八世紀建立起來的古老國度——南詔王國，經過十一個王朝，歷五百一十六年，到此滅亡。蒙古遠征兵團繼續進攻安南王國（越南北部），一二五八年，國王陳日照投降。於是蒙古帝國遂對宋帝國西部作三路並進的夾攻：西路由大汗蒙哥率領，南下進攻合州（四川合川）。北路由皇弟忽必烈率領，南下進攻鄂州（湖北武漢）。南路由大將兀良哈台率領征服安南王國的遠征軍，北上進攻潭州（湖南長沙）。

明年（一二五九），即第三次西征結束的那一年，南路兀良哈台勢如破竹，抵達潭州城下攻城。北路忽必烈也渡過長江，抵達鄂州城下攻城。宋政府擢升西部軍區司令官（京西湖南北四川宣撫使）賈似道當宰相，命他救援鄂州。賈似道那時駐防在航空距離六十公里的黃州（湖北黃州），面對着強大的敵人，手足失措。最後無可奈何，他派遣密使向忽必烈乞求和解，願意承諾下列條件：

一、宋帝國向蒙古國稱臣，降爲藩屬。

二、以長江爲兩國疆界，宋帝國全部割讓江北土地。

三、宋帝國每年向蒙古帝國進貢銀幣二十萬兩，綢緞二十萬匹。

和解的建議提出得恰是時候，因爲蒙古大汗蒙哥在合州城下逝世，傳來消息說，親族會議可能推舉忽必烈的弟弟阿里不哥繼任大汗。這使忽必烈心如火焚，所以他迫不及待的接受賈似道的條件，命兀良哈台兵團放棄潭州，一齊北返。

賈似道立即叛盟，下令截殺蒙古殿後的散兵游卒，用他們的人頭，作爲輝煌戰果的證據，向首都臨安（浙江杭州）報告大捷。宋帝國舉國興奮，皇帝趙貴誠以賈似道有再造帝國的蓋世功勳，當賈似道凱旋返都之時，趙貴誠命全體文武官員都到郊外，盛大歡迎。名作家廖瑩中，還撰寫福華篇巨著，歌頌賈似道對國家民族的偉大貢獻。

就在全國慶祝勝利時，蒙古帝國的使節郝經，前來宋帝國報聘，並談判履行和約的細則。賈似道的反應很快，他把郝經逮捕，祕密囚禁在眞州（江蘇儀徵）軍營。全國沒有人知道賈似道乞和這回事，更沒有人知道蒙古使節這回事。

蒙古帝國一度陷於混亂，忽必烈率軍北返，走到開平（內蒙正藍旗），宣佈繼任大汗。皇族會議在和林（蒙古哈爾和林）則選舉阿里不哥繼任大汗。忽必烈的舉動顯然的不合法，但他手下的強大兵力使他合法。阿里不哥戰敗。一二六四年，忽必烈把首都從和林遷到燕京（北京），不久改名大都——當時世界上最壯觀的都市。

六、宋帝國末路

蒙古帝國對宋帝國的攻擊，於六〇年代一二六九年進入新的階段，放棄游擊戰，改爲攻堅，遂進圍襄陽（湖北襄樊）。

宋皇帝趙貴誠逝世後，侄兒趙孟啓繼位，把賈似道當作國家民族的唯一救星。不僅皇帝如此，道學家也如此，賈似道鑑於韓侂胄跟道學家爲敵的惡劣後果，所以對道學家採取懷柔政策，道學家也報之以阿諛的推崇，認爲國家非賈似道領導不可。賈似道遂把有才幹的將領，一一排除，確實掌握全國軍權。又建立祕密警察網，隔絕皇帝的耳目，鎭壓人民的不滿和反抗。他對襄陽被圍的消息，一開始就嚴加封鎖。一年之後，趙孟啓才恍恍惚惚問賈似道：「彷彿聽說襄陽被圍很久。」賈似道回答說：「蒙古兵早就被我們擊退了，怎麼會有這種謠言？」趙孟啓說：「一個宮女這麼講。」賈似道不久就查出宮女姓名，用別的罪狀把她逮捕，死於監獄。從此再沒有人敢憂慮國事，而只敢讚揚賈似道英明。

賈似道並不是不赴援襄陽，事實上他不斷派出援軍，只不過他派出去的援軍像羊群一樣，一批批被蒙古吞食。最後他打出王牌，命他最親信的大將范文虎前往。問題是范文虎只肯用諂媚效忠，而無意用生命效忠，他在包圍圈外紮營，偶爾截擊一下蒙古的巡邏部隊，大部份時間都在跟美女歡宴享樂。襄陽在如此情況下被圍五年，糧盡援絕。到了七〇年代一二七三年，蒙古兵團運來回回巨炮，一炮就把城樓轟碎，聲如百萬霹靂俱發。這是戰爭史從沒有見過的可怕怪物，跟七百年後二十世紀原子彈的一擊一樣。守將呂文煥望着首都臨安（浙江杭州）痛哭，開城出降。

襄陽陷落的明年（一二七四），蒙古大汗忽必烈下令對宋帝國全面進攻，宣佈宋帝國叛盟和扣留使節郝經的罪狀。蒙古兵團在大將伯顏率領下，攻陷鄂州（湖北武漢），順長江東下。就在此時，宋皇帝趙孟啓逝世，他的四歲兒子趙顯繼位，由孩子的祖母謝太后主持政府。孤兒寡婦，面臨着國亡家破的恐慌，唯一的倚靠是賈似道。全體官員和國立大學學生（太學生），一致要求賈似道親征。大家認爲，只有賈似道親征，才能旋乾轉坤。

賈似道只好親征，進抵蕪湖（安徽蕪湖），橫江佈防。任命范文虎當海陸聯軍總司令（諸軍總統），據守安慶（安徽安慶）。明年（一二七五），蒙古兵團迫近安慶，范文虎魂不附體，全軍投降。賈似道如雷轟頂，他知道事態的嚴重，於是再用曾經使他轉危爲安的和解法寶，派遣密使晉見伯顏，願接受任何條件。伯顏根本不相信賈似道，拒絕密使的要求，大軍繼續挺進。在蕪湖（安徽蕪湖）江面，把宋軍最後一道防線擊潰。賈似道逃到揚州（江蘇揚州），急下令把囚禁已達十六年之久的郝經釋放，企圖緩和蒙古的憤怒，但爲時已經太晚了。

——謝太后把賈似道免職，但沒有殺他，只貶謫到循州（廣東龍川）。走到漳州（福建漳州）時，住宿在木綿庵，押解他的差官鄭虎臣，把他拖到廁所，擊碎肋骨而死。

謝太后直接派人向伯顏乞和，願降爲屬國。伯顏這一次接受了，蒙古最初的目的並不一定要消滅宋帝國，只不過要求宋帝國像安南王國和高麗王國一樣，作一個臣服的外藩。可是，當蒙古使節廉希賢一行前往臨安（浙江杭州）談判，走到獨松關（浙江安吉南）時，卻被一位愛國心強烈的守將殺掉。這已經使事態惡化，謝太后在驚恐中，急再第二次派特使，到已經陷落了的建康（江蘇南京），向伯顏解釋誤會，保證嚴懲那個守將。伯顏於是第二次派出使節張羽，走到平江（江蘇蘇州），又被另一位愛國心強烈的守將殺掉。伯顏怒不可遏，他發現他面對的是一個不可理喻而又狡獪凶惡的野蠻部落，任何力量都不能阻止他的軍隊前進。

——狂熱一旦到了靠着流別人的血來表達自己忠貞的地步，這種狂熱便成爲兩頭尖的劍，固然傷害別人，也同樣傷害自己。強烈的愛國心是可敬的，但只用別人的生命表達它，這個愛國心就不純潔，有邪惡的成份在內。

蒙古兵團在毫無抵抗的情形下，進抵臨安（浙江杭州）。宋政府已經瓦解，包括宰相在內的當權官員，以及日夜都在思念忠君愛國的道學家士大夫群，大都逃走，謝太后和不懂事的孩子皇帝趙顯，只有投降。

然而，九歲的親王趙昰（趙顯的哥哥），隨着他的母親楊太后逃到福州（福建福州），即在福州繼位，號召全國繼續抗戰。但大勢已去，蒙古軍隊不停追擊，地方官員不斷叛變，母子們在一批仍然效忠的大臣陸秀夫、將領張世傑的保護下，輾轉向南逃亡，由福州，而泉州（福建泉州），而潮州（廣東潮州），而秀山（廣東東莞虎門鎮）。最後到了井澳（廣東中山南方一百公里海上橫琴山小島），遇到颶風，龍舟翻覆，趙昰跌到大海裏，受到驚嚇。於再逃到硇洲（廣東湛江東南）時逝世。大臣們再擁立他的弟弟，八歲的趙昞，進駐厓山。

厓山，位於廣東省新會市南約四十公里，是一個荒涼的海灘，面對着波浪滔天的南中國海。這時殘餘的軍民和眷屬，還有二十餘萬人，楊太后每天抱着幼兒，在用繩索相連的巨舟上主持政府。這樣支持了一年，明年（一二七九），蒙古大將張弘範發動海陸攻擊，宋軍崩潰。陸秀夫把趙昞負在背上說：「我們君臣，不應受到外國人的侮辱。」投海而死。張世傑率領殘艦突圍，遇到楊太后，楊太后得知趙昞已死，她說：「趙家兩塊骨肉，都已死盡，我還指望什麼？」也投海而死。張世傑前往廣州（廣東廣州），準備繼續奮鬥。可是，他又遇到颶風，墮入大海。

宋帝國，這個士大夫的樂園，建立三百二十年，到此滅亡。

——宋帝國最後一位殉國的大臣是宰相文天祥，他於一二七八年在海豐（廣東海豐）兵敗被擄，送到蒙古帝國首都大都（北京）囚禁，始終拒絕投降。四年後（一二八二），宋帝國已亡了三年，他拒絕投降如故，忽必烈才下令把他殺掉。文天祥從容不迫接受死刑的態度，受到中國人長久的敬仰。

七、元政府的建立

宋帝國滅亡，使塵埃落定。

蒙古帝國橫跨歐亞大陸，面積約三千萬方公里的版圖，擴張完成。這是一個空前龐大的帝國，在當時以馬匹爲主要交通工具的時代，幾乎無法作有效的統治。蒙古人採取地方分權制度，把疆域劃分爲下表所列的六個子國，平等的並列於最高元首——大汗之下。

最高元首	子國	子國元首	都城	轄區	興亡年份
大汗	元帝國	皇帝	大都（北京市）	中國	一二七一—一三八一
	吐蕃宗教國	法王	邏些城（西藏拉薩市）	西藏、青海	
	察合台汗國	汗	阿力麻里（新疆霍城縣）	新疆西部、中亞南部	一二二四—一三六九

窩闊台汗國	汗	也迷里（新疆額敏縣）	新疆北部、哈薩克東部	一二五二—一三〇八
欽察汗國	汗	薩來（俄羅斯伏爾加河下游阿斯特拉罕）	東歐平原	一二四二—一四八〇
伊爾汗國	汗	帖必力思（伊朗大不里士）	伊朗、伊拉克、高加索地區	一二五八—一三八六

四個汗國跟中國無關，我們不再敘述。

吐蕃宗教國，是我們姑且加給它的名稱。它本是一個王國，並以強大的武力於第七第八兩世紀，使中國焦頭爛額。九世紀之後，不知道什麼緣故，它的政府瓦解，分散為無數部落。但中國文成公主和金城公主努力推廣的佛教，已深入人心。經過一番傳說不一的演變，吐蕃人民的信仰歸向於佛教中的一個神祕支派——密宗，也稱喇嘛教。又因僧侶都穿紅色袈裟，所以也稱紅教。有名望而又有統御力的一位高僧，被尊為法王。喇嘛教就像羅馬帝國崩潰後的天主教一樣，法王就是教皇。蒙古大汗在征服了吐蕃之後，即接受了喇嘛教，並冊封法王巴思八當蒙古帝國的國師。國師除了為國祈福外，仍兼任吐蕃地區政教合一的元首。巴思八是一位聰明睿智的高僧，他曾為蒙古制定文字。

本世紀（十三）七〇年代一二七一年，蒙古帝國大汗忽必烈，把原來屬於西夏帝國、金

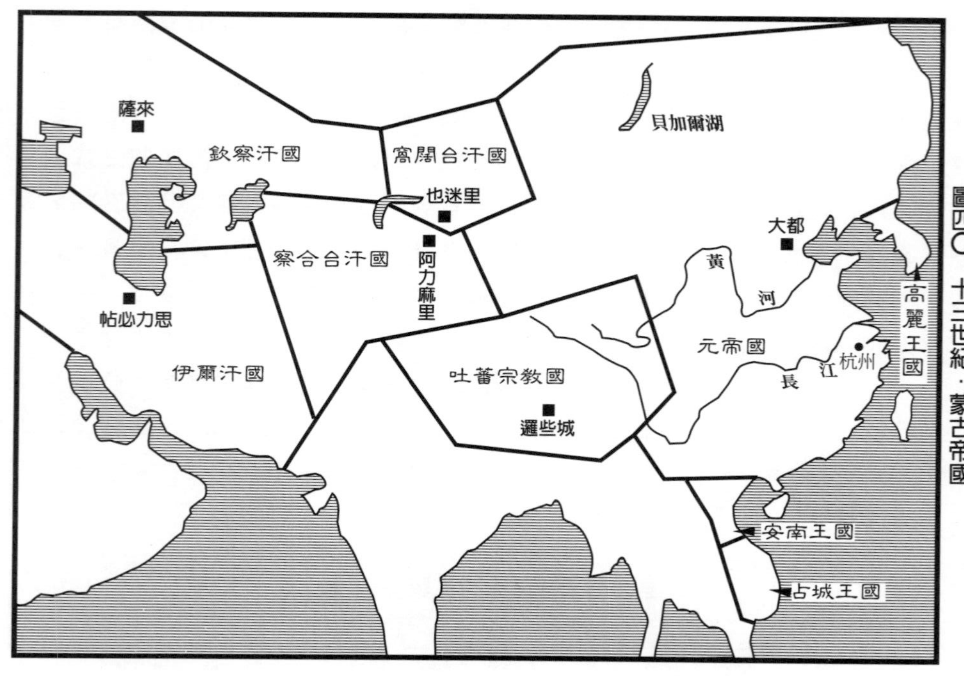

圖四〇 十三世紀・蒙古帝國

帝國、宋帝國、大理帝國，四國的土地，和蒙古本土，合併組成一個元帝國——在中國歷史中，我們稱之爲元王朝，由大汗兼任皇帝（蒙古人了解中國人習慣皇帝，不習慣可汗）。中央政府完全仿效金帝國的組織，所以也屬於中國古老的傳統。只有一點不同，即傳統上佔重要位置的尚書省和門下省，從金帝國時就不再設立，元政府亦然。不過元政府要同時充當蒙古帝國政府，所以組織複雜繁瑣，十分龐大。各官署的首長，有時竟達十數人之多。但它的中樞機構，只有三個，我們用左列表格說明：

元帝國元首	中樞機構	實際首長	官階	職掌
皇帝（大汗兼）	中書省	右左丞相	正一品	行政
	樞密院	知院	從一品	軍事
	御史台	御史大夫	從一品	監察

元帝國只是蒙古帝國大汗的直轄殖民地，在這個直轄殖民地上，劃分爲十一個行政地區，它們的名稱列於左表。所在的位置和轄區，跟二十世紀現代的行政地區相近。

「行中書省」本是官署名稱，即中書省的支部或分部，也就是現代的省政府。每一個行中書省，都有一定的管轄區域。但久而久之，行省的意義，除了偶爾指官署外，大多數都指所轄的地區。

行政區域名稱	簡稱	再簡稱	首府（省都）
腹裏中書省	中書省	腹裏	大都（北京）
遼陽等處行中書省	遼陽行省	遼陽省	遼陽（遼寧遼陽）
河南江北等處行中書省	河南行省	河南省	汴梁（河南開封）
陝西等處行中書省	陝西行省	陝西省	奉元（陝西西安）
四川等處行中書省	四川行省	四川省	成都（四川成都）
江浙等處行中書省	江浙行省	江浙省	杭州（浙江杭州）
江西等處行中書省	江西行省	江西省	龍興（江西南昌）
雲南諸路行中書省	雲南行省	雲南省	中慶（雲南昆明）
湖廣等處行中書省	湖廣行省	湖廣省	武昌（湖北武漢）
甘肅等處行中書省	甘肅行省	甘肅省	甘州（甘肅張掖）
嶺北等處行中書省	嶺北行省	嶺北省	和林（蒙古哈爾和林）

——下世紀（十四）明王朝時，作爲官署的「省」（省政府）取消，改稱「布政司」，但作爲地區的「省」仍在，一直沿用到二十世紀的今日。

大分裂時代和遼、金帝國時代，中華人也曾被異民族統治過，但整個中華民族全部淪落到異民族之下，現在卻是第一次。元政府把帝國人民，分爲四等：第一等當然是蒙古人，他們是天之驕子，充任各級政府的首長。第二等是中亞人（色目人），因爲他們大多數信奉回教的緣故，所以也稱回回；當亡國奴較早（像花剌子模王國），也較能得到主子信任。第三等人是「漢人」，即金帝國所屬（淮河以北）的中國人。第四等人是「南人」，即宋帝國所屬（淮河以南）的中國人。在中國的國土上，中國人卻最低賤。

元政府更依職業的性質，把帝國人民，分爲十級：一、官（政府官員）。二、吏（吏佐，不能擢升爲官員的政府僱員）。三、僧（佛教僧侶）。四、道（道教道士）。五、醫（醫生）。六、工（高級技術人員）。七、匠（低級技術人員）。八、娼（娼妓）。九、儒（儒家．道學家）。十、丐（乞丐）。一向在中國傳統社會最受尊敬的儒家道學家知識份子士大夫，在蒙古人看來，是徹頭徹尾的寄生蟲，比儒家所最卑視的娼妓都不如，僅只稍稍勝過乞丐。因爲在蒙古故土的沙漠地區，每一個人，包括婦女兒童，都要從事勞動，在他們知識領域內，實在想不通世界上還有專門讀書，和專門做官的這種行業。

八、蒙古最後五次征伐

侵略擴張是沒有終點的，永遠不會自動停止。

蒙古帝國並不因已獲有廣大領土而滿足，滅掉宋帝國後，大汗忽必烈又列出一張狩獵名單，名單上是一些還沒有完全降服的鄰邦。於是，就在本世紀（十三）最後二十年中，他共發動了五次征伐：一、征日本。二、征緬甸。三、征占城。四、征安南。五、征爪哇。不過忽必烈並沒有動員蒙古帝國全部力量，而僅由子國之一的元帝國擔任主角。

蒙古帝國於四〇年代一二五九年完全征服高麗王國後，聽說在更東方的大海上，還有一個日本帝國，便於一二六六年，派遣使節前往招降。日本當時是龜山天皇在位，根本不知道世界上有蒙古帝國這回事。對這種來歷不明的使節，自然不予理會。這種冷淡態度，引起兩次無妄的災難：

第一次，七〇年代一二七四年，元兵團一萬五千人，在蒙古大將忻都、高麗大將洪茶丘率領下，乘戰艦九百艘，從朝鮮半島合浦港出發，攻陷對馬島，在日本肥前沿海登陸。日本集結十二萬人抵抗，死傷慘重，但堅守不退。後來元兵團的箭用盡，無法補充，只好撤回。

七年後的八〇年代一二八一年，即宋帝國亡後第二年，大汗忽必烈在高麗王國首都開京（朝鮮開城）設征東司令部（征東行省），由蒙古大將阿剌罕擔任總司令（行省右丞相），華人大將范文虎擔任副總司令（行省右丞）。分南北兩路，在對馬島上會師。會師之後，阿刺罕逝世。大汗忽必烈命副宰相（中書省右丞）阿塔海前往接替。可是范文虎企圖由他來完成這件英雄事業，沒有等阿塔海到達，即行進軍，在日本平壺島（長崎北）登陸。計戰士十萬人，戰艦四千四百艘，漫天遍海，旌旗蔽日。日本第一次面對着這麼強大的敵人，全國震怖，自知不能抵抗，唯有奔走呼號，祈禱上蒼拯救。這時候是陰曆七月，正逢西南太平洋上颱風季節（內陸人民不可能了解颱風所帶來的可怕破壞力，即令二十世紀，二十萬噸以上的船艦，得到颱風消息，都要躲避）。當日本慌張失措，朝不保夕之際，颱風適時而至。八月一日，突然間海上風浪大作，暴雨傾盆，四千四百艘戰艦在怒風駭浪中，四處飄散，像鴨蛋殼一樣，互相被撞擊粉碎，或被波濤吞噬，幾乎全部沉沒。戰士屍體，漂滿海面。軍儲糧秣以及弓箭武器，都在艦上，也全部喪失。這次颱風歷時四天，八月五日，好不容易風雨停住，范文虎發現他已無法收拾這個殘局，就把已經登陸駐紮在五龍山下的約十餘萬人的部屬，全部遺棄。自己和一批高級將領，乘上殘餘的幾艘戰艦，悄悄逃走。十餘萬人的登陸五龍山部隊，當發覺被他們的統帥遺棄時，好像被遺棄的孤兒，相對大哭。但他們立即組織起來，推舉一位張百戶（營長階級）當司令官，伐木作舟，準備逃回。但時間已不許可，八月七日，日本反攻，登陸五龍山部隊奮戰兩晝夜，箭已射盡，糧也食盡，結果是六七萬人被殺，未死的二三萬人，於八月九日被日軍驅到八角島，凡蒙古人、高麗人、中國北方人（漢人），全部處斬。只留下中國南方人（南人），日本稱為「唐人」的，免死，充作奴隸。登陸五龍山十餘萬部隊，只有三個幸運兒逃掉，分別偷乘破爛的漁舟，漂回中國。然而，最悲慘的是，這件全軍覆沒的悲劇，竟沒有引起責任問題。范文虎向忽必烈報告說：「我們到了日本，正準備攻擊太宰府時，不料暴風把船摧毀。我們仍然照原計畫行事，可是某將領某將領（這些人都被遺棄在五龍山下，死無對證），不聽指揮，率軍先退，大軍只好跟隨。全體戰士於回到合浦港後解散，已各回本鄉。」忽必烈相信他的話，逃回的三個人雖拆穿了他的謊言，死難者的家屬雖向政府申訴，但這聲音是太微弱了，忽必烈根本聽不到，蒙古帝國高階層已開始腐爛。

——這一陣颱風拯救了日本，日本感謝它，稱它爲「神風」。二十世紀第二次世界大戰末期，日本組織自殺飛機，即稱「神風特攻隊」，希望神風第二次降臨。結果雖然失望，但可看出這次颱風在歷史上的重要地位。檢查蒙古帝國東征失敗的原因，我們認爲可歸納爲三項：一、將領們統大軍渡海作戰，卻沒有一個人對海洋氣候了解。二、任用人類渣滓范文虎當統帥。三、在出發時，忽必烈拒絕配備馬匹和回回炮，否則登陸五龍山部隊可能在巨炮掩護下，支持到撤退使用的新艦造成。

東征失敗後第二年（一二八三），蒙古帝國的使節被緬甸王國驅逐，遂向緬甸攻擊，繼續作戰六年，到一二八九年，緬甸始告屈服，降爲臣屬。而在進攻緬甸王國的前一年（一二八二），占城王國（越南南部地區）囚禁蒙古帝國的使節，元兵團在蒙古大將唆都率領下，乘戰艦一千艘，由廣州出發攻擊。占城王國堅壁清野，退入叢林山谷。元兵團攻陷它的首都，但歸路和糧道卻被切斷，狼狽撤退，幾乎全被殲滅。

明年（一二八四），蒙古帝國向安南王國（越南北部地區）借路，計畫縱穿安南，從陸道進攻占城。安南王國拒絕，它不敢冒這個險。忽必烈命他的兒子脫歡親王當總司令，攻擊安南王國。安南是熱帶地方，森林連亙，密不見天日，又有地區性的瘴氣惡霧，以及北方戰士從沒有見過的毒蛇猛獸和致命的蚊蟲螞蝗。元兵團首先發生瘟疫，又加上安南軍不斷伏擊，以致死傷狼藉，大敗而還。

三年後（一二八七），脫歡親王對安南王國作第二次攻擊，這一次攻陷安南首都螺城（越南河內）。但安南軍切斷元兵團的糧道，節節反攻。元兵團只好放棄螺城，且戰且退，沿途毒蛇毒箭，雨一般落下，戰士將領，死亡殆盡，脫歡親王只剩下一條性命逃歸。不過安南國王陳日烜是一個有遠見的政治家，他知道絕不能長期觸怒這個龐大的鄰邦，仍然派遣使節到大都（北京），獻出用黃金鑄成的自己的跪像，代替自己謝罪。占城王國也明智的請求和解，它也不願作爲北方巨怪的長期敵人。

蒙古帝國最後一次擴張，是遠征爪哇王國（印尼爪哇島）。爪哇王國不過一個小島，比日本還要小而且還要遠。但蒙古使節也到了那裏招降，爪哇國王在他臉上刺字後趕走，以表示對蒙古的輕蔑。九〇年代一二九二年，元兵團二萬人，戰艦五百艘，在蒙古大將亦黑迷失、漢人大將史弼率領下，從泉州（福建泉州）出發，越洋攻擊，次年登陸爪哇島。恰巧遇上爪哇國王被他的鄰邦葛郎國王所殺。爪哇國王的女婿土罕必闍耶，是一個有謀略的領袖人物，他投降元兵團，引導大軍擊滅葛郎王國。然後，他再對元兵團發動奇襲，元兵團大敗，勉強撤回泉州，此役共三千餘人葬身在那個荒島。

征爪哇失敗之後，蒙古帝國那種像着了魔似的擴張狂，終於停止。熱帶土地是他們所不了解的，變化莫測的海洋他們也無法克服。從〇〇年代一二〇六年鐵木眞建立帝國，就一天都不停的對外侵略，到九〇年代一二九三年爪哇兵敗，爲時八十八年。蒙古人的擴張力量竟持續如此之久，使人嘆爲觀止，沒有一個國家和民族能夠如此。

九、中國的都市

蒙古帝國對外不斷戰爭，並沒有嚴重的影響社會經濟自然成長。又因整個歐亞地區處於大汗一人統治之下，交通和貿易，都有重大的發展。都市蓬勃，更超過八世紀唐王朝時代。海運空前的興盛，杭州、廣州、泉州、溫州（浙江溫州）、慶元（浙江寧波），都設有貿易船舶管理處（市舶司），管理中外船舶貨運和產品銷售。各子國之間的貿易，則依靠車馬。自東方的山東半島，到西方的烏克蘭平原，都有廣闊和四通八達的公路驛站，以及旅館。又有公路巡邏隊（巡防弓手），以保護商旅安全。在這種情形下，都市的繁榮，每日都在增加。我們可藉本世紀（十三）在歐洲出版的一本書，對本世紀（十三）的中國都市，作一鳥瞰。

這本書的作者是歐洲威尼斯王國的商人馬可孛羅，他於本世紀（十三）七〇年代一二七五年，隨他父親來到中國，十七年後的九〇年代一二九二年，離中國西返，而於一二九五年回到故鄉。回鄉後第三年（一二九八），威尼斯王國跟熱那亞王國開戰（這兩個王國的首都，現在同是義大利共和國的城市），馬可孛羅擔任一艘戰艦的艦長，戰敗被俘，囚禁在熱那亞監獄。就在監獄中，他口述他在中國的見聞給他的同牢朋友，由朋友把它寫下來，即我們將行引用，聞名世界的馬可孛羅遊記。

馬可孛羅如果不是這本書，他已與草木同朽。這本遊記跟柳永的「三秋桂子，十里荷花」的詞句一樣，以後「白禍」的興起，歐洲探險家相信向西方一直航行，一定可以到達遍地黃金的大汗的國土，受這本書的誘惑很大。我們摘錄一段他對杭州的描寫，以了解當時中國商業都市的規模。杭州是宋帝國政府南遷後的首都，兩個世紀以來，一直保持一百萬以上的人口（即令在二十世紀初葉，這也是一個驚人的龐大數目）。馬可孛羅的生動報導，使我們回到十三世紀，置身於那些熙熙攘攘的人群之中。

杭州的街道和運河，都相當廣闊，船舶和馬車載着生活日用品，不停的來往街道上和運河上。估計杭州所有的橋，有一萬二千座之多。連接運河兩岸主要街道所架的橋，都有高級的建築技術，使橋身高拱，以便豎有很高桅桿的船隻可以從下面順利通過。高拱的橋身並不妨礙馬車通行，因爲橋面在很遠的地方，就開始墊高。它的坡度逐漸上升，一直升到拱橋的頂點。

杭州城內有十個巨大的廣場和市場，街道兩旁的商店，不計其數。每一個廣場的長度都在一公里左右（半哩），廣場對面則是主要街道，寬四十步，從城的這一端直通到城的那一端。運河跟一條主要街道平行，河岸上有龐大的用巨石建築的貨棧，存放着從印度或其他地方來的商人們所帶的貨物。這些外國商人，可以很方便的到就近的市場上交易。一星期中有三天是交易日子，每一個市場在這三天交易的日子裏，總有四萬人到五萬人參加。

杭州街道全鋪着石板或方磚，主要道路的兩側，各有十步寬的距離，用石板或方磚鋪成，但中間卻鋪着小鵝卵石。陰溝縱橫，使雨水得以流入運河。街道上始終非常清潔乾燥，在這些小鵝卵石的道路上，車如流水馬如龍一樣的，不停奔馳。馬車是長方形的，上面有篷蓋，更有絲織的窗帘和絲織的坐墊，可以容納六個人。

從二十六公里（十五哩）外的內海所捕獲的魚蝦，每天被送到杭州。當你看到那龐大的魚蝦數量，你會想到怎麼能賣完。可是，不到幾小時光景，就被搶購一空，因爲杭州的居民實在太多。

通往市場的街道都很繁華，有些市場還設有相當多的冷水浴室，有男女侍者分別擔任招待。杭州人不管是男是女，終年都用冷水沐浴。他們從小就養成了這個習慣，認爲冷水對身體有益。當然，也有熱水浴室，不過專供外國人使用，因爲外國人不能忍受那冰一樣的冷水。杭州市民每天都要沐浴，沐浴的時間，大都在晚飯之前。

另外還有藝妓區，藝妓之多，使我吃驚。她們衣服華麗，粉香撲鼻。藝妓館設備豪華，並有許多女僕伺候她們。另外一個區域，則住着醫生和卜卦算命的星象家。

杭州主要街道的兩旁，矗立着高樓大廈。男人跟女人一樣，皮膚很細，外貌很瀟灑。不過女人尤其漂亮，眉目清秀，弱不勝衣。她們的服裝都很講究，除了衣服是綢緞做的外，還佩帶着珠寶，這些珠寶價值連城。

我們要注意兩點，一是歐洲人一直到本世紀（十三），還不知道沐浴（至少也不普遍），所以馬可孛羅對中國人天天沐浴，特別強調。二是綢緞，這是歐洲人非常羨慕的貴重奢侈品，而中國人竟很多人使用，所以使馬可孛羅驚奇不止。

一〇、元曲

蒙古帝國對中國傳統知識份子的摒棄，固然使知識份子難堪，卻也有一個很大的收穫，即知識份子可以不必再繼續板着道學面孔。儒家學派一旦失去政權的支持，對知識份子也就立即失去控制力量。知識份子再沒有柳永「奉旨塡詞」的顧慮，和史達祖臉上刺字的危險。因之在性靈上獲得解放，呈現元曲時代。

元曲是戲劇文學部份，也是「詞」的一種蛻變進步。中國戲劇一直是民間的藝術，知識份子被蒙古驅出統治階層之後，才向這方面發展，開始寫作片段的唱詞或整齣的劇本，總稱為「曲」，因為它在蒙古帝國子國之一的元帝國時期的成就最為輝煌燦爛，所以稱為「元曲」。

曲分為兩種，一種稱「散曲」，即沒有對白的純唱詞，也就是現代所謂的流行歌曲。一種稱「傳奇」，即有對白的唱詞，能夠大規模在舞台上演出。

詞是詩餘，曲是詞餘，但曲所具有的字句的活潑，意境的超越，想像力的豐富，從前任何作品都很難望其項背。知識份子思想得到正常發展後，創造力極為興旺。他們嘲弄帝王將相，調侃聖賢，歌頌愛情。很少有聖人系統的意識形態，大多數被眞實感情充滿。這是紀元前二世紀政治力量獨尊儒家以來，從沒有發生過的現象。

元曲中最著名的作家和作品，有王實甫西廂記，寫張君瑞和崔鶯鶯自由戀愛的故事。關漢卿竇娥冤，寫少婦竇娥死於冤獄的故事。馬致遠漢宮秋，寫西漢王朝皇帝劉奭跟宮女王昭君的故事。白樸梧桐雨，寫唐王朝皇帝李隆基跟貴妃楊玉環的故事。施惠拜月亭，寫一對夫婦在戰亂中逃散而又團聚的故事。高明琵琶記，寫一個人棄妻再娶，前妻千里尋夫的故事。

我們無法介紹上述的作品，它們屬於傳奇之類，每一部作品都是數百頁巨著。現在介紹一首散曲，作為元曲的代表，使我們有一個具體的印象（方括弧中是曲牌名，舞台上演出時演奏的音樂譜調。圓括弧中是簡單的註釋）。

這首散曲，是馬致遠的借馬：

〔耍孩兒〕近來時買了匹蒲梢騎（蒲梢，十三世紀時方言，謂馬），性命般看承愛惜。一夜間上草料數十番，餵飼得膘腿胖肥（膘，馬的胸肋肌肉）。但有些穢污早忙刷洗，微有些辛苦便下騎。竟有一種無知輩，出言要借，對面難推。

〔七煞〕懶洋洋牽下槽，意遲遲背後隨，氣忿忿懶把鞍來備。我沉吟了半晌語不語（晌，片時之意），不曉得那渾人知不知。他也不是不精細，常言說，他人弓莫挽，他人馬休騎。

〔六煞〕不騎時啊，西棚下涼處拴。騎時節，揀地面平處騎，將青春嫩草頻頻的餵。歇時節，肚帶鬆鬆放，把那背上的馬鞍款款移。勤覷着鞍和轡，牢踏着寶鐙，前口兒（馬口中銜勒）休提。

〔五煞〕飢時節，餵些草。渴時節，飲些水。挨着皮膚的馬鞍休使塵毡屈（不要壓得太重以致鞍上毡毛爲之彎曲），三山骨（馬尾骨）休使鞭來打，磚瓦上休教穩着蹄（不要在碎瓦碎磚上久站，以免傷足）。一句話你仔細的記，飽時休走，飲了休馳。

〔四煞〕抛糞（大便）時教乾處抛，撒尿時教淨處（清潔）尿，拴時節揀個牢固樁橛上繫。路途上休要踏磚塊，過水處莫教踐污泥。這馬知人意，似雲長赤兔，如項王烏騅（雲長，三國時代名將關羽別號，戰馬名赤兔。項王，西楚國王項羽，戰馬名烏騅。二馬皆歷史上的名馬，用以描寫馬主心理狀態）。

〔三煞〕有汗時休去簷下拴（以免風吹生病），洗馬時休教浸着頤（頤，面頰），軟煮草料煎底細。上坡時務把身來聳，下坡時休教走得疾。莫道人恁般瑣碎，休教鞭着馬眼，休教鞭擦着毛衣。

〔二煞〕不借時惡了兄弟，不借時反了面皮。馬兒行囑咐叮嚀記，緊防店戶將牠打，刷子去掉硬毛不可疑。只嘆的一聲長吁氣，哀哀怨怨，切切悲悲。

〔一煞〕早晨間借與他。日平西盼望你。倚門專等來家內。柔腸寸寸因你斷，側耳頻頻聽你嘶。道一聲好去，早兩淚雙垂。

〔尾〕沒道理，沒道理。忒下的（心狠手辣之意），忒下的。剛才說的一些話君專記。一口氣不違，借與了你。

馬主人又怨又恨，又不得不借，致愁腸百結，淋漓無遺。我們用現代人不得不把心愛的自用新汽車，借給妻子的莽撞弟弟時的心理反應去推測，會欽佩作者的觀察入微。然而主要的還是它所顯示的幽默情調，在嘮嘮叨叨，一陣又一陣之後，還拍胸脯說：「一口氣不違，借與了你！」而幽默，正是醬缸中最缺少的東西。

一一、東西方世界

——〇〇年代・一二〇二年（宋帝國道學解禁），第四次十字軍興起，教皇英諾森三世號召基督教徒收復耶路撒冷，十字軍集中威尼斯王國，乘船待發。

——〇〇年代・一二〇三年（韓侂胄北伐前三年），威尼斯王國跟佔領耶路撒冷的回教徒，貿易正密，不願發生戰爭，反而陰謀打擊商業上競爭者東羅馬帝國。恰巧東羅馬廢帝艾沙克二世的兒子允許把帝國交給教皇統治，又用二十萬銀幣犒賞十字軍，於是十字軍東征目標，戲劇化的作一百八十度改變，放棄攻擊回教徒，反而攻擊東羅馬帝國的基督教徒。首都君士坦丁堡陷落，亞力蘇斯三世出奔，艾沙克二世復位。

——〇〇年代・一二〇四年（韓侂冑北伐前二年），第四次十字軍結束，歷時三年。十字軍退出君士坦丁堡後，革命再起，群眾攻殺艾沙克二世。於是十字軍再陷君士坦丁堡，屠城，立十字軍將領之一鮑爾溫伯爵當皇帝。鮑爾溫只會說拉丁語，世遂稱拉丁帝國。

——一〇年代・一二一五年（金帝國首都中都被蒙古帝國攻陷），英格蘭國王約翰，低能而且暴虐，貴族教士聯合起來，強迫他簽署大憲章，保護人民基本權利。規定未經法庭審訊，不得對人民逮捕監禁。這是英國有憲法之始，也是全世界有憲法之始，爲人類邁向文明最重要的一大步。

——五〇年代・一二五四年（大理帝國覆亡），神聖羅馬帝國皇帝腓特烈二世病逝，無子，霍亨斯陶棻王朝絕。帝國凡二十年沒有皇帝，史學家稱大空位時代。

——六〇年代・一二六一年（蒙古大汗忽必烈即位的次年），東羅馬帝國故帝亞力蘇斯三世後裔佩略羅加斯，起兵攻陷君士坦丁堡，即位，希臘人重掌政權。

——六〇年代・一二六五年（蒙古帝國圍襄陽前四年），英王亨利三世屢次違犯大憲章，蒙福爾伯爵把亨利三世囚禁，召集教士、貴族、武士、平民代表，成立議會。世界各國有國會自此開始。這是英國人對人類文明又一偉大貢獻。

一二七〇年代·一二七三年（襄陽陷落），神聖羅馬帝國選出奧地利大公路德福當皇帝，大空位時代結束。路德福祖先曾被封爲哈布斯堡伯爵，因稱哈布斯堡王朝。

一二九〇年代·一二九五年（蒙古大汗忽必烈逝世的次年），英王愛德華一世召集模範國會。議會政治，漸上正規。

一二九〇年代·一二九九年（遠征爪哇失敗後第六年），小亞細亞土耳其部落酋長奧斯曼崛起，稱土耳其王。歐洲訛傳爲奧託曼，因稱奧託曼土耳其帝國。

第二十七章 第十四世紀

征服中國的蒙古人，在中國人民不斷的反抗下，於本世紀八〇年代，全部被逐出中國本土，回到他們原來的瀚海沙漠群故地。他們所建立的蒙古帝國和子國之一的元帝國，也隨之煙消雲散。山搖地動般擴張征服的帝國勳業，成為過去，只遺留下片段的歷史陳蹟。

代替蒙古人而起的是中華民族組成的明王朝，一個純中國人的王朝。

不過，這並不等於中國人惡運結束，反而是一個更漫長黑暗的開始。

一、蒙古對中國的統治

馬可孛羅所見的杭州市廛，是中國都市的外貌。馬致遠筆下的元曲，是士大夫地主階層在象牙塔中的安閒生活。事實上大多數中國人都在水深火熱之中，接受亡國奴的待遇，包括馬可孛羅所稱道的杭州那些衣服華麗的男女人民。

蒙古人在上世紀（十三）曾發揮出他們可驚的軍事才能，締造一個空前龐大帝國。但他們的政治才能卻遠為落後，這是由於他們的文化更為落後之故。蒙古人向外擴張，並沒有任何政治理想，如中國儒家學派所倡導的弔民伐罪，也沒有任何高級情操的動力，如基督教、回教傳播福音到天涯地角。蒙古人向外擴張的目的，只有兩個，一是掠奪財富，一是滿足征服慾望。了解蒙古帝國的野蠻本質和立國精神，就容易了解中國人所受迫害的沉重。

蒙古人根本輕視中國人，所以列爲第三等和第四等國民。在蒙古人眼中，中國人除了供給他們固定的田賦外，沒有別的用處。而中亞人（色目人・回回）則不然，他們在商業上的貢獻，要超過中國人很多倍。蒙古人上自親王公主，下至小民，都願意把銀幣借給中亞人，以收取利息。一兩紋銀的利息，十年後能高達一千零二十四兩，這是一種恐怖的剝削，當時稱爲「羊羔兒息」，只有中亞商人付得起。——方法很簡單，必要時，中亞商人只要向地方政府報案，說他在途中被盜匪搶劫，地方政府就得如數賠償。所以中國人自然要比中亞人低一等或低二等。第一任大汗鐵木眞即曾規定，殺蒙古人的償命，殺中亞人的罰黃金四十巴里失（一巴里失大概折合二兩銀幣），而殺死一個中國人，只要繳一頭毛驢的價錢就可以了。遇到征伐戰爭，差別待遇較平時更甚。像上世紀（十三）八〇年代一二八六年，爲了明年進攻安南王國，徵用全國馬匹，中亞人三匹馬中只徵兩匹；而中國人的馬，無論多少，全部徵收。以後不斷徵馬，每次如此，中國人的馬就成爲珍品。

蒙古統治中國，從基層起就有嚴密而徹底的控制。每二十家編爲一「甲」，首長稱「甲主」，由政府委派蒙古人充當。這蒙古人就是這二十家的總管，這二十家就是這蒙古總管的奴隸，衣服飲食，他可以隨心索取，女子和財產，他更可以隨心所欲。元政府有嚴厲規定：禁止中國人打獵，禁止中國人學習拳擊武術，禁止中國人持有兵器，禁止中國人集會拜神，禁止中國人趕集趕場作買賣，禁止中國人夜間走路。

「甲主」以上的地方政府首長，全由蒙古人擔任。當蒙古人不夠分配，或中亞人賄賂夠多時，則由中亞人擔任。蒙古官員大多數是世襲的，每一個蒙古首長，如州長、縣長，他所管轄的一州或一縣，就是他的封建采邑，中國人則是他的農奴，他們對中國人沒有政治責任，更沒有法律責任。蒙古嬰兒和幼童，往往很早的就繼承了州長縣長的位置，他的家人和侍奉他的奴僕，構成一個小型的宮廷。蒙古人都不會中國話，不識中國字，地方官員如此，中央官員也如此，蒙古大汗更很少會中國話和中國字。一百年間的政權，也只有兩個中國人出任過宰相，一是上世紀（十三）帝國初創時的史天澤，一是本世紀（十四）帝國瓦解前夕的賀惟一，而賀惟一早已蒙古化，改名拓拔太平，忠於蒙古超過忠於中國。正因為這種緣故，蒙古大汗是以奴隸總管的身份，控制中國，所以對中國人毫無感情，對中國文化，自尊心也不允許接受。

蒙古官員的貪污腐敗，跟他們的初期武功一樣，在歷史上也屬空前。本世紀（十四）初一三〇三年，第八任大汗鐵木兒曾大力整頓官吏，一次就有一萬八千四百七十三個貪官撤職。然而他不能堅持下去，他的後任大汗復行放任，以致每一個蒙古官員都是一個百萬富翁。而蒙古帝國特徵之一是官員特別多，一塊玉石的發掘或一張弓的製造，都會有若干官員管理，所有官員都靠貪污勒索維持高級享受。帝國的繁重賦稅，也是促成貪污腐敗的要素之一，他們最初是採取包商制，上世紀（十三）第二任大汗窩闊台時，曾打算把元帝國的賦稅，以一百四十萬兩銀幣包給中國籍巨商劉廷玉，大臣耶律楚材極力反對，才算作罷。可是不久中亞維吾爾籍巨商奧都喇合蠻出價二百二十萬兩時，窩闊台怦然心動，終於包給了他。以後每一位大汗的注意力都集中在財稅上，他們不知道鼓勵生產，只知道盲目而凶惡的剝削。本世紀（十四）三〇年代全國各項賦稅，平均額較上世紀（十三）七〇年代，幾乎增加一百倍，這都出在中國人身上。

然而，僅只上述的這些壓榨，痛苦還是輕微的。更大的迫害是賜田制度，蒙古大汗可以隨時把中國人視如生命的農田，連同農田上的中國人，賞賜給皇親國戚——親王公主或功臣之類。宋帝國破滅後所舉行的一次賞賜中，少者賞賜數十戶數百戶，多者竟賞賜十萬戶。每戶以五口計，一次就得到五十萬個農奴。中國人忽然間失去他祖宗傳留下來的農田，而自己也忽然間從自由農民淪爲農奴，沒有地方可以申訴。除了大汗的威力無法抗拒外，任何一個蒙古人，都可以隨意侵佔，他們經常突然間把中國人從肥沃的農田上逐走，任憑農田荒蕪，生出野草，以便畜牧。

蒙古帝國暴政中最特殊的一項是吐蕃宗教國的僧侶，世人稱他們「喇嘛」「西僧」「番僧」。這些以慈悲爲懷，普渡眾生的所謂活佛，卻是中國人的災難之一。大汗既然尊稱「法王」爲國師，無論這種尊崇是政治性的，或出於眞誠的信仰，結果都是一樣，即喇嘛在蒙古帝國所屬的元帝國中，具有強大力量，雖然還未到干涉政治的程度，但對中國人逞暴，卻綽綽有餘。像江南佛教總督楊璉眞伽，駐紮杭州，把宋帝國皇帝和大臣所有的墳墓，全都發掘，挖取陪葬的金銀珠寶；並且至少有五十萬戶農民（約二百五十萬人）被他編為寺院的農奴。喇嘛所過之處，隨從如雲，強住中國人住宅，把男子逐走，留下婦女陪宿。第九任大汗海山，對喇嘛教尤其狂熱。本世紀（十四）〇〇年代一三〇八年，海山下詔說：「凡毆打喇嘛的，砍斷他的手。凡詬罵喇嘛的，割掉他的舌頭。」幸而皇弟愛育黎拔力八達，極力反對，才收回成命，但喇嘛仍受到形勢的鼓勵。他們在街上很少買東西，只逕行奪取。一個柴販曾向大都（北京）留守長官（留守）李璧伸訴，李璧正在處理時，眾喇嘛已手執木棍，呼嘯而至，把李璧摔倒痛毆。李璧向大汗控告，大汗立即下令赦免喇嘛。又一次，喇嘛跟一位王妃爭路，竟把王妃拖下車輛，拳腳交集，大汗的反應仍是下令赦免喇嘛。對高階層統治者還是如此，居於最下層的中國人，我們可以推斷出所承受的蹂躪。

中國人知道，苦難不僅來自暴政，而更是來自韃子——韃靼。韃子，是中國人對蒙古人輕侮的稱謂。除非剷除韃子，解除頸子上亡國奴的枷鎖，暴政不會停止。

二、中國人激烈反抗

蒙古暴君不久就跟遼帝國第二任皇帝耶律德光一樣，發現中國人並不像他們想像中那麼容易奴役。就在蒙古帝國鼎盛的上世紀（十三）八〇年代，江南即爆發抗暴革命二百餘起。蒙古用殘酷的殺戮來鎮壓，但再多的流血都堵不住全民族憤怒的火山口，中國人的反抗，跟蒙古人的統治相終始。

本世紀（十四）二〇年代之後，隨着蒙古帝國內部日增的腐爛，各地民變更不可遏止。四〇年代時，僅山東、河北地區，就有三百餘起農民暴動。——這比六世紀北魏帝國領土的民變，超過十倍，可看出蒙古統治者比鮮卑統治者的殘暴程度更要嚴重。遍地戰亂一定引起災荒，旱災果然大規模發生，赤地千里，最慘重的是黃河下游，饑饉逼人發狂，互相襲擊烹食。一三四四年，黃河又在白茅堤（河南蘭考東北）決口，向東傾瀉，六百公里狹長地帶上的村莊和人民，全被淹沒，直入黃海。河水氾濫所及，又增加數十萬無處投奔的飢民，成爲武裝群眾無盡的兵源。在千百個群眾領袖中，以下列六個人物，給蒙古統治的傷害最大：

時間	姓名	出身	起兵地	註
一三四八	方國珍	鹽販	台州(浙江臨海)	後降蒙古
一三五一	劉福通	白蓮教士	潁州(安徽阜陽)	建韓宋帝國
	李二(芝蔴李)	農夫	徐州(江蘇徐州)	大將有彭大、趙君用
	徐壽輝	布商	蘄水(湖北浠水)	建天完帝國
一三五二	郭子興	賣卜人	濠州(安徽鳳陽)	大將有朱元璋
一三五三	張士誠	鹽販	高郵(江蘇高郵)	後降蒙古

上表顯示出兩個特徵，第一、群眾領袖都是平民出身，沒有一個是士大夫。說明士大夫愛國的言論多於愛國的行動，即令有行動，也沒有影響力。第二、推翻蒙古統治的，只有民變而沒有政變和兵變，說明在蒙古帝國裏，政權、軍權都在蒙古人手中。蒙古人認爲僅此一點，中國人就無可奈何，料不到民變一旦發生力量，跟政變、兵變一樣的具有摧毀性。

正當中國民族革命排山倒海而起之際，蒙古帝國政府卻在決策上犯了一項錯誤，即引使黃河恢復故道。工程由宰相脫脫親自主持，五〇年代一三五一年，徵調民伕十七萬人，用五個月功夫，把白茅堤（河南蘭考東北）決口堵塞，使黃河仍向東北流入渤海。這本是一件建設性的偉大工程，但它選錯了時間，尤其是用錯了方法；在人心沸騰的年歲中，把十七萬滿懷怨恨的勞工，從他們的家鄉強逼徵調，集中在一起。完工之後，又沒有妥善安置，而任他們向四方流散。劉福通早就命他的教徒，刻一個一隻眼的石人，背上寫着：「石人一隻眼，挑動黃河天下反。」埋在黃河故道黃陵崗（河南蘭考東北）附近。當民伕在施工中把這個石人掘出來的時候，人心大爲震動。工程完畢後，除了少部份還鄉外，大多數都集結在劉福通的紅巾之下，成爲主力。紅巾，跟二世紀的黃巾一樣，是劉福通抗暴力量所使用的一種標幟。

就在同年（一三五一），群眾領袖之一的徐壽輝稱帝，建立天完帝國，佔領長江中游，派軍進入江南，掃蕩蒙古勢力。劉福通也於一三五五年，迎立白蓮教故教主韓山童的兒子韓林兒稱帝，建立韓宋帝國，佔領淮河流域和黃河以南地區，整個中原進入掌握。

——白蓮教是佛教中的一個神祕支派，以反抗暴政爲重要宗旨，就是韓山童開創的。韓山童曾宣稱：「白蓮花開，彌勒佛降世。」設立白蓮會，吸收信徒。

——關於中國人的抗暴革命，有一個流傳甚廣的民間故事。據說，劉福通最初在潁州（安徽阜陽）發動民眾暴動時，因蒙古「甲主」監視嚴密，中國人既不能聚會宣告，又不能派人逐家傳遞消息，無法約定同一時刻舉事。於是劉福通請「甲主」准許向家人分送像月亮一樣的圓形甜餅，稱爲月餅，以便中國人爲大汗祈福。「甲主」允許了，而月餅中夾有中國字寫的字條：「八月十五日殺韃子。」中國人準備妥當，當晚夜半，所有「甲主」和他的家族，都死在中國人棍棒之下。

——金帝國和蒙古帝國崩潰時，凡在中國的女眞人和蒙古人，幾乎全部被中國人屠殺，連懷中的嬰兒都被摔到石階上，腦漿迸裂，作母親的還沒有哀號出聲音，已死於亂刀之下，凶慘不忍卒睹。然而這是可以理解的，中國人所負的是民族深仇。女眞和蒙古統治階層的殘忍屠殺，舉世皆知，對被稱爲「蠻子國」的中國人，更加輕蔑。像興化（福建莆田）不過一個小城，上世紀（十三）蒙古兵團攻陷它，全城男女被屠之後，就血流有聲。侵略者必須付出代價，即令本身沒有付出，後裔也要付出。這種付出使人對佛教的因果報應，發生聯想，會禁不住悚然嘆息。

韓宋帝國宰相劉福通，是反抗蒙古統治最偉大的民族英雄，他毫無私心的用他新興的武裝力量，打擊當時世界上最強大的蒙古帝國。五〇年代一三五八年，他於攻陷開封（河南開封）作爲首都後，即向蒙古發動總攻，分三路進兵。東路由大將毛貴率領，攻山東省，西路由大將白不信率領，攻陝西省。北路由大將關先生率領，攻上都開平（內蒙正藍旗）。東路兵團於掃蕩了山東省蒙古人的勢力後，直指大都（北京），挺進到距大都只五十公里的柳林村。蒙古第十八任大汗脫歡帖木兒，一個標準的亡國型君主，手足失措，準備放棄大都，向北逃亡。但宰相拓拔太平（即中國人賀惟一）堅持固守。毛貴攻擊不順利，孤軍不能久留，仍退回山東。西路兵團深入關中（陝西省中部）後，戰敗潰散。只北路兵團勢如破竹，穿過山西，摧毀蒙古所有抵抗，攻陷開平（內蒙正藍旗）。開平距作爲首都的大都（北京）只二百八十公里，我們不知道他們爲什麼不南下攻大都（北京），先行把蒙古大汗擒獲。北路兵團沒有這樣做，卻向東推進，攻陷遼陽（遼寧遼陽），進入高麗王國（朝鮮半島），高麗向北路兵團投降。可是，這批所向無敵的革命部隊，經過長途遠征，軍紀已全部敗壞，引起高麗人民極大的痛恨。高麗有計畫的出動大批美女，跟戰士們交往纏綿，男子們則乘機把他們的戰馬和武器藏匿。一切妥當後，發動反擊，包括關先生在內，大部份被殺。只剩下萬餘人輾轉脫險，逃回中國，又被盛怒等待他們的蒙古人，一網打盡。

韓宋帝國三路出征，把自己的力量完全消耗。但蒙古帝國的牆基，卻被掘空，只需要最後輕輕一推。

三、明王朝興起

對蒙古帝國最後一推的是朱元璋，和他所建立的明帝國。

朱元璋是韓宋帝國的將領之一，他生於一個極度貧苦的家庭，父母雙雙死於瘟疫，他以一個孤兒，投入他故鄉鍾離（濠州．安徽鳳陽）皇覺寺當小和尚，供大和尚當役使。然而遍地混戰又把廟院毀掉，他只好鋌而走險，去當「盜匪」，投奔變民領袖郭子興。郭子興欣賞他的才幹，把好友的女兒馬氏嫁給他，用他作自己的衛士，以後又任命他當軍官，逐漸擢升到重要地位。韓宋帝國建立後，郭子興這支武裝力量即行歸附。郭子興不久逝世，韓宋政府任命郭子興的兒子郭天敍當司令官（都元帥），朱元璋當副司令官（副都元帥），渡長江南征。朱元璋這時野心勃勃，決定排除他的恩主之子。在進攻集慶（江蘇南京）時，朱元璋的好友陳野先叛變，把郭天敍殺掉。然後朱元璋再把陳野先殺掉。韓宋政府無法作深入的追究，只好任命朱元璋接任司令官兼江南省省長（江南行省平章事）。朱元璋攻陷集慶（江蘇南京）後，改名應天，即作爲自己的根據地。當時全國都在對蒙古人苦鬥，只朱元璋不然，他的作戰目標不是蒙古，而是中國人的其他抗暴力量。當韓宋帝國三路出兵向蒙古總攻的時候，朱元璋卻在南方擴張——表面上看起來是韓宋帝國擴張。

就在同時，立國十年的變民政權天完帝國內亂。六〇年代一三六〇年，宰相陳友諒政變，把皇帝徐壽輝殺掉。陳友諒上台，改稱陳漢帝國，建都武昌（湖北武漢）。駐紮在成都（四川成都）的天完大將明玉珍得到消息，宣佈獨立，於一三六二年，遷駐重慶（四川重慶），建立明夏帝國。至於早期起兵的李二，早已戰死。而張士誠和方國珍，在接受蒙古元政府的官爵後，表面上臣服蒙古，實際上仍保持自己獨立王國的割據局面。

經過三十一年的改朝換代混戰，勝利最後屬於朱元璋。

一三六三年，朱元璋跟陳友諒在鄱陽湖決戰，陳友諒的運氣太壞，當戰鬥正酣時，他從船艙中偶爾探頭出來，竟被流箭射死。兒子陳理年幼，不能統率他的部隊，明年（一三六四），投降朱元璋。陳漢帝國立國五年而亡。

一三六六年，韓宋帝國受到張士誠的攻擊，宰相劉福通戰死，皇帝韓林兒出奔滁州（安徽滁州）。朱元璋請求遷都到他所控制下的應天（江蘇南京），並派軍隊前往奉迎。一切儀式都十分隆重，充份顯示一個將領對皇家的忠貞。然而，到了瓜步鎮（江蘇六合），登上長江的龍舟之後，奉迎的軍隊卻把韓林兒推入長江溺死。韓宋帝國立國十二年而亡，它像蠟燭一樣，毀滅了自己而照亮別人。朱元璋奪取了寶座後，於一三六八年即位，改稱明王朝。——這是一個長命政權，長達二百九十四年。

一三六七年，朱元璋兵團攻入平江（江蘇蘇州），張士誠被擒，送往應天，自縊而死。朱元璋另一兵團攻入浙江，方國珍投降。

一三六八年，距劉福通集結黃河勞工，反抗蒙古暴政已十七年，朱元璋才正式面對蒙古帝國。不過這時的蒙古，已不是十七年前的蒙古了，牆基已空。朱元璋兵團在大將徐達率領下北伐，進抵通州（北京通縣），距大都（北京）二十公里。蒙古大汗脫歡帖木兒再度手足失措，拒絕任何固守決戰的建議，帶着妻子兒女和親信大臣，向他祖先鐵木真、忽必烈所來自的北方沙漠逃走。徐達比毛貴幸運，他輕而易舉的克復大都（北京）。

圖四一　十四世紀・明王朝初期

七〇年代一三七一年，朱元璋兵團攻入四川，明夏帝國立國十年而亡。

八〇年代一三八一年，蒙古在中國版圖上最後一塊領土雲南，被朱元璋兵團奪取，鎮守雲南的親王把匝剌瓦爾密，在逃亡途中自殺。蒙古人至此全部被逐出中國，蒙古帝國自上世紀（十三）六〇年代一二六四年，遷都大都（北京），到一三八一年雲南陷落，統治中國共一百一十八年，作了一百一十八年中國人的奴隸總管。

朱元璋建立的明王朝，接替元帝國的疆域，只漠北地區不包括在內，那裏是蒙古帝國本土。明政府把全國劃爲左列的十五個行政區域：

省別	首府（省都）	今地	省別	首府（省都）	今地
南直隸（原稱京師）	應天府	江蘇南京	四川	成都府	四川成都
北直隸（原稱北平）	北平府	北京	湖廣	武昌府	湖北武漢
浙江	杭州府	浙江杭州	江西	南昌府	江西南昌
福建	福州府	福建福州	河南	開封府	河南開封
廣東	廣州府	廣東廣州	陝西	西安府	陝西西安
廣西	桂林府	廣西桂林	山東	濟南府	山東濟南

貴州（一四一三年置）	貴陽府	貴州貴陽
雲南	雲南府	雲南昆明
山西	太原府	山西太原

本世紀（十四）內，明王朝首都設在應天（江蘇南京）。下世紀（十五）二〇年代一四二一年，遷都蒙古帝國故都大都改名的北平。即將應天改作南京，而將北平改名順天，作爲北京。從本世紀（十四）開始，中國地名變化較少，大多數保留到二十世紀。所以我們的夾註工作，也可大爲減少。古地名是研究歷史最大的煩惱之一，使人有一種懸空行走，無法足踏實地的感覺。本世紀（十四）之後，歷史舞台因地名熟習的緣故，似距離我們更近。

四、朱元璋的大屠殺

明政府統一中國，中國人自然的升起一種願望，認爲蒙古統治的黑暗時代已經過去，中華民族自己建立的政府，應該跟歷史上若干偉大的王朝一樣，至少在開創初期，呈現一片蓬勃祥和的欣欣向榮氣氛。

這種願望並不奢侈，然而，中國人的命運太壞，他們所遇到的政治領袖，不是劉邦，不是李世民，而是朱元璋，現實走上一條更黑暗的道路。朱元璋不久就發動有計畫的合法屠殺，完全採用七世紀來俊臣的冤獄手段，但殘酷的程度，卻使來俊臣所作的，看起來好像兒戲。

最重要的兩次行動，一是胡惟庸冤獄，一是藍玉冤獄。胡惟庸是朱元璋的宰相，極有才幹。在本質上，自卑感過重的領袖跟有才幹的幹部不能並存。八〇年代一三八〇年，「有人」告發胡惟庸謀反，勾結東方大海中的日本，準備在宴會上殺掉朱元璋（參考來俊臣的羅織經，就可了解，當權人物決心除去某人時，自會「有人」告發他謀反）。朱元璋把胡惟庸磔死，屠滅三族。

過了漫長的十年，到了九〇年代一三九〇年，朱元璋的獸性再度發作，宣稱，他又發現已死的胡惟庸的新陰謀和新同黨，於是展開全面逮捕，連朱元璋最尊敬的開國元老，七十七歲的宰相（太師）李善長，都包括在內，共處決二萬餘人。朱元璋還編撰一本書，名奸黨錄，附錄李善長的供詞，昭告全國。

三年後，一三九三年，朱元璋發動第二次屠殺。「有人」告發大將藍玉謀反，立即逮捕下獄。然後發表藍玉的供詞，藍玉在供詞中承認準備發動兵變。於是藍玉被磔死，滅族。根據口供牽引，被滅族的有一萬五千人，其中有一個公爵，十三個侯爵，兩個伯爵。若干人早已死亡，但朱元璋的法律是追溯既往的，所以死者的子孫仍要抵罪。朱元璋又編撰一本書，名逆臣錄，昭告全國。

朱元璋兩次大屠殺的對象，都是他初起兵時親如手足的患難朋友。他們為朱元璋效命，當他們以為可以分享富貴時，卻遭到朱元璋的毒手。然而，這兩次大屠殺不過只是整批死亡。事實上朱元璋每天都在屠殺，像皇太子的教師宋濂，朱元璋尊稱他是「聖人」，來往宮中，如同一家，因他孫兒牽涉到胡惟庸案中，乃貶謫而死。朱元璋最信任的智囊劉基，他的高度智慧使朱元璋如芒刺在背，終於把他毒死，反而宣稱是胡惟庸毒死的，故意向宰相之一的汪廣洋詢問是否知道。汪廣洋不明瞭朱元璋的用心，回答說不知道。朱元璋大怒，立即把汪廣洋貶謫，等他走到中途，再下令把他絞死。平定雲南的大將傅友德，父子同時賜死。平定廣東的大將朱亮祖，父子同時被鞭死。大臣李仕魯在金鑾殿上表示堅決辭職，朱元璋認爲看不起他這個皇帝，教武士摔死階下。在所有共患難的老友之中，只有三個人保全生命，沒有被扣上謀反的帽子。一是常遇春，一是徐達，一是湯和。常遇春運氣最好，早早的就病死。徐達事實上死於處決，他患一種疽瘡，最忌鵝肉。朱元璋偏偏送了一碗鵝肉給他，並命送鵝肉的宦官在旁監督着他吃掉，徐達一面吃一面流淚，當晚毒發逝世。所以事實上只有湯和一個人活的最久而且善終。他逝世後，他的家族暗暗慶祝。

本世紀（十四）最後三十年，中國成爲恐怖世界。官員們每天早上入朝，即跟妻子訣別，到晚上平安回來，合家才有笑容。首都應天（江蘇南京）如此，全國各地皆然。朱元璋在各州縣設有「剝皮亭」，官員一旦被指控貪污，即被剝皮，懸皮於亭中，以示警戒。根據統計，中央政府副部長以下，和南直隸（江蘇省及安徽省）一省大小官員，因貪污罪名死於監獄或被判決作苦工的，每年都有數萬人。而嚴厲的追繳贓款制度，更使大逮捕向四方蔓延，全國中等以上人家，幾全部破產。

嚴懲貪污使人歌頌，但問題在於訴訟法，即被指控貪污的官員，是不是真的貪污。在酷吏酷刑之下，連滅三族的謀反罪名，都坦承不諱，更何況僅殺一身的貪汚。不過眞正的恐怖並非死刑，而是追贓。死刑一死即了，追贓則遺禍無窮。死囚的財產不足以賠償贓款時，在拷打中只好供出曾寄存某家若干，於是某家即被摧毀。如果仍不能夠足額，那一家在拷打下也只好再供出曾轉存到另一家若干。輾轉牽引，千里外素不相識之人，都會成爲窩主，家破人亡。

五、人權的蹂躪

朱元璋無止境的屠殺，史學家認爲最主要的原因是皇太子懦弱而皇太孫年幼，後來皇太子又很早死去。爲了保持政權，不得不如此。但僅此現象不一定非產生無止境的屠殺不可，十世紀宋王朝開國皇帝趙匡胤就曾使用盃酒釋兵權的方法作爲反應。前二世紀西漢王朝開國皇帝劉邦的情形相同，但劉邦只對少數的將領懲處。七世紀南周王朝開國皇帝武照的處境更爲嚴重，也只個別打擊。朱元璋所以如此，主要的在於他的性格，一種絕對自私和愚昧的蛇蠍性格——他的後裔也具有這種性格，表現在行爲上的是短見、冷血，喜歡看別人流血、看別人痛苦、看別人跪下來向他哀求，而他又拒絕寬恕。這是人類中最卑鄙最可怕的一種品質，具有這種品質的普通人，對他的朋友和他的社會，都能造出最大災害。身爲皇帝而具有這種品質，更使這種災害擴大，無法加以控制。歷史上任何一位暴君，偶爾都還有他善良的一面，朱元璋則完全沒有，除了一些故意做出來的小動作。

——對草莽英雄或革命群眾而言，一旦判斷錯誤，或被命運之神作弄，選擇或擁護朱元璋這類人物作爲領袖，那是一種眞正的不幸。

然而，僅只屠殺，帶給中國人的痛苦，仍是暫時的。朱元璋對中國人最嚴重的傷害，是他在政治上所作的若干重要措施。中國文化和物質文明，一直到本世紀（十四），都比歐洲進步，但朱元璋使這種進步停止。以致十九世紀歐洲人侵入中國時，中國已墮落成一個白癡般的部落，至少落後三百年，植根於此。

三百年的落後，才是朱元璋和他的明政府的無與倫比的罪惡。我們分左列三項，敍述這罪惡的內容。

一、人權的蹂躪

二、絕對專制制度的建立

三、文化醬缸的加深

朱元璋跟劉邦，是中國歷史上僅有的兩位平民出身的帝王，但劉邦畢竟是一位英雄，他始終保持英雄們所有的豁達大度的氣質，不脫平民社會的本色。朱元璋卻深以他的平民身份爲恥，深以他當過乞丐爲恥，和當過和尚爲恥。在他充滿自卑的情意結中，異常羨慕官員和士大夫所保持的優越地位，因而產生強烈壓制別人的暴虐意念，以求自己心理平衡。

我們曾一再提及中國古政治思想中缺乏人權觀念，但故意建立摧殘人權制度的，則由朱元璋創始，即三百年間使人聞而顫慄的「詔獄」與「廷杖」。

我們先用左表，說明明政府中刑事訴訟機構的地位和互相關係：

元首	中央級司法官署	首長	職掌	設立時間	性質	註
皇帝	刑部	尚書	（司法部）		司法機構（三法司）	司法系統
	都察院	都御史	（監察部）			
	大理寺	大理寺卿	（最高法院）			
	錦衣衛	指揮使	調查及逮捕謀反妖言大奸大惡	一任帝朱元璋（十四世紀八〇年代）	軍法機構	詔獄系統（即祕密警察系統）
	錦衣衛鎮撫司	鎮撫使	對移交案件審判	同右		
	東廠	提督太監	調查及逮捕謀反妖言大奸大惡	三任帝朱棣（十五世紀二〇年代）	宦官機構	
	西廠	提督太監	調查及逮捕謀反妖言大奸大惡	九任帝朱見深（十五世紀七〇年代）		
	內廠	提督太監	調查及逮捕謀反妖言大奸大惡	十一任帝朱厚照（十六世紀〇〇年代）		

刑部負責法律的制定和頒佈，管轄全國各地司法機構，有權提審它認爲不恰當的案件。都察院負責對不法事件糾察檢舉，並派遣官員（御史）分赴各地，擔任「巡撫」官職，接受人民對官吏的控訴，它也可以審理，也可以判決。大理寺類似國家最高法院，負責對前二機構的審判，作最後裁定。它們被稱爲「三法司」，是政府正規的司法系統。三法司當然的是在皇帝絕對控制之下，但朱元璋認爲它們仍有理性成份，於是另行設立他直接指揮的「錦衣衛」（錦衣衛親軍指揮使司），即首都治安司令部。錦衣衛內設「鎮撫司」，即軍法處。錦衣衛逮捕罪犯，拷打出口供後，即交鎮撫司判刑處決。如臂使指，快捷了當，沒有任何顧忌。胡惟庸、藍玉等五萬人的兩大冤獄，就是錦衣衛完成的使命。

然而，朱元璋的後裔認爲錦衣衛的理性仍未能完全泯滅，於是，下世紀（十五）時，再創立「東廠」，又創立「西廠」。下下世紀（十六）時，更創立「內廠」，由皇帝最親信的宦官主持。本已佈滿全國的祕密警察，遂互相交錯，密如蛛網，這是中國前所未有的現象。街頭巷尾的一舉一動，夫妻爭吵和市井打鬥，早上發生，晚上就到了皇帝耳朵。宦官主持詔獄最大的方便，是他可以隨時向皇帝直接提出報告，皇帝可以隨時向宦官發佈命令。宦官具有雷霆般威力，無人可以抗拒。所以罪犯如果落到三法司之手，還有活命的希望或不受苦刑的希望，一旦被「廠」「衛」逮捕，沒有一個人能夠倖免。

對人權具有同等摧毀功能的，還有廷杖。廷杖，即在大庭廣眾之下，用木棍對罪犯拷掠（打問）。它是逼取口供的工具和追贓的工具，也是刑罰的一種。一個人如果被處罰廷杖一百以上，他所接受的即是死刑，而且是極端痛苦羞辱的死刑。在廷杖制度下，上自宰相，下至平民，沒有人能維持人性的尊嚴。對高級官員（部長副部長以上）執行廷杖時，一定有宦官高坐中央監刑，其他政府官員則陪坐兩旁，左邊站小宦官三十人，右邊站錦衣衛三十人，庭下站行刑獄吏百餘人，都穿短褲，手執木棍。宦官向「犯罪」的大臣宣讀皇帝的詔書（判決書）後，「犯罪」大臣立即被行刑獄吏撲上來，捽伏倒地，用麻布把他從肩膀以下綁住，使他不能轉動。再把他雙足用繩索綁住，由壯士四方牽拽握定，只露出臀部和腿部，接受廷杖。廷杖時，受刑人痛苦難忍，大聲哀號，頭面撞地，塵土塞滿口中，鬍鬚全被磨脫。這是一副慘不忍睹的摧殘人權的圖畫，朱元璋用它對付中國人民。

——強壯的人可支持八十下，超過一百的往往即在杖下斃命。不死時，也要割去敗肉數十碗，醫治半年以上。錦衣衛行刑獄吏，都受過特別訓練。如果得到滿意的賄賂，他們打下的木棍，看起來很重，甚至血肉橫飛，但受傷較輕，痛苦也較輕。如果家庭貧苦，無錢行賄，他們下杖時看起來很輕，皮膚也不破，但痛徹心腑，只三四十杖，靜脈血管就會寸寸切斷，全部肌肉組織潰散，不久即死，無藥可救。

——英國於一百年前的上世紀（十三），即頒佈大憲章，保障人權，非經過法院審訊，對人民不得逮捕監禁，而中國卻出現詔獄和廷杖。

六、絕對專制制度的建立

明政府建立之初，仿效韓宋帝國，中央政府設立左表所列的三個機構，作爲中樞。由中書省首長，擔任宰相，作爲皇帝的助理。中書省內設立六部，負責全國行政。

元首	元首助理	一級機構	二級機構	性質
皇帝	宰相	中書省	吏部・戶部・禮部・兵部・刑部・工部	行政
		都督府		軍事
		御史台		監察

本世紀（十四）八〇年代，朱元璋誣陷宰相胡惟庸謀反後，即下令撤銷中書省編制和宰相職位。擢升六部爲一級中樞機構，各部首長（尙書）直接向皇帝負責，皇帝不再設立助手，而直接向各部發號施令。已經夠專制的政府，此後進入更絕對的專制。朱元璋另外成立一個祕書機構，稱爲「內閣」，所委派的祕書，稱爲「大學士」。大學士冠有某殿某閣字樣，以資分別（殿閣都是宮廷中的建築物）。大學士的職位很低，只正五品，比各部首長（尙書・正二品）要低三級，等於各部最低的助理科員。

中國有史以來在政治上佔重要位置的宰相制度，從此消失。皇帝遂在沒有助手幫手的情形下，單獨處理帝國事務。朱元璋對此一措施沾沾自喜，認爲是他最高智慧的結晶，可以永遠保持明政權於不墜。所以他下令說：「後世子孫永不許恢復宰相制度，如果有人如此請求，即以叛逆論罪，凌遲處死。」

然而，問題就發生在皇帝身上，朱元璋來自民間，政權又由他創立，對繁瑣的政務，還可以勉強應付。但他的後裔卻是一群花花大少——而且是一群惡少，生長在深宮之中和女人、宦官之手，面對着千萬種變化莫測的帝國事務，必然手足失措。本世紀（十四）末年，朱元璋平均每日要親自批閱一百五十件奏章，裁決四百種案件。從前有宰相可以幫助皇帝，如今沒有人能爲他分擔，他也不准別人分擔。花花大少皇帝只有依靠內閣，命那些大學士在每一個奏章或案件上，簽註意見，寫出對該事的分析，和應如何反應的建議，甚至皇帝頒發命令的草稿，都一併擬好呈上。——當時術語稱爲「票擬」和「條旨」。皇帝即根據這些簽註，加以批示。於是，不久之後，大權遂漸漸滑入大學士之手。大學士成爲沒有宰相名義的宰相，內閣也成爲沒有中書省名義的中書省。

內閣大學士有數人之多，並不是每一位大學士都可簽註意見，必須資格最高，深得皇帝信任的人（往往是華蓋殿大學士，華蓋殿後來改爲中極殿），此人即世人所稱的「首相」——首席宰相。但大學士畢竟不同於正式宰相，正式宰相可以單獨推行政令，大學士便無此權。他只能依靠「票擬」——簽註意見，來竊弄皇帝的權力，只有黑市地位，沒有法定地位。

更主要的原因是，大學士跟皇帝之間，還有一段距離。對皇帝如何裁決，是不是依照他簽註的意見裁決，甚至會不會作相反的裁決，大學士都不知道，他們也很少有向皇帝當面陳述解釋的機會。事實上，到了後來，皇帝深居宮中，不出來露面，大學士遂數月數年，或數十年，都看不到皇帝的影子。他只有依靠這種脆弱的「票擬」，維持權力。而此票擬，卻要仰仗宦官轉達，並仰仗宦官在皇帝面前作補充說明。皇帝所頒發的命令，也由宦官傳遞，有時用批示，有時用口頭，宦官的權力遂日形膨脹。而皇帝和大學士之間，往往互不認識。皇帝對大學士的印象，全來自宦官的報告。於是，政府大權又從大學士手中滑出，滑到宦官之手。我們可用左表顯示明政府在下世紀（十五）中葉後所呈現的組織形態。必須對此形態了解，才能對明王朝了解。

元首	超級宰相	實質宰相	中樞一級機構首長	註
皇帝	司禮太監（宦官）	大學士（正五品） （華蓋殿大學士） （中極殿大學士） （謹身殿大學士） （建極殿大學士） （武英殿大學士） （文華殿大學士）	吏部尚書（內政部長）（正二品）	世稱「七卿」
			戶部尚書（財政部長）（正二品）	
			禮部尚書（教育部長）（正二品）	
			兵部尚書（國防部長）（正二品）	

	(文淵閣大學士) (東閣大學士)	刑部尚書(司法部長)(正二品) 工部尚書(工程部長)(正二品) 都御史(監察部長)(正二品)

宦官，在蒙古帝國時，改稱「太監」。太監本是宦官中的一種官職，後來演變爲凡宦官都稱太監。明政府的宦官組織，共有四十個機構（十二監、四司、八局、十六雜房）。司禮太監僅只是四十個機構中十二監之一的「司禮監」的首長，但卻是一個最高職位，可稱之爲宦官之王。原因很簡單，他負責伺候皇帝，並擔任皇帝和內閣間的跑腿工作，最接近權力魔杖。大學士簽註的意見，必須司禮太監先看過，才能到達皇帝面前。皇帝批示時，司禮太監有機會隨時參加意見。舉一個例子，可以說明司禮太監的關鍵位置。第十一任皇帝朱厚照十五歲即位，正是貪玩的年齡，司禮太監劉瑾，每乘他專心遊戲時，請他批閱奏章，朱厚照就大怒說：「你不會代我批嗎，我用你幹什麼？」劉瑾正是要小傢伙說這句話，然後他的批示即獲得法律根據。於是司禮太監成爲皇帝助手，大學士反而降爲司禮太監的祕書，司禮太監命他如何簽註意見，他只有照辦。到了以後，連大學士都由宦官推薦，絕對專制的弊端，全部出現。

——英國於一百年前，即建立國會，約束君主權力。中國卻恰恰相反，君權更加肥壯，這是明王朝加給中國人的不幸。

七、大黑暗時代

中國悠久而光輝的文化發展，像一條壯觀偉大的河流。紀元前二世紀西漢政府罷黜百家，獨尊儒家時，開始由燦爛而平靜。十二、十三世紀宋王朝理學道學興起時，開始沉澱。本世紀（十四）末期，這河流終於淤塞成爲一個醬缸，構成一個最龐大最可哀的時代。明王朝使中國文化淤塞成爲一個醬缸的工具有二：一是文字獄，一是八股文。

文字獄屬於詔獄的一種，它的特徵是：罪狀由當權人物對文字的歪曲解釋而起，證據也由當權人物對文字的歪曲解釋而成。一個單字或一個句子，一旦被認爲誹謗元首或諷刺政府，即構成刑責。文字的意義不在客觀的解釋，而在當權人物主觀解釋。文字獄的本身就是當權人物作賊心虛的一種反應，越是心虛，越是神魂不寧，聽到別人說「亮了」，他就肯定是譏諷自己的禿頭，因而老羞成怒。於是知識份子除了被「誣以謀反」外，又多出一種純屬於文字的災難。——因而我們想到倉頡造字時，神鬼曾經夜哭，不知道是不是這個緣故。

現在舉出例子說明：浙江（杭州）府學教授林元亮，奏章上有「作則垂憲」，處斬。北平（北京）府學教授趙伯彥，奏章上有「儀則天下」，處斬。桂林（廣西桂林）府學教授蔣質，奏章上有「建中作則」，處斬。這些句子裏的「則」，本是「法則」和「標準」之意。但朱元璋不作如此解釋，當時江南方言，「則」，與「賊」同音，朱元璋認爲顯然是譏諷他作過小偷的往事。尉氏（河南尉氏）縣學教授許元，在奏章上有「體乾法坤，藻飾太平。」這兩句話是千年以前的古文，但朱元璋卻解釋說：「法坤與『髮髡』同音，髮髡是剃光了頭，諷刺我當過和尚。藻飾與『早失』同音，顯然要我早失太平。」於是許元處斬。這一批人都是地方學校教師，只不過代地方官員撰寫奏章，竟招來殺身之禍。當然，文字獄不限於奏章。朱元璋崇信佛教，對印度高僧釋來復最爲禮敬。釋來復告辭回國，行前寫了一首謝恩詩，詩中有兩句：「殊域及自慚，無德頌陶唐。」意思很明顯，他生在異國（殊域），自慚不生在中國，覺得自己還沒有資格歌頌大皇帝。但朱元璋的解釋不同，他說：「殊，明明指我『歹朱』。無德，明明指我沒有品德。」於是釋來復從座上客變爲階下囚，處斬。

文字獄是圍堵，八股文是釣鈎。

科舉制度到明王朝，只剩下進士一科，並分爲三個階段完成。縣級考試（縣試）錄取，稱爲秀才，即初級知識份子。然後才有資格參加省級考試（鄉試），錄取後稱爲舉人，即中級知識份子。然後才有資格參加由教育部（禮部）主持的中央級考試（會試），錄取後再參加由皇帝主持（實際上由宰相或宦官主持）的最高考試（殿試），錄取後稱爲進士，即高級知識份子。明王朝跟宋王朝一樣，有一項不成文法，非進士出身，不能擔任宰相（大學士）或部長級高級官員。

科舉對知識份子的重要性，至爲了然。它是知識份子唯一的出路，漢、唐王朝時還有學校一途，明王朝則學校不過培養參加考試的人才。漢、唐王朝還有立功邊疆一途，明王朝則沒有任何其他機會。朱元璋更規定考試範圍，以「五經」「四書」爲限。五經四書，又以理學道學領袖人物朱熹的註解爲標準課本。本世紀（十四）八〇年代，朱元璋更特別頒佈一種試卷格式，規定應考的知識份子遵守。下世紀（十五）初期，第三任皇帝朱棣，進一步加以約束，規定使用八股文。

八股文是一種文章的體裁，一篇文章中，不多不少的，恰恰包括八股——一股即兩個或四個完整的句子，這形式是嚴格的，不能改變，改變便不是八股了。但八股主要的特徵卻在精神方面，即內容方面。依照規定，作八股文，不能發揮自己的意見，也不是自己在說話（八股文中沒有「我」字），而是儒家聖人系統在說話，看起來四平八穩，面面俱到，實際上卻什麼都沒有觸及。這種文體，跟代數學上的方程式一樣，用不着獨立思考——事實上是嚴厲的禁止獨立思考，只要能把聖人系統的言語恰當的代入八股的方程式中，便是一篇最好的文章。如果被主考的試官欣賞錄取，便可由秀才、而舉人、而進士，而成爲國家的領導人。至於怎麼才能恰當的代入，那就是自此之後直到十九世紀末期，五百年間，中國知識份子所追求的最大奧祕，和最大學問。

知識份子所從事的唯一研究工作，是從「五經」「四書」中選出全部可作爲考試的題目，請老於此道的八股專家，撰寫數百篇八股文，日夜背誦。考試時，把適當的一篇，照抄一遍。就像賭博時押賭注一樣，押中時就成爲進士，被任命爲官員；押不中時，則落第而歸，下次考試再來。知識份子不接觸其他任何書籍，甚至連五經四書都不接觸。年輕人偶爾翻閱五經四書，或偶爾翻閱歷史古籍，如司馬遷的史記之類，不但自己會懊悔浪費寶貴的光陰，即家長和教師，也必大大的震驚。如果有人竟然對文學藝術，和科學工程有興趣，那更駭人聽聞，會被他的親友所不齒。知識份子被八股文硬拖到醬缸之中，沒有自己的思想，更沒有自己的感情。不知道人類還有別的知識和別的情操，只知道如何做八股文，和如何做官，於是一種只有中國才有的「官場」社會形成。

明王朝統治階層曾由這類知識份子組成，他們對人的評價，完全以官爲標準。——猶如資本主義社會對人的評價，完全以錢爲標準一樣。爲了做官，不但忍受廷杖的恥辱，還建立一系列的奴才哲學，宣稱皇帝即是父親（君父），所以「君要臣死，臣不敢不死」，僅只廷杖，算不了什麼。於是霎時間恥辱化爲榮耀，本來應該憤怒的心情，因已找到奇異的理論基礎的緣故，反而大悅。人性尊嚴被嚴重歪曲，這正是醬缸文化的特徵之一。

——歐洲歷史正開快車，本世紀（十四）已進入文藝復興時代，掙脫黑暗時代的枷鎖，呈現一片耀眼的光明。而中國人卻被糟蹋到這種地步，眞是一個巨大悲劇。

八、靖難之役

本世紀（十四）最後第二年（一三九八），暴君朱元璋逝世。二十二歲的孫兒朱允炆繼位。

明王朝面臨它的瓶頸。

朱元璋共有二十六個兒子，長子即皇太子（朱允炆的父親），早死；另一幼子也早死。其他二十四個兒子，全都分封到各重要地區。這些親王每人都擁有一萬五千人左右的警備部隊，稱爲「護衛」。在北方邊疆地帶，共封有九個親王。地方軍事調動，都要先報請親王核准，所以親王又類似軍區的太上司令官。朱元璋的目的是，用邊疆諸親王抵抗退出塞外的蒙古人，用內地諸親王鎮壓人民對暴政的反抗。

這種現象彷彿紀元前二世紀西漢王朝七國之亂和紀元後三世紀晉王朝八王之亂發生前的形勢，但沒有那麼嚴重，因爲明王朝的親王只有一萬五千人的軍權，對地方沒有行政權和財政權。不過這已使少年皇帝朱允炆不安。朱允炆最親信的大臣黃子澄、齊泰、方孝孺，一致主張迅速削藩。

削藩，在任何時代都是正當的，一個正常的國家內不允許同時存在很多獨立王國。可是有兩件事朱允炆失於考慮，第一，當時諸親王並沒有割據一方反抗中央的企圖和跡象。諸親王除了王府一萬五千人警備部隊外，對地方軍權並不能直接掌握，還構不上獨立王國的威脅。第二，黃子澄一批庸才，根本不懂政治，不是處理這種帶有爆炸性事件的良好人選。

朱允炆登極的當年（一三九八），剛把祖父朱元璋埋葬，就派遣軍隊奇襲開封（河南開封），把分封在開封的周王朱橚逮捕，廢爲平民，貶謫到雲南。這種像對付叛逆一樣的發兵奇襲和廢貶的嚴厲處分，使所有親王大爲震恐。明年（一三九九），「有人」告發分封在雲南（雲南昆明）的岷王朱楩有犯法的行爲，朱允炆下令廢朱楩爲平民。不久，又「有人」告發分封在荊州（湖北江陵）的湘王朱柏也有不法的行爲，朱柏得到消息，全家自焚而死。接着又「有人」告發分封在青州（山東青州）的齊王朱榑，朱允炆下令廢朱榑爲平民。於是又「有人」告發分封在大同（山西大同）的代王朱桂，朱允炆下令把朱桂囚禁高牆。

親王們在地方上種種暴行，都是事實。但朱允炆這種一連串暴風雨般的措施，暴露了他的目的並不是懲治不法，而且也超過了削藩的範圍，分明是要消滅他的叔父一代。

就在代王朱桂被囚高牆後，朱元璋的第四個兒子，分封在北平（北京）的燕王朱棣叛變，率軍南下，宣稱皇帝被奸惡的高級官員包圍蒙蔽，已不能依自己的自由意志行使職權，對這批奸惡份子，必須肅清。這是有名的「靖難之役」，即安靖內部災難的軍事行動。朱允炆對朱棣這種激烈反應，並不認爲太出意外。七國之亂終被削平的史蹟，給朱允炆很大鼓勵，他下令討伐。

當本世紀（十四）結束時，靖難軍和中央軍在黃河以北，進行猛烈戰鬥，互有勝負，沒有人敢預測它的演變。

九、東西方世界

——〇〇年代·一三〇五年（蒙古帝國大汗海山，下令凡毆打喇嘛僧侶者斷手的前三年），法國人克勒門五世，當選教皇，自羅馬遷到亞威農，歷時七十三年，世稱「巴比侖之囚」。

——二〇年代・一三二一年（蒙古十一任大汗碩德八剌即位的次年），義大利詩人但丁逝世。

——三〇年代・一三三三年（蒙古十八任大汗脫歡鐵木兒即位），日本後醍醐天皇討伐鎌倉幕府，皇軍攻陷鎌倉，鎌倉幕府終，共歷時一百四十八年。

——三〇年代・一三三四年（脫歡鐵木兒即位的次年），日本皇軍元帥足利尊，逐後醍醐天皇，另行擁立光明天皇，史稱「北朝」。後醍醐天皇奔吉野，史稱「南朝」。足利尊稱征夷大將軍，於平安（京都）設幕府，世稱室町幕府（室町，足利尊宅名）。

——三〇年代・一三三七年（天完帝國建國前十四年），法王腓力六世宣佈收回英王愛德華三世在法國分封的土地，愛德華三世也宣佈自己是法國王位的合法繼承人。法遂向英宣戰，戰爭延續一百一十七年，史稱英法百年戰爭。

——四〇年代・一三四七年（黃河掘出一隻眼石人前四年），黑死病自亞洲隨着商業路線，傳入歐洲，三年內，英法人口死三分之一，百年戰爭爲之停頓三年。

——六〇年代・一三六〇年（韓宋帝國建國第六年），英法百年戰爭第一次戰役終，歷時二十四年。英王放棄繼承法國王位，法割若干土地與英。

——六〇年代・一三六九年（明王朝建立第二年），㈠英法百年戰爭再起，法軍進攻英國在法國的領土，英軍節節失利。㈡蒙古帝國所屬察合台汗國大將帖木兒，奪取汗位，建都撒馬爾罕（烏孜別克撒馬爾罕），史稱帖木兒帝國。

——九〇年代・一三九二年（藍玉案大屠殺前一年），㈠日本南朝併入北朝，南北朝時代終，歷時五十九年。㈡高麗王國政變，國王王瑤讓位給他的大將李成桂，高麗王國亡。明年（一三九三），李成桂改國號爲朝鮮（王瑤忽然想起來向中國索取鴨綠江北岸，在四世紀末，那是被高句麗王國佔領的一片土地。動員全國軍隊，分道並進。當軍隊發現是進攻中國時，大爲驚恐。大將李成桂遂把王瑤逐下寶座。李成桂即位後，向中國上奏章謝罪，請求册封，中國封李成桂爲朝鮮國王。此事使我們回憶八世紀八〇年代，回紇汗國所發生的同樣政變，也由反對進攻中國而起）。

——九〇年代・一三九五年（藍玉案大屠殺後二年），英法百年戰爭第二次戰役終，歷時十九年。英國把在法國的封地，大部份割給法國。但英王娶法王的女兒當皇后。

第二十八章 第十五世紀

明王朝在血流成河中通過瓶頸，這是它的好運氣。

僅只比明王朝晚一年，在中亞興起的帖木兒帝國，正決心恢復蒙古帝國東方的故有版圖。一四〇四年，靖難之役結束後第二年，帖木兒大汗從他的首都撒馬爾罕，出發東征，進攻中國。不料在中途逝世，軍事行動中止。如果帖木兒不適時的死，根據已知的資料推斷，明王朝以當時殘破的力量，勢將無力抵抗。一個新的異族統治，可能再現。

明政府不久遷都北京，一度力圖振作，北征蒙古，南收交趾，更向印度洋發展。然而，這種並不算好的好景也不過三十年。四〇年代後，中國第三次宦官時代來臨。

本世紀末葉，偉大的哥倫布船長發現新大陸。文藝復興運動進入高潮，歐洲正以無比蓬勃的精神，投向海洋。而中國卻奄奄一息，暗無天日。

一、朱棣的大屠殺

靖難軍跟中央軍的戰爭，歷時四年。最後，皇帝朱允炆失敗。他本佔有各方面的優勢，甚至擁有最好的將領，但他缺少周亞夫那樣傑出的統帥。黃子澄極力推薦李景隆，當總司令李景隆一敗再敗時，黃子澄又爲他掩飾，希望他能扭轉局勢，李景隆反而潰不成軍。黃子澄仍不主張處罰他，只撤職了事，無法挽救的頹勢就這樣造成。

○○年代一四○二年，靖難軍渡過長江，挺進到應天（江蘇南京）城下，撤職居家的李景隆，率領他的家丁叛變，開城門迎接。朱允炆得到惡耗，縱火焚宮自殺。

——不過民間堅信朱允炆並沒有死，據說，朱允炆在危急時打開祖父朱元璋留下的祕密鐵匣，裏面有一把剃刀，一份度牒（和尚證明文件），一件袈裟（和尚衣服），和碎銀幣若干（逃亡時零用）。於是剃髮爲僧，從宮後水門逃出，浪跡江湖三十餘年。到四○年代一四四○年，當時的皇帝是朱棣的重孫第六任皇帝朱祁鎭，恩怨已消。朱允炆才表明身份，回到宮中，終其天年。

朱允炆既死，朱棣繼位。他可以說因禍得福，如果不是削藩，他不過仍是親王。但他對力主削藩的黃子澄一批人，並不因此而予寬恕。他效法老爹朱元璋的手段，展開合法的屠殺。在這次屠殺中，刑事訴訟法中的「瓜蔓抄」，發揮強大的威力。那就是，逮捕行動像瓜藤鬚蔓一樣，向四面八方伸展，凡是能攀得到的，就攀住不放，輾轉牽引，除非當權人物主動停止，否則能把天下人都網羅俱盡。

黃子澄當時擔任祭祀部長（太常卿），處斬，全族被殺。齊泰，前任國防部長（兵部尚書），處斬，兄弟全體被殺。方孝孺，教育研究官（文學博士），朱棣對他特別厭惡，屠殺十族，連朋友學生都包括在內，八百七十三人死亡。財政部副部長（戶部侍郎）卓敬，處斬，滅三族。現任國防部長鐵鉉，磔死。教育部長（禮部尙書）陳迪，磔死，六個兒子被殺，親屬一百八十餘人，廷杖後貶謫蠻荒。總監察官（御史大夫）景淸，磔死，用瓜蔓抄法，逮捕所可能逮捕的他的家屬和親戚朋友，以及親戚朋友的親戚朋友，使他故鄉一連數個村莊的村民，全數處決，房舍一空。監察部副部長（左副都御史）練子寧，磔死，家族一百五十一人處決，數百人貶謫蠻荒。最高法院祕書長（大理丞）鄒瑾，自殺，家族四百四十八人處決。最高法院副院長（大理少卿）胡閏，絞死，家族二百一十七人處決。

靖難的合法屠殺，大約死一萬四千餘人，比起朱元璋自然大有遜色。不過有一項要特別提出的，即罪犯的妻子和女兒，除了斬首外，大都發配給家奴或奴隸，或發配給妓院賣淫，百般侮辱。生下的孩子，世世在妓院當龜奴。

——「瓜蔓抄」和妻女發配，不起於朱棣，而起於朱元璋，但在朱棣手中建立成爲一種血腥制度。朱元璋就是用「瓜蔓抄」的刑事訴訟法，把僅只兩個所謂的罪犯，牽引出五萬餘人的同黨。致於眷屬淪爲娼妓，以朱元璋的性格，他絕不會放棄凌辱他人的機會。

二、中國第一位海上英雄——鄭和

靖難的屠殺結束後，一項空前的海上事業開始。

中國一直是陸權國家，海岸線雖長，卻不重要，原因之一是陸上有夠多的空間可以發展。七世紀以降，唐、宋王朝才有繁盛的海上交通。蒙古帝國時，亞洲合爲一家，海上交通更形發達。但上世紀（十四）明王朝建立後，朱元璋強烈的排除外來事物，遂使海上交通停頓。他下令說：「一片木板都不准出海。」

閉關持續三十年，但對暗中進行的貿易，無法禁絕。到本世紀（十五）初，朱棣索性解禁，並派遣一個龐大的遠洋武裝船團，向印度洋出發。於是中國驀然間出現一批海上英雄，四十年間，把南中國海和印度洋，全部置於控制之下，建立一個前所未有的海上霸權。

這批海上英雄的首領鄭和，雲南人，本來姓馬，後來入宮當宦官，朱棣因他與自己的母親馬皇后同姓，命他改姓，他遂改姓爲鄭——可能是他母親的姓。鄭和父親是一位曾經到過麥加（在阿拉伯半島中心）朝過聖的虔誠回教徒，但鄭和後來改信佛教。本世紀（十五）○○年代，朱棣靖難之役成功後，疑心朱允炆果如民間傳說的並沒有死，可能逃到海外，圖謀反擊，他必須調查。同時自命不凡的君主都有一種炫耀狂，使朱棣也覺得有必要把中國國威向海外展示。於是，他命令鄭和率領一支龐大的武裝船團，出發西洋。

——「西洋」的意義今昔不同，十五世紀的西洋，指南中國海及印度洋。十九世紀的西洋，指大西洋，而改稱印度洋爲小西洋。

鄭和一連出航七次，都由瀏河（江蘇太倉瀏河鎮）出發。每次所到主要諸國，列表於左：

次數	起年	訖年	所到諸國	註

1	一四〇五	一四〇七	占城・爪哇・蘇門答拉・錫蘭山・柯枝・舊港	一四〇七，在舊港擒國王陳祖義，斬於南京。
2	一四〇八	一四一一	占城・爪哇・滿拉加・蘇門答拉・翠蘭嶼・榜葛剌・錫蘭山・柯枝・古里	一四〇九，在錫蘭擒國王亞烈苦奈兒，送到南京，又釋放回國。
3	一四一二	一四一五	占城・闍婆・舊港・蘇門答拉・錫蘭山・甘巴里・柯枝・古里・忽魯謨斯・彭亨	一四一三，在蘇門答拉，擒前王之子蘇幹剌，斬於北京。
4	一四一六	一四一九	占城・爪哇・滿拉加・蘇門答拉・渤泥・彭亨・溜山國・阿丹・忽魯謨斯・柯枝・竹步	
5	一四二一	一四二二	占城・蘇門答拉・祖法兒・天方・木骨都束・不拉哇・竹步	
6	一四二四	一四二五	占城・舊港	
7	一四三〇	一四三三	占城・爪哇・舊港・蘇門答拉・翠蘭嶼・錫蘭山・古里・忽魯謨斯・祖法兒・阿丹・天方・木骨都束・不拉哇・暹羅	

鄭和率領的武裝船團，第一次出動軍艦六十二艘，戰士二萬七千餘人。第二次出動軍艦四十八艘，戰士三萬餘人。每艦平均容納四百餘人，旗艦和若干主力艦，長一百二十公尺，寬四十公尺，可載一千餘人。如此巨大工程，沒有精密的造船技術和精密的航海技術，無法負擔（就在本世紀【十五】初，歐洲執造船牛耳的威尼斯王國，對巨艦下水之前，往往因不勝負荷而破裂，仍感到是最難克服的困難）。鄭和一連七次出發西洋，就憑此無敵艦隊，縱橫印度洋上，沒有一個國家能夠抵抗。新興的帖木兒帝國，也只是陸權國家，武力還沒有擴張到海上。其他都是小國，至少跟龐然大物的中國比起來，它們都是小國。

鄭和最初的航程，僅限於亞洲。第四次起，他延伸到非洲海岸，今索馬里及肯雅之地。假如繼續發展下去，航線再行向南，可能會繞過好望角。鄭和七次出海，雖沒有搜索到朱允炆，但他在政治上和外交上的成就，卻十分可驚。中國武裝船團，航行印度洋和南中國海，好像泛舟於中國的內湖。它帶給諸國的衝擊，可由推測而知。尤其使諸國震動的，是「三擒番王」之舉。

第一次發生於第一次下西洋時，就在蘇門答拉島（今印尼最西境），完全由中國移民建立的舊港王國，國王陳祖義，向他祖國的艦隊司令鄭和詐降，然後像高麗王國對付關先生一樣，向鄭和突擊。但他的運氣不佳，被擊敗擒獲，送回中國處斬。第二次發生於第二次下西洋時，在錫蘭山王國（錫蘭島），國王亞烈苦奈兒把鄭和誘到首都副羅里城，然後傾全國之力攻擊停泊在港口的中國船團。鄭和身旁只有兩千人，他發現情況有異後，即用此兩千人乘

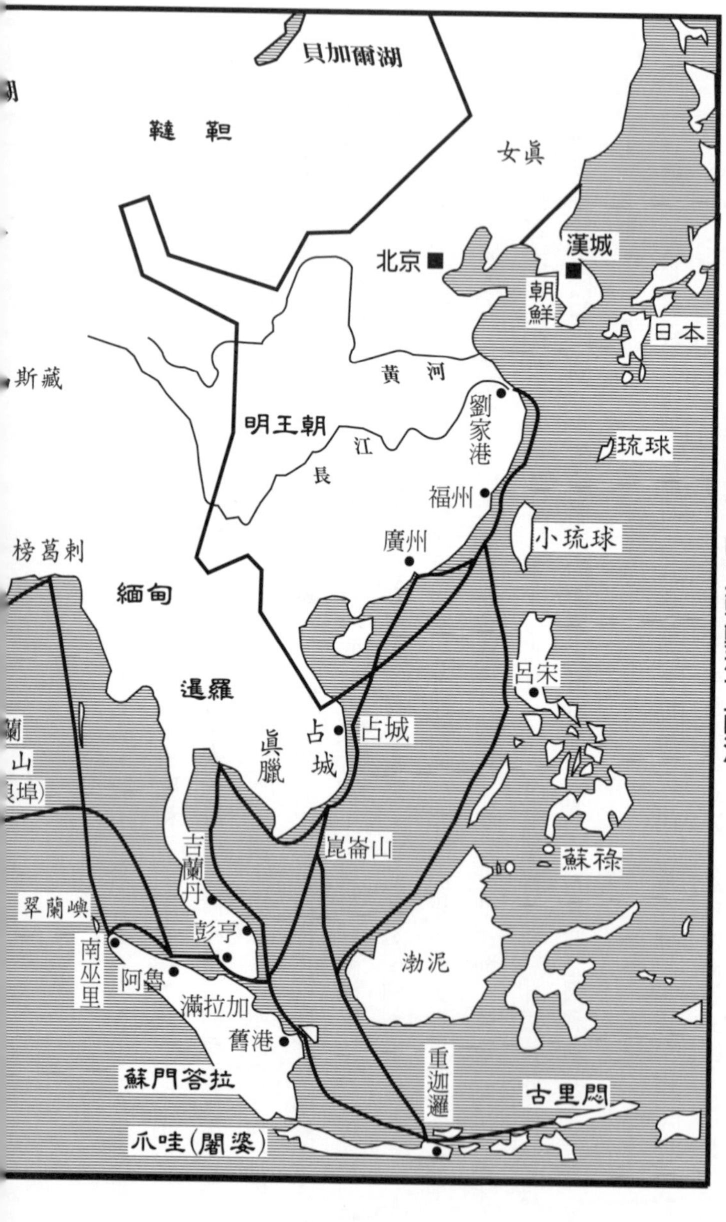

圖四二　明王朝鄭和下西洋

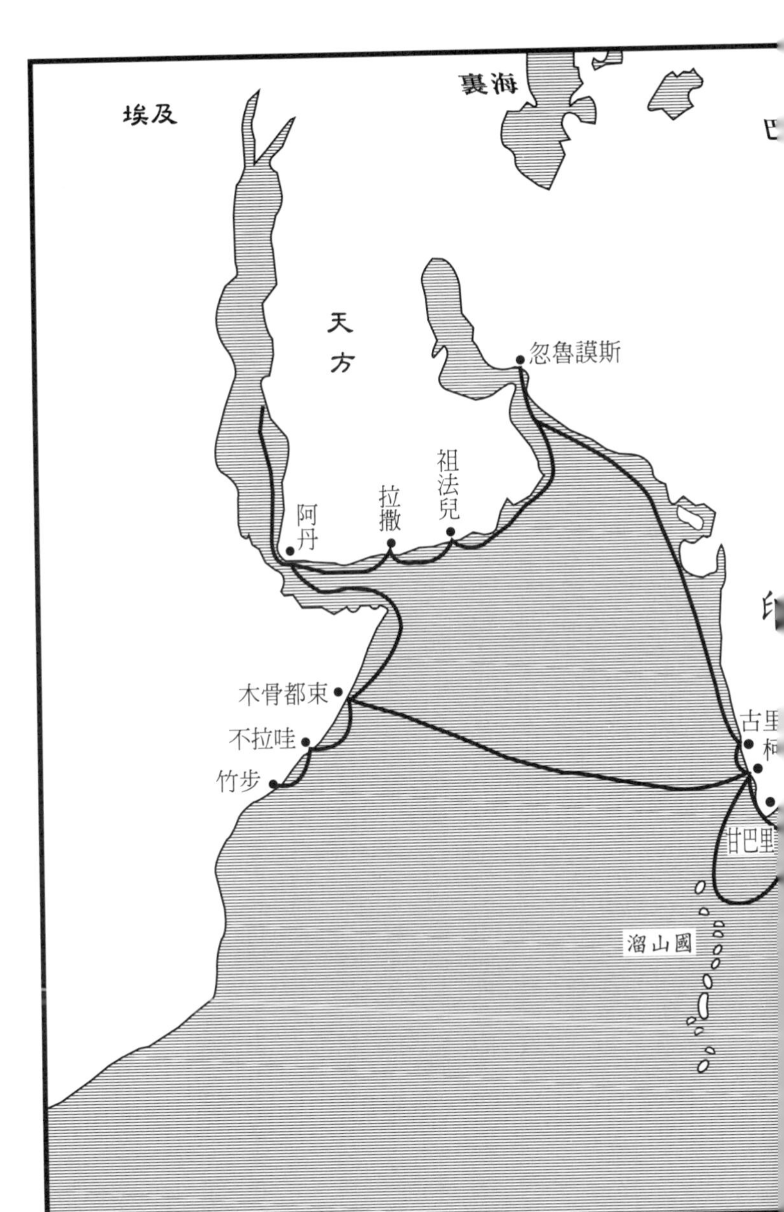

埃及
裏海
天方
忽魯謨斯
祖法兒
拉撒
阿丹
木骨都束
不拉哇
竹步
溜山國

首都空虛，突襲王宮，生擒亞烈苦奈兒。錫蘭山軍隊半途聞警，急折回相救。被中國軍隊前後夾攻，大敗。亞烈苦奈兒被送到中國，但中國沒有殺他，反而又送他回錫蘭山。從此錫蘭山成爲中國最忠實的盟邦，每屆國王即位，跟朝鮮、安南一樣，一定請中國册封。第三次發生於第三次下西洋時，蘇門答拉王國正逢內亂，前王的兒子蘇幹剌起兵奪取王位，但他缺乏政治頭腦，不知道聯絡中國求助，反而向中國船團襲擊，企圖取得財寶。結果被俘，送到中國處斬。

鄭和下西洋，跟紀元前二世紀張騫通西域一樣，都是爲中國鑿開一個過去很少人知道的混沌而廣大的天地。他們對國家貢獻和東西文化交流，有偉大的功績。不過，張騫處在一個朝氣蓬勃的時代，而鄭和卻處在一個暮氣日增的時代，所以結局完全不同。

二〇年代一四二四年，朱棣逝世，他的兒子朱高熾繼位，朱高熾左右那批儒家的理學大亨，把下西洋當作老爹的暴政之一，下令停止，甚至把一些重要檔案都加以銷毀，以防後來再有英雄人物效法。六年後，三〇年代一四三〇年，因朝貢的國家減少，當時的皇帝朱瞻基（朱高熾的兒子），命鄭和作第七次出航，也是最後一次出航。中國社會的停滯性質已經形成，任何開展和進取的思想行爲，都被排斥。不久中國又恢復閉關，雖然沒有回到「一片木板都不准出海」，但海外貿易，完全成爲被動，印度洋上，留下權力眞空。

——鄭和最後一次下西洋，於一四三三年返國。六十九年後（一五〇二），葡萄牙王國艦隊司令達伽瑪繞過好望角，攻陷印度半島南部的加里庫特城（即中國所稱的古里，今卡利卡特市），征服錫蘭山王國，自稱印度總督。假如中國能保持鄭和的成果，東方和西方兩大文明，勢將提前在海上接觸，其影響必深而且遠。

不過，政府方面有組織的航海事業雖然中止，民間並沒有中止。反而由於鄭和一連七次強大的海上武力展示，使民間的海上活動加強。尤其沿海一帶居民，廣州、泉州、潮州、漳州、以及客家人，大批的私自闖關，湧向海外，遷移到南中國海各國，使原來已有中國人的地方更爲繁盛，而一些荒野也由中國人開墾，成爲良田，他們正是今日東南亞各國華人的濫觴。

三、交趾省的設立與永久脫離

與鄭和下西洋同時發生的，還有交趾（越南北部）的得而復失。

以大羅城（古交趾城，越南河內）作爲首都的交趾王國，十二世紀時，中國改封它的國王李日燇爲安南國王，遂改稱安南王國。後來李氏王朝男嗣斷絕，女兒繼位，生子陳日煊，遂轉爲陳氏王朝，除對中國自稱王國外，對內和對其他國家，都稱大越帝國。上世紀（十四）末，駙馬黎季犛當權。本世紀（十五）初，黎季犛把岳父家陳姓王族，全部屠殺。宣稱自己是中國儒家聖人系統虞舜帝姚重華後裔胡公滿的子孫，於是改名胡一元，命他的兒子胡蒼當皇帝，自己當太上皇，遂建立大虞帝國。上奏章給中國皇帝說，陳氏王族已經絕嗣，胡蒼是公主之子，請求准予代理國王。中國政府想不到其中如此曲折，就冊封胡蒼當安南國王。

可是，陳氏王族的一位漏網之魚陳天平王子，卻逃到老撾王國（寮國），老撾是中國藩屬之一，把陳天平送到中國。恰巧胡一元的使節也到首都應天（江蘇南京），他們本都是陳氏王朝的故臣，見了陳天平，驚愕下拜，這證實他王子的身份，並無錯誤。中國政府向胡一元責問，胡一元上奏章謝罪，請求准予迎接陳天平返國復位。

本世紀（十五）〇〇年代一四〇五年，中國派大將黃中，率軍五千人，護送陳天平回國。次年（一四〇六），進入安南國境後，沿途歡迎人員，都十分恭順，黃中的戒備因之大為鬆懈。當走到芹站（富良江北岸）時，山路險峻，樹林茂盛，又逢大雨，忽然間伏兵四起，護送軍團錯愕之間，伏兵已把陳天平殺死，向南撤退。在陳天平身旁擔任護衛的中國若干高級官員，也都喪生。黃中急集中兵力反擊時，橋已被砍斷，伏兵在南岸叩拜說：「我們不敢拒抗天朝，但陳天平不過市井小人，不是王子，不得不把他除掉。小國貧乏，不能招待天朝大軍，請回，我們國王自會請罪。」

這種戲侮性的流血手段，使中國沒有回轉餘地。四個月後，遠征軍在名將張輔率領下，進入安南，大破胡一元的象陣。明年（一四〇七），胡一元父子被擒。

——胡一元父子送到中國後，在監獄裏囚禁了一些時候，即被釋放，發遣到廣西省為民。廣西省雖跟安南王國相鄰，但胡一元已沒有影響能力。

胡姓王朝覆滅，陳姓王朝又沒有近親。而安南王國故地從紀元前二世紀時起，就是中國疆土。於是，中國宣佈撤銷安南王國，改稱交趾省，管轄十五個府，四十一個州，二百一十個縣。這個從十世紀脫離中國而獨立的國土，經四百餘年的隔絕，再回歸祖國。

可是，不幸的是，祖國的明政府帶給新交趾省的，卻是腐敗的統治。第一是地方官員，大多數來自鄰近的廣西、廣東、雲南三省，只不過略識文字，他們冒險深入蠻荒，目的只有一個：發財。第二是宦官，監軍太監馬騏，是事實上安南軍區的太上司令官和交趾省的太上省長，他對人民施展不堪負荷的勒索，僅孔雀尾一項，每年即要一萬隻，數目不足時，就對交趾人逮捕拷打，極盡殘酷。

交趾人無處申訴，官逼民反的形勢完成，於是叛變紛起，遍地戰鬥。其中最有力的一支是清化府俄樂縣警察局長（巡檢）黎利。黎利最初集結兵力時，交趾省兩位副省長（參政）馮貴、侯保，動員軍隊征討，本來可能撲滅，但馬騏不願看到他們勝利，而把精銳部隊留着自衛，只撥給他們數百名老弱殘兵，結果二人戰死，黎利的勢力遂不能控制。二〇年代一四二六年，安南兵團司令官（安南總兵官）王通，在交州府應平縣寧橋遇伏，死二萬餘人。明年（一四二七），中國援軍司令官柳升，在倒馬坡（越南同登）也遇伏，柳升戰死，七萬餘戰士全部被殺。王通惶恐失措，還沒有等到呈報中央批准，就向黎利求和，允許退出交趾。黎利接受這個提議，雙方築壇盟誓。

黎利也知道王通只是私自求和，所以又向明政府發動政治攻勢，用陳暠的名義，上奏章給中國皇帝，自稱是陳姓王朝的近親，請求冊封。中國剛受到嚴重挫敗，又聽到王通私自求和消息，又覺得中國本是為維護陳氏王朝正統而戰，於是順水推舟，冊封陳暠當安南國王，撤銷交趾省。這個新省回到中國只二十一年，到此再度脫離，直到二十世紀的今天。可是，等到中國官員和武裝部隊撤退之後，黎利上奏章說陳暠已死，請求改封他自己。中國明知道他在耍花樣，但已無力再發動戰爭，只好册封黎利當安南國王。

不過黎利並無意與中國對抗，他在被封之後，對中國繼續執行傳統的事奉大國政策，邦交更為敦睦。

——馬騏以激變番邦罪，處斬抄家，然而已無補於大局。歷史沉痛的證實，貪汚對中國的傷害太大了，無數民變兵變，辱國失地，政權覆滅，以及大屠殺大流血，幾乎全都起因於官員貪汚，和由貪汚而引發的暴虐。

四、北方邊患

中國的外患總是來自北方，明王朝不能例外。

蒙古統治階層入據中國一個世紀，並沒有吸收太多的中國文化。他們進入中國時是什麼樣子，在被逐出中國，回到蒙古本土時，幾乎仍是什麼樣子。事實上蒙古帝國政府在撤出大都（北京）後，帝國即行瓦解。它所屬的五個子國，窩闊台汗國早已被察合台汗國併呑（一三〇八），元帝國亡於中國（一三八一），吐蕃宗教國自然脫幅（一三八一），察合台汗國（一三六九）與伊爾汗國（一三八六），先後亡於帖木兒汗國。只剩下一個一向疏淡，而又遠在六千公里之外的欽察汗國，到了本世紀（十五）八〇年代，也被俄國消滅（一四八〇）

。帝國的瓦解，中央政府組織，也跟着瓦解。不知道什麼緣故，它沒有回到它所來自的故都和林（蒙古哈爾和林），大汗反而跟一個部落酋長一樣，逐水草而居，在沙漠上飄忽不定。總而言之，一切都恢復到十三世紀鐵木眞崛起前那種游牧生活方式，部落林立，互相戰爭。二百年帝國的偉大光榮，全成爲歷史陳蹟。

蒙古十八任大汗脫歡鐵木兒於逃出大都（北京）後，即行逝世，他的兒子愛猷識理達臘繼位。之後，自二十任大汗起，二十一任大汗，二十二任大汗（其實只是酋長），無不死於謀殺。本世紀（十五）〇〇年代一四〇三年，二十三任大汗坤鐵木兒又被他的部下鬼力赤刺死，蒙古更混亂不堪。

鬼力赤以後蒙古地區政治情況的發展，我們用左表示意：

部落	十五世紀〇〇年代——	十五世紀三〇年代——	十五世紀五〇年代——		十五世紀七〇年代——	十六世紀四〇年代——	
韃靼部落	蒙古廿四任大汗鬼力赤一四〇九，被酋長阿魯台所殺，立本雅失里。						

蒙古部落		瓦拉部落	
蒙古廿五任大汗本雅失里一四一〇，被中國擊敗，投瓦拉部落被殺。阿魯台降中國，封和寧王，尋又叛，與中國及瓦拉戰鬥不息。		順寧王馬哈木一四一二，殺本雅失里。一四一六，被阿魯台假借中國遠征軍名義擊斬。	
脫脫不花爲脫歡所立，脫歡自任宰相。一四五三，爲也先所殺。		脫歡馬哈木子，殺其二叔，統一瓦拉部落。一四三四，擊斬阿魯台。一四三九，卒。	
小王子麻兒可兒脫脫不花子，爲酋長孛來（喀喇沁部）、毛里孩（翁牛特部）所立。		天聖可汗也先脫歡子，一四四九，擄中國皇帝朱祁鎭。一四五三，殺脫脫不花，自稱天聖可汗。一四五四，被大臣阿拉剌死，部眾潰散。	
小王子馬古可兒吉思爲孛來所殺，毛里孩又殺孛來，立摩倫，又立滿都督，均被部下所殺。蒙古混亂更甚。			
達延汗巴圖蒙和二十任大汗脫古思鐵木兒六世孫。一四七〇立，統一蒙古，帝國復興。一五四三卒，分爲下列四部：		（瓦拉後改稱「衛拉特」，又稱「厄魯特蒙古」，十七世紀時，分爲下列四部：）	
嫡孫居錫林郭勒盟察哈爾部	林丹汗	和碩特部（新疆東部）	固始汗
長孫居河套鄂爾多斯部		準噶爾部（新疆伊寧一帶）	噶爾丹
次孫居河套以北土默特部	順義王俺答	杜爾伯特部（新疆北部）	
幼子居蒙古喀爾喀部		土爾扈特部（新疆塔城一帶）	

上表包括本世紀（十五）之後，三個世紀間蒙古地區和中國有關的主要政治領袖人物的關係位置。

蒙古地區上有很多民族和很多部落，除了蒙古民族本身諸部落外，主要的還有突厥民族的兩個部落，一個韃靼部落，一是瓦拉部落。韃靼部落即十三世紀的塔塔爾部落，跟蒙古諸部落是世仇，幾乎被屠殺絕種。因為他們的牧地夾在蒙古跟中國之間的緣故，中國遂把蒙古人也稱為韃靼，對蒙古來說，簡直是一種侮辱。

但鬼力赤卻是韃靼血統，他奪取政權後，使中國更振振有詞的把蒙古當作韃靼。可是韃靼人無法作蒙古人的主人，鬼力赤不久就被蒙古一位強有力的酋長阿魯台殺掉，另立本雅失里繼位大汗。就在同時，一直屈服在蒙古統治之下的瓦拉部落，已經強大，在阿爾泰山（蒙古與新疆省分界）一帶游牧。現在乘着蒙古本土內亂，向東移動。有時跟蒙古諸部落合作，擁立一個傀儡可汗。有時跟蒙古諸部落對抗，互相攻殺。有時跟中國通商親善，有時又向中國襲擊劫掠。

由於蒙古支離破碎，中國的威脅，也相對減輕。缺少一個強大的政府支持，使他們不能有通盤計畫和通盤行動。野心勃勃的一些酋長，不過只貪圖搶奪財物女子，並沒有政治上的遠大抱負。比過去匈奴、突厥、契丹、女眞，所發出的沉重壓力，現在的北方敵人，只能算作一些小小擾亂。

然而明政府仍為此傾全國之力，重新興築萬里長城，和疏濬南北運河。前者防止北方蠻族再度南下，後者加強江南軍糧運輸。萬里長城自十世紀燕雲十六州割給遼帝國後，便喪失作用。四百年來，幾乎全部倒塌。明王朝建立，又恢復十世紀前中國與北方蠻族對抗的局勢，興築長城，自屬必要。於是從東方山海關，直築到河西走廊嘉峪關。山海關至黃河一段，在本世紀（十五）初期完成。黃河至嘉峪關一段，於下世紀（十六）完成。這個長達二千三百餘公里的全部新建工程，比起紀元前三世紀秦王朝所修築的只數百公里的連接工程，巨大艱苦，達百倍以上。明政府又沿着長城，設立九個邊疆軍區，稱為九邊：

順序	九邊	總部所在	註
1	延綏軍區	陝西榆林	一四三五年設，原設綏德，一四七一年遷榆林
2	遼東軍區	遼寧遼陽	一四三六年設，後移廣寧（遼寧北寧），又移山海關，又移寧遠（遼寧興城）
3	宣府軍區	河北宣化	一四三六年設
4	寧夏軍區	寧夏銀川	一四三六年設
5	山西軍區	山西寧武	一四四八年設。原設偏頭關（山西偏關）
6	固原軍區	寧夏固原	一五〇一年設。又稱陝西軍區

7	甘肅軍區	甘肅張掖	一四五〇年設
8	大同軍區	山西大同	一四三六年設
9	薊州軍區	河北遷西	一五四八年設

南北運河是蒙古帝國的工程（七世紀時楊廣開的那些運河，九世紀後都湮沒了），但會通河（山東省境內之南北運河）與清江浦（黃河與淮河合流處，江蘇淮陰），已全部淤塞。本世紀（十五）初，重加挖鑿。第三任皇帝朱棣又於二〇年代一四二一年，把首都自南京遷到北京，這是一個進取性的措施。

朱棣是中國親自深入漠北地區攻擊北方蠻族的皇帝之一，曾經五次親征。第一次一〇年代一四一〇年，親征本雅失里與阿魯台，到達成吉思可汗鐵木真即位的斡難河（鄂嫩河），本雅失里與阿魯台大敗，本雅失里潰不成軍後，投奔瓦拉部落。瓦拉王馬哈木最初表示尊奉他，後來當自己的勢力迅速向東挺進時，他不再接受蒙古的統治，就把本雅失里殺掉。於是瓦拉代替蒙古，跟中國爲鄰。第二次一四一四年，朱棣親征瓦拉，到達土拉河（蒙古烏蘭巴托南），馬哈木大敗。第三次二〇年代一四二二年，親征阿魯台，到達闊灤海（內蒙東北部呼倫湖），不見敵蹤。第四次一四二三年，再親征阿魯台，到達上莊堡（河北萬全北），又不見敵蹤。第五次一四二四年，再親征阿魯台，到達答蘭納木兒河（蒙古最東部哈拉哈河上游），派兵搜索，仍不見敵蹤。回軍途中，至榆木川（內蒙正藍旗北），朱棣病死。

朱棣雖是一位較有作爲的皇帝，但不是一個優秀的統帥人才，五次親征，都不能捕捉到對方主力，予以決定性打擊。除了第一次親征有收穫外，其他四次親征，大軍未發，四方皆知，敵人早已堅壁清野。然而，朱棣死後不久，中國進入第三次宦官時代，當權人物，相繼競賽昏暴，對北方蠻族，便只有挨打的份，再無力還擊。

五、中國第三次宦官時代

明王朝自靖難之役後，國內安定三十餘年。此三十餘年位於本世紀（十五）初期，是中國人民在明王朝統治三百年中，唯一的比較幸福的日子。鄭和下西洋，交趾省（越南北部）設立，和朱棣五次親征，以及長城運河的建設工程，也都在這三十餘年中完成。宦官的災難雖然已經萌芽，像交趾監軍馬騏，竟逼使交趾脫離祖國，即是一個惡兆。可是馬騏終於受到懲罰，社會還有一線光明。而三〇年代之後，宦官時代降臨，連這一線光明也都消失，而終於完全黑暗。

這是中國第三次宦官時代，距第一次宦官時代（二世紀）一千三百年，距第二次宦官時代（九世紀）六百年。我們姑且說，第三次宦官時代始於本世紀（十五）三〇年代一四三五年王振當權，終於下下世紀（十七）六〇年代一六六一年明王朝覆亡，歷時二百二十七年。

——注意一個現象，宦官時代的結束，一定是王朝的覆亡。

——肯定時代的起訖時間，是一件非常荒謬的事。但爲了對社會形態有一個了解，必須如此，才可以有明確的印象。事實上二百餘年間，宦官並不每年都在作怪。像下世紀（十六）第十二任皇帝朱厚熜在位的四十六年中，宦官就沒有什麼地位。

我們把宦官時代的主要當權的宦官人物，列出一表：

世紀	皇帝	宦官	職位	當權起訖	當權年數	註
15	六任帝朱祁鎮	王振	司禮太監	1435 1449	15	朱祁鎮在位十五年。
	七任帝朱祁鈺					朱祁鈺在位九年，任用于謙，全國安定。
	八任帝朱祁鎮	曹吉祥	司禮太監	1457 1461	5	朱祁鎮復辟後又在位八年。
		門達	錦衣衛指揮使	1463		
	九任帝朱見深	汪直	西廠提督太監	1477 1483	7	朱見深在位二十四年，不出見政府官員。

世紀	帝	宦官	職位	年份	年數	備註
	十任帝 朱祐樘	李廣	太監	1488 1498	11	朱祐樘在位十九年，不出見政府官員。
16	十一任帝 朱厚照	劉瑾	司禮太監	1506 1510	5	朱厚照在位十七年。
		錢寧	錦衣衛指揮使	1513 1521	9	
	十二任帝 朱厚熜					朱厚熜在位四十六年，無宦官之禍，然而任用大貪官嚴嵩當宰相。
	十三任帝 朱載垕					朱載垕在位七年，不出見政府官員。
	十四任帝 朱翊鈞	馮保	司禮太監	1572 1582	11	朱翊鈞在位四十九年，不出見政府官員。
		（諸太監）	稅監、礦監	1583 1620	38	
	十五任帝 朱常洛					朱常洛在位三十日。

17					
十六任帝 朱由校	魏忠賢	司禮太監	1620 1627	8	朱由校在位八年。
十七任帝 朱由檢	曹化淳	司禮太監	1628 1644	17	朱由檢在位十八年。
十八任帝 朱由崧	（諸太監）			1	朱由崧在位一年一月。
十九任帝 朱聿鍵					朱聿鍵在位一年四月，流亡不定。
二十任帝 朱由榔	馬吉翔	司禮太監	1647 1661	16	朱由榔在位十七年，流亡不定。

上表可以看出，明王朝幾乎每一個皇帝，都有他親信並掌握權柄的宦官。沒有特別親信宦官的皇帝，如朱厚熜，則有特別親信的貪官。

當三〇年代朱祁鎮即位時（一四三五），年方九歲，還是一個頑童。由司禮太監王振帶着他遊戲，他對這個大玩伴，十分敬佩，尊稱爲「王先生」。最初，朱祁鎮的祖母張太后，經常派人到內閣，查問政事，發現王振有假傳聖旨的情形。大怒之下，親自主持內閣會議，要殺王振，一批鄉愿大臣代他求情，才算倖免。但張太后不久逝世，王振的威風日增，沒有人能控制他，不但成爲太上宰相，而且成爲太上皇帝。第三次宦官時代，遂由王振揭幕。

首先受害的是皇家教師（侍講）劉球，劉球上奏章勸朱祁鎮親政，王振認爲譏諷自己，即把劉球逮入錦衣衛詔獄，亂刀砍死，屍體支解，擲到荒郊。另一位受害人是國立北京大學校長（京師國子監祭酒）李時勉，有一天，王振前往視察，李時勉對他並沒有表示特別的恭敬，王振就指控李時勉盜用國家樹木，把他在大學門前帶枷示眾三天，大學生數千人哭號奔走，都不能解救，最後還是輾轉求到朱祁鎮的母親何太后，何太后向朱祁鎮詢問，朱祁鎮驚愕說：「一定是王振幹的事。」才下令釋放。最高法院副院長（大理少卿）薛瑄，在大庭廣眾中沒有先向王振行禮。王振即逮捕薛瑄，下錦衣衛詔獄，以貪污受賄罪名，判處死刑。處斬前夕，王振一位老僕人在廚房流淚，王振問他爲什麼時，老僕人說：「我跟薛瑄是同鄉，深知他的爲人。」並舉出若干事證，王振才把薛瑄開釋，但仍被貶謫至邊疆鐵嶺（遼寧鐵嶺）。然而錦衣衛一位名王永的兵士，卻沒有這種好運。王永看不慣王振爲非作歹，寫匿名傳單，加以指摘，被捕磔死。

權力所在，諂媚必然集中。工程部副部長（工部侍郎）王佑，沒有鬍鬚，王振問他什麼原因，王佑說：「老爺沒有，兒子輩安敢有。」

——注意王佑這件事，這是第三次宦官時代特徵之一，政府高級官員和士大夫階層，公然無恥的爭向宦官賣身投靠，是第一第二次宦官時代所沒有的現象。

六、土木之變與奪門之變

四〇年代一四四九年，王振力排眾議，要第六任皇帝朱祁鎮親征瓦拉。

瓦拉部落向東推進途中，於一〇年代，曾被朱棣在土拉河（蒙古烏蘭巴托南）擊敗，但它東進不止。不久就把蒙古諸部落，先後驅逐到更寒冷荒涼的東北地區，佔領原來屬於蒙古諸部落的廣大塞北，跟中國接壤。

瓦拉可汗也先最初對中國謹愼從事，不斷派人進貢土產，並效法匈奴、回紇，向中國求婚。翻譯官馬雲，貪圖也先的賄賂和炫耀自己的權威，答覆說：「皇帝已經允許。」也先大喜。一四四九年，貢馬千匹，作爲聘禮。中國政府這才大吃一驚，告訴他並沒有這回事。也先認爲中國戲弄他，遂向中國發動攻擊，沿邊城堡，相繼陷落。

於是，王振主張親征。他把戰爭看成兒戲，認爲權力的魔杖可以抵擋一切。詔書頒下後的第二天，朱祁鎮即行出發，因倉促間沒有準備，半途上軍士已有人餓死，到了大同（山西大同）後，王振還要北進，可是派出去的幾個兵團，先後潰敗，軍心大亂。鎮守大同的宦官也提出警告，不但不可再北進，連大同都危在旦夕，王振不得已，始下令回京。走到距居庸關（北京昌平）四十公里的土木堡時，瓦拉追兵已至。國防部長（兵部尙書）鄺野請急速入關，但運送王振所搜括的金銀財寶的車隊，還沒有趕到，他堅持等候。鄺野堅持迅速撤退，王振詬罵說：「軍國大事，你懂什麼？」把鄺野逐出營帳。旣而瓦拉騎兵合圍，大呼：「投降免死。」王振這時才發現他的權力魔杖失靈，禁衛軍官樊忠，悲憤交加，用鐵錘把王振擊殺。但仍擋不住全軍覆沒，樊忠戰死，朱祁鎮被瓦拉生擒。

土木堡消息傳到北京，明政府大亂。有人主張把沿邊軍隊全部撤回保衛首都，有人主張遷都南京。高級官員的眷屬和富商，紛紛逃走。幸而朱祁鎮的弟弟朱祁鈺是一個英明親王（明王朝二十任皇帝中，唯一傑出的君主），他採取斷然措施，自己坐上寶座，用以堵塞瓦拉的勒索。又任命于謙當國防部長（兵部尚書），積極整頓已腐爛透了的武裝部隊，刷新政治，全國轉呈新興氣象。

一件利器握在力量不足的人手中，不但不能發揮威力，反而是一個負擔。也先把朱祁鎮活捉，高興了一陣之後，簡直不知道如何運用，和如何處置才好。不過挾持着他沿邊攻擊，勒索一點財物。但後來直抵北京城下，被于謙擊敗，就改變主意，於土木之役的明年（一四五一），跟中國和解，接受巨額贖金，把朱祁鎮釋放。

——也先接着把蒙古大汗脫脫不花殺掉，而且稱蒙古大汗，沉湎在從中國得來的女色和美酒之中。一四五四年，被部將阿拉刺死。蒙古諸部落乘機反攻，瓦拉部落崩潰，向西星散逃走，退出中國歷史舞台。直到二百年後的十七世紀，才以分裂後的「四衛拉特」局面，再跟中國接觸，而終於被中國征服。

朱祁鎮在瓦拉手中時，曾向前往探望他的明政府使節教育部副部長（禮部侍郎）李實，痛哭流涕說：「也先有意送我回去，請你轉告政府，我回去後，只求作一個平民，便心滿意足。」李實問他爲什麼那樣寵信王振，朱祁鎭說：「王振沒有死時，從沒有人指摘他不對，如今人人都把罪過推到我頭上。」然而，這只是賭徒失敗後乞求同情的話，他內心的想法並不如此。朱祁鎭被贖回之後，對他弟弟朱祁鈺沒有馬上把寶座還給他，大大不滿。他積極的謀求復辟，一些野心家也準備把賭注下在他身上。

——從這個觀點，研究十二世紀宋王朝南遷後的局勢，可以發現，趙構拒絕他哥哥趙桓回國，有充份的理由。沒有人能保證趙桓回國後不像朱祁鎭一樣，發動政變。這是專制政體的另一個死結，無法解開。

五〇年代一四五七年，朱祁鈺病危，沒有兒子，舉朝感到將發生繼承問題。宦官曹吉祥和監察部副部長（副都御史）徐有貞，集結私人部隊和家丁，擁立朱祁鎭。於黎明時分，奪取宮門，升殿復位。等到早朝，全體文武官員才發現坐在金鑾殿上的已不是弟弟朱祁鈺，而是故主朱祁鎭。朱祁鈺在病榻上聽到消息，一驚而逝。

朱祁鎭在這場戲劇化的政變中，擔任使人失笑的急吼吼角色，因爲他即令坐着不動，朱祁鈺死後，既沒有兒子，帝位仍會輪到他。大概他自己也發現這種情況，爲了表示他的奪門有其必要，所以指控于謙和宰相（大學士）王文，陰謀迎立外藩——迎立遠在襄陽（湖北襄樊）的朱厚熲親王的兒子入承大統，把于謙、王文二人逮下詔獄。可是逮捕之後，專用來召喚親王入京的金牌，立即被發現仍在皇太后宮中，證明根本沒有此事。而自土木之變後，于謙獨力支持危局，成爲全國所敬仰的民族英雄，所以很多人申訴營救。但徐有貞跟于謙有私人恩怨，他提醒朱祁鎮說：「不殺于謙，我們所作的事便名不正，言不順。」最高審判法庭（三法司）只好加上「意圖」二字，定二人的罪名爲「意圖迎立藩王」，判決死刑。王文仍據理分辯，于謙嘆息說：「這不是法律問題，也不是法庭問題，千言萬語，又有何用。」二人同被處斬，家產抄沒。

——這是自十二世紀岳飛死後，第二位名將死於冤獄，相距三百年。于謙行刑之日，北京天氣驟變陰霾，街巷到處聽到哭泣。民間傳說，于謙是岳飛轉生，再來世上，爲國家抵抗北方蠻族。

朱祁鎮並沒有在他所受的災難中，接受任何教訓，他的智力商數不允許他如此。他復位後竟然仍思念王振，特地雕刻一個王振木像，招魂安葬。

——朱祁鎮對王振這種反應，除了顯示朱祁鎮冥頑不靈的性格外，實在找不出其他解釋。

七、斷頭政治

宦官好像是明王朝皇帝的靈魂，明王朝皇帝不能沒有宦官，猶如一個人不能沒有靈魂。朱祁鎮逝世後，兒子朱見深繼位，信任宦官汪直。還特地創立「西廠」，命汪直主持。詔獄系統除了錦衣衛、東廠之外，又多了一個西廠。祕密警察佈滿每一個角落，朱見深躲在深宮之中，靠着這一批耳目爪牙，統治他所統治下的帝國。宰相商輅向朱見深指出，這種作法，並不能幫助安定秩序，反而會激起反抗，動搖國家基礎。朱見深大怒說：「一個小小宦官，怎麼會危害國家？」

——朱見深的話使人回憶九世紀時唐王朝皇帝李純的話：「宦官不過是家奴。」他們對問題的反應，如出一轍。

反對宦官的固然有人，但諂媚宦官的搖尾系統，也正式建立，王佑不過口頭上說說，而監察部委員（御史）王億，卻上奏章給皇帝，頌揚汪直所主持的西廠，對治安有極大的貢獻，他說：「汪直所作所爲，不僅可以爲今日法，並且可以爲萬世法。」當奏章傳出時，若干人要唾王億的臉，但他立即被擢升爲湖廣省（湖南・湖北）高等法院副院長（按察副使）。

——從此，道德水準較低的人，官位越高。而官位越高的人，道德水準也越低。具有道德勇氣的人，加速度的被排斥於政府之外，或被誣陷在詔獄之中。

朱見深的兒子朱祐樘，是頭腦比較清楚的一位皇帝，而以不任用宦官聞名於世。但當宦官之一的李廣死後，朱祐樘查看他家中賬簿時，見有「某官送黃米幾百石」「某官送白米幾百石」的記載，困惑說：「李廣能吃多少米？」左右告訴他，黃米指黃金，白米指白銀，全是賄款。

王佑、王億之類的無恥之徒，在宰相階層中，也開始出現。宰相萬安，完全靠進獻春藥祕方，被擢升爲首相（華蓋殿大學士）。朱見深死後，朱祐樘在一個小箱子裏，找到這些祕方，每張祕方上都署名「臣萬安進」，以便皇帝在淫樂中思念他的忠心。朱祐樘責備他說：「這是宰相應該做的事嗎？」教萬安辭職，但萬安婉轉哀求，不肯提出辭呈。以致朱祐樘不得不下令把他免官。另一位宰相（大學士）劉吉，是宦官汪直的搖尾系統中最得意的一員，貪污狼藉，屢被彈劾，但每被彈劾一次，他卻一定升官一次，世人稱他爲「劉棉花」，意思是越彈越起。一直到汪直下台，他才跟着下台。

中央政府腐敗，促使地方政府加倍腐敗，因爲地方政府官員必須更加貪污才能有充份的財物行賄，以保持自己的職位，和再圖升遷。而明王朝另有一種特殊的社會階層，介於官員與平民之間，即退休的官員，和沒有官職的秀才、舉人、進士，以及在職官員的家屬親戚，他們被稱爲「鄉紳」，在社會上構成一個新型的惡霸集團，跟地方政府官員結合，欺壓平民，尤其欺壓佃農。佃農貧苦已極，常因無力繳納糧租，而被鄉紳縛送到縣政府打問——打問，是官員對平民的廷杖，官員只要看到鄉紳的名片，即行動刑。

貪官和鄉紳，像兩條毒蛇纏在人民身上，任何合法的手段，都不能擺脫。於是，抗暴革命遂跟明王朝同在。本世紀（十五）若干重要民變，我們用左表列出，它們都是大規模的流血抗暴，使中央政府爲之震動：

年代	年份	民變領袖	發生地區	註
二〇	一四二〇	唐賽兒	蒲台（山東濱州）	
三〇	一四三七	思任發	麓川（雲南瑞麗）	

四○	一四四二	葉宗留	慶元（浙江慶元）	
	一四四八	鄧茂七	沙縣（福建沙縣）	
五○	一四五三	侯大狗	大藤峽（廣西桂平）	戰鬥十三年才平息
六○	一四六五	劉千斤	鄖陽（湖北鄖縣）	
	一四六八	滿俊	開城（寧夏固原南）	
七○	一四七○	李鬍子	鄖陽（湖北鄖縣）	

唐賽兒是佛教的女傳教士，她失敗後，像被地球吞沒了似的無影無蹤。明政府疑心她逃到廟庵裏僞裝尼姑，就把山東、北直隸（河北省）兩省所有的尼姑，數萬人之多，全部逮捕，送到北京審訊。在酷刑下，他們的遭遇使人顫抖，但唐賽兒不能查獲。鄧茂七是一個佃農，在那個時代，佃農必須把糧租送到鄉紳（鄉紳和地主是一體的）家裏，鄉紳總百般挑剔虐待。鄧茂七聯絡各地佃農，聲明沒有義務送糧上門，要鄉紳自己下鄉收取。鄉紳立即通知政府，政府官員立即派兵鎮壓，鄧茂七遂武裝反抗。恰巧福建省省長（左布政使）宋彰，跟唐王朝末年的「債帥」一樣，是一個同樣性質的「債官」。他用借貸來的巨款賄賂宦官王振，才得到這個肥沃的高位，到任之後，急於償清債務，用最凶暴的手段，無所不爲。人民不堪

忍受，尤溪縣礦工蔣福成，首先發難，領導工人暴動。鄧茂七跟蔣福成結合，聲勢浩大，最後當然失敗，但也給貪污官員一個血的回報。不過終局最悲慘的還是李鬍子一役，鄖陽（湖北鄖縣）一帶，荒山相連，農民自從上世紀（十四）便在山中屯墾，聚集九十餘萬人，有的已傳了三代。李鬍子領導據險抗暴時，大多數農民都沒有參加。可是，等到李鬍子失敗，剿匪司令官（都御史）項忠，卻下令作斬草除根式的大屠殺，九十餘萬人，全部死於刀下，婦女兒童屍體，塡滿山谷。項忠還樹立石碑，歌頌自己功德，世人沉痛的稱它爲「墮淚碑」。

人民的反抗如此強烈，中央政府的腐敗反而更甚。本世紀（十五）六〇年代是一個可紀念的時代，明王朝開始出現一種自從人類有政治組織以來，從來沒有聽說過的斷頭政治。中國歷代王朝的皇帝，無論如何昏聵凶暴，總是經常的（甚至每天）都要出席金鑾殿上舉行的清晨會報，跟群臣見面，討論國政。必要時還出席小型的在別殿舉行的高階層會報，聽取並裁決大臣的意見，術語稱爲「早朝」或「視朝」。然而，自本世紀（十五）六〇年代一四六〇年起，第九任皇帝朱見深繼承他冥頑不靈老爹朱祁鎭的寶座後，他比老爹更冥頑不靈，索性不再露面。

朱見深在位二十四年，始終藏在深宮，大臣不認識他，他也不認識大臣。八〇年代一四八七年，朱見深逝世，兒子第十任皇帝朱祐樘繼位，龜縮如故。直到本世紀（十五）最後第三年，即九〇年代一四九七年，朱祐樘才在文華殿跟幾位宰相見一面，由宦官向各人泡上一盃茶，只談了幾句家常話，就教他們退出。這是三十八年來皇帝第一次召集內閣，也是大臣第一次看到皇帝的嘴臉，成為轟動一時的大事。

明政府像一個斷了頭的巨人，在懸崖絕壁上，蠕蠕而行。

八、東西方世界

——一〇年代·一四一五年（交趾省官員解縉死於冤獄），英法百年戰爭第三次戰役起，法國勃艮地公爵跟英王亨利五世聯合，進攻法王查理六世。

——二〇年代·一四二〇年（明王朝遷都北京前一年），英法百年戰爭第三次戰役終，歷時六年。法國割諾曼第給英國，並同意英王繼承法國王位。

——二〇年代·一四二二年（朱棣第三次北征蒙古），法王查理六世逝世。英王亨利六世宣佈即法王王位，法國人拒絕，擁立查理六世的兒子查理七世，與英作戰。英法百年戰爭第四次戰役起。

——二〇年代·一四二九年（交趾省脫離中國獨立後第二年），法軍屢敗，僅餘奧爾良一城，英國圍攻。法國十七歲少女貞德自田間起義，號召勤王，士氣大振，解奧爾良之圍。貞德引查理七世到教堂，正式加冕為法王。

——三〇年代·一四三〇年（鄭和第七次下西洋），勃艮地公爵擒貞德，送與英軍，法王查理七世拒絕出錢贖回。明年（一四三一），英軍於盧昂組教士法庭，將貞德焚死（我們發現，無論中國和外國，帝王們最容易忘恩負義）。

——五〇年代·一四五三年（土木堡之役後第四年），㈠英法百年戰爭第四次戰役終，歷時三十二年。全戰爭也終，歷時一百一十七年。英國大敗，喪失在法國全部領地。㈡土耳其帝國蘇丹穆罕默德二世，攻君士坦丁堡，歷時五十三日，城破，東羅馬帝國亡，立國二千二百零六年。

——五〇年代·一四五五年（也先可汗被刺的明年），英國民怨沸騰，約克世家起兵，佩白玫瑰爲標幟，反對國王亨利六世。亨利六世屬蘭加斯德世家，佩紅玫瑰爲標幟，發兵拒戰。史學家稱「玫瑰戰爭」。

——八〇年代·一四八五年（春藥宰相萬安被免職前二年），玫瑰戰爭終，歷時三十一年。蘭加斯德世家外孫亨利都鐸當英國國王，娶約克世家女兒當皇后，兩世家和解，稱都鐸王朝。

——八〇年代·一四八六年（鄭和第七次下西洋結束後五十三年），葡萄牙船長狄亞士，發現南非洲好望角。

——九〇年代·一四九二年（第三次宦官時代，棉花宰相劉吉當權），哥倫布發現美洲新大陸。

——九〇年代·一四九四年（明王朝皇帝不出見政府官員已三十五年），天主教教皇亞歷山大六世頒劃界令，沿北美洲東海岸縱劃一線，西歸西班牙（包括北美洲與南美洲大部），東歸葡萄牙（包括南美洲巴西，跟非洲全部）。

第二十九章　第十六世紀

本世紀起，東方跟西方發展的方向，分道揚鑣。

歐洲的光輝日增：諸如：

——文藝復興運動進入高峰。

——現代形式的民族國家，逐漸形成。

——葡萄牙商人遠來中國，從渾噩的明政府手中取得澳門，作爲殖民地。

——路德焚毀天主教教皇諭旨，向沉重而錯誤的傳統權威反抗，歐洲人的靈性復甦。

——麥哲倫航海環繞地球一周，證明地球確是球體。

——西班牙人開始湧入新大陸，大量殖民，佔領古巴、墨西哥、祕魯。又在亞洲佔領菲律賓群島。

——哥白尼發現地球不是宇宙中心，太陽才是。

——伽利略在比薩斜塔試驗物體落下速度，發現落體定律。後來又發現擺動定律，在此定律下，鐘錶出現。

但中國人仍被瞽在大黑暗時代，仍繼續把精神和生命，浪費在無聊的（如大禮議）和可哀的（如三年之喪）的爭執上。全國一片八股文的吟哦聲，詔獄的廷杖聲，和抗暴的吶喊聲。

中國開始遙遠的落在歐洲之後。

一、朱厚照與劉瑾

本世紀（十六）〇〇年代一五〇五年，明王朝第十任皇帝朱祐樘逝世，把十五歲的兒子朱厚照託孤給兩位宰相謝遷和劉健。

然而朱厚照是一個對女人和遊蕩有興趣的花花公子，荒唐而且任性。從小就跟他一起的玩伴宦官劉瑾，猶如他冥頑不靈的曾祖父朱祁鎭的玩伴王振一樣，事實上劉瑾一直崇拜老前輩王振的風範。

劉瑾有一個核心集團，被稱爲「八虎」，僅只這個名詞就使人不寒而慄。不過八虎最初並沒有干預政治的念頭，他們只是引導朱厚照日夜不休的沉湎於聲色犬馬。於是謝遷、劉健，跟各部部長（尙書），聯合要求朱厚照排除八虎。宰相兼託孤大臣的威望，使八虎大爲恐懼，他們只要求保留性命，願意被放逐到南京，永不回到皇帝身旁。但謝遷、劉健根據「君子小人不並立」「除惡務盡」的格言，堅持必須全體處斬。八虎環跪在朱厚照面前，哀哀哭求，當然加上一番足使一個大孩子跳起來的挑撥刺激，於是朱厚照果然發現謝遷、劉健的陰謀原是使皇帝陷於孤立。第二天早朝，文武百官以爲皇帝一定會下令把八虎砍頭時，皇帝卻下令把謝遷、劉健撤差。

政府大權立即落到劉瑾手上，他用皇帝名義公佈「奸黨」名單，包括謝遷、劉健和儒家陽明學派的創立人王守仁；中央政府全體官員跪在金水橋南，恭聽此項諭旨。劉瑾對朱厚照的控制力量，從下列事件上可以看出，一天早朝時，殿階上忽然發現一封信，朱厚照命揀起來看，原來是一份揭發劉瑾種種罪行的匿名控訴狀。朱厚照就在狀上批示：「你所說賢能的人，我偏不用。你所說不賢能的人，我偏要用。」但劉瑾仍大發雷霆，命部長以下高級官員三百餘人，跪在奉天門（宮門之一）外的烈日之下，追究事主。那些高級官員們從早晨跪到天黑，國防部科長（兵部主事）何釴，進士陸伸，跟北京地方法院法官（順天府推官）周臣，焦渴過度，倒下來死掉。天黑之後，未死的人再囚進錦衣衛詔獄。後來還是劉瑾發現匿名狀來自宦官內部，跟政府官員無關，才把他們釋放。

上述的兩件事顯示出劉瑾已威不可當，自然而然的，他的搖尾系統迅速成立。宰相焦芳、劉宇、內政部長（吏部尚書）張綵、國防部長（兵部尚書）曹元，幾乎跟劉瑾的家奴沒有分別。政府大小措施，都在劉瑾私宅決定，其中影響最大的，有左列的兩項：

一、設立「內廠」和創立罰米輸邊制度　劉瑾爲了加強對政府的控制，特別成立一個新的特務機構——內廠。詔獄系統除了錦衣衛、鎮撫司、東廠、西廠外，又多了一個內廠。五個血腥的殺人機構並立，凡跟宦官拒絕合作的官員和人民，一律宣稱他們貪污有據，照例的廷杖拷打。同時劉瑾還發明了另外兩種刑罰，即戴重枷和罰米輸邊。巨枷的重量達七十五公斤，一個人如果被判決戴枷示眾三日，他就死定了。罰米輸邊，從數百石到數千石，由「罪犯」家屬直接運到九邊要塞，作爲軍糧。它只是一種從刑，主刑往往是廷杖或貶謫，如退休的前任國防部長劉大夏，被貶到軍營作苦工，附帶罰米二千石。一個人一旦得到這種處分，就等於破產，但破了產也不能免除輸邊。如果沒有地方借貸，他跟他的家人就會死於追贓的拷掠。

二、建立鎭守太監定期調任制度　我們回憶上世紀（十五）交趾省（越南北部）的喪失，對肇事的宦官馬騏，一定還有印象，他的官銜是監軍太監。這種制度有它的歷史性，可以上溯到八世紀。但上世紀（十五）與監軍太監同時並設的，還有一種鎭守太監，卻是明王朝的發明，到了本世紀（十六），已成爲一種「祖宗制度」（祖制），而祖宗制度的特點是：永不可以變更。即由皇帝派出親信宦官，到各省和各重要城市，長期駐留。這是政治性的，還有一種專業性的，如織造太監、稅務太監、礦務太監。他們既在事實上和名義上都是皇帝的代表，那就跟一個土匪一樣，所到之處，貪污勒索，甚至殺人放火，無惡不作。政府方面的唯一對策是：「養餓虎不如養飽虎」，使他們在大貪特貪之後，胃口變小，所以要求皇帝不去調動他們。但劉瑾當權後第一件事就是把舊人調回，而放出他的同黨，這批餓虎迫使全國民怨沸騰。

劉瑾於一〇年代一五一〇年被殺，死於八虎的內鬨。八虎之一的宦官張永，向朱厚照密告劉瑾謀反，朱厚照激動起來，劉瑾就活不成了。劉瑾當權時間只有短短的五年，但整個明政府的結構，幾乎被他拆散。

劉瑾死後，另一位宦官錢寧，和邊防軍的一位軍官江彬，接替劉瑾的位置，當人們盼望因劉瑾之死而有所轉變之時，朱厚照在二人引導下，到南中國遊蕩，姦淫燒殺，比強盜還要凶暴。

——注意一個使人驚奇的現象，明王朝的皇帝，都好像跟明王朝有不共戴天的血海深仇，競爭着對它百般摧折，似乎不把它毀滅，誓不甘心。

二、大禮議事件

二〇年代一五二一年，朱厚照結束他爛污的一生，沒有兒子，由他的堂弟朱厚熜繼位。因爲朱厚熜是以親王的身份入承大統，於是發生著名的「大禮議」事件。朱厚熜在皇位世系上的關係位置，我們用左表說明：

第五代	第六代	第七代	第八代	第九代	第十代
八任帝 朱祁鎮	九任帝 朱見深	十任帝（大宗） 朱祐樘	十一任帝 朱厚照		
		興獻王（小宗） 朱祐杬	十二任帝 朱厚熜	十三任帝 朱載垕	十四任帝 朱翊鈞

大禮議事件是十一世紀宋王朝濮議事件的翻版，不過濮議時代，儒家中的理學學派還沒有興起，而本世紀（十六）理學正在興隆，所以也特別熱鬧和特別有趣。

濮議事件中的現任皇帝趙曙，是死皇帝趙受益的侄兒，自幼就被趙受益抱到宮裏，當作兒子撫養。大禮議事件的現任皇帝朱厚熜則只是死皇帝朱厚照的堂弟，兩個人從沒有見過面。依人倫常理判斷，濮議事件所發生的問題，根本不可能再發生，但它竟然發生。儒家系統的理學家，根據古老的紀元前五世紀使魯國國君被按住叩頭的儒書規定，認爲小宗入繼大宗，應以大宗爲主，朱厚熜雖無法作朱厚照的兒子，卻必須作朱祐樘的兒子，然後大宗才算不絕。一切奇異的辦法，都由此奇異的論斷而生。那就是說，朱厚熜應稱伯父朱祐樘爲父親，應稱伯母朱祐樘的妻子爲母親，而改稱自己的父親爲叔父，改稱自己的母親爲叔母。

當此議論最初提出時，剛剛即位，年才十五歲的朱厚熜，便直覺的感覺到不對勁。他說：「父母怎麼可以如此顚倒？」朱厚熜的父親早死，他是一個獨子，當他的寡母蔣氏從親王封地安陸（湖北鍾祥）前往北京，走到通州（北京通縣），聽到這個消息時，即拒絕前進，因爲她不但當不了皇太后，而且還失去了兒子，她氣憤說：「這是什麼話，怎麼把我的兒子當成別人的兒子？」

這一次跟濮議事件最大的不同是，政府全體官員的見解完全一致，宰相楊廷和跟教育部長（禮部尚書）毛澄，合著了一篇崇祀興獻王典禮，自稱是萬世不易的經典，向文武百官宣佈：「大家的行動都要以此作爲根據，敢有異議的，就是奸邪。」——那就是說，凡是反對他的意見的人，一律納入小人系統，這就是傳統的古老法術。想不到一位新考取進士，在教育部（禮部）實習的年輕人張璁，他向副部長（侍郎）王瓚說，朱厚熜是繼承堂兄的帝位，不是繼承伯父的帝位。是入繼帝統，不是入繼大宗。朱祐樘自有他自己的兒子，如果一定要大宗不絕的話，不應該爲朱祐樘立後，而應該爲朱厚照立後，所以朱厚熜不應改變稱呼。王瓚認爲他的理由充份，略微向大家透露。楊廷和立即氣沖斗牛，唆使監察部門的官員，尋找王瓚的毛病，提出彈劾。王瓚不敢再開口，但初生之犢不怕虎的張璁，索性直接向皇帝上奏章申明他的主張。楊廷和大怒，把張璁貶到南京，警告他說：「你要聽話，不要唱反調。」恰巧宮中發生火災，楊廷和莊嚴的指出，這正是天老爺對違反禮教之徒的一種懲罰，必須朱厚熜稱父親爲叔父，稱母親爲叔母，天老爺才會龍心大悅。朱厚熜母子自問不能抗拒天老爺，只好照辦。

但朱厚熜母子的屈服是短暫的，在火災的震撼平息後不久，就舊事重提。朱厚熜堅持要恢復正常稱呼，楊廷和用辭職作爲要挾，朱厚熜毫不挽留，立即批准，而把張璁召回北京。這是一個大的轉變，全體高級官員在內政部長（吏部尚書）喬宇領導下，盃葛張璁，並陰謀用酷刑把張璁處死，他們的方法是來俊臣的羅織經上的一套，紛紛上奏章攻擊張璁，司法部長（刑部尚書）趙鑑下令給他的部屬，只要有一份奏章交下來查辦，就逮捕張璁，不加詢問，立即用廷杖拷死。朱厚熜對這個惡毒計畫有所風聞，所以不但不把奏章交下查辦，反而擢升張璁當翰林學士，後來更索性擢升他當宰相。

二〇年代一五二四年，朱厚熜即位的第四年，正式下令恢復舊稱，伯父仍稱伯父，父親仍稱父親。衛道之士大爲震動，一個個中風狂走，好像到了世界末日。楊廷和的兒子楊愼尤其激烈，他大聲疾呼說：「國家養士一百五十年，仗節死義，正在今日。」

——注意「國家養士」這句話，中國歷史上以明王朝對人民（包括所謂「士」）摧辱得最爲殘酷，卻竟然出現與事實恰恰相反的「養士」論調，說明奴性不但使人恬不知恥，更能使人顚倒是非。

楊愼的奴性狂熱得到了響應，另一位大臣王元正也哀號說：「萬世瞻仰，在此一舉。」於是包括各部部長（尙書）在內的全體高級官員數百人，一齊集合在左順門（宮門之一）外，匐伏跪下，大喊朱元璋和朱祐樘的帝王稱號。王元正的表演更爲出眾，他像一個委屈萬狀的無賴一樣，用拳頭擂着宮門，拉起連老天爺都聽得見的喉嚨，放聲大哭。大家發現如果不跟着他也如此大哭，就有被指控爲離經叛道的危險，於是一片哭聲，使金鑾殿上的瓦片都搖幌起來。他們宣稱所以如此，是痛心千古倫常和國家命脈，都已瀕於毀滅前夕。雖然有宦官奉朱厚熜的命令前來勸解，但他們誓言在朱厚熜不改稱父親爲叔父、母親爲叔母之前，哭聲絕不停止。

朱厚熜下令逮捕哭聲最大的官員一百三十四人，投入錦衣衛詔獄。第二天再補行逮捕九十餘人，全部廷杖，其中十六位官員沒有福氣承受這種養士的待遇，竟死在杖下。楊愼、王元正幸而不死，於廷杖後貶謫到蠻荒邊區。

三、斷頭政治的惡化

朱厚熜在父母的稱呼上，因父子至情，閃電似的爆出一線靈性。大禮議過去之後，閃電熄滅，不久他就恢復了他祖先傳統下來的冥頑不靈。

朱厚熜在宦官群的引導下，信奉了道教，而且十分熱切。但他並沒有把道教福音傳播全世界的情操，他只有一顆私心，相信如果他利用皇帝的權力，召請天下法術高超的道士，建築華麗的祭壇，用美好的中國古文頌詞，向天老爺——玉皇大帝諂媚哀求的話，一定能感動那位世界上最高的神祇，保佑他逢凶化吉，長生不死。於是，建醮（築壇祭神）和青詞（用紅筆把拍玉皇大帝馬屁的頌詞，寫在青顏色的符籙紙上，在祭壇上焚化，玉皇大帝就可以看到），遂成爲政治上的兩件大事。

道士段朝用曾向朱厚熜建議，如果能不跟外人接觸，靜心修煉，就可得到煉金的法術和得到紀元前三世紀嬴政大帝所得不到的長生不死之藥。朱厚熜樂不可支，四〇年代一五四〇年，他宣佈要皇太子代理皇帝（監國），而自己準備退居到一個隱蔽的地方（靜宅）一二年，一二年後即可修煉成功，然後以神仙之體，再出來執政。交通部長（太僕寺卿）楊最，上諫章抨擊這種修煉之術，說它完全是謊話，不可相信。朱厚熜大怒（因爲戳破了他的白日夢），把楊最逮入鎮撫司詔獄，用廷杖拷死。朱厚熜經過這次掃興，不再提起太子代理皇帝的事。但從這一年起，他就不再出席早朝，不跟任何官員接觸。明政府又回到斷頭政治的混沌之境。

朱厚熜自四〇年代一五四〇年到六〇年代一五六六年逝世，二十七年間，總共跟群臣只見過四次面，平均七年出席早朝一次。平常完全靠「票擬」（宰相簽註意見）和「朱批」（皇帝紅筆批示），跟政府保持不絕如縷的聯繫。朱厚熜把全副精力用到追求「長生」上，對骨肉親屬的感情，非常淡薄。對政府官員的感情，更是冷酷。大禮議事件使他疑心所有大臣聯合起來跟他作對，於是，在斷頭政治期間——正是本世紀（十六）中葉，他只信任他認為無黨無派，孤立於群臣之外的宰相嚴嵩。

嚴嵩是中國歷史上最成功的大政客兼大貪官之一，他完全靠精密的諂媚和撰寫歌頌玉皇大帝的青詞，而被擢升到宰相的高位，他謹慎小心的伺候着政治老闆，外貌上對任何人都和藹可親，只有在排除他的政敵時才露出毒牙。最奇異的是他有一個絕頂聰明的獨生子嚴世蕃，朱厚熜寫給內閣的，或直接寫給嚴嵩的諭旨，字跡潦草而辭意含糊，沒有人能看得懂。嚴世蕃卻能一目了然，代他父親所作的回答，無一不適應朱厚熜的心理狀態。這使得朱厚熜一天都不能離開他的宰相嚴嵩，嚴嵩也一天都不能離開他的兒子嚴世蕃。

嚴嵩的唯一工作不是處理國家大事，而是研究朱厚熜的性格脾氣，他對朱厚熜大腦上每一根神經都瞭如指掌。朱厚熜自以為十分英明，嚴嵩在朱厚熜面前便處處表示自己窩囊。朱厚熜死不認錯，嚴嵩在任何情形下都避免暴露朱厚熜的過失。朱厚熜反覆無常，嚴嵩就永不提任何建設性的建議。朱厚熜猜忌大臣結黨營私，嚴嵩對任何陷於危難的朋友都拒絕援救。

朱厚熜殘忍好殺，嚴嵩正好利用它來肅清異己。君臣之間沒有一點道德性質或政治見解的契合，只有無微不至的揣摩和欺騙。朱厚熜用官位玩弄嚴嵩，嚴嵩用上述的方法玩弄朱厚熜。

舉一個例子可以說明這種情形，嚴嵩每逢巨大的貪污案件敗露，人贓俱獲，受到監察部門官員糾舉彈劾，面臨殺頭坐牢的危機時，他就去長跪在宮門口，或長跪在朱厚熜面前，痛哭流涕，承認自己罪不可逭，唯求大皇帝開恩，但他所以被那些具有別種心腸的官員圍攻，卻都是因爲他太忠心耿耿的緣故。朱厚熜最欣賞他這種婢膝奴顏的「投案」，所以每次都不予追究。這就是嚴嵩看穿了朱厚熜的肺腑後的大膽適應，他知道朱厚熜認爲貪污算不了什麼，不過恬不知恥而已，而那麼多人不斷圍攻，正足以證明嚴嵩只對皇帝一個人忠貞，這恰是朱厚熜所要求的。嚴嵩對朱厚熜的了解，超過朱厚熜對自己的了解。所以嚴嵩從不說一句使朱厚熜不愉快的話，任何情形之下都不說，這正是一個成功政客最基本的素養。

嚴嵩當權二十年，六〇年代一五六二年，終於被朱厚熜勒令退休。並不是他的法寶有什麼不靈光，而是嚴世蕃對他的工作日久生厭，每天荒於酒色，不再把皇帝的諭旨放在心上。嚴嵩年老，無法控制兒子，只好自己提筆應付，遂大大的失去朱厚熜的歡心。

嚴嵩雖去，但純政客類型的政治形態，從此在中國政壇上生根，成爲以後數百年間最醜陋的政治現象之一。

四、全國沸騰的抗暴民變

在這種斷頭政治，和這種縱容貪污的社會條件之下，上世紀（十五）遍地爆發的抗暴民變，進入本世紀（十六）後，更如火如荼，全國人民每年至少都要有一次以上大規模的暴動。有些被明政府迅速撲滅，有些則戰鬥數年或數十年。如湯麻九集團，佔據孝豐（浙江安吉）一帶一萬餘方公里，達二十餘年。徐九齡集團，佔據建昌（江西永修）一帶二萬餘方公里，達三十餘年。陳闊口集團，佔據下歷（江西定南）、和平（廣東和平）一帶二萬餘方公里，達四十餘年。這種長期的跟明政府對抗，組成國內之國的現象，是大黑暗時代中政治腐敗、宦官當權、和斷頭政治特有產物之一。

我們再把其他重大的人民抗暴行動，列為左表。

年代	年份	領導人物	起兵地區	註
〇〇	一五〇九	藍廷瑞	保寧（四川閬中）	
一〇	一五一〇	劉六	文安（河北文安）	
		朱寘鐇	寧夏（寧夏銀川）	

	一五一九	朱宸濠	南昌（江西南昌）	
二〇	一五二六	岑猛	田州（廣西田陽）	
三〇	一五三三	黃鎮	大同（山西大同）	
四〇	一五四三	楊金英	北京	
五〇	一五五三	師尚詔	歸德（河南商丘）	
六〇	一五六〇	張璉	饒平（廣東饒平）	
七〇	一五七二	藍一清	潮州（廣東潮州）	據地四百公里
八〇	一五八九	劉汝國	太湖（安徽太湖）	
九〇	一五九二	哱拜	寧夏（寧夏銀川）	
	一五九三	楊應龍	播州（貴州遵義）	

摘要的加以說明：

劉六集團發生在河北心臟地區，跟首都北京只有一百二十公里，他們分成數個支隊，在華北大平原上進行游擊戰，大肆殺戮貪污官員，和被稱為「鄉紳」的大地主。他們在初起事時，一度想向政府投降，曾透過宦官張忠，向皇帝請求赦免，張忠要白銀二萬兩的賄賂，才肯保證下大赦令，而更大的宦官劉瑾的家人，又另外索取一萬兩，劉六集團無力繳納，雖經更加努力劫掠，仍不能湊足。一〇年代一五一一年，剿匪總司令（右都御史提督軍務統京營兵）馬中錫，派人招降，態度十分誠懇，劉六深爲感動，決心歸附，但他的弟弟劉七說：「現在宦官當道，馬中錫自保都不容易，他怎麼有力量實踐他的承諾？」劉七的判斷十分正確，馬中錫不久就被宦官逮捕，死在錦衣衛詔獄。

朱寘鐇是一位親王，他本身並沒有受到迫害，但他不忍看到人民所受的迫害。事變發生那一年，劉瑾派他的搖尾系統最高法院副院長（大理少卿）周東，到寧夏地區測量耕田，徵取馬匹及追繳人民歷年所欠的地租。連年旱災，人民早都成爲赤貧，但周東仍然用嚴厲的手段對付，法庭之上，每天拷打，後來更牽涉到軍中屯田戰士和低級軍官，軍民的憤怒一時爆發，擁戴朱寘鐇當領袖，發動軍民聯合的抗暴行動，包括周東在內的貪官酷吏群，全被砍頭。

朱宸濠也是一位親王，他的叛變目的跟朱寘鐇不同，只不過想當皇帝而已。但他的叛變行爲，卻是貪污的產品。他利用巨額的賄賂收買宦官錢寧，和國防部長（兵部尚書）陸完。朱宸濠的父親因爲作惡多端，中央政府曾把他的親王府的守衛撤銷。在錢寧、陸完的建議下，朱宸濠獲准恢復，他就用這支警衛軍作他的基本武力，向中央發動第二次靖難之役，結果因陽明學派創始人王守仁抄他的後路而迅速失敗。

最奇異最悲慘的是楊金英集團。她們都是美麗的妙齡少女，充當第十二任皇帝朱厚熜的宮人，乘朱厚熜熟睡的時候，把繩索套到朱厚熜的脖子上，企圖把他勒死。可是她們太緊張了，竟打了一個活結，以致把朱厚熜勒昏之後，誤以爲已經死了，就急忙逃走，卻不知道繩索一鬆，朱厚熜竟悠悠甦醒。楊金英集團在意料中的被殘酷的處決——磔死。宮廷的事，骯髒恐怖而祕密，沒有人知道她們爲什麼要殺朱厚熜，但我們可以判斷，無疑的由於仇恨，一種深入骨髓的仇恨，迫使她們用謀殺的手段，以圖跟她們的仇敵同歸於盡。楊金英事件是中國宮廷第二次透露出來宮女對暴君的激烈反抗（第一次是四世紀九〇年代，張貴人謀殺晉帝國皇帝司馬曜），也顯示明王朝宮廷的黑暗，更甚於其他王朝。

哱拜當過寧夏軍區的高級指揮官，早已退休。寧夏軍區司令官（寧夏巡撫）黨馨，是一位標準的小官僚。嚴冬已深，而軍中冬天的衣服裝備和冬季的糧餉，仍扣留不發。戰士們向將領請願，將領們向黨馨請願，並且婉轉的向黨馨建議，假如不能現在馬上發，那麼，把從前積欠的糧餉先發也可。黨馨嚴詞拒絕，他的理由是：「這種動不動就向上級請願的作風，不可以鼓勵。」有人暗示他，這樣做可能激起兵變。黨馨冷笑說：「難道他們不怕全家砍頭嗎？」戰士們只有兩條路可走，一是凍餓至死，一是叛變。他們選擇叛變，擁護哱拜起兵。當黨馨發現竟然有不怕全家砍頭的勇士時，他慌了手腳，逃到水洞裏發抖，但仍被搜出殺掉。

抗暴行動最後雖然都被鎮壓下去，但抗暴不止。

五、倭寇

當全國抗暴蠭起之際，東南地區發生倭寇的災難。

倭寇，即日本海盜。

倭寇對中國的傷害，可分爲兩個階段。第一階段，從上上世紀（十四）末葉到上世紀（十五）三〇年代，是日本海盜對中國沿海侵犯。第二階段，從本世紀（十六）二〇年代到六〇年代（恰是明王朝第十二任皇帝朱厚熜在位期間），則是中國明政府官員貪污和政治黑暗召來的外侮。

十四世紀末葉，浙江省反抗蒙古人統治的革命領袖方國珍的勢力，雖然被明王朝開國皇帝朱元璋併吞，但他的若干部屬，跟日本的海上亡命之徒勾結，在沿海劫掠不息。朱元璋簡單的頭腦無法處理廣闊的海洋上的事務，於是他下令「一片木板都不准出海」，禁止中國漁民們捕魚，而且把沿海漁民和船戶，統統編入軍籍，改做戰士。這種作法只能傷害民生，不能根絕海盜。適逢十四世紀九〇年代日本南北朝結束，南朝被併，一些不肯向北朝屈服的臣僚，向中國發展，也加入了海盜行列，聲勢就更浩大。

上世紀（十五）初，明王朝第三任皇帝朱棣改變閉關政策，一面准許日本跟中國作正規的貿易，一面加封日本征夷大將軍足利義滿爲日本國王，請他加強海禁。足利義滿雖然拒絕日本國王的封號，但對正規貿易感到滿意，所以對騷擾中國的海盜，嚴厲勦捕，沿海社會秩序遂漸漸恢復正常。

——日本這時已十分中國化了，處處模仿中國，但中國對日本卻一直像瞎子一樣茫然不知。甚至到了十八世紀，還不知道日本有一位萬世一系的天皇，而總是把他的征夷大將軍（幕府）或最高執政官（關白）當作國王。

中國沿海保持八十餘年的平靜，然後進入第二階段。

本世紀（十六）二〇年代一五二三年，日本兩個商船隊，一隊由宗設率領，一隊由瑞佐率領，先後到達當時中國東方最大的港口寧波（浙江寧波）。宗設先到，瑞佐後到。依照中國規定，商船到達後，由市舶司（海外貿易管理處・海關・招待所混合機構）檢查報稅，並設宴款待。先到的先檢查，坐上座；後到的後檢查，坐於次位。瑞佐後到，當然後檢查和坐於宗設之下。可是，明政府是一個無微不至的貪汚集團，瑞佐的一個翻譯人員宋素卿，把重賄送給市舶司的主任（市舶太監）賴恩（市舶司首長是一個貪汚的最好位置，所以由皇帝直接派宦官擔任，合法的收入呈獻皇帝，非法的收入下宦官腰包），於是，賴恩就先檢查瑞佐的貨物，並在宴會時請瑞佐高高上座。宗設氣得暴跳如雷，要毆打瑞佐。賴恩袒護瑞佐，更暗中幫助他準備軍械。宗設無處申訴，就攻擊瑞佐所住的旅社，瑞佐抵抗不住，向城外逃走。宗設追擊，沿途燒殺，奪船出海回國。

明政府的反應不是檢討錯誤，而是認為一切罪過都由於貿易，就把市舶司撤銷，一些高級官員堅持這樣作才能發揚中國的國威。

問題是，政府主持的貿易機構雖然撤銷，但貿易不會停止，只不過由政府轉到了民間。日本商船隊到達後，改由當地的富商出面招待，作爲代理店。最初雙方合作得十分融洽，久而久之，中國富商積欠日本商船隊的貨款日多，最多的達一萬餘兩，少的也有數千兩。日本人不斷討債，那些富商使出種種推拖手段，等到實在推不下拖不下時，就索性逃的無影無蹤，明政府對這種騙局根本不管。日本商船隊吃了啞巴虧後，只好轉而委託有聲望絕不致逃掉的「鄉紳」，想不到鄉紳的手段更爲毒辣，積欠的更多。日本商船隊不得已，就停泊在沿海島嶼坐索。鄉紳們大爲煩惱，最後想出了砸鍋補鍋妙計，他們警告地方官員說：「倭寇爲患，不是突發的，有它的歷史性，現在又橫行海上了。聽說他們殺人掠財，無所不爲，如果不早日撲滅，恐怕有嚴重的後果。」政府官員跟鄉紳是一個鼻孔出氣的，果然出動軍隊，要把討債的日本商船隊當海盜進剿。鄉紳卻適時的向日本商船隊透露軍隊出動的消息，教他們逃走。日本商船隊十分感激他們的照顧，欠債就更多起來了。如此一而再，再而三的詐欺花樣，日本商船隊被愚弄了二十餘年。最後，到了四〇年代一五四六年，日本商船隊的忍耐達到飽和，就佔領了若干島嶼，誓言得不到債款，決不回國，中國如果用武力對付他們，他們就用武力對抗。

鄉紳們發現法寶已不靈光，只好請明政府的軍隊眞的向日本商船隊攻擊，日本商船隊早已準備妥當，從本國帶來的武裝部隊，即登陸應戰。並把那些進剿的明政府軍隊擊潰，索債軍跟在潰兵屁股後，一波一波的攻城掠地。於是戰鬥蔓延三省：浙江、福建、南直隸（江蘇省）。日本正當的貿易商人，遂被迫變成「倭寇」，他們因對明政府官員和奸商痛恨入骨，就把全部憤怒加到所遇見的無辜的中國人身上，所到之處，備極殘酷。

這場災禍歷時十九年之久，到了六〇年代一五六四年，以抗倭而成名的將領戚繼光，才把已失去索債初意，全成爲海盜的日本最後一支突擊部隊，在仙游（福建仙游）消滅，倭寇才告平息。中國爲那些貪官奸商所付出的代價是數十萬人死亡，和廣袤五十萬方公里的富庶地區全部殘破。——僅杭州一城，日本所殺的中國人的血，就匯流成河。

六、北方外患及和解

中國東南地區倭寇的災難正嚴重時，北方的外患又起。

瓦拉部落於上世紀（十五）也先可汗被刺身死後，向西方撤退。蒙古諸部落又回到塞北故地，經過無數次流血火併，到了上世紀（十五）七〇年代，一位年僅七歲，名叫巴圖蒙和的孩子，他是蒙古帝國第二十任大汗脫古思帖木兒的六世孫，被各部落擁立，號稱達延汗——我們猜想這可能是「大元汗」——大元帝國可汗的訛音。這位達延汗年事漸長，發揮出他的才能，再度把蒙古統一。在完成統一工作的過程中，他專心對內，中國邊境得以保持一段相當長時間的平靜。這個中興的蒙古帝國，恢復到十三世紀成吉思可汗鐵木眞攻擊金帝國前的初期版圖。

但是，巴圖蒙和到底不是鐵木眞，他沒有力量併呑中國，而他的組織才能也只限於他在世之日。本世紀（十六）四〇年代，巴圖蒙和逝世，帝國立即瓦解，分裂爲下列四部：

部別	地區	演變
察哈爾部	內蒙西遼河上游	內蒙古
鄂爾多斯部	河套	
土默特部	內蒙烏蘭察布盟	
喀爾喀部	漠北	外蒙古

對中國傷害最大的是鄂爾多斯部酋長吉囊，和土默特部酋長俺答，俺答尤其強悍好戰。他們都是達延汗巴圖蒙和的後裔，在巴圖蒙和在世的末年，便開始向中國侵襲。四〇年代後，更變本加厲，經常攻破長城，深入太原（山西太原）、平涼（甘肅平涼），燒殺擄掠，如入無人之境，明政府的邊防軍無力抵抗——這是可以理解的，腐敗的政府不會有能作戰的軍隊。

四〇年代一五四六年，陝西三邊總督曾銑（三邊指長城三要塞：固原、寧夏、延綏），計畫把鄂爾多斯逐出河套，把國防線從長城向北推移五百公里，以黃河爲界。他向皇帝朱厚熜建議訓練精兵六萬人，再加上使用當時最新式火槍的現代化裝備的部隊二千人，每年春夏之交，攜帶五十天的糧秣，水陸兩道同時出發，向河套掃蕩，焚燒牧草和蒙古人積存的糧食。每年如此，三年之後，敵人被飢餓所迫，只有退出河套，然後就在陰山跟黃河之間，修築新的防線，可以一勞永逸，並且使土默特部有後顧之憂，不敢東進。

朱厚熜被這個雄壯的建議大大的感動，立即交給國防部作進一步的研究，當國防部弄不清皇帝的意向，不敢表示意見時，朱厚熜大發雷霆，下諭旨說：「敵人盤據河套，爲中國邊患已久，連年破關入侵，使我日夜不安，而邊疆將領中從沒有一個人爲我分憂。曾銑收復河套的計畫，規模壯偉，國防部爲什麼遲疑不決，拿不出主意？」下令先發給曾銑白銀二十萬兩調度使用。曾銑深慶他遇到蓋世英主，積極準備。

但是，沒有人對瘋狗能預測牠什麼時候會忽然發作咬人，對擁有絕對權力的暴君亦然。事情突然變化，首席宰相（中極殿大學士）夏言，全力贊助曾銑。而次席宰相（建極殿大學士）嚴嵩，則正積極排除夏言，河套戰略正供給他攻擊夏言的工具。我們不知道他用什麼方法和用什麼理由，只知道嚴嵩和宦官勾結，在宮廷中祕密下手，終於使朱厚熜作一百八十度改變。一五四八年，當國防部把實施攻擊的詳細作業擬妥，而且剛剛呈請批准時，朱厚熜忽然下了一道諭旨說：「驅逐河套的敵人，出兵是不是有名？糧秣是不是夠用？勝利是不是有把握？曾銑一個人不可惜，而人民受到荼毒，誰負責任？」這是一種當權人物翻臉時特有的口吻——中國人稱之爲「官腔」，官腔一出，已不是理性可以解決的了，全體官員大爲驚愕，嚴嵩立即公開反對擅開邊釁。於是，曾銑、夏言全被處斬。

土默特部酋長俺答，不因朱厚熜的昏瞶而心腸軟化，明年（一五四九），俺答直抵大同、永寧（北京延慶）一帶，大掠而去。又明年（一五五〇），攻陷古北口（北京密雲東北），破長城而入，包圍北京。這是上世紀（十五）也先可汗圍城後，北京再次被圍，兩次相距恰恰一百年。朱厚熜驚恐過度，把國防部長（兵部尙書）丁汝夔殺掉洩憤。但他不承認殺錯了曾銑，反而堅稱這正是曾銑妄圖開邊，激起來敵人的報復。

北京好容易解圍，俺答殺夠了中國人，搶夠了中國人的財產之後，滿載而歸。但北中國全部暴露在這個蒙古部落的鐵蹄之下，萬里長城在腐敗的邊防軍手中，已不發生作用。俺答幾乎每年都要攻破長城，南下大大的刼掠一次。邊防軍將領們無可奈何，唯有把逃難的一些難民，捉來殺掉，當作殺敵報功——其中有多少使人傷心落淚的事蹟。然而，俺答年紀漸老，而且他和他的部落人民，都信奉了從西藏傳過來的喇嘛教，開始厭倦戰鬥。七〇年代時，又發生了一件桃色事件，遂使他們永無休止的侵略，驀然結束。

桃色事件的男主角就是俺答，女主角是俺答的外孫女三娘子。三娘子美麗絕倫，身爲外祖父的老混蛋俺答卻把她納爲姬妾。三娘子的未婚夫不答應，跟俺答理論，俺答沒有辦法，只好把孫兒把漢那吉的未婚妻，改嫁給三娘子的未婚夫。現在輪到把漢那吉惱火了，他說：「這算什麼話，外祖父娶外孫女，祖父把孫兒媳婦送給別人。」就率領他的家人，逃到中國。邊將們痛恨俺答，一致要求殺掉把漢那吉，幸而大同總督王崇古有政治頭腦，堅持予以保護，又請中央政府委派把漢那吉一個中級軍官（指揮使）的職位。

俺答的原配妻子恐怕她的孫兒被中國殺掉，日夜不停的向俺答哭鬧咒罵，這個老混蛋在頭腦清醒時還是有理性的，他既懊悔又慚愧，於是率領十萬人的強大兵團，越過邊界，直指大同，準備在發現中國殺了他的孫兒後，即發動攻擊。王崇古知道他的用意，派人前去談判和解，保證他的孫兒還結結實實的活着。俺答不肯相信，差遣他的親信到大同窺探，看見把漢那吉穿着中國軍官的制服，正在那兒騎馬取樂。俺答驚喜說：「中國竟沒有殺我孫兒，我從此也不再攻打中國。」

中國北方的外患，就這樣戲劇性的停止。

俺答死後，三娘子掌握大權。她不但美麗，而且極有才幹和見識，她發現跟中國和解，接受中國的封號所得到的賞賜，要比劫掠得到的還要多，所以她始終臣服中國，作爲中國的屏藩。本世紀（十六）最後三十年，以及下世紀（十七）初葉，三娘子在世期間，兩國邊界保持一段長期的和平。

七、張居正的改革與慘敗

跟俺答和解的前四年（一五六六），朱厚熜逝世，他在位四十六年，帶給中國半個世紀的痛苦。他的死使中國人照例鬆一口氣，由他的兒子朱載坖繼任。朱載坖在位七年，於七〇年代一五七二年逝世，由他的十歲兒子朱翊鈞繼任。

當朱載坖剛死，朱翊鈞還沒有登極時，首席宰相高拱，跟次席宰相張居正，爭鬥激烈。

張居正跟宦官巨頭——司禮太監馮保勾結，利用主少國疑，千載難逢的機會，由馮保設下網羅，向朱翊鈞的母親李太后告密說：「高拱在朝堂上向群臣揚言：十歲的孩子，怎麼能擔起皇帝的重任？」高拱即令是一個白癡，也不敢公開講這種殺身滅族的話，但在官場傾軋中，問題不在他講不講，只要有人堅持他講就夠了，李太后顏色大變，立即把高拱免職，擢升張居正為首席宰相。

張居正使用的顯然是一種不尊嚴的手段，但不能責備他，明王朝三百年間，所有高級官員都必須有宦官的支持。只有少數人敢跟宦官對抗，但不是死於詔獄，便是死於窮困。張居正是明王朝所有宰相中，唯一的敢負責任而又有遠大眼光和政治魄力的一位，不以自己的榮華富貴為滿足，他雄心勃勃，企圖對政府的腐敗作一改革。但他沒有公孫鞅當時的背境，和王安石所具有的道德聲望，更沒有觸及到社會經濟以及政治制度不合理的核心，他不過像一個只鋸箭桿的外科醫生一樣，只對外在的已廢弛了的紀律，加以整飭。

主要的措施在於加強行政效率，下級官員必須對中央命令徹底執行，不能敷衍了事。張居正屢次調查戶口、測量耕田、整理賦稅，使負擔過多的窮人減少負擔，使逃稅的「鄉紳」納稅。又大舉裁減不必要的官員，縮小若干機關的編制。最有成績的是，張居正任用水利專家潘季馴治理黃河，任用抗倭名將戚繼光守禦北方邊疆。

——當戚繼光調任薊遼兵團司令官（薊遼總兵）時，准許他率領一手訓練的擊敗倭寇的浙江部隊。到任後的某一天，舉行閱兵，忽然大雨傾盆，邊防軍竟一哄而散，只有浙江部隊因沒有得到解散命令，仍在大雨中屹立不動，邊防軍大吃一驚，從此他們才知道什麼是軍紀軍令。這件事說明邊防軍的腐敗（現在我們可以了解萬里長城所以抵擋不住俺答的原因了），和張居正所以進行改革的必要。

然而，我們一再提醒，儒家思想下的中國傳統政治，是反對任何改革的。尤其是本世紀（十六），正是大黑暗時代，對改革的反對當然更加強烈。張居正所作的這種外科醫生的手術，嚴格的說還談不到改革（更談不到高一級的變法了），只不過稍爲認眞辦事而已。但他所遭到的反對，卻同樣可怕。一是喪失既得利益者的反對，如被裁減的人員，被增加田賦的「鄉紳」，和一部份不能作威作福的宦官。另一是習慣性的反對，儒書上「利不十，不變法」，已成爲阻止改革的藉口。不幸的是，張居正又因爲父親亡故的守喪問題，觸犯了儒家的禮教。

張居正的父親於七〇年代一五七七年逝世，依照儒家禮教的規定，作兒子的必須辭去官職，回到故鄉守喪三年。只有皇帝才有權下令徵召守喪中的兒子繼續供職。皇帝朱翊鈞倒是下令徵召張居正的，但仍然引起政府若干官員的喧嘩，一種是衛道之士，他們認爲縱然有皇帝的徵召，但儒家正統思想不能違犯，不守父母三年之喪，跟禽獸沒有兩樣。另一種是銳進之士，希望張居正馬上退出政治舞台，即令是短期的也好，以便自己擢升。這場爭執雖沒有大禮議事件那麼死傷狼藉，但也熱鬧了一陣，使張居正的仇人佈滿天下。

張居正當權十一年，在八〇年代一五八二年病死。朱翊鈞已二十歲，蛇蠍性格隨着他年齡的成長而大量顯露，他恨透了在他幼年時對他生活管教過嚴的宦官馮保，和在他幼年時對他讀書要求過嚴的張居正。

——朱翊鈞十幾歲時，就經常拷打身邊的宦官和宮女，把這些可憐無助的人拷打到死。馮保向李太后報告，李太后就責罵朱翊鈞，有時候還揍他。有一次李太后暗示他如果不停止凶暴，可能有被罷黜的後果。至於張居正，他兼任皇家教師，往往在朱翊鈞早睡正甜時，強迫他起床讀書。在他讀錯字時，又聲色俱厲的糾正他。

朱翊鈞在張居正死後親政，立即向他們採取報復行動，任命馮保的死敵張誠當司禮太監，把馮保放逐到故都南京。接着宣佈張居正的罪狀，下令抄沒他的家產。張居正是荊州（湖北江陵）人，地方官員在諂媚奉承宰相之家十餘年後，為了表示對新當權派的忠貞，和對「罪犯」的深惡痛絕，還沒有得到正式命令，一聽到風聲，就派兵把張居正家團團圍住，門戶加鎖，禁止出入。等中央查抄大員張誠到達時，已有十餘人活活餓死。

張居正的失敗是注定的，當時的社會背境絕不允許他成功。他失敗後，十年的改革成果，逐漸化為烏有。一切恢復原狀，黃河照舊氾濫，戚繼光被逐，邊防軍腐敗如故，守舊的士大夫、鄉紳、宦官，一個個額手稱慶。

八、第一次保衛朝鮮

張居正死後不久，日本大舉侵略朝鮮王國，中國第一次武裝援助朝鮮。

朝鮮王國和安南王國，是中國南北兩個最忠實的藩屬，他們除了有一位國王和使用一種跟中國大同小異的文字外，事實上可以說是中國的一省。中國是他們的保護者和宗主國，但從不過問他們的內政。

日本帝國在本世紀（十六）有一位巨人崛起，他就是平民出身的大將豐臣秀吉，統一了全國，擔任國家最高執政官（關白），天皇更成為一個虛名。豐臣秀吉在國內建立了不朽的功業後，日本三島已不能容納他的野心，他決定征服朝鮮。

朝鮮得到日本即將入侵的情報，對於文化落後的蕞爾小國，竟敢動高度文化大國的腦筋，感到不能置信。為慎重起見，九〇年代一五九〇年，特地派遣一個代表團前往日本訪問，調查日本入侵的可能性。代表團於翌年（一五九一）返國，提出兩份內容恰恰相反的報告，團長黃允吉認為日本一定會有軍事行動，副團長金誠一則認為冷戰有可能，熱戰絕不可能。朝鮮國王李昖問二人對豐臣秀吉的印象，黃允吉說：「光采煥發，具有膽略。」金誠一說：「雙眼像老鼠一樣，毫無威嚴。」

——判斷，是人類最高智慧的表現。判斷如果錯誤，就必須付出判斷錯誤的代價，小焉者是個人的失敗，大焉者是國家受到傷害，甚至滅亡。對同一現象，竟產生兩種完全不同的判斷（事實上有時候還產生兩種以上完全不同的判斷），跟當事人的智慧見解，生活體驗，以及心理背景，有密切關係。

朝鮮政府經過研究之後，決定採信副團長金誠一的判斷。那時朝鮮的李王朝跟中國的明王朝是一丘之貉，同樣的腐敗渾噩，他們不願意受到攻擊，所以不相信會受到攻擊。

第二年（一五九二），豐臣秀吉動員海陸軍十五萬人，渡過對馬海峽，在朝鮮半島的釜山城登陸。朝鮮不堪一擊，日軍長驅直入，抵達首都王京（漢城）。王京陷落，國王李昖逃到北方的開京（開城）。開京又陷落，又逃到更北方的平壤。平壤又陷落，李昖於是逃到跟中國一水之隔，鴨綠江畔的義州。日本兵團自四月在釜山發動攻擊，到六月奪取平壤，只不過三個月時間，朝鮮全國八省（道），全部失守，只剩下義州一個孤城。李昖向中國告急，他認爲復國無望，請求舉族內遷。

中國這時正逢寧夏軍區哱拜兵變，兵力集中在西疆，一時不能調遣。國防部長（兵部尙書）石星，就派遣精通日本語文的沈惟敬，作爲中國使節，前往日本佔領下的平壤，了解情況。沈惟敬到平壤後，日本大將小西行長表示：「日本無意跟中國爲敵，我們願跟中國共同瓜分朝鮮，以大同江爲界。中國如果同意的話，日本就撤出平壤，退到大同江以南。」沈惟敬回報，中國拒絕，認爲必須維持朝鮮領土的完整與主權的獨立。這一年九月，哱拜事件平息，中國大將李如松率援朝軍出發。

李如松於十二月渡過鴨綠江，跟國王李昖會合。明年（一五九三）正月，開始進攻，張居正整頓後的武裝部隊，仍有殘存的優良紀律和戰鬥力，日軍大敗。援朝軍追擊三百餘公里，克復平壤。再追擊一百五十餘公里，克復開京（開城）。日軍節節失利後，在王京（漢城）北十五公里碧蹄館，佈置埋伏，由間諜向李如松報告說：「日本人已放棄王京，向南逃歸。」李如松這時已經被勝利沖昏了頭腦，十分驕傲。他輕騎急追，在碧蹄館陷入重圍，戰馬跌倒，他的頭部受傷，雖然援軍仍將日軍擊退，但損失慘重，銳氣已消。

然而，日本也無力反攻，而且鑑於平壤之敗，不敢固守後勤交通線有隨時被切斷危險的孤城，不久眞的放棄王京（漢城），撤退到朝鮮半島南端最初登陸地的釜山，等候命令。這時除了釜山一城外，朝鮮全國光復。如果換了有些大國，可能會趁此良機，把朝鮮一口併吞。然而中國卻命國王李昖不必內遷，還都王京（漢城），李昖像中了馬票一樣的大喜過望。

日本退守釜山後，中國援朝軍在外圍佈防。國防部長石星主張談判解決，國王李昖也向中國要求如此。這件艱難的工作由沈惟敬擔任，最後中國允許加封豐臣秀吉爲日本國王，並允許日本貿易，日本則允許撤出釜山。一五九六年，中國派遣使節團前往豐臣秀吉所在地大阪（當時日本首都仍在京都），舉行册封典禮，朝鮮也派一個代表團陪同觀禮。然而，日本的談判不過是一個騙局，豐臣秀吉需要時間重新集結兵力。我們一眼就可看出，他不能接受日本國王的封號（好像連精通日本語文的沈惟敬，也不知道日本還有一個高高在上的天皇）。於是等到中、朝兩國代表團抵達大阪之後，豐臣秀吉指摘兩國代表團的代表，官位太低，禮物也太薄，不但瞧不起日本，也瞧不起中國。一方面要求中國懲罰朝鮮，一方面在釜山發動第二次攻勢。

豐臣秀吉的背信，影響兩個人的生命，一是國防部長石星，一是和平使節沈惟敬，這兩位從事和解的人物，被勃然震怒的明政府皇帝朱翊鈞下獄處決。然後命楊鎬、邢玠兩位大將，分別圍堵。楊鎬是著名的債帥人物，他在釜山北方被日本的凌厲攻勢擊敗，死傷慘重，隻身逃脫。幸而邢玠終於擋住了日本陸軍，並用海軍騷擾日本的海上補給線，日軍的處境不久就岌岌可危。

一五九八年，即本世紀（十六）最後第二年，豐臣秀吉在大阪逝世，遺令退軍，留在釜山的日軍才行撤退。其實即令豐臣秀吉不死，日軍因糧道不絕如縷，也會撤退。但豐臣秀吉之死，使他們撤退有名，保持了顏面。

——七世紀時，日本出兵朝鮮半島，還可以說是援助百濟王國對抗新羅王國。本世紀（十六）這一次，則連一個藉口都沒有，而是赤裸裸最原始性的對外侵略。假如不是中國干預，朝鮮早已滅亡。日本似乎總是氣咻咻的，稍微有一點力量，就企圖奴役他的鄰國，不管這鄰國對他多麼友善。

這是日本第一次侵略朝鮮，也是中國第一次保衛朝鮮，自九〇年代一五九二年到一五九八年，歷時七年。日軍撤退後，中國援朝軍也跟着撤退。這是歷史上國與國之間，最標準的無私援助，中國戰士的鮮血，灑遍朝鮮半島，而一無所求。

九、陽明學派

當援朝戰役結束時，本世紀（十六）也告結束。

讓我們暫時拋下使人昏眩的政治軍事，走到另兩個寧靜的領域，一是學術思想領域，一是文學創作領域。學術思想領域中，本世紀（十六）興起一種新的思潮，即陽明學派。文學創作領域中，則進入了小說時代，連續出現三部偉大的小說。

我們先敍述陽明學派。

自從紀元前二世紀起，中國的正統思想是儒家學派的崇古思想。紀元後十一世紀，儒家思想中的理學一派，成爲儒家思想的正統。大黑暗時代正是理學興盛的時代，理學最大的流弊是嘴上說的和筆下寫的，都是仁義道德，而行爲上不能實踐，以致滿坑滿谷的仁義道德，都成了專門外銷給別人的出口貨，陽明學派針對這種流弊而生。

陽明學派的創始人王守仁，是一個多方面發展的人物，他的一生遭遇比理學派創始人之一的朱熹，要複雜曲折得多，社會地位和事業成就，也比朱熹爲高。王守仁當過小官，下過詔獄，受到最屈辱的廷杖。但也當過大官，統過大軍，擒過叛王，撲滅過民變，最後被皇帝封爲伯爵。

王守仁於本世紀（十六）〇〇年代，當南京國防部的科長（南京兵部主事），因爲竭力拯救被宦官誣陷的朋友，觸怒了大宦官劉瑾，被逮下錦衣衛詔獄，打四十廷杖，然後貶謫到與首都航空距離一千七百公里外的龍場驛（貴州修文），擔任驛站站長（驛丞）。龍場在當時是一個荒涼的地方，人跡罕至，王守仁的前途一片沮喪和絕望。但就在那裏，使他過去一直感到困擾的，理學家們何以言行不符的醜陋現象，豁然開朗的得到了解決方法。這個地方被稱爲陽明學說，包括左列兩個主題：

一、致良知

二、知行合一

致，即實行。良知，即心理上的自覺。王守仁的要求是，既然知道這個道理，就要去實行這個道理。實行這個道理，就是知行合一。僅僅自命爲知道了而不去實行，那就不能稱之爲眞正的知道了，人性的敗壞的主要原因在此，眞正的知識離不開實踐。

自從十二世紀朱熹利用白鹿洞書院講學，以傳播理學思想，講學即成爲高級知識份子傳播知識的重要手段。講學跟學校不同，講學是公元前五世紀孔丘式的（在西方，柏拉圖也是採取這種方法，因而被稱爲柏拉圖式的），純以教師個人爲主，沒有肄業年限，也不限定授課的場所。這種講學的方式最大的優點是，可以避免對自己的理論建立嚴謹的課程，教師只是隨時隨地的，想到那裏，講到那裏。學生們固然可以追隨教師數年數十年，但也可以只交談幾句話，即恍然大悟，滿載而去。王守仁即用這種儒家學派的傳統方法，傳播他的學說。當一〇年代一五一九年，朱宸濠親王在南昌（江西南昌）叛變時，王守仁正擔任江西省南部軍區司令官（南贛巡撫），他率領大軍，迅雷不及掩耳的進攻南昌，把朱宸濠擒獲。即令在如此軍事倥傯之際，他仍然講學不輟，從各地投奔他的學生，跟他的衛士一樣，他走到那裏，學生們跟到那裏。

陽明學派對理學學派是一個正面的打擊，至少儒家陣營中已並行有兩支主流。但使理學家痛恨的是，陽明學派顯然在指責理學家都是假仁假義、只說不做的騙子。尤其當理學家發現這種指責大部份竟然都是眞實時，更老羞成怒，把王守仁形容爲僅次於嬴政大帝的第二號魔鬼。兩派人物不久就排擠鬥爭，把自己納入君子系統，把對方納入小人系統，互相用惡言咒駡。

可是陽明學派思想比理學學派更近一步的接近佛教神祕主義的禪機，陽明學派的「良知」，不是靠科學方法獲得，而是跟得道的高僧一樣，完全靠領悟獲得。佛教中觀音菩薩可以用一句話點破凡夫俗子的悟性，使他成爲神仙，陽明學派更注意這個契機。而領悟是獨佔的，不能公開驗正。於是，到了後來——王守仁逝世一百餘年的下世紀（十七）中葉時，陽明學派遂走入空疏的幻境，一些墮落的陽明學家跟酒肉和尙一樣，認爲貪贓枉法，照樣可以使自己成爲聖人，引起理學家的反擊，遂轉衰落。

一〇、三部小說

其次，我們敍述三部小說。

中國文學的發展，像一列車廂分明的火車，從紀元前五世紀的詩經，發展到紀元前四世紀的楚辭，再發展到紀元前二世紀的漢賦，然後發展到八世紀的唐詩，十一世紀的宋詞，十三世紀的元曲。到了本世紀（十六），則開始了一個新的時代——小說時代，有三部代表中國文學高度成就的長篇小說，先後出現。

三部小說是：羅貫中的三國演義、施耐庵的水滸傳、吳承恩的西遊記。

三國演義的作者羅貫中，有人說他是浙江杭州人，有人說他是山西太原人。有人說他是十四世紀人，有人說他是上世紀（十五）跟本世紀（十六）之間的人。我們不知道正確答案，只知道他是中國歷史上第一位偉大的小說家。

三國演義是一部報導文學，報導第三世紀三國時代——曹魏帝國、蜀漢帝國、東吳帝國，對抗的經過和最後終於統一的故事。這些多采多姿的故事，早就在民間流傳。第十世紀後，曾出現講述這些故事的稿本，那時還沒有「小說」這個名詞，只稱爲「評話」。到了本世紀（十六），羅貫中用他的才華把它們加以整理組織，遂成爲一部有文學價值的巨著。在這部小說中，蜀漢帝國的宰相諸葛亮，被塑造成一個會呼風喚雨、神機妙算的道教巫師。大將關羽，因他對義兄劉備私人的效忠精神，被稱爲忠義人物的典型，死後且被世人尊爲神祇。另一位大將張飛，以直爽魯莽、粗線條聞名於世。中國古典戲劇中有太多的主題，取材於這部小說。

水滸傳的作者施耐庵，身世跟羅貫中一樣，歷史上沒有確實的記載，據說曾當過錢塘（浙江杭州）倉庫的管理員。我們姑且猜測他生在羅貫中之後，因爲他寫的水滸傳，用的是流暢而成功的白話文（三國演義還是用文言文，雖然是很通俗的文言文），這是他大膽的革命創舉。

十二世紀初葉，宋王朝酒肉皇帝趙佶在位時，曾經有三十六個騎士人物，以山東省梁山泊爲根據地。梁山泊是山東省梁山縣梁山之下的窪地湖，古代鉅野澤的遺址附近。十二世紀時，黃河潰決，遂成爲一片汪洋。這三十六個行俠仗義的騎士人物，縱橫華北大平原，專殺人民所最痛恨的貪汚官員和土豪惡霸，搶劫富家的財物。救濟貧民。這種行爲被廣大的群衆歌頌爲「替天行道」。騎士們生龍活虎般的故事，在民間流傳已達數百年之久。但直到施耐庵手中，才被組織成爲一部文學價值和社會史價值同樣高的巨著，而三十六個騎士，也增加三倍，成爲一百零八位梁山泊好漢。

全書精神是一種「官逼民反」的痛苦吶喊，施耐庵用無懈可擊的佈局，和深刻的分析，把每一個騎士，由守法畏官的善良小民，到被逼上梁山泊，成爲官員心目中的萬惡匪徒。他們轉變的過程，都有細膩的描繪。每一個角色所遭受的迫害都不一樣，但不甘心死於迫害，鋌而走險的結局卻是一樣。我們可舉出書中第一個出現的主角之一的林沖作爲說明：林沖是宋王朝政府禁衞軍的一位中級軍官（八十萬禁軍教頭），宰相的兒子看上了林沖美麗的妻子，在調戲強姦失敗後，宰相即拿出傳統的「誣以謀反」的冤獄手段，把林沖逮捕判刑，貶謫到邊荒地區做一名看守草料的士兵。但他的妻子拒絕改嫁，仍盼望遇到大赦，丈夫得以回家團聚。宰相爲了斷絕她的盼望，採取進一步的行動，於是當地負責的軍區司令官，派了兩個爪牙，乘着大雪之夜，到草料場中縱火。這是一個毒計，如果把林沖燒死，固然達到目的。即令不能燒死，林沖焚毀了軍用物資，也逃不了軍事法庭死刑的處決。林沖在大火中死裏逃生，正要去司令部報告時，卻聽見兩個爪牙在興高采烈地談論這個陰謀。林沖把他們殺掉，然後發現自己「有國難奔，有家難投」，唯一的一條路是，到梁山泊當強盜。——水滸傳跟三國演義，同是中國人最歡迎的文學作品，但水滸傳卻受到儒家系統的厭惡，因它暴露了中國不斷民變的內幕，太富於反抗精神。

西遊記的作者吳承恩，他是三位作者中唯一敢確定籍貫和時代的一位。他是南直隸（江蘇省）淮安府山陽縣（淮安市）人，生於本世紀（十六）第一年（一五〇〇），死於八〇年代一五八三年，活了八十四歲高齡。

西遊記也是民間流傳下來的故事，由吳承恩把它綜合成為一部巨著，描寫七世紀唐王朝高僧玄奘前往印度尋求佛教經典（唐僧取經）的故事。玄奘在西行路上，收了三個妖怪作為他的門徒。即猴精孫悟空、豬精豬八戒、水怪沙和尚，還有一匹由白龍變化而成的白馬。孫悟空神通廣大，能力高強而心腸善良。豬八戒具有人類所有的弱點：自私懶惰、貪吃貪財、投機取巧、喜歡說讒言和挑撥是非。沙和尚則是平凡的鄉愿，既沒有特殊長處，也沒有特殊的短處。他們組成了一個奇異的武裝旅行團，從中國到印度，沿途共遇到八十一次災難，每次都因為玄奘或豬八戒的錯誤而發生，每次也都靠孫悟空鍥而不捨的忠心和努力，拯救出險。

西遊記曾引起很多學者研究它的涵義，有人說是宣揚佛教，有人說是宣揚佛道儒三教合一，有人說是描寫人物的善惡兩面，有人說是諷刺明政府的黑暗，有人說它只是吳承恩的遊戲之筆。我們感覺到應注意兩點，第一，西遊記中人物，除了玄奘一人外，其他全屬虛構。八十一次災難，每一難有每一難的特色和情趣，從開始到結束，都不相同，這是一種豐富的想像力。第二，西遊記是一部幽默作品，書中人物連篇累牘的對話和動作，都使人作會心的微笑。而想像力和幽默感，正是中國儒家知識份子——無論他是理學派或陽明學派，所最缺少的東西。

這三部小說在中國早已家喻戶曉，歷時數百年，直到二十世紀都被愛好不衰。幾乎所有中國人都熟悉書上的每一個人物和書上發生的每一個故事。對這些人物和故事，無不能娓娓道來，如數家珍。我們認為說下面的話並不過份：要想了解中國，在這三部小說中可找到寶貴的答案。三部小說在此後所發揮的力量和對中國人的影響，超過儒家系統的「四書」「五經」百倍。

二、東西方世界

——〇〇年代・一五〇八年（劉瑾大發威風，命中央政府高級官員跪奉天門），西班牙征服古巴。

——〇年代・一五一七年（親王朱宸濠叛變前二年），㈠葡萄牙商人到廣州，歐洲跟中國海上的直接貿易，從此開始。㈡威丁堡大學神學教授馬丁路德，焚燬教皇李奧十世出售贖罪劵的諭旨，宗教革命爆發。

——〇年代・一五一九年（親王朱宸濠叛變，酒肉皇帝朱厚照下詔親征，乘機遊蕩江南），㈠西班牙國王查理五世資助船長麥哲倫作第一次環球航行。㈡西班牙征服墨西哥。

——二〇年代·一五二〇年（朱厚照在江南廣索民間婦女，隨從的宦官和士兵軍官，更爲橫暴），麥哲倫船隊穿過麥哲倫海峽，進入太平洋。

——二〇年代·一五二一年（朱厚照病死，堂弟朱厚熜即位，大禮議事件起），麥哲倫到菲律賓群島，被當地居民所殺。

——二〇年代·一五二八年（王守仁討伐廣西民變），蒙古酋長巴卑爾（帖木兒可汗五世孫）進攻印度，陷德里城，建莫臥兒帝國。

——四〇年代·一五四二年（首席宰相夏言與次席宰相嚴嵩，鬥爭正烈），西班牙征服菲律賓群島。

——四〇年代·一五四三年（宮女楊金英集團謀殺朱厚熜失敗），波蘭學人哥白尼逝世，所著天體運行論發表，揭示地球非宇宙中心，太陽乃宇宙中心。

——四〇年代·一五四七年（朱厚熜誣殺夏言前一年），莫斯科公國大公伊凡四世（恐怖伊凡），改稱沙皇，俄羅斯帝國出現。

——五〇年代·一五五四年（倭寇正擾東南一帶），英國女王瑪麗（血腥瑪麗）迫害新教徒。

——七〇年代·一五七二年（朱翊鈞即位，張居正當權），法國皇太后喀德琳下令屠殺新教徒，史學家稱「聖巴托羅繆慘案」。

——八〇年代·一五八八年（張居正死後第六年），西班牙無敵艦隊進攻英國失敗，自此西班牙沒落，英國取而代之。

——九〇年代·一五九八年（保衛朝鮮戰役結束），日本最高執政官（關白）豐臣秀吉逝世，託孤於部將德川家康、毛利輝元。

第三十章　第十七世紀

本世紀，歐洲各國無論在領土、思想、學術各方面，都繼續不斷的擴張和進步，諸如：

——荷蘭征服東印度群島（印尼）、台灣、澎湖。

——英國、荷蘭分別殖民北美洲，英國又把荷蘭人驅逐。

——英國爆發革命，國會法庭判處國王查理一世死刑。

——英國國會通過權利法案，嚴禁非法逮捕。民主政治確立。

——英國征服印度。

——牛頓發明微積分，發現地心吸力。

——伽利略發現太陽大、地球小，地球繞太陽而行。

中國在大黑暗時代中，停滯如故，但本世紀可分為兩個階段。四〇年代前，政治更為黑暗，可以說是中國有歷史以來最黑暗的時代，飢餓憤怒的群眾終於把明政府和朱姓皇族推翻。代之而起的，即四〇年代後，是乘虛而入的滿洲人愛新覺羅皇族組成的清政府，中華民族第二次淪為亡國奴。不過，愛新覺羅皇族是中國歷史上最好的一個皇族，至少他們治理國家的能力，要比朱姓皇族高明。到了本世紀八〇年代，在大黑暗的濃霧中，竟奇蹟般的為中國帶來了爲時一百年之久的第三個黃金時代。

一、斷頭政治的極致

歐洲日益加強它的掠奪，從舊大陸掠奪到新大陸，從歐洲掠奪到亞洲。黃種人、棕種人、紅種人、黑種人，被侵入的白種人無情的奴役和屠殺。全世界都聽到亞洲人、非洲人，和美洲人的呼喊，也都聽到歐洲人磨刀霍霍。只有中國人沒有聽到，中國的明王朝政府，正閉着眼睛，一日千里的向着使它粉身碎骨的斷崖奔馳。

張居正所輔佐的第十四任皇帝朱翊鈞，完全繼承他祖先朱元璋和祖父朱厚熜的劣根性，而且更加愚暴。據說他又染有從海外初傳入中國的鴉片煙癮，所以他更多了一個吸毒者的特質。張居正於上世紀（十六）逝世，像撤了堤防一樣，使朱翊鈞的凶頑性格，洶湧而出。張居正是一五八二年死的，朱翊鈞可能當年就染上了嗜好，因爲就在這一年，他就開始不跟大臣見面。最初，隔幾天還出現一次，後來隔幾十天出現一次，久之隔幾個月出現一次。而到了上世紀（十六）八〇年代一五八九年的元旦，那是天經地義的必須跟群臣見面的重要大典，朱翊鈞卻下令取消。而且從那一天之後，朱翊鈞就像被皇宮吞沒了似的，不再出現。二十六年後的本世紀（十七）一〇年代一六一五年，才勉強到金鑾殿上作一次亮相。

那一次亮相，也不簡單。如果不是發生了使人心震動的「梃擊案事件」，連這一次亮相也不會有。那一年，一個名叫張差的男子，手裏拿着一根木棍，闖入太子朱常洛所住的慈慶宮，被警衛發現逮捕。政府官員們對該案的看法，分為兩派，互相攻擊。一派認為張差精神不正常，只是一件偶發的刑事案件。另一派認為它涉及到奪嫡的陰謀——朱翊鈞最寵愛的鄭貴妃生有一個兒子朱常洵，她企圖使自己的兒子繼承帝位，所以收買張差行凶。朱翊鈞和朱常洛都不願涉及到鄭貴妃，為了向亂糟糟的官員們保證絕不更換太子，朱翊鈞才在龜縮了二十六年之後，走出他的寢宮，到相距咫尺的寶座上，親自解釋。

這一次朝會情形，像一場有趣的卡通電影。朱翊鈞出現時，從沒有見過面的宰相方從哲和吳道南，率領文武百官恭候御駕，一齊下跪。朱翊鈞屁股坐定，就拉着太子的手向大家宣佈：「這孩子非常孝順，我怎會有更換他的意思？」又教三個皇孫也出來說：「孫兒輩都已成長，不應該再有閒話。」太子朱常洛跟着說：「你們看，我們父子如此親愛，群臣們卻議論紛紛，造謠生事。你們目無君主，使我也成了不孝的兒子。」朱翊鈞問大家：「你們聽見太子的話嗎，還有什麼意見嗎？」方從哲除了叩頭外，不敢說一句話。吳道南則更不敢說話，兩位宰相如此，其他臣僚，自沒有一個人發言。監察部委員（御史）劉光復，大概想打破這個沉默的僵局，開口啓奏。可是，一句話還沒有說完，朱翊鈞就大喝一聲：「拿下。」幾個宦官立即撲上去，把劉光復抓住痛打，然後摔下台階，在鮮血淋漓的慘號聲中，被錦衣衛的衛士綁到監獄。對這個突變，方從哲還可以支持，吳道南自從做官以來，從沒有瞻仰過皇帝的長相，在過度的驚嚇下，他栽倒在地，屎尿一齊排泄出來。朱翊鈞縮回他的深宮後，眾人把吳道南扶出，他已嚇成一個木偶，兩耳變聾，雙目全盲，經過幾天之後，聽覺視覺才漸漸恢復。

這是隔絕了二十六年之後唯一的一次朝會，沒有一句話說到國家大事，群臣們印象最深的只是皇帝展示威風的大喝一聲「拿下」。從此又是五年不再出現，五年後，朱翊鈞就死翹翹了。

——人的感情反應，有時候竟會恰恰相反。朱祁鎮、朱厚照之類的活寶，把皇宮當作不快樂的地方，總是到外面遊蕩。而朱厚熜、朱翊鈞之類癟三，又把皇宮當作最快樂的地方，連片刻都不肯離開。對於後者，我們眞不了解，在那個範圍有限（不過三四十個院子）的皇宮中，每天所見的都是同一的面孔和同一的景色，怎麼能自我關閉三十年，而不感到單調煩悶。

斷頭政治已夠駭人聽聞，而朱翊鈞的斷頭政治，尤其徹底。他的祖先們雖然關閉深宮，國家事務，還利用「票擬」「朱批」，仍在鬆懈的推動。朱翊鈞三十年的斷頭政治，連「票擬」「朱批」都幾乎全部停止。官員們的奏章呈上去後，往往如肉包子打狗，永無消息。明王朝的宰相不能單獨行使職權，他的權力來自他自己的「票擬」和皇帝的「朱批」，二者缺一，宰相便等於沒有能源的機器，毫無作用。朱翊鈞時代的斷頭政治使二者全缺，全國行政遂陷於長期的停頓。到了一〇年代一六一〇年，中央政府的六個部，只有司法部（刑部）有部長，其他五個部，全沒有部長。六部之外的監察部（都察院）部長（都御史），已缺十年以上。錦衣衛沒有一個法官，囚犯們關在監獄裏，有長達二十年之久還沒有問過一句話的，他們在獄中用磚頭砸自己，輾轉在血泊中呼冤。囚犯的家屬聚集在長安門（宮門之一）外，跪在地下，遙向深宮中他們認爲是神聖天子的朱翊鈞哭號哀求，行路的人都跟着他們痛哭，但朱翊鈞沒有任何反應。宰相們一再上奏章請求委派法官或指定其他官員辦理，同樣沒有反應，全中國地方政府的官員，也缺少一半以上，不但請求任用官員的奏章，朱翊鈞視若無覩，對官員們辭職的辭呈，也視若無覩。宰相李廷機有病，連續上了一百二十次辭呈，都得不到消息，最後他不辭而去，朱翊鈞也不追問。一六一九年，遼東軍區總指揮（遼東經略）楊鎬，四路進攻新興起的巨敵後金汗國，在薩爾滸（遼寧撫順東）大敗，死四萬五千餘人，開原（遼寧開原）、鐵嶺（遼寧鐵嶺）相繼陷落，距瀋陽只六十公里，北京震動。全體大臣跪在文華門（宮門之一）外，苦苦哀求皇帝批發軍事奏章，增派援軍，急發軍餉——前線戰士正在冰天雪地和飢餓中殺敵，可是朱翊鈞毫不理會。大家又轉到思善門（宮門之一）外跪求，朱翊鈞同樣毫不理會。

世界上再找不出這種政治形態，宮門緊閉，人們無法進去，奏章投進去如同投進死人的墳墓，得不到任何輕微的回音。人民的哭號，官員的焦急，如火如荼的民變兵變，遍地的詬詈聲和反抗暴政的革命，朱翊鈞都無動於衷。

明政府現在已成了一個斷頭的殭屍。

二、礦監・稅監

但朱翊鈞這個吸毒犯的無動於衷，並不是絕對的。他對有些他認爲重要的少數奏章，仍然會處理，如上世紀（十六）保衛朝鮮戰役，奏章便很少發生投入墳墓的現象。事實上，三十年中，除了上述「拿下」一次之外，朱翊鈞也偶爾跟宰相接觸過，如本世紀（十七）〇〇年代，朱翊鈞曾因病危，單獨接見過當時的宰相沈一貫。

然而，朱翊鈞對另外一些人的請求，他的反應卻像跳蚤一樣的敏銳。那就是散佈在全國各地的礦監和稅監們的奏章，上午送進皇宮，朱翊鈞的「朱批」諭旨，下午就發了出來。其敏捷迅速的程度，使宰相們自顧形慚。

由宦官管理開礦和負責徵收賦稅，是大黑暗時代的暴政之一，依照儒家正統的政治哲學，凡是祖先創立的制度，後世子孫絕不可以更改，而「礦監」和「稅監」，正是祖先創下來的制度之一。所謂礦產，主要的是金礦、銀礦和硃砂礦，某一個地方一旦發現礦苗，皇帝就指派一個宦官前去主持，官銜是「某地某礦提督太監」。所謂稅收，政府本有財政部（戶部）主持，財政部也本有它的稅務機構。但皇帝卻另外設立一個徵稅系統，由他指派的宦官負責，稱爲「某地某稅提督太監」。簡稱爲礦監和稅監。

在二十世紀，開礦是一件受人歡迎的生產性建設，但在大黑暗時代，卻是謀殺的手段。宦官在最初派遣時，固然只有一個人，不過依當時官場的傳統習慣，他至少擁有一百餘人的隨從。在隨從中，他遴選十幾個負實際責任的礦務官員，此十幾個礦務官員，各又有一百餘人的隨從（這正是紅樓夢所形容的「奴才還有奴才」的現象），每家以五口計算，一個礦監至少有五千人寄生在他身上，這種非生產的人事開支，就是最富有的金礦都無法負擔，而且還不把貪污的數目計算在內。礦監系統自有他們的特殊辦法，這辦法就是一律轉嫁到當地居民身上，那只要隨意指認某一個富家地下有礦苗，就可以了。一旦被認爲地下有礦苗，那家房屋就要全部拆除，以便開礦，唯一避免拆除的方法是賄賂。開礦時挖掘不到或礦藏不多，附近的富家隨時都可被指控「盜礦」，富家破產後，盜礦的罪名就延伸到窮人頭上，他們被投入監獄，苦刑拷打，直到全家盡死，或繳出全部「盜礦」的賠款。一個礦場即令枯竭，也不能關閉，因爲關閉後五千餘人的生路便告斷絕，所以全部開支，包括呈獻給皇帝的數目，都由當地人民承擔。

稅監跟礦監相同，而更普遍，像天津的店舖稅，東海沿岸的鹽稅，浙江、廣東、福建等省的海外貿易稅，成都的茶稅、鹽稅，重慶的木稅，長江的船稅，荊州（湖北江陵）的店稅，寶坻（天津寶坻）的魚稅、葦草稅。普通稅吏本已是爛污人物，但比起稅監系統，他們簡直純潔得如同嬰兒。稅監系統只要用手向某商店一指，說他漏稅，這個商店縱然破產都不能清償。

除了礦監、稅監，還有採辦太監和織造太監。前者如採辦木材，採辦香料，採辦宮花珠寶；後者如燒製瓷器，紡製錦繡綢緞。他們對人民的傷害，不亞於礦監稅監。用採木作爲說明，在採購中心的四川省，便有一個沉痛的諺語：「入山一千，出山五百。」形容採伐一根供皇帝建築宮殿的巨木，一千人中要死五百餘人，才能砍倒和運出叢山。四川人民一聽到採木的宦官駕到，無不驚恐。

宦官系統因有皇帝支持的堅強背景，他們的凶暴更甚於官員和鄉紳，甚至騎到官員和鄉紳的頭上，平民就更不堪活命了。最聞名於世的湖廣（湖北省及湖南省）稅監陳奉，就是其中之一。他不但徵稅而已，還公開的搶劫行旅，毆打維持治安的官員。他手下的稅吏在武昌（湖北武漢）經常假藉着緝查私貨的名義，闖入民宅，姦淫婦女，勒索財物，稍爲不滿意，就逮捕到稅監所主持的稅務公署，用酷刑追繳漏稅。一六〇一年，即本世紀（十七）第二年，武昌就因稅吏強姦一位婦女的案件，激起大規模暴動，二十餘萬人攻擊稅務公署，陳奉逃到親王府躲避，密令他的騎兵衛隊三百餘人（一個宦官竟有如此龐大的衛隊），向抗暴群眾衝殺，當場數十人死於非命。群眾更爲憤怒，生擒了陳奉最親信的助手六人，投入長江。雲南稅監楊榮，比陳奉還要厲害，群眾起來攻殺他的隨從，楊榮就一口氣逮捕了數千人，全都用酷刑拷死，又逮捕被認爲拒絕合作的一位中級軍官（指揮使）樊高明，拷打後戴枷示眾。一六〇六年，民變與兵變結合，突擊楊榮，把他殺掉。

——罪惡的根事實上不是宦官而是皇帝，楊榮事件後，就發生一件肉麻當有趣的反應。酒肉皇帝朱翊鈞並不追問群眾暴動的原因，而只對群眾膽敢犯上作亂，大爲震怒。爲了加強這種震怒的效果，朱翊鈞拒絕吃飯，宣稱：「楊榮算不了什麼，我痛心的是，那些凶手把國家法律的尊嚴置於何地？」

朱翊鈞貪財而殘忍，他在宮中除了吸毒外，便是喝酒，每喝酒一定酩酊大醉，左右伺候他的宮女和小宦官，一不順眼，朱翊鈞就喝令撲殺（我們應牢記他「拿下」的威風）。截至上世紀（十六）九〇年代一五九二年統計，死在他皮鞭下的已達一千人。我們無法得到準確數字，「一千人」是當時大臣公開寫在奏章上的。那一年朱翊鈞已在位二十一年，平均每星期都要有一個哀哀無告的宮女和小宦官，被他殺害。只有一種情形才能使他回嗔作喜，和顏悅色，那就是向他奉獻開礦和徵稅所得的金銀財寶。礦監、稅監們不得不傾全力去搜括，他們知道，如果奉獻太少，觸怒了那位高高在上的吸毒犯，自己難逃一死。

本世紀（十七）〇〇年代一六〇二年，朱翊鈞染病沉重，再邪惡的人，到了臨死，都會天良發現。朱翊鈞對深夜被召入深宮訣別的宰相沈一貫說：「開礦收稅的事，大家都反對，我因爲宮殿沒有築成，所以採取權宜措施。現在可以停止了，江南的織造和江西的瓷器，也一齊停止，宦官一律撤回。」又親筆寫了一張諭旨交給沈一貫。可是，到了明天，在全國都盼望那個暴君死亡的歡樂願望中，朱翊鈞卻竟然痊癒。他清醒後第一件事就是對撤銷礦稅宦官的事懊悔不迭，一連派出二十位宦官，到宰相所在地的內閣索回諭旨，沈一貫最初還鼓起膽量拒絕，以致平常不把宰相放在眼裏的那些宦官，恐懼萬狀，向沈一貫叩頭流血。沈一貫不敢再堅持，只好繳回。然而司禮太監田義（一位有血性的宦官），向朱翊鈞勸阻說：「諭旨已經頒發，恐怕無法收回。」朱翊鈞怒不可遏，親自揮刀，要殺田義。撤銷礦監、稅監之事，就此告吹。

事情已十分明白，明政府跟全體中國人民，已不能共存。鳳陽軍區司令官（鳳陽巡撫）李三才，在請求朱翊鈞停止礦稅宦官的奏章上（這奏章照例的如石沉大海），有一段說話：「殺人父母，使人成爲孤兒；殺人丈夫，使人成爲寡婦；破人家庭，掘人墳墓（在二十世紀前，中國人一直強烈崇拜祖先）；縱然對方是仇人敵人，我們都於心不忍，陛下怎麼忍心對一向被你稱爲赤子的臣民如此？」

問題是，朱翊鈞硬是忍心如此。

——在那個時代，整個國家都是皇帝的私產。朱翊鈞還要搜括這些財寶幹什麼？這是一個謎。這謎於一〇年代一六一四年揭曉。鄭貴妃所生，被懷疑陰謀奪嫡的兒子朱常洵，封到洛陽（河南洛陽）當親王，除了國庫負擔一個可怕的數目外，老爹老娘把從「礦」「稅」所得到的血腥錢，全部交給這個寶貝，希望任他怎麼花都花不完。二十七年後（四〇年代一六四一年），民變領袖李自成攻陷洛陽，這位寶貝兒子跪在李自成面前叩頭乞命，仍被剁成肉醬，跟鹿肉拌在一起，被憤怒的群眾吃掉，那些財富又回到民間。

三、後金汗國崛起東北

一〇年代一六一六年，即朱翊鈞展示威風，「拿下」事件的明年。位於北京東北七百公里的赫圖阿拉城（遼寧新賓），女眞部落一位酋長努爾哈赤，自稱可汗，建立後金汗國。

——這是明王朝第一響喪鐘，二十八年後，他們攻陷北京。

女眞民族於十二世紀時，曾建立金帝國，征服了中國一半以上的土地，還活捉了中國當時宋王朝的兩個皇帝。金帝國滅亡時，進入中國境內的女眞人，大部份被殲滅。只有遺留在故土上的若干部落，仍然存在，他們分爲左列的三部，其中以建州女眞最爲強大：

一、野人女眞　住黑龍江下游一帶

二、海西女眞　住東北平原一帶

三、建州女眞　住圖門江一帶

上上世紀（十五）〇〇年代，明政府特地加封建州女眞的酋長李滿住爲建州衛司令官（都指揮使），作爲藩屬。所謂「衛」，即軍事屯墾區。司令部所在的建州，即俄國海參崴稍北的雙城子。不久，野人女眞南侵，建州女眞受到壓迫，沿着圖門江逆江而上，向西南遷移。明政府就先後把他們分割爲三個衛，總稱「建州三衛」。我們用左表說明：

原稱	建州三衛	所在	著名首長
建州衛（俄國雙城子）	十五世紀二〇年代遷建州衛	赫圖阿拉城（遼寧新賓）	李滿住（十五世紀）・覺昌安（十六）・塔克世（十六）・努爾哈赤（十七）

十五世紀一〇年代設建州左衛	阿木河（朝鮮會寧）・三〇年代西南遷・與建州衛合併	猛可鐵木兒（十五）・董山（十五）
十五世紀四〇年代分建州右衛	古勒城（遼寧撫順古樓村）	凡察（十五）・王杲（十六）・阿台（十六）

上世紀（十六）七〇年代，建州右衛司令官（都指揮使）王杲，最爲強悍，屢次沿邊劫掠。中國邊防軍軍官裴承祖到他的轄區尋找逃犯，王杲竟把裴承祖剖開肚子慘殺。中國邊防軍把王杲擊斬，但他的兒子阿台繼續跟明政府對抗。到了上世紀（十六）八〇年代一五八三年，遼東兵團司令官（遼東總兵）李成梁，再發動一次攻擊，由建州衛所屬的兩位酋長尼堪外蘭（蘇克素護河部落）、覺昌安（覺羅部落），分別擔任嚮導，包圍建州右衛所在的古勒城（遼寧撫順古樓村）。覺昌安奉命到城中勸說投降，被阿台拘留囚禁。城陷落時，覺昌安的兒子塔克世首先衝進去搶救父親，覺昌安卻在大火中燒死，塔克世也在混亂中被明政府軍誤殺。

這是一件缺乏積極證據，但並不是沒有跡象可尋的陷害謀殺疑案。父子二人深入虎口，覺昌安適時的被燒死，塔克世也適時的被自己方面的軍隊，即明政府的軍隊所誤殺。當時就傳說紛紛，認爲是尼堪外蘭和李成梁的陰謀，目的在剷除日後潛在的敵人。

阿台的覆滅和覺昌安父子之死，使建州三衛的政治組織瓦解，部落星散，各自爲政，這正是中國明政府所企求的。然而，塔克世的二十八歲的兒子努爾哈赤，是一個雄才大略的人物，他跟十三世紀蒙古帝國開國大汗鐵木眞的遭遇，幾乎完全相同。努爾哈赤自幼喪母，不堪繼母的虐待，離家流浪到當時中國東北重鎭撫順（遼寧撫順）。因祖父和父親跟明政府都有密切關係的緣故，他有機會出入遼東兵團司令部（在遼寧遼陽）跟李成梁的私宅，對明政府的貪汚無能和軍隊的腐敗，有深刻的印象。又因廣泛的跟異民族的中國人來往，使他的胸襟和智慧，日益開闊。他追求高等知識過程中，三國演義和水滸傳兩部小說，在他身上產生極大的影響，使他不久就成爲一個受部落愛戴的軍事統帥和政治領袖。

努爾哈赤從他父親那裏，只繼承了十三副盔甲，和叛變逃亡後剩下的數十名部眾。他收拾殘局，忍辱負重，捕殺背叛中國的同族女眞人，以表示對明政府的忠心耿耿。再加上他祖父、父親同時爲中國犧牲，努爾哈赤遂被明政府正式任命爲建州衛代理司令官（都督僉事），努爾哈赤即利用這個官銜所賦予的影響力，壯大自己。

三年後（上世紀八〇年代一五八六年），他擊斬尼堪外蘭。

二十五年後，到了本世紀（十七）一〇年代一六一六年，羽毛豐滿。努爾哈赤正式稱可汗，建立後金汗國，以繼承覆亡於十三世紀的他祖先們的金帝國的大業。一六一八年，努爾哈赤以「七大恨」祭告天地，宣佈他脫離明政府，和跟明政府對抗的理由。七大恨中的第一大恨就是明政府殺了他的祖父和父親，其他六大恨不過一些微不足道的雞毛蒜皮小事。

發表七大恨的次年（一六一九），中國遼東軍區總指揮（遼東經略）楊鎬，這位在保衛朝鮮戰役中全軍覆沒的債帥，動員精銳邊防軍九萬人，包括從南方出擊的朝鮮兵團一萬人，分四路討伐後金汗國，準備一舉把這個初起的叛亂集團摧毀。努爾哈赤集結六萬人抵抗，在薩爾滸（遼寧撫順東）鏖戰六天，楊鎬大敗，四萬五千人陣亡，朝鮮兵團投降後金，而後金汗國只死了二千餘人。努爾哈赤乘勝進攻，一連攻陷開原、鐵嶺。這是明政府最早一次，也是最後一次主動出擊，從此只有挨打和逃跑的份。

兩年後（二〇年代一六二一年），後金汗國攻陷撫順、遼陽、瀋陽。明政府任命熊廷弼擔任遼東軍區總指揮（遼東經略），而另任命王化貞擔任遼東軍區司令官（遼東巡撫），這是大黑暗時代最流行的雙線領導制度，目的在互相牽制，防止叛變。總指揮和司令官的權力和責任，很難劃分，熊廷弼是繼于謙之後中國最偉大的軍事天才，他對領悟力較弱的蠢庸之輩，感到不能忍受，所以他的人緣不好，高高在上的那些官僚政客，尤其厭惡他，他的官位雖然理論上比王化貞稍高，但王化貞有國防部長（兵部尚書）作他強硬的靠山，所以熊廷弼指揮不了他，熊廷弼只有四千人的部隊，駐防山海關（河北秦皇島東北）。王化貞則擁有重兵六萬，駐在山海關之北二百四十公里的廣寧（遼寧北寧）。王化貞跟十一世紀的范仲淹一樣，善於對內宣傳，他宣稱只要政府一聲令下，他的大軍立刻就可以把努爾哈赤一舉蕩平。熊廷弼深知道邊防軍腐敗已極，沒有戰鬥力量，堅持主張採取守勢，不可輕率挑戰。但王化貞壯烈的言詞，和用剋扣軍餉的錢行使的賄賂，收到預期的效果，北京大多數重要官員都支持王化貞，一致抨擊熊廷弼懦弱無能和剛愎自用。問題是，努爾哈赤並不支持王化貞。第二

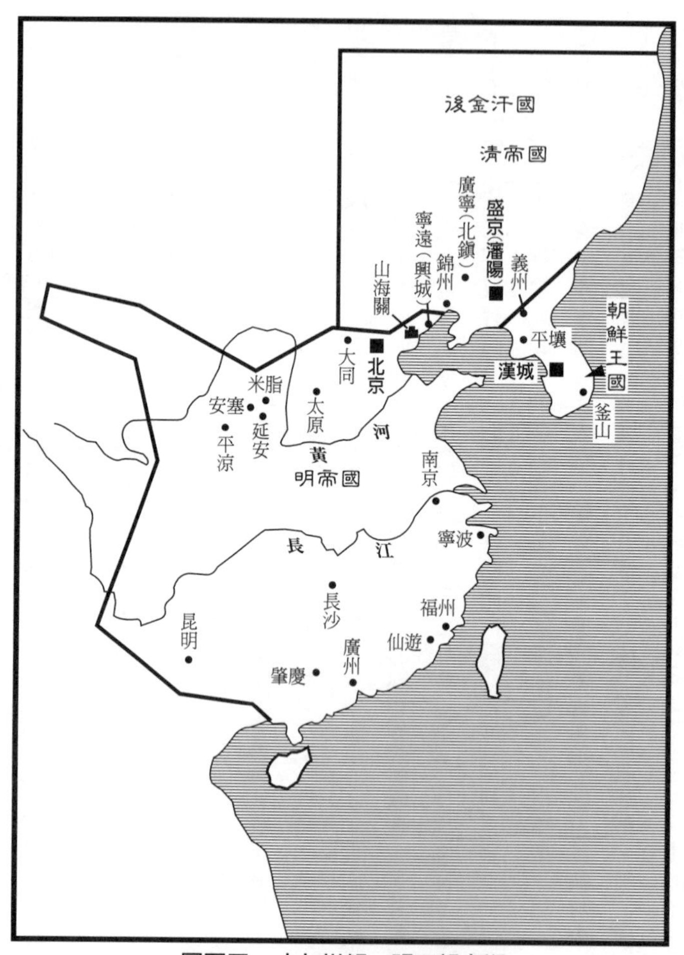

圖四三　十七世紀・明王朝末期

年（一六二二），當王化貞興高采烈的招降納叛，準備出擊時，後金兵團先發制人，用閃電戰術突擊廣寧（遼寧北寧），王化貞六萬人覆沒，隻身逃走。

——這次戰役跟熊廷弼無關，但宦官巨頭魏忠賢認爲跟他有關，就跟他有關了。熊廷弼被逮捕下獄，三年後（一六二五）斬首。熊廷弼死時，王化貞雖然也在監獄裏，但他仍然活着，在大量賄賂下，高級官員繼續支持他，並且有數萬被僱傭的職業群眾，在北京街頭示威，爲卓越的王化貞將軍呼冤。

王化貞的失敗，使明政府在東北的土地，即遼東軍區，喪失了百分之九十九，山海關外，只剩下錦州（遼寧錦州）、松山（遼寧錦州南松山堡）、寧遠（遼寧興城）三個孤城。寧遠在山海關東北一百一十公里，由年輕有爲的將領袁崇煥防守。

努爾哈赤於擊敗王化貞後，即把首都從赫圖阿拉城（遼寧新賓）遷到剛從明政府手中奪取的遼陽（遼寧遼陽）。三年後（一六二五）再遷都瀋陽（遼寧瀋陽），步步進逼明帝國。明年（一六二六），努爾哈赤親統十一萬沒有戰敗過的精銳兵團，圍攻寧遠，企圖把山海關外的明政府的勢力，全部肅清。結果遭到失敗，努爾哈赤被守軍使用的葡萄牙巨砲擊中，重傷而死。

四、清帝國以戰迫和

努爾哈赤的逝世對後金汗國沒有重大影響，這是新興政治力量的一種重要考驗。他的繼承人皇太極於老爹死後的次年（一六二七），對寧遠發動第二次攻擊，被袁崇煥第二次擊退。皇太極在回軍途中順便進攻錦州，又被守軍擊退。明政府宣傳這次戰役是「錦寧大捷」。

皇太極同他老爹一樣的幹練，他綜合分析寧遠城外失利的結果，得到一個結論。認爲明政府雖然困於國內如火如荼的民變，日趨衰弱，但邊疆上的重點實力仍不能忽視。他希望跟明政府和解。只要明政府承認他的汗國存在，他願意結束戰爭。

於是，皇太極採取行動，一是用武力征服南方的朝鮮王國和西方的蒙古察哈爾部，以切斷明政府的左右兩翼。一是繞過寧遠（遼寧興城）和山海關，從另外的道路，攻入中國本土，對明政府施以壓力。這兩者他都做的非常成功，朝鮮國防軍潰敗，在亡國和屈服之間，選擇屈服。蒙古察哈爾部領袖林丹汗被擊敗後，向西逃亡，死於青海湖附近，他的兒子投降。後金汗國遂跟中國以長城爲界，開始發動一連五次以戰迫和的入塞攻擊，完全採取蒙古帝國初期對付金帝國的挖心手段。我們把這五次攻破長城，深入中國心臟地帶的戰役，列爲左表：

順序	起訖	入長城處	攻陷城市	擄掠而去	中國內部
第一次	一六二九・一一 一六三〇・三	喜峰口	遵化、房山、固安、良鄉、永平（盧龍）、遷安、灤州（灤縣）。		高迎祥起兵稱闖王，李自成稱闖將

第二次	一六三三・七 一六三三・八	得勝堡 上方堡	保安(涿鹿)、萬全。		山西陝西兩省大饑，民變益衆
第三次	一六三六・七 一六三六・八	獨石口 喜峰口	昌平、保安等十二城。	人畜十八萬	高迎祥被明政府磔死，餘衆推李自成爲闖王
第四次	一六三八・九 一六三九・三	牆子嶺 青山口	涿州等北直隸省四十八城。山東省德州、濟南等十六城。	人六十四萬口 銀百餘萬兩	張獻忠僞降明政府
第五次	一六四二・一〇 一六四三・四	牆子嶺	薊州(薊縣)、莒州(莒縣)、兗州等六十七城。	人三十六萬口 畜五十五萬頭	李自成陷開封

從上表可以看出，在腐敗的明王朝政府手中的萬里長城，已成了脆弱的籬笆，喪失了它所應具有的防禦北方蠻族的功能。後金汗國在稍後也擁有葡萄牙巨砲，只要高興，他們可以在任何地方轟出一個缺口，長驅直入。

最重要的一次入塞是第一次，由皇太極親自率領，直抵北京城下，給驕傲自大的明政府帶來最大的震恐。袁崇煥這時已擢升爲遼東軍區總司令（遼東督師），他得到消息，立刻統率五千騎兵向北京馳援，日夜不停的奔馳四百公里，到達北京時，人與馬都疲憊不堪，但仍在廣渠門（北京城門之一）外，擊退後金兵團的攻勢。可是北京那些勇於內鬥的官員們並不感謝他，反而認爲他應負不能阻擋敵人攻破長城的責任。而被攻陷的喜峰口（河北遷西北）

，卻是屬於另一個軍區——薊州軍區。皇太極對這個屢次阻撓後金軍事行動兼殺父之仇的袁崇煥，尤其恨入骨髓。一個小說上虛構的反間諜故事，移上眞實的政治舞台。熟讀三國演義的皇太極，運用「周瑜計賺蔣幹」的方法，實施他的陰謀。

這個陰謀中扮演蔣幹角色的是兩個被俘擄的明王朝宦官，他們在睡夢中隱約聽到看守他們的後金衛士如下的耳語對話。一個問：「今天怎麼忽然停戰？」一個答：「我看見可汗騎馬走向敵人陣地，有兩個人迎上來相見，密談了很久。大概袁崇煥有什麼祕密信息，事情很快就會解決。」兩個宦官不久就自以爲很幸運的逃出牢籠，回到北京，向第十七任皇帝朱由檢告發。不但朱由檢大大的震怒，幾乎所有的官員都額手稱慶叛徒的奸謀敗露，使北京得免陷落。袁崇煥被捕，在輿論沸騰中，受到磔刑處死。

——過了十六年，後金汗國（那時已改稱清帝國）攻佔北京，公佈這場公案的內幕，用以炫耀自己的聰明，嘲笑明王朝官員愚蠢如豬。

袁崇煥冤獄，爲後金汗國剷除了一個最大的勁敵，但皇太極仍繼續追求和解。他發現漢民族對「金」這個國名，和「女眞」這個族名，有一種無法泯滅的憎恨感情，阻礙兩國接近。而「可汗」也只是部落總酋長的稱謂。於是，就在三〇年代一六三六年，第一次入塞撤退後，採取一項重大而激烈的改變：取消「後金汗國」，改稱「清帝國」；取消「女眞」，改稱「滿洲」；取消「可汗」，改稱「皇帝」。並且進一步取消自己原來的中國姓氏「佟」，改姓女眞姓氏「愛新覺羅」，徹底泯滅「建州女眞」和「建州衛」臣屬過中國的那一段歷史。杜撰滿洲人的起源，宣稱是三位仙女中的一位仙女的後裔。

——爲什麼改稱滿洲？歷史學家有很多解釋，我們認爲可能爲了紀念建州衛的創立人，他們偉大的英雄祖先李滿住。「滿洲」「滿住」，聲音相似。這不是沒有前例的，四世紀大分裂時代吐谷渾汗國，就是用他們祖先慕容吐谷渾的名字，作爲部落和汗國的名字。自此次改稱之後，清帝國對「後金」「女眞」「可汗」，無論在文件上或書籍上，全部一筆勾消，好像地球上根本沒有這回事一樣。當然他們無法沒有遺漏，所以我們才知道。

不過，和解仍不能達成。明政府要求清政府去掉皇帝的尊號，改稱國王，作爲像朝鮮一樣的藩屬。清政府則要求兩國的地位平等，而且還要把長城以北的三個據點割讓。雙方事實上都無法接受對方的條件。明政府更有一個心理上的困難，那就是清政府那一撮人在理論上顯然是一群叛徒，要是公開承認它的合法而又尊嚴的地位，有違儒家的「漢賊不並立」的正統思想。而且自從十二世紀秦檜誣殺名將岳飛，跟金帝國和解，因而招致唾棄以來，中國人對於和解有一種罪惡的印象，認爲凡是主張作戰的都是民族英雄，凡是主張和解的都是投降屈服的賣國賊——即秦檜系統的認賊作父的漢奸，連皇帝都不敢公然觸犯這些禁忌。三〇年代一六三八年，明王朝已殘破不堪，清軍作第四次入塞時，河南軍區司令官（河南四川軍務總理）盧象昇，率軍增援北京。朱由檢問他的意見，希望聽到主和的建議，但盧象昇正色說：「我主戰。」朱由檢只好默不做聲。盧象昇是一個主戰派的典型，不惜犧牲自己的生命，事實上他就在這一戰役陣亡。但他的政治見解——明明戰不勝而偏要戰，卻嚴重的傷害了他所效忠的國家和政府。

皇太極終於把明王朝的錦州、松山先後奪取，並且在松山生擒了明軍總司令（薊遼總督）洪承疇。山海關外，只剩下寧遠（遼寧興城）一個據點。朱由檢命國防部長（兵部尚書）陳新甲加速跟清政府接觸，經過無數次往返，已進入可行的階段。可是陳新甲粗心大意，竟把這種極機密的文件，隨便放到桌子上，被他的助手當作可以公開的普通文件，刊入政府公報（邸抄），於是，立即引起空前龐大的政治風暴，全體官員誓言跟通敵賣國的漢奸不共戴天。朱由檢不敢承認這是他的主意，而且也痛恨陳新甲不能保密，陳新甲遂被處斬，和談也跟着停止。

——依當時的情況，和解是使明王朝得救的唯一機會。如果能像十一世紀宋帝國跟遼帝國那樣和解成功，明王朝即可減輕人民的賦稅，再把抗清的部隊投入內戰戰場，它可能不致覆亡，至少可能使覆亡後延。

現在，和解的主持人被殺，皇太極由失望而憤怒。他再作第五次入塞，明政府已無絲毫力量阻擋。

五、朱由校與魏忠賢

自一〇年代一六一六年努爾哈赤建立後金汗國，到四〇年代一六四四年他的孫兒攻進北京，二十八年間，明政府不但不能發憤振作，反而更加速潰爛。

第十四任皇帝朱翊鈞的斷頭政治，繼續如故，但他總算在薩爾滸戰役的次年（一六二〇）逝世。他死後，三十四歲的兒子朱常洛即位，在位只三十天，一病而死，十六歲的兒子朱由校繼位。

在朱翊鈞死時，宰相們利用遺詔方式，下令取消礦監、稅監等等宦官系統機構，全國人民再一次鬆一口氣。然而，這口氣又是鬆的太早，朱祁鎮跟王振、朱厚照跟劉瑾的政治形態，第三次出現，這一次由十六歲的第十六任皇帝朱由校跟他孩童時帶他的玩伴宦官魏忠賢擔任主角。

朱翊鈞在位的末年，知識份子士大夫階層出現了被稱爲「東林黨」的團體。這件事要追溯到上世紀（十六）九〇年代，內政部長（吏部尚書）陳有年被迫辭職，他的部下文官司長（文選郎中）顧憲成上奏章請求皇帝挽留，朱翊鈞索性連顧憲成也一併免職。顧憲成回到他的故鄉無錫（江蘇無錫），在東林書院講學。講學時，經常批評現實政治，他們雖不敢攻擊皇帝，但敢攻擊宰相。具有同一觀點和同一利害的人群，遂結合成一個陣營，互相呼應。他們在沒有權力時，固然反對當權份子，但他們中間一旦有人當了權，也同樣排斥他們所不滿意的人，這種排斥，往往不是以是非爲標準，而是以同黨不同黨爲標準。不久，被他們所排斥的知識份子士大夫，也結成一個陣營，跟他們對抗。東林黨和反東林黨，壁壘分明。

魏忠賢是在跟他的政敵，另一位宦官王安鬥爭中，取得勝利，奪到大權的。因爲東林黨支持王安的緣故，魏忠賢早就存心報復。而反東林人士爲了打擊東林，遂跟魏忠賢結合，東林人士就稱他們這個新結合的團體爲閹黨。閹，一種割掉畜生生殖器的手術。這個稱呼包含極端的輕蔑，但卻十分恰當，因爲他們的領袖魏忠賢確是被閹割過的人物。

魏忠賢的閹黨比王振、劉瑾的搖尾系統，要龐大百倍，最後幾乎包括大多數宰相和大多數政府官員。特別有權勢的核心組織，有「五虎」「五彪」「十狗」「十孩兒」「四十孫」。五虎是核心的核心，全屬智囊人物，以國防部長（兵部尙書）崔呈秀爲首，教育部長（禮部尙書）田吉爲次。五彪是第二圈的核心，全屬鎭壓反對派的打手，以首都治安司令官（錦衣衛都督）田爾耕爲首，軍法處長（錦衣衛指揮掌北鎭撫司事）許顯純爲次。至於地位崇高的宰相顧秉謙、魏廣徵之輩，不過是外圍份子，還跨不進核心。其他的「狗」「孩兒」「孫」之類，更等而下之。顧名思義，就可窺知他們的成員是什麼東西。魏忠賢手中有兩份閹黨提供的名單，一份是「奸黨邪人」，指東林黨以及反對閹黨的人物，一份是「爲國正人」，全屬閹黨和搖尾系統。前者供魏忠賢打擊，後者供魏忠賢擢升。

魏忠賢採用的仍是傳統的冤獄手段，即合法的屠殺。最先開刀的便是籍隸東林黨的名將熊廷弼，並藉熊廷弼把反對派一網打盡。不過所異於過去的是，魏忠賢所扣下的帽子不是「謀反」，而是「貪汚」。魏忠賢宣稱那些爲熊廷弼呼冤的官員，全都接受了熊廷弼的重賄。於是，包括監察部長（左都御史）楊漣，評議部主任委員（都給事中）魏大中，大批被指爲東林黨的中央地方官員，都被逮入詔獄（就是五彪之一許顯純所主持的軍法處——北鎭撫司）。在酷刑之下，他們只好承認受賄。他們所以承認，一則是受不了拷打，一則也希望承認了之後，能由詔獄移送到政府的正式司法系統（三法司），得以獲得申訴的機會。但他們承認後，閹黨並不移送，而就在詔獄中追贓，每三天拷打一次，他們繳不出天文數字的贓款，結果仍慘死在拷打之下。

——當楊漣的屍體被家屬領出時，全身已經潰爛，胸前還有一個壓死他時用的土囊，耳朵裏還有一根橫穿腦部的巨大鐵釘。魏大中的屍體則一直到生蛆之後，才被拖出來。事實上凡是捕入詔獄的人，不承認罪名也不能擺脫死亡，而且死的更慘。即令移送政府司法機關，結局也是一樣，司法部長（刑部尚書）薛貞的話可作爲說明，薛貞是魏忠賢的「十狗」之一，正力求晉升入高一級的「五彪」階層。他訓示揚州（江蘇揚州）行政長官（知府）劉鐸說：「生在這個時代，應該爲自己的前途（功名）着想。別人的生死，跟我什麼相干？」

閹黨一面血腥鎭壓，一面發動一項歌功頌德的專案作業，命各地官員爲魏忠賢建立祠堂。祠堂本是拜祭死人的場所，但搖尾系統卻在魏忠賢還活着的時候，在祠堂中樹立魏忠賢的塑像，供人當神仙般的焚香跪拜，祈求降福。

發明這種新型搖尾形式的，是高級官員之一的浙江軍區司令官（浙江巡撫）潘汝禎，於二〇年代一六二六年出奇制勝，第一個建立魏忠賢的生祠，魏忠賢對這個無恥之徒大爲欣賞。各地遂紛紛跟進，儼然成爲一種一窩蜂的效忠運動。當歐洲人瘋狂地向亞洲、美洲侵略，後金汗國瘋狂地向明王朝進攻，中國各地民變瘋狂地湧起之時，明政府全體官員，卻向一個宦官，瘋狂地諂媚。

不過，魏忠賢不像第二次宦官時代唐王朝的宦官，他始終沒有取得軍權，對他來說，這是一個致命傷。就在發動建立生祠運動的次年（一六二七），他的權力魔杖朱由校突然逝世，朱由校沒有兒子，由他十九歲的弟弟朱由檢繼承帝位，魏忠賢跟着從高峰跌下來。魏忠賢當權僅僅七年，但已經足夠把明王朝的根基全部挖空。

六、天崩地裂的農民大暴動

朱由檢坐上寶座後，對人人切齒的閹黨加以淸算，魏忠賢和他圈圈裏的人物，先後自殺或被殺，生祠也被拆掉。但朱由檢雖有力量剷除閹黨，卻沒有力量應付迎面而來的兩項威脅。一項是新興的像巨魔一樣的後金汗國，我們前面所敍述的五次入塞挖心戰術，就是在朱由檢即位後的第三年（一六二九）開始的。另一項是民變更加嚴重，武裝群眾像野火一樣，燎原並起，他們粉碎一切舊有的社會秩序，向四方蔓延。

朱由檢坐上寶座的當年（二〇年代一六二七年），整個北中國發生可怕的蝗災和旱災。普通情況是，水災的面積比較小，而旱災一旦形成，即赤地千里，寸草不生。旱災必然引起蝗災，災難於是擴張到旱災以外地區，使千里之外的青青麥禾，數天之內，被吃個淨光。我們在下面引用一段評議部委員（給事中）馬懋才，給朱由檢上的奏章，代作說明：

> 我是陝西省安塞縣人，地方官員的報告中，常說：「父親遺棄兒子，丈夫出賣妻子

，或挖掘草根吞食，或挖掘白石充飢。然而所形容的距事實仍遠。我的家鄉延安府，自去年到今年，一年沒有落雨，草木枯焦。八九月間，鄉民爭着採食山中的蓬草，雖然勉強也算作穀物，實際上跟糠皮一樣，味道苦澀，吃了僅能免死。到了十月，蓬草食盡，只有剝樹皮來吃，所有樹皮中唯榆樹皮最爲上等，但仍要混雜其他樹皮同吃，也不過稍稍延緩死亡。到了年終，樹皮又被吃完，只有挖掘山中的石塊來吃，石塊冷硬，其味腥澀。只一點點，即可吃飽。但數天之後，因不能消化，就腹部發脹，無法大便，下墜而死。一些不甘願吃石塊而死的鄉民，只好集結起來當強盜。另一些稍有積蓄的家庭，被搶劫一空，也變成飢餓的群衆。他們知道當強盜是犯法的，非死不可，但他們與其坐着等死，寧願當強盜犯法被處死，即令當鬼，也願當一個飽死鬼。最可憐的是，在安塞城西一帶地方，每天必有一兩個嬰兒或幼童被遺棄在那裏，哀號呼喚爸爸媽媽。在力竭肚餓時，就揀吃地上的糞便。到明天，全都餓死。更可怕的，幼年人或獨行人，一出城外，便告失蹤。以後見城外的貧民用人的骨頭當木柴燒，烹煮人肉，才知道失蹤的人，都被飢民吃掉。可是吃人肉的人也不能維持殘生，他們用不到幾天，就頭部腫脹，渾身燥熱而死。

（奏章中所稱的「石塊」「白石」，就是鄉民們所稱的「觀音石」「觀音土」，產於黃河中游兩岸地區，用水煮沸，可溶化爲漿糊狀態，吃下去可以壓制暫時的飢餓。但不久就在胃腸中凝固，還原爲石塊，使人墜脹而死。）

三百年後的今天，我們仍隱約的聽到那些被遺棄在荒郊的孩子們呼喚爸爸媽媽的哭聲，也依稀的看到那些小身軀蹲下來揀吃糞便的背影。一個政府把人民陷入如此悲慘之境，實在是不能原諒的罪惡。善良的中國人痛苦的向上蒼呼喊：「天老爺，耳又聾，眼又花。為非作歹的享盡榮華，持齋行善的活活餓煞。天老爺，你年紀大，你不會作天，你塌了吧。」一些有頭腦的飢民，為了活下去，他們拒絕吃觀音石，集結起來，向官員和鄉紳強行奪取食物。從這個地方到那個地方，從陝西省到河南省，從武昌（湖北武漢）到成都，全國沸騰。武裝群眾的領袖中，以張獻忠和高迎祥最為著名，他們正是馬懋才所說的陝西省安塞縣附近的飢民。張獻忠是安塞縣西北一百三十公里延安衛柳樹澗（陝西定邊東）人，號稱八大王。高迎祥是安塞縣東北一百三十公里米脂縣人，號稱闖王。高迎祥在後金汗國改稱清帝國的那一年（一六三六），被明政府軍生擒，送到北京，以叛亂罪用酷刑磔死。他的外甥李自成被推舉繼任闖王。

李自成從沒有想到他會成為一個傳奇人物。他本是一個安份守己的貧苦農夫，曾向姓艾的鄉紳借過錢，限期到時，在大旱成了上述那種情況下，他無力償還，艾家通知米脂縣政府把李自成逮捕，拷打後戴上重枷，押到市場上，在毒烈的太陽下示眾。艾家更教他的僕人們在一旁監視，不准李自成的家人給他送飯，艾家的意思是要李自成在刑具下活活餓死或曬死，用以威嚇其他那些欠債的窮人。看守李自成的獄卒於心不忍，把李自成移到有樹蔭的地方，給他一點飲食，艾家僕人們咆哮着上前阻止，李自成悲憤的說：「我就是被太陽曬死，也

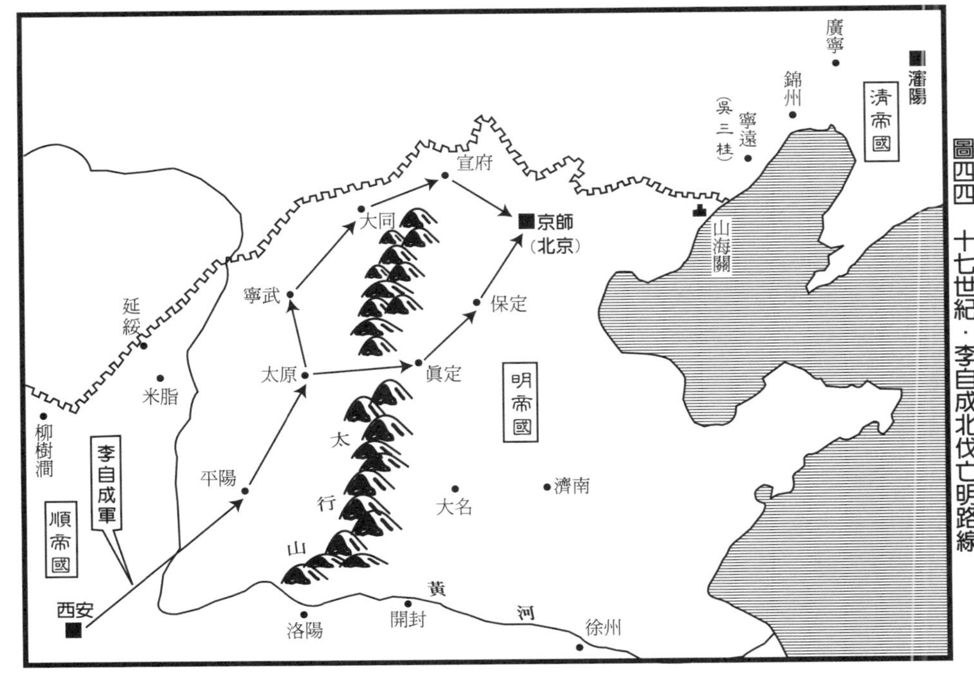

圖四四　十七世紀・李自成北伐亡明路線

沒有關係。」踉蹌的仍爬回到烈日之下，拒絕吃獄卒們的東西。圍觀的群眾不勝憤怒，在吶喊聲中擁上去，把重枷打碎，一齊逃到城外一帶的樹林中，商議如何善後。一直到這時候，他們仍沒有跟政府對抗的意思。但縣政府已出動軍隊圍剿，群眾知道一旦被捕後的結果是什麼，於是拿着樹枝木棍，從樹林中一擁而出，爲首的軍官大吃一驚，從馬背上跌下來，竟跌死了，軍隊潰散，弓箭刀槍，全被群眾擄獲。他們有了殺人武器，索性一不做二不休，就在當天夜間，進攻米脂縣城，很順利的把縣城佔領，附近飢民們聞風而至，立即集結一千餘人，進軍富裕的地區。他們在戰爭中成長茁壯，又因爲懷着過度的悲痛和憤怒，所以每攻陷一個地方，對官員和鄉紳所作的報復，也非常殘酷（我們不能想像那個艾姓鄉紳跟他僕人們的命運）。

明政府認爲這種到處覓食的武裝飢民是流寇，流寇的頭目都是一些本性凶惡狡獪、人人得而誅之的叛亂匪徒。明政府用兩種傳統的老方法對付他們，一是討伐，一是招降。

討伐是軍事行動，但腐敗的明政府軍隊所到之處，大肆姦淫燒殺，比飢民們僅加之於官員和鄉紳身上無情的報復更甚。三〇年代一六三四年，評議部主任委員（給事中）吳甘來的彈劾案，可代作說明，他在給皇帝朱由檢的奏章上說：「山西區總司令（山西總兵）張應昌兵團所殺的，一半以上是逃難的鄉民，用他們的人頭冒功領賞。中原（河南省）人民對曹變蛟所屬軍隊的恐懼，遠過於流寇。陛下想使人活下去而不能，軍官們卻一點不動心的把他們屠殺。」就在上世紀（十六），民間就有一首歌謠：「盜賊（飢民）好像梳子，軍官好像篦子，士兵好像剃刀。」

招降是政治解決的手段，但飢民投降之後，即令幸而不被指控爲「詐降」而加屠殺，也會終於被迫再叛。三〇年代一六三八年，張獻忠曾向明政府投降，被安置在穀城（湖北穀城）一帶。第二年（一六三九），忽然呼嘯着拔營而去。臨走時，在城牆上公佈使他們不堪負荷的勒索賄賂的官員們的名單，和已經勒索到手的款數，在名單後他們聲明說：「不向我們要錢的，只有兵備（中級軍官）王瑞枏一人。」張獻忠如果不早日脫身，一旦財貨被勒索罄盡，而官員們卻不相信已經罄盡時，他的結局可以預卜。

朱由檢也曾用嚴刑峻法制裁貪官汚吏，但明政府已失去肅清貪汚的能力，因爲貪汚的根恰恰就是朱由檢。任何高級官員，文官包括宰相，武官包括總司令，都必須靠宦官支持，才能保持他的性命、地位，和有希望擢升，而宦官的支持是非錢不行的，那些債官債帥當權之後，要想他不貪汚，絕不可能。朱由檢殺的貪汚官員越多，貪汚反而更熾，官員們互相警惕的不是停止貪汚，而是不被發覺。

飢餓的武裝群眾也開始轉變。四〇年代一六四〇年，李自成得到兩位知識份子（舉人）李信和牛金星的合作。李信所以背叛明政府，是一個另一類型的官逼民反的故事。他是河南杞縣人，一位高級官員的兒子，家庭富有，屬於鄉紳階層，但在遍地饑饉的時候，他拿出糧食作救濟工作，飢民們感激他，互相傳揚說：「李公子救了我們的命。」當時有一位江湖上賣藝走繩索的美麗女郎，名紅娘子，因沒有人再看她表演的緣故，她的生路斷絕，就也加入飢民的行列，成爲一支武裝力量的首領。她在一次攻擊杞縣的戰役中，把李信擄去，強迫他跟她結婚。李信不甘心做流寇，婚後不久就逃了回來。但明政府卻把他逮捕下獄，通匪的證據既然如此確實，所以任何解釋都沒有用，他被判處死刑。在行刑的前夕，紅娘子攻破縣城，把丈夫救出，李信只好死心塌地叛亂到底，勸紅娘子投奔李自成，他跟另外也是舉人出身的牛金星，共同成爲李自成的智囊。

他們所以選擇李自成，跟紀元前三世紀，張良、韓信所以選擇劉邦一樣。不是每一個群眾首領都有政治頭腦的。像張獻忠，他只能成爲眞正的流寇。李自成在李信、牛金星的輔助下，停止報復性的屠殺，發出「迎闖王，不納糧」的政治號召。四年後（一六四四），李自成攻陷陝西西安，就在那個唐王朝的故都，正式組織政府，建立順帝國，並立即北伐。

七、朱由檢的下場

明王朝第十七任皇帝朱由檢並不是不想把國家治理好，但他沒有治理國家的能力，猶如小學生沒有寫出博士論文的能力一樣。他精力充沛，沾沾自喜於自己明智的措施，發脾氣的時候不可理喻，而且幾乎是一天二十四小時都在發脾氣。他對自己的錯誤永遠有動聽的掩飾，絕不尋求更正，卻喜歡他的部下歌頌他英明。

朱由檢深知宦官的弊害，所以當權後立即把閹黨排除。但他不久就發現只有宦官最最忠貞，於是一切恢復原狀，而且更變本加厲，大量的派出「監視宦官」到各軍區、各兵團司令部、各重要城市，去監視主管首長有沒有叛變的行爲和是不是盡忠職守，完全是八世紀唐王朝，和他剛剛撤銷的監軍制度的復活。最有趣的是，在從前，所有的軍事指揮官無一不反對宦官，而現在幾乎一致的熱烈歡迎。因爲從前那些軍事指揮官還希望能建立功勳，所以討厭宦官在一旁動則掣肘，明政府末年的一些軍事指揮官已沒有報國的情操，他們發現只要滿足監視宦官的私欲，自己反而可以從事更大膽的罪惡行爲，任何人控告軍事指揮官殺人越貨、貪贓枉法都沒有用，監視宦官會證明絕無此事，皇帝只相信監視宦官的話。

朱由檢最勇敢的一件事是殺人，在發脾氣時，像一頭掙脫了鎖鍊的瘋狗，人性和理性全失。一個城市淪陷，就把守城的將領殺掉，一個地方淪陷，就把守地的首長殺掉。陝西省華亭縣（甘肅華亭）縣長徐兆麟，到任只七天，照樣依法處斬。朱由檢對飢餓的武裝群眾恨入骨髓，堅決的指控只是一撮奸邪份子煽動起來的，有人向他提及饑饉和官員鄉紳貪暴，他就發怒，發怒的原因是他無法解決，所以他不願聽到。不過他倒是確信小動作可以幫助他，確信僅只虛心假意的表演一下就能掩蓋天下人的耳目，所以他不斷的宣佈「避殿」「減膳」「撤樂」，不斷的聲言流寇也是他最親愛的赤子，不斷的下令政府官員自我檢討（修省）。有一次還把宰相們請到金鑾寶殿上，向他們作揖行禮，說：「謝謝各位先生，幫助我治理國家。」然而不久就大發雷霆，把被他謝謝的「各位先生」殺掉。朱由檢的急躁性格，使他迫不及待的追求奇蹟，並且認爲重刑是促使他部下創造奇蹟的動力。但有才幹的部下又使他如芒刺在背，他只能用宦官型的恭謹無能之輩，在這種人之前，他才心情愉快。朱由檢嘗嘆息他無緣得到岳飛那樣的將領，其實，恰恰相反，他已得到了一位岳飛，那就是袁崇煥，結果卻用冤獄酷刑對待他。

四〇年代一六四四年正月，李自成在西安建立順帝國政權後，即出發北伐，穿過山西省，直抵首都北京城下，幾乎沒有遇到抵抗，連最著名的九邊之一的軍事重鎮大同（山西大同），都望風投降。最使人奇怪的是，各地主張投降最力的，卻是那些被認為最忠貞的監視宦官。李自成於同年三月十七日到達北京，明政府用以保衛首都、但卻五個月不發給薪餉的十萬人的防衛部隊（京管），霎時叛變。在宣府（河北宣化）投降的監視宦官杜勳，告訴城上的宦官同僚說：「我們的富貴，另有地方，不要太死心眼。」次日（十八）夜晚，監視城防的宦官巨頭曹化淳，大開城門，迎接順兵團進城。像鐵鑄一樣堅固的北京城，沒有經過戰鬥，就告陷落。

朱由檢聽到消息，乘天還未明，企圖逃走。他拋下妻子兒女，手提着一支當時最新式的武器三眼槍，率領十數個還接受命令的宦官，宦官們都手執利斧（我們不明白為什麼不能每人發一支三眼槍。也不明白朱由檢何以眾叛親離到如此程度，身旁連一個追隨的將領都沒有）。朱由檢跑到東華門時，守門的宦官用亂箭阻止他逃走。朱由檢再跑到齊化門，齊化門的守將是朱由檢最親信的朱純臣公爵，朱由檢找到朱純臣的住宅，朱純臣聽說皇帝駕到，這在平時是稀世的榮耀，他會狂奔出來跪在門口迎接，可是現在他下令不准開門。朱由檢再奔向安定門，安定門的守軍已全部潰散，沒有人在那裏，城門封閉的很堅固，朱由檢手下宦官們的利斧也無法把它劈開。這時已到了十九日的拂曉，大火四起，順兵團搜索前進的聲音漸漸逼近，逃既逃不掉，朱由檢只好重返皇宮，在一座名爲煤山的人工山之上，自縊而死。他在自縊之前，留下一份左列的遺書：

逆賊直逼首都，固是由於我的品德不足，上天才降下懲罰，但也是群臣誤我。我死無面目見祖宗於地下，請去掉我的帽子衣服，把頭髮披到我臉上。任憑逆賊割裂我的屍體，不要殺傷人民一人。

這份遺書可能是後人僞造的，但也可能是眞的，因爲它充份顯示朱由檢用小動作掩人耳目的伎倆。他把失敗的責任一古腦兒推到別人身上，自己責備自己品德不足，並不是眞心的承認錯誤，而只是用以烘托群臣的罪惡。問題是，群臣中沒有一個人出於民選或老天爺派下來的，全部由朱由檢任用，中國那時有六千餘萬人口，不知道他爲什麼專挑選一些「誤他」的人當他的政府官員。朱由檢要求「逆賊」不要傷害人民，他也知道「逆賊」不會聽他的，這種廉價的文章，不過企圖留下他非常慈悲的印象。那些在安塞縣荒郊哭泣爸爸媽媽和蹲在地上吃糞土的孩子，以及被明政府軍屠殺的難民飢民，恐怕不會同意朱由檢有此悲天憫人的胸襟。

李自成坐上朱由檢坐的寶座，把順政府由西安遷到北京。明政府的那些爛污官員，包括拒絕朱由檢進門的朱純臣公爵，和另一位吳襄伯爵，他們一窩蜂投降，跪在李自成面前，歌頌他的功德，並爭先恐後貢獻掃蕩明政府殘餘勢力的計策。不過順政府的反應大出他們的意外，新王朝的官員們把舊王朝的官員，當然包括二人在內，全部投入監獄，苦刑拷打，追繳他們在明政府時代貪污所得的贓款。

八、清軍入關

順政府當時雖佔領了北京，但事實上他們只控制了華北的一部份，明政府一支最強勁的邊防軍，由薊遼兵團司令官（薊遼總兵）吳三桂——吳襄的兒子，率領着從他的防地寧遠（遼寧興城），正向北京馳援，先頭部隊已到達距北京一百五十公里的豐潤（河北豐潤）。

順政府這時正陷於狂歡的追贓行動中，不能冷靜下來考慮所面臨的一些問題。同時，他們從拷掠第一個貪官起，就重蹈九世紀時變民領袖黃巢所犯過的錯誤，那些飢民出身的新官僚在使人眼花撩亂的珠寶金銀之前，幾乎是一霎時就把最初起事的精神，喪失殆盡。在宦官和宮女包圍的皇宮中，李自成無法跟往常一樣的同他的高級幹部生活在一起。

吳三桂得到李自成即位的消息，決定投降。他父親吳襄正好也派遣僕人到軍前勸他入朝。但經過下列一段對話後，吳三桂的態度立刻轉變。他問他父親的情形，僕人說：「已被逮捕。」吳三桂說：「我到北京後，就會釋放。」又問他的財產，僕人說：「已經沒收。」吳三桂說：「我到北京後，就會發還。」又問他美麗的愛妾陳圓圓，僕人說：「已被宰相劉宗敏搶去了。」吳三桂火冒三丈，下令他的軍隊爲死去的皇帝朱由檢穿上白色喪服，誓言爲朱由檢報仇，在答覆他父親的信上，慷慨激昂說：「父親既不能當忠臣，兒子自不能當孝子。」他知道不能兩面作戰，於是，轉過臉來，向昨天還是敵人的清帝國投降，請求清帝國派遣軍隊入關（山海關），聯合剿匪。

——不久，詩人吳梅村寫了一首史詩，名圓圓曲，描述這件事，其中有兩句：「痛哭六軍俱縞素，衝冠一怒爲紅顏。」家家傳誦。吳三桂那時遠在雲南昆明，既不能用誣以謀反冤獄的手段於萬里之外殺吳梅村，只好送黃金一千兩給他，請求把兩句刪掉或予以修正，吳梅村拒絕接受。

清帝國於四〇年代一六四二年第五次（也是最後一次）入塞大掠。到次年（一六四三）初夏，才滿載而去。就在當年（一六四三）秋天，第二任皇帝皇太極逝世。皇太極是暴卒的，沒有人知道是不是出於謀殺。當十七年前（一六二六）努爾哈赤死時，爲了爭奪寶座，曾引起一場風暴，次子代善以下都被排除（長子早死），而由第八子皇太極繼位。皇太極之死，使風暴再起，他的長子豪格以下都被排除，而由六歲的第九子福臨繼位。這種反常的繼承，說明爭奪的激烈。皇太極的親軍曾包圍皇室會議，提出警告說，如果不立福臨當皇帝，他們就得跟皇太極同死。以致親王們紛紛逃席，皇太極的弟弟多爾袞遂順利地達到當攝政王的目的（他的目的最後當然仍是金鑾殿，但他入關後就死了）。親王碩托，跟另一位親王之子阿達禮，企圖發動政變罷黜多爾袞，被多爾袞先發制人殺掉，但內戰隨時可以爆發，清帝國正進入危險的瓶頸時代。

而就在這個時候，福臨即位後第八個月，吳三桂求援的文書到達，清政府才知道中國發生巨變，寧遠城（遼寧興城）已空，數十年可望不可即的山海關，現在大開關門歡迎他們蒞臨。命運之神像母親照顧嬰兒一樣照顧這批韃靼，霎時間滿天雲霧消散，一個新的、使人興奮的奮鬥目標出現面前，內爭平息，多爾袞親王下令入關。

李自成親自統軍攻擊吳三桂，在山海關下會戰，正鏖戰到難解難分的時候，清帝國的滿洲兵團從側翼發動突襲，順兵團驀然間受到穿着奇異服裝，發着奇異號令的生力軍的攻擊，不禁大聲喊叫：「韃靼兵參戰了。」這是一個晴天霹靂，被舊王朝腐敗病菌迅速侵蝕的順兵團，承受不住這個打擊，戰鬥力霎時崩潰，戰士四散逃奔。李自成不能阻止潰退的浪潮，跟四世紀時苻堅在淝水上不能阻止前秦兵團潰退的浪潮一樣。一瀉千里的頹勢，使李自成不得不放棄北京，向西安繼續撤退。但在吳三桂的追兵下，西安也無法立足，就再放棄西安，向東南逃亡，行軍到通城（湖北通城），李自成獨自率領二十餘騎兵通過九宮山（湖北通山東南）時，被村民誤殺，部眾潰散。

清帝國的滿洲兵團順利的進入北京，他們宣稱是被請來幫助驅逐「流寇」的。現在，「流寇」已被驅逐，應該把房子歸還原主人了。可是這位正義凜然的大俠客，不但不把房子歸還，反而把自己的家搬過來，堅持說他們就是主人。多爾袞把清政府從瀋陽遷到北京，一面督促吳三桂兵團繼續南下，一面派他的滿洲兵團和投降過去的一些漢奸兵團，向長江流域進攻，消滅明王朝的殘餘力量。

明王朝的殘餘力量努力反抗，一連串三個皇帝出現在江南，企圖阻止韃靼前進。可惜爛蘋果堆裏不可能挑出好蘋果來，他們全是十足的酒肉皇帝，所以不能成功。

第一位是朱由崧，洛陽被殺的親王朱常洵的兒子。朱由崧的首都設在南京，他當了皇帝後第一道命令，就是徵集宮女，第二道命令就是命各地方官員進貢春藥祕方。被貶謫的閹黨巨頭之一的阮大鋮，被召回政府任職，跟實力派宰相馬士英結合成一條陣線。當初閹黨被排除時，稱爲「逆案」，現在二人用「順案」作爲反擊，凡從順政府轄區逃出來的人，輕易的都被扣上「通匪有據」的帽子，大肆殺戮。這個烏煙瘴氣的小朝廷只維持了十三個月，北京陷落後的明年（一六四五），清軍攻破南京，把朱由崧捉住，送到北京砍頭。

第二位是皇族血統較爲疏遠的朱聿鍵親王，南京陷落後，他輾轉逃至福建福州，受到福建兵團司令官（福建總兵）鄭芝龍的擁戴，繼承朱由崧的帝位。可是鄭芝龍只是把朱聿鍵當作籌碼，並不打算效忠明王朝。他向蜂擁南下的清軍祕密聯絡，把北境要塞仙霞關（浙江江山南）的守衛撤除，滿洲兵團大搖大擺開進來。朱聿鍵在逃走途中被俘，押回福州處斬。

第三位是朱由崧的堂兄朱由榔親王，福州陷落後，他在肇慶（廣東肇慶）即位，隨後就跟張獻忠之類的流寇一樣，被清軍追逐，在西南地區諸省，不停的狼狽逃亡，對清政府統治全中國的安定局面，已不能發生影響。他就在這種被忽視的狀態下，支持了十六年。六〇年代一六六一年，朱由榔在中國已無立足之地，只好逃入緬甸王國，搭建草屋，在邊界蠻荒地區，跟土人雜居。但緬甸無法抗拒清政府的壓力，便把朱由榔交給坐鎮雲南昆明的吳三桂，吳三桂把他絞死。這個使人作嘔的明王朝，建立二百九十四年，到此滅亡。

——跟明王朝同時結束的，還有漫長的第三次宦官時代。朱由榔十六年顛沛流離的小朝廷中，宦官當權的傳統沒有改變。最後一位宦官巨頭是司禮太監馬吉翔，他在破草屋裏的金鑾殿上，對忠心耿耿，追隨正統政府流亡的官員，仍不斷的呵責叫罵，和施用廷杖酷刑，好像仍在北京一樣。朱由榔被擒送回中國之前，緬甸政府把馬吉翔誘出殺掉。

——站在當時的民族感情上，由漢人組成的明王朝的覆亡，使人悲痛。但站在中國歷史的高峰回顧鳥瞰，我們慶幸它的覆亡。明王朝本世紀（十七）的疆域已萎縮到三百餘萬方公里，而且仍繼續不斷萎縮，內政的改革根本無望，只有越變越壞。如果拖下去，拖到十九世紀，跟東侵的西洋列強相遇，我可以肯定的說，中國會被瓜分，中華民族會成爲另一個喪失國土的猶太民族，而且因爲沒有猶太人那種強烈的宗教感情作爲向心力的緣故，將永遠不能復國。至少，注意一點，二十世紀清王朝一再割地之後（總共割掉了一百五十餘萬方公里），中國仍有一千一百四十萬方公里，比明王朝要大三倍，使中國具有翻身的憑藉。這當然是二十世紀的今天一切都事過境遷後的觀點，不是當時面對着異民族鐵蹄入侵時的觀點，兩者時間相距三百五十年。

九、漢民族的反抗與三藩戰役

滿洲人從沒有想到會把明王朝消滅，更沒有想到會成爲天朝中國的主人，突然間被吳三桂邀請入關，已大大的出他們意料之外，而遷都北京後，向南方進軍，好像暴風吹散一堆落葉，所向無敵。滿洲民族於是大爲驚奇，驚奇他們自己的滿洲兵團竟是如此的英勇，也驚奇漢民族竟是如此糟透了的懦弱。

——事實上當時的情形確實如此，但它是有原因的，明王朝的軍隊腐敗已極，漢民族疲憊已極。統治階層的變化已不能刺激強烈的反應，在人民眼睛中，滿洲兵團，漢奸兵團，明政府的正規軍和游擊隊，以及所謂流寇，都是一丘之貉。更加上對明政府和對朱姓皇帝的厭惡，除了少數士大夫鄉紳之外，沒有幾個人肯認眞的爲它犧牲。

於是清政府毫無忌憚，就在四〇年代一六四五年，攻陷南京之後，頒佈剃髮令。

剃髮，在另一個角度說，也叫辮髮。自從有歷史記載以來，北方的一些蠻族，都是辮髮的——我們不知道什麼原因。五世紀大分裂時代，南朝的漢民族詬詈北朝的鮮卑民族是「索虜」。索，繩索，形容他們的辮子像繩索一樣垂在背後（這詬詈比較溫和多了，二十世紀初葉，漢人譏嘲滿洲人的辮子是豬尾巴），這種專屬於男子的髮型，十分醜陋，先把頭頂四周的頭髮剃光（剃髮），只留下頭頂當中的一撮，使它成長，然後結成辮子（辮髮），垂到背後。在稍爲有點文化水準的人看來，如此裝束，實在難以入目。漢民族男子對頭髮傳統的處理方法是束髮，既不剃邊，也不下垂，而只是盤在頭頂上。

金帝國在十二世紀二〇年代，就曾下過剃髮令，凡拒絕一律處死，但只限於政府官員。現在清政府則普及全體漢人，嚴厲的執行，並喊出猙獰的口號：「留頭不留髮，留髮不留頭。」這是一項尖銳的挑戰，一下子觸發起疲憊不堪的漢人的民族情愫，原來對砍頭都馴服的像一群羔羊，忽然間只因爲要剃掉他頭上一部份頭髮而怒吼如虎。我們引敍當時紹興（浙江紹興）一位西洋的傳教士馬丁尼在他的韃靼戰爭記一書中的目睹記載，代爲說明：

韃靼軍發現沒有任何抵抗，順利的佔領紹興。浙江省南部各縣，也很容易的予以征服。韃靼這時候下令，強迫新近歸降的漢人剃髮，於是所有漢人，無論士兵和市民，都憤怒起來，手執武器，向韃靼反抗。他們對國家和皇帝都沒有這種熱愛，而爲了保護自己的頭髮，卻捨生命去抵抗強大的敵人，韃靼終於被擊退到錢塘江以北。

最具有代表性的激烈反抗，發生在揚州（江蘇揚州）和嘉定（上海嘉定），這兩個孤城的殊死戰鬥，招來滿洲人殘酷的報復，他們在揚州屠殺十天，死八十萬人，在嘉定屠殺三次，死二十萬人。

——這筆血債，於二百年後十九世紀末期，漢民族向滿洲人討還時，稱爲「揚州十日」「嘉定三屠」。可是被要求償還這筆血債的凶手的後裔們，早已忘掉他們祖先這段獸行。

因爲沒有統一的領導，最後的勝利仍歸於滿洲人，漢人終於跟滿洲人一樣，背後垂下辮子——這辮子垂了二百餘年，直到二十世紀初期，才跟清政府被同時剪除。不過漢民族的戰鬥力使滿洲人變爲恐慌，那時明王朝最末一個皇帝朱由榔仍在西南流浪，雲貴高原一帶山嶽起伏，消息跟外界隔絕，清政府不願再遇到揚州、嘉定那種場面，它希望跟逃亡中的明政府議和，互不侵犯。但大漢奸吳三桂反對，他主張斬草除根，並自願當異民族主子的先鋒，清政府遲疑了很久才接受他的建議，朱由榔遂死於吳三桂之手。

——回溯十二世紀的往事，金帝國以雷霆萬鈞之力南侵，卻只能推進到淮河爲止。而它的後裔清帝國，卻迅速的把全部中國併呑，主要的原因是，金帝國在開始時便缺少得力的漢奸和漢奸兵團的幫助，以致完顏兀朮雖然渡過長江，仍是一支盲目的孤軍。而清帝國入關時，已豢養了不少強有力的漢奸和漢奸兵團，吳三桂更是搖着尾巴送上門的狗。很多重大戰役，往往不是滿洲人攻擊漢人，而是漢奸攻擊漢人。

清政府旗幟下最著名的三大漢奸，都被封爲藩王，並劃給他們廣大的地盤。當時稱爲「三藩」：

爵位	藩王	都城	所轄地區
平西王	吳三桂	昆明	雲南省・貴州省
平南王	尚可喜	廣州	廣東省・廣西省
靖南王	耿仲明	福州	福建省

清政府有一項最進步的措施，是皇帝的兒子不一定加封親王。加封親王後也不能取得采

邑土地，也沒有政治性的王府組織。而這三個非皇族的漢奸藩王，卻各據一方，成爲半獨立的局面，顯然不是正常狀態。連三大漢奸都感覺到，削藩不可避免。

削藩是中央集權和國家統一必須採取的手段，但中國歷史顯示的現象是，每一次削藩，都要引起一次激烈的反抗。七〇年代一六七三年，尚可喜因爲不能忍受他兒子尚之信的橫暴，向清政府請求退休，推薦尚之信繼承他的王爵並接替他鎮守廣州。當時的皇帝是福臨的兒子玄燁大帝，他允許尚可喜退休，也允許尚之信繼承王爵，但不允許尚之信接替老爹鎮守廣州，他說：「地方官職，沒有世襲的規定。」吳三桂、耿精忠（第一任藩王耿仲明的孫兒），聽到消息，發現氣氛有點異樣，於是他們也請求同時退休，目的在試探清政府的態度，希望（並相信）中央會慰留他們。清政府對這件事十分重視，有過激烈的爭論，了解一旦眞的撤藩，三個大漢奸一定叛變。二十歲的玄燁大帝堅持撤藩，下令接受他們的請求。三藩果然叛變，剛剛安定下來的中國，再陷於混戰。

三藩推舉吳三桂當領袖，當時正在剃髮令之後，漢人的民族感情沉重而蓬勃，全國各地人民紛紛割掉辮子響應。清軍節節後退，後退到黃河一帶，仍不斷遭到沮喪的失敗。可是，有兩個重大的因素使形勢不久即行倒轉，一是吳三桂的漢奸招牌太過於響亮，不能發出明確的政治號召和建立堅強的領導中心，他既引導滿洲韃靼入關，又殺掉朱由榔全家，使他不能利用明王朝的慣性影響力。他只有自己當皇帝，但在這個緊要關頭，新興的政權無法馬上產生向心作用。二是吳三桂老了，有老年人最容易發生的過度小心保守的心理狀態，不敢採取冒險行動。他要求絕對的安全，但世界上根本沒有絕對安全的革命和叛變。

另一個因素是，吳三桂的對手是玄燁大帝，這個中國歷史上最英明的君主之一，年輕氣壯，有劉邦豁達大度的胸襟，和李世民知人善任的智慧。

混戰九年，八〇年代一六八二年，三藩全部被撲滅。耿精忠、尚可喜、以及吳三桂之孫吳世璠（吳三桂已病死）全族處決。

從二〇年代一六二八年飢民暴動，到八〇年代一六八二年三藩結束，改朝換代的戰爭歷時五十五年，中國又歸統一，而且立即出現了一百餘年的第三個黃金時代。

一〇、中國第三個黃金時代

第三個黃金時代，始於本世紀（十七）八〇年代，終於下世紀（十八）七〇年代，距七世紀第二次黃金時代，恰恰一千年，這是一個漫長的等候。

但大黑暗並沒有過去，那沉重的污染不會這麼容易一下子消失。只不過被滿洲人強勁活潑的新的生命力，暫時驅逐到一旁，猶如一個淫雨季節中，忽然出現幾日晴天一樣。

滿洲人仿效明王朝的模式，建立了一個絕對專制的極權體制，整個中央政府，不過是皇帝發號施令的傳達室。全體官員，不過是皇帝私人的祕書和傳令兵。中央各部，每部設兩個部長（尚書），一滿一漢。常務副部長（左侍郎）二人，政務副部長（右侍郎）二人，也是一滿一漢。六個部名義上雖各有職責，事實上每個部都握有直接給皇帝上奏的權力，誰也管不了誰，所以各部等於有十二個部長，也等於有十二個皇帝的祕書，一切都由皇帝裁決。而各部的任務，也只限於辦理皇帝交辦的事情，不能像十一世紀宋王朝之前那些王朝的中樞機構一樣，可以主動的對地方政府頒發命令。清政府的體制跟明政府的體制至少有一點完全相同，那就是有權對地方政府頒發命令的只有一個人，就是高高的坐在寶塔尖上的皇帝。最特別的是，清政府的皇帝不僅是中國元首，也是滿洲民族的最高奴隸總管。全體滿洲人，包括最高級的官員宰相在內，都是皇帝的奴隸——這是滿洲民族最特殊的社會結構，奴隸們在主子面前，唯一的天職是俯首帖耳。這種權力高度集中的現象，固然容易敗壞。但是歷史上極少出現的英明君主，忽然接連着出現時，政府的功能卻可充份發揮。

中國傳統的宮廷制度，在清政府手中獲得重大改革，嬪妃宦官，以及宮廷費用，都大量減少。清王朝皇族來自遼東（遼寧省）簡單樸實的社會，帶到宮廷中的是一種比較簡單樸實的婚姻形態。皇帝除了皇后一人外，嬪妃不過十人左右，雖然仍是多妻制度，但比起從前那種三宮六院七十二御妻，和數萬名宮女的陣營，是一個可驚的進步，我們試就左列若干項目，加以比較：

項目	明王朝	清王朝（一六九〇年統計）	減少百分比
宮女	九千人	一百三十四人（慈寧宮不計）	九八・五%

宦官	十萬人	五百人	九九・五%
每年木柴供應	一千四百萬公斤	三萬五千公斤	九九・八%
每年木炭供應	六百萬公斤	五十萬公斤	九一・七%
每年金花銀	九十七萬兩	無	一〇〇%
每年光祿寺送入	二十四萬兩	三萬兩	八七・五%
每月脂粉錢	四十萬兩	無	一〇〇%
每日開支	一萬兩	三十五兩	九九・七%

注意宮女宦官的人數，九千人和一百三十四人，十萬人和五百人。再注意宮廷的每天開支，一萬兩和三十五兩，這是太大的懸殊（明王朝如此浪費的揮霍下，我們回溯朱由檢經常表演的「減膳」「撤樂」「避殿」小動作，會感覺到他實在是聰明得太過度了）。明王朝的宦官組織，有四十二個機構。福臨入關後，曾一度沉迷於這種奢侈的享受，僅把四十二個機構改組爲十三個機構，稱爲「十三衙門」，宦官的權力幾乎跟明王朝時代同樣膨脹，於是不久就發生宦官巨頭司禮太監吳良輔，跟漢人宰相劉正宗稱兄道弟，買官賣爵的現象，使那時仍具有新興活潑氣質的滿洲貴族，大爲震駭。六〇年代一六六一年，福臨逝世，他的母親博

爾濟吉特太后，跟輔政的大臣們合作，把吳良輔處斬，劉正宗免職，撤銷十三衙門，另設立一個內務府，專管宦官和皇宮事務，由滿洲貴族擔任內務府大臣，宦官數目大量縮減，不再使他們居於領導地位。

這一些改革，產生兩種後果：

其一、宦官時代從此成爲陳蹟，無力再現。下下世紀（十九）末期，雖有一、二宦官如安得海、李蓮英之輩，很有勢力，但性質上是個別的，不能結成一個集團。

其二、清王朝壽命二百九十六年，共有十二個皇帝，十二個皇帝中，將近三分之二的皇帝都很能幹，了解並努力完成他們的責任，三分之一也都屬中等的才智，像明王朝那樣一連串草包惡棍型的君主，清王朝一個也沒有。中國還沒有一個王朝，包括周王朝、西漢王朝、東漢王朝、唐王朝在內，出現過這麼多具有很強能力，而又肯辛勤工作的帝王。

對當時的漢民族而言，滿洲人征服中國，是中國第二次亡國。但滿洲人在文化上是一個非常落後的民族，連文字都沒有，滿洲文字是努爾哈赤時才創造出來的，並不能普遍。因爲對滿洲人來說，滿洲字和漢字，都是新文字，而漢字擁有海洋一樣的文化背境，滿洲字則只限於日常口語。結果滿洲人迅速的漢化，像掉到海裏的人非喝下海水不可一樣，他們沒有選擇的餘地。在建州衛時期，滿洲人即已流行漢語。入關之後，和漢人更廣泛的接觸，漢語就更普及。玄燁大帝精通漢文，跟一個漢民族的高級知識份子一樣，更精通儒家系統的各種經典。他以後的每個皇帝都是如此。他的孫兒弘曆僅中國詩就寫了五萬餘首，以數量而言，在全世界恐怕都要佔第一位（可惜他的詩是一種帝王體的打油詩，不堪入目），所以，事實上沒有多久，滿洲人就以土生土長的中國人自居，這跟蒙古帝國的統治階級深拒閉固的情形，恰恰相反。

不過，民族的界線仍劃分的十分森嚴。本世紀（十七）時，漢民族人口已達八千餘萬，滿洲民族人口只三百餘萬，滿洲人以絕對少數統治絕對多數，以一個落後的部落統治一個文化深厚的古老帝國，有隨時被消化掉了的危險，當然十分戒懼。它嚴厲的禁止滿漢通婚，並盡可能排除漢人擔任高級軍官。在行政管理上，它不能不用漢人，但在滿洲人的眼睛裏，漢人只是乞丐，由滿洲人賞碗飯吃而已，連他們的奴隸都不如，也不賦給漢人權力。就在本世紀（十七），漢人宰相見了滿人宰相，漢人部長見了滿人部長，都要下跪。會議的時候，滿人宰相部長昂然上座，漢人宰相部長跪在他們的旁邊，滿洲人不開恩叫他們起來，漢人不敢起來。有時候滿洲人談得高興，忘記開恩，年老的漢大臣跪得太久，甚至仆倒在地。滿洲人的想法是，用強大的壓力，培養漢人對滿人的順服奴性，直到永遠。

滿洲民族所承受的中華文化，跟五世紀北魏帝國鮮卑民族所承受的中華文化，完全相同，主要的是儒家系統的文化，而清王朝承受的更爲狹隘，只是儒家系統中的理學的部份。所以，雖然王朝政權和統治者改變，而構成大黑暗的意識形態和社會基礎不變，科舉八股和酷刑詔獄不變，祖先崇拜和服喪三年不變，反對任何改革的情意結不變。也就是，醬缸不變。舉一個例子作爲說明，監察部委員（御史）謝濟世註解四書之一的大學時，採用另一古書禮記原文，而沒有採用理學大亨朱熹的見解，第五任皇帝胤禛就勃然大怒，判決謝濟世死刑。後來好不容易免死，但仍罰做苦工。在這種背景下，人們的想像力和創造力，都被醬死。

第三個黃金時代，帶給中國的不是第一個黃金時代那種澎湃的學術思潮，也不是第二個黃金時代那種英雄們氣吞山河的氣概，而僅僅是一百年的和平與秩序。這本是人民最低的要求和政府最低的功能，但它在中國已絕跡了很久。但比起明王朝和更早的蒙古帝國統治時代，這一百餘年間的中國人民，好像活在天堂。

第三個黃金時代的最偉大的成就，在於滿洲人的清政府爲中國開闢了廣袤的疆土。東西漢兩個王朝和唐王朝都曾爲中國增加了一百七十萬方公里的面積，但不久就行失去。而清政府爲中國增加的領土，超過從明王朝承襲下來的中國領土的四倍。

二、東方疆土的擴張——台灣

清政府向外擴張的第一個目標是台灣島。

台灣島距福建省海岸，最狹處只一百五十公里，這個寬度一百五十公里的台灣海峽，因爲海水終年都是南北流向的緣故，使它跟近在咫尺的大陸有一段長期的隔絕。一直到十三世紀，中國的和日本的海盜，才冒險在這個巨島上登陸，建立巢穴。這些海盜和稍後接踵而來的移民，他們最初接觸的是住在台灣西部大平原上自稱爲「台灣」部落的當時土著馬來人，台灣的名稱始告確立。

本世紀（十七）初葉，台灣海峽兩岸發生變化，一是海盜鄭芝龍向明政府投降，明政府任命他當福建省海軍司令官（福建水師提督），海上商旅開始獲得安全保障。一是比台灣島大不了多少的荷蘭王國，從歐洲向東發展，於一〇年代一六一九年，登陸爪哇，征服東印度群島（印度尼西亞）。於二〇年代一六二四年，登陸台灣，把島上的馬來人、中華人、日本人，全置於統治下。

我們回溯明王朝第十九任皇帝朱聿鍵被殺的往事，那時鄭芝龍已晉升爲侯爵，統率陸海兩軍，掌握重兵，當他決定出賣朱聿鍵，向清軍投降時，他的日本籍妻子所生的兒子鄭成功，極力反對。鄭芝龍當然不會改變主意，於是鄭成功就率領一支孤軍，以福建廈門爲根據地，尊奉遙遠的在西南雲貴高原流亡的第二十任皇帝朱由榔，跟清政府對抗。五〇年代一六五八年，鄭成功大舉北伐，由長江口深入，包圍南京。可是結果失敗，退回廈門。那時清政府入關不久，還沒有力量反擊，而只採堅壁清野的戰略，從南京到廣州二千公里的沿海地帶所有居民，全部內遷二十公里。鄭成功經過北伐的大創傷之後，已不能作第二次北伐。堅壁清野復使他的軍隊面對着飢餓和孤立。他這才想到台灣，如果能據有台灣，糧源和兵源都可解決。

六〇年代一六六一年，鄭成功進攻台灣，荷蘭所建築的兩大巨城之一的赤嵌城（台灣台南）陷落。另一孤城熱蘭遮（台南西安平城）被圍九個月，荷蘭軍隊彈盡援絕，向鄭成功投降，鄭成功把他們全部遣送到爪哇。

——荷蘭佔領台灣島三十八年。向鄭成功投降的荷蘭總督揆一，已盡了他最大的努力，但他回國後，仍以失陷台灣的罪名，被判十年有期徒刑。

從六〇年代一六六一年起，台灣成爲中國明政府轄下的領土，而就在這一年，朱由榔被緬甸人解送給吳三桂處死。帝王政治制度的傳統形式，一定要繼續立一個皇帝，才是正常現象。但鄭成功的態度十分曖昧，遷到台灣的雖然也有其他朱姓親王，鄭成功卻沒有物色一個繼承帝位。鄭成功的封爵是延平郡王，他就以延平郡王的王府，作爲最高行政機構。在法理上，這是畸形的，猶如一個國家沒有中央政府，而只由一個總司令部代理中央政府。

鄭成功於佔領台灣的次年（一六六二）年逝世，他的兒子鄭經繼承王位，曾向清政府提出和解，要求清政府承認台灣是一獨立王國，允許台灣像朝鮮、安南（越南）、琉球一樣，不剃髮也不改換服裝，只向清政府稱臣進貢，永遠作爲中國的藩屬，清政府表示同意。但鄭經不自量力的又要求保留海峽對岸福建省的廈門，作爲貿易的據點，清政府大起反感，談判破裂。在三藩戰役時，鄭經跟三藩之一的耿精忠結盟，曾派遣軍隊到福建省和廣東省參戰。三藩失敗後，鄭經在大陸上的根據地，全部喪失，這時他終於承認力量微弱，開始想到自保，但機會已經過去，清政府決心用武力把他消滅。

八〇年代一六八三年，清政府福建海軍司令官（福建水師提督）施琅，率領三百艘戰艦，從福州出發，先攻陷台灣海峽中的澎湖列島，接着進攻台灣。鄭氏政權在台灣已二十三年，二十三年中有很多變化。當初的戰鬥精神和復國雄心早已消失，將領們和戰士們，都在島上成家立業，習慣於和平安定。所以，清軍沒有遇到抵抗，便在鹿耳門（台灣台南西安平港）登陸，最後一位延平郡王鄭克塽（鄭經的兒子）投降。三萬六千方公里的台灣島，正式跟中國合併，跟西南方一千公里外面積略小的海南島，像兩隻巨拳一樣，保衛着中國的海疆。

——一件非常有趣的事情發生，宰相李光地（著名的儒家系統理學巨頭之一），他向玄燁大帝建議，鄭氏政權既已消滅，台灣是蠻荒煙瘴之地，不適合人類居住，應該仍賜給紅毛（荷蘭）。天老爺保佑玄燁大帝拒絕採納他的意見。

二、東北疆土的擴張——尼布楚條約

在台灣海峽發生變化的同時，東北嚴寒地帶的黑龍江流域情勢，也發生變化。

中國東北的領土，自紀元前四世紀戰國時代以來，始終伸縮在七萬方公里左右，從前稱爲「遼東」，即現在的遼東半島——包括瀋陽和遼陽兩個大城。而且有很長一段時間，連這一塊土地都不能保持。紀元後四世紀以來，也只有唐王朝保持了一百餘年。蒙古的元帝國版圖雖包括大部份東北地區，但與中華民族無關，當蒙古人被逐出中國時，長城以北仍是他們的國土。明政府曾恢復唐王朝的遼東（遼寧省）舊疆，勉強維持了二百餘年，一度把勢力伸展到外興安嶺、黑龍江口和庫頁島，但最後仍全部喪失給後金汗國。

後金汗國原來只侷限於狹小的遼東半島，它的北方和東方，仍住着很多比滿洲人更爲落後的野蠻部落。這些部落一則不甘願承認滿洲人的優越地位，一則他們也正在向南遷移，雙方遂不斷發生戰爭。但每一次戰爭的結果，滿洲人都得到勝利，而終於把他們完全征服。其中有四個主要的部落，如同左表：

次序	征服年份	部落	所在	行動
一	一六三六	鄂倫春部	外興安嶺南麓	鄂倫春人盜馬殺人，後金汗國發兵征服。
二	一六四〇	索倫部	精吉里河與額爾古納河之間	索倫人諸城聯合反抗後金汗國，後金擊擒酋長博木博果爾。
三	一六四二	呼爾喀部	松花、烏蘇里、黑龍江三江合流地帶	清政府於一六四三、一六四四、一六四五連戰三年才征服。
四	一六四二	達瑚爾部	精吉里河及黑龍江下游	與呼爾喀部同時投降。

滿洲人驀然間被請進山海關時，他們在東北所征服的土地已達三百萬方公里。滿洲人作爲中國的主人後，這片廣漠的土地，就成了他們嫁妝的一部份。

比滿洲人向北擴張稍早，俄羅斯帝國遠在歐洲的斯拉夫人，已越過烏拉山脈向東擴張，西伯利亞荒原上人數稀少的原始游牧部落，不是那些俄國人的對手。從本世紀（十七）〇〇年代到六〇年代，俄國人在荒原上建立起來一系列的殖民城市，最主要的有左列諸城：

〇〇年代　一六〇四年　托木斯克（明王朝皇帝朱翊鈞在位）
一〇年代　一六一九年　葉尼塞斯克（薩爾滸戰役之年）
三〇年代　一六三二年　雅庫次克（後金第二次入塞前一年）
三〇年代　一六三八年　鄂霍次克（後金第四次入塞之年）
五〇年代　一六五八年　尼布楚（鄭成功北伐圍南京前一年）
六〇年代　一六六六年　塞楞金斯克（三藩戰役前七年）

雅庫次克顯然是俄國向東向南侵略的主要據點之一，它距黑龍江約一千二百公里。俄國的冒險家、流氓、殺人凶手、亡命之徒，當然也有抱着爲國家開疆拓土高貴目的的英雄志士，從本世紀（十七）四〇年代起，不斷向溫暖的東南方和南方發展，窺探並勘查當時剛剛被後金汗國征服不久的黑龍江流域。後金汗國於一六四二年吞併了呼爾喀、達瑚爾部落，明年（一六四三），俄國第一批探險隊從雅庫次克出發，相差不過一年，但這一年已夠確定中國在法理上對於黑龍江南北兩岸廣大地區的主權。

俄國人出動的次數，和乘隙深入後金汗國——中國國境的情形，我們藉左表說明：

次序	主要人物	起訖	行動

一	費耶爾可夫	一六四三—一六四六	由精吉里河入黑龍江，出江口北返雅庫次克。
二	哈巴羅夫	一六四九—一六五二	入黑龍江，到松花江口。
三	施代巴諾夫	一六五二—一六五八	築城於精吉里河口，中國軍隊進攻，兵潰戰死。
四	帕爾庫夫	一六五六—一六六一	築尼布楚城，被中國軍隊逐走。
五	且爾古波斯基	一六六五—一六八五	築雅克薩城，被中國軍隊攻陷。
六	阿爾新斯基	一六六九	再入據尼布楚城，不再退出。
七	圖爾布青	一六八五—一六八九	再築雅克薩城，尼布楚條約成，退走。

俄國人的運氣不好，不僅是腳步遲了一年，而且它遇到的不是明政府奄奄一息腐爛透了的弱小中國，而是清政府正走上坡，朝氣蓬勃的強大中國。俄國第一批和第二批行動隊不過穿過中國東北的荒原地帶，沒有被清政府發覺，但是第三批行動隊在施代巴諾夫領導下，在精吉里河口建築城堡，興高采烈的打算長期佔領時，正式跟中國的力量接觸。中國寧古塔（黑龍江寧安）軍區參謀長（寧古塔章京）沙爾呼達，率領四十五艘軍艦，逆黑龍江而上，給施代巴諾夫迎頭痛擊，施代巴諾夫全軍覆沒，他自己也於稍後被殺。俄國的侵略當然不會因

這小挫折而停止，第四批在外蒙古之北建築尼布楚城，但被中國逐走。但俄國人不久就又回來，中國人未加過問。第五批在黑龍江北岸，建築雅克薩城要塞和衛星城堡，這批凶惡的俄國暴徒把當地土著索倫人當作奴隸，姦淫婦女，並搶劫他們的辛苦獵取的貂皮。索倫人報告中國官員，但這時清政府正困於三藩的戰爭，沒有力量北顧。

俄國人作威作福二十年，三藩戰爭結束，台灣也跟着合併。玄燁大帝對雅克薩城採取行動，八〇年代一六八五年，中國邊防軍司令（都統）彭春，率大軍包圍雅克薩城，用一百五十門野戰砲和四十門攻城砲，日夜轟擊。四天後，守將圖爾布青投降，中國允許他率領殘餘部隊，向尼布楚撤退。——當俄國人再回到尼布楚時，中國沒有再把他們驅逐，是一個大失策。等到俄軍撤退後，中國縱火焚燬雅克薩城，也跟着撤退。

圖爾布青在撤往尼布楚途中，遇見由尼布楚開向雅克薩的增援部隊，攜帶着重武器，告訴他駐屯尼布楚的俄國大軍隨時可以接應。這使圖爾布青懊悔不迭，他立刻同援軍重返故地，於雅克薩城被中國焚燬後第十七日，再重築新的雅克薩要塞。

中國接受這個挑戰，明年（一六八六），寧古塔軍區副司令（副都統）薩布素，再圍雅克薩城。除用巨砲轟擊外，並且使用從台灣調來參戰的藤牌兵團攀城。圖爾布青戰死，守軍只剩下一百餘人，陷落就在旦夕。就在這時候，中國軍隊奉到停止攻擊的命令。因爲中俄兩國外交人員正在北京接觸，俄國要求先行停火，玄燁大帝允許。

八〇年代最後一年一六八九年，中國代表團團長欽差大臣索額圖，俄國全權公使陸軍上將費要多羅，在尼布楚談判，雙方都戒備森嚴，雙方的態度也都非常強硬，而中國代表更甚。索額圖有兩次在大怒下拍桌子而去，要下令擔任警衛的邊防軍攻城，俄國代表終於採取妥協態度，遂簽訂左列的尼布楚條約：

一、外興安嶺之南屬中國，之北屬俄國。

二、額爾古納河之東屬中國，之西屬俄國。

這是一個重要的條約，使中、俄兩大擴張力量，得到和解，爲中、俄兩國帶來一百七十年的和平，跟十一世紀中國與遼帝國澶州和解帶來一百一十四年的和平同樣重要。俄國對遼遠的東方固然力不從心，而中國如果長期從事於東北荒涼寒冷地區的戰爭，也將筋疲力盡。

——中國習慣於把所有的外國都當作藩屬，因爲事實是這樣。尼布楚條約是中國第一次以平等地位跟外國簽訂的條約，但獲得的利益卻十分巨大。當時中國的力量，事實上只能到黑龍江北岸，還伸展不到外興安嶺和鄂霍次克海。俄國向南侵略，是由冰雪荒原，進入流奶與蜜之地，永不會自動停止。而中國不然，漢人那時仍以遼東半島爲主要範圍，有耕種不完的肥沃土壤，滿洲人則爭先恐後入關去當中國的主人，沒有人傻到從流奶與蜜之地，投身到冰雪荒原。這可從對雅克薩城的處理上看得出來，中國人把它焚燬而退，俄國人卻把它當作寶貝，建了又建。所以，尼布楚條約對俄國是一種阻堵，對中國是一種保衛。

一三、塞北疆土的擴張——內蒙古

蒙古只有一個，本沒有內外。因爲跟中國合併的時間有先後，遂被分割。先跟中國合併的南半部稱內蒙古，後跟中國合併的北半部稱外蒙古。

蒙古人於十四世紀被中國明政府逐出長城後，一直不停的內戰。雖然達延汗於十六世紀一度予以統一，但他的後裔又分爲四部，那就是：察哈爾部、鄂爾多斯部、土默特部、喀爾喀部。不過這只是指達延汗的血親後裔，另外還有兩個相當大的部落，跟這四個部落同時並存的，一是住在東北北部嫩江流域的科爾沁部，一是住在東北西部西遼河流域的喀喇沁部。這六大部落中，喀爾喀部的人口最多，察哈爾部的力量最強。

本世紀（十七）〇〇年代，察哈爾部的林丹汗，雄心勃勃的想效法他的祖先達延汗，創立蒙古再統一的偉大事業。一〇年代一六一九年，他致函剛成立不久的後金汗國可汗努爾哈赤，信上開頭就說：「統兵四十萬蒙古國可汗，問候水畔三萬人大金國可汗努爾哈赤。」努爾哈赤看了大感沮喪。但林丹汗的才幹跟他的雄心不能配合，他對內完全採取高壓政策，以致引起反感。二〇年代時，嫩江流域的科爾沁部，首先脫離林丹汗的統治，於一六二四年跟後金汗國結盟。明年（一六二五）林丹汗向科爾沁部進攻，努爾哈赤親自統率精兵赴救。林丹汗不敢作戰，自行撤退。這一次虎頭蛇尾的軍事行動，促使科爾沁部感激後金汗國不止，作更徹底的歸附。

三年後（一六二八），西遼河流域的喀喇沁部，不堪壓迫，也叛離林丹汗，投降後金。四年後（一六三二），後金汗國第二任可汗皇太極，跟投降過去的蒙古部落，組織西征聯軍，對察哈爾部發動總攻，林丹汗大敗，向西逃亡。土默特部和鄂爾多斯部，先後向後金投降。林丹汗逃到距青海湖尚有十天行程的大草原上病死，他的殘部在青海一帶仍支持三年，到一六三五年，終於也向後金屈服。

滿洲人把上述的這些被征服的蒙古部落和土地——塞北全境，稱爲內蒙古。把漠北還沒有合併的喀爾喀部稱爲外蒙古。後來滿洲人入主中國，這種稱謂和區分，一直保留下來。

清政府對蒙古人跟漢人不同，有左列的兩大特點：

其一、取消蒙古固有的部落制度，改爲盟旗制度，限制遷移，以便予控制。盟旗的行政系統，如左表顯示：

類比	省	縣	鄉	村	街	註
編制	盟	旗				有一旗一佐領者（一百五十戶）。有一旗九十餘佐領者（一萬三千戶）。
酋長	（省長）盟長	（縣長）札薩克 總管	（鄉長）參領	（村長）佐領（一五〇戶）	（街長）什長（十五戶）	

盟旗制度完全仿效滿洲人的八旗制度，滿洲八旗：正黃旗、正白旗、正紅旗、正藍旗、鑲黃旗、鑲白旗、鑲紅旗、鑲藍旗（鑲旗是：黃白藍三旗鑲紅邊，紅旗鑲白邊）。這是努爾哈赤創立的圖騰結構，所以滿洲人沒有地的籍貫，只有旗的籍貫，是一種全民皆兵的新戶籍制度，全體滿洲人是一個大奴隸集團，被劃分爲八份，人民受到層層節制，不能離旗獨立。自入關後，原意漸失，演變成爲一種單純的軍事制度。但同類型的蒙古盟旗制度，卻一直保存到二十世紀，仍然存在。盟旗制度的特點就是八旗制度的特點，蒙古人被納入組織後，侷限在一塊狹小的地區，不能選擇居住地和牧場。旗跟旗之間也不能有橫的來往，連流動於各盟旗間的小販，都嚴厲禁止，目的當然是防止他們暗通消息，集結叛變。「逐水草而居」的時代從此消失，即令遇到荒旱，非清政府批准，不能移動。

其二、對蒙古人實行愚民政策，阻止他們接受中華民族文化。清政府統治蒙古，有兩個祕密武器，一是利用喇嘛教，使蒙古人沉湎在宗教裏面，不知不覺中喪失戰鬥精神，這方面的效果是可驚的。另一是把公主大批的嫁給蒙古酋長——他們本來稱可汗，投降滿洲人之後，被改封爲藩王或公爵，合稱爲「王公」。滿洲人的皇姑、皇妹、皇女之流，大多數都嫁給蒙古王公，從沒有一個嫁給漢人的。清政府的政策是，用科舉控制漢人，用婚姻控制蒙古人，結果證明完全成功。公主的兒子自幼隨着母親在外祖父或舅父的皇宮中遊戲，長大後自然有一種向心力。紀元前二世紀大政治家婁敬，向當時的皇帝劉邦建議的和親政策可收的效果，現在完全應驗。本世紀（十七）九〇年代，玄燁大帝在多倫諾爾（內蒙古多倫）用盛大的宴席招待蒙古高階層時，發現很多蒙古王公都是他的外甥或外孫，又幾乎都是在北京皇宮裏長大的，不禁大爲得意。但清政府雖賜給這些王公們財富和榮耀，鞏固他們對人民的統治尊嚴，卻對他們仍深謀遠慮的細心防範，不准他們跟漢人來往，不准學習漢文，不准保管漢文圖書，不准請漢人擔任教師，不准子弟進入漢人學校，不准看漢人的戲劇。目的使蒙古人永遠愚昧無知。從此，面積約一百萬方公里的內蒙古，自本世紀（十七）起，也作了滿洲人嫁妝的一部份，帶到中國，永遠成爲中國的領土。

一四、漠北疆土的擴張——外蒙古

比內蒙古還要龐大的外蒙古，在喀爾喀部統治之下，仍獨立於瀚海沙漠群之北。已遷到北京的清政府無意向北發展，他們對擁有內蒙古廣大的領土和西伯利亞外興安嶺以南廣大的領土，已心滿意足。可是一個意外的事件，卻使外蒙古自動的請求跟中國合併。這個事件起因於以伊犁（新疆伊寧）爲首都的準噶爾汗國，於尼布楚條約簽訂的前一年（一六八八），向外蒙古喀爾喀部發動攻擊。

喀爾喀是蒙古諸部落中，人口最少，但佔地卻最廣的一個部落，又分爲左列三個汗部：

一、車臣汗部（外蒙古東部，牙帳設今溫都爾汗）

二、土謝圖汗部（外蒙古中部，牙帳設今哈爾和林）

三、札薩克圖汗部（外蒙古西部，牙帳設今貝格爾）

所謂喀爾喀部，只是一個部落的總名稱，不是一個具體的行政組織，更沒有一個共同領袖。事實上三個汗部獨立並存，各有各的可汗，互相間不停的打鬥。

準噶爾汗國是四衛拉特之一準噶爾部建立的國家，參考上上世紀（十五）第四節附表及第六節，我們會記起當時聲勢烜赫，生擒過中國酒肉皇帝朱祁鎮的瓦拉部落。瓦拉自從也先可汗死後，失去領導中心，這個突厥民族的部落分裂爲三部：土爾扈特部、準噶爾部、杜爾伯特部——稍後被輝特部取而代之，他們向西遷移到現在的新疆省北部。而另一支蒙古人的和碩特部，也侵入到新疆省北部，跟他們混合。於是，遂被籠統的稱爲四衛拉特。衛拉特，即瓦拉的轉音。

本世紀（十七）二〇年代，和碩特部在固始汗率領下，侵入現在的青海省，建立一個龐大的和碩特汗國。土爾扈特部也移向中亞，深入歐洲。新疆省北部的故土上，只剩下準噶爾部跟輝特部。我們用左表列出這四個衛拉特可汗的世系：

四部	第一代	第二代	第三代	第四代	第五代	第六代	疆域今地
	（十七世紀）		（十八世紀）				
土爾扈特部（突厥族）							（入俄）

西藏	青海					
和碩特部（蒙古族）		準噶爾部（突厥族）				
固始汗 一六五六卒		一任汗 巴圖爾渾台吉 一六六〇卒				
西藏一任達顏汗 鄂齊爾 一六七〇卒	青海一任汗 札什巴圖汗	二任汗 僧格			四任汗 噶爾丹 一六九七卒	
二任達賴汗 明素克（巴圖台吉）	二任汗 羅卜藏丹津 一七二五逃亡 一七五五被擒	三任汗 索諾木阿拉布坦	五任汗 策妄阿拉布坦 一七二七卒			
三任拉藏汗 一七一七被殺			六任汗 噶爾丹策零 一七四五卒			大策零
丹衷			八任汗 達札爾 一七五四被殺	七任汗 那木札爾 一七五〇被殺		
班珠爾						九任汗 達瓦齊 一七五五被擒
西藏	青海	新疆及哈薩克東部				

（杜爾伯特部）輝特部（突厥族）						十任汗 阿睦爾撒納 一七五七卒	蒙古西北角

本世紀（十七）六〇年代，準噶爾汗國——也就是準噶爾部的第二任可汗僧格，被他的兩位哥哥謀殺，由僧格的兒子索諾木阿拉布坦繼位。僧格的弟弟噶爾丹正在西藏當喇嘛，喇嘛教領袖達賴送他回國安定內部。噶爾丹回國後，把兩位哥哥以及侄兒索諾木阿拉布坦一齊殺掉，自己當上可汗。他不久就併吞了回部（新疆省南境），又併吞了青海的和碩特汗國，使他的國土擴張到二百八十萬方公里。

噶爾丹可汗雄才大略，他的下一個獵物是外蒙古。

外蒙古的喀爾喀部不能團結如故。八〇年代一六八四年，土謝圖汗攻殺了札薩克圖汗，把札薩克圖汗美麗的姬妾和大批部眾搶了去。中國清政府派藩屬事務部部長（理藩院尚書）阿拉尼，會同西藏喇嘛教領袖達賴的使節席勒圖，在伯勒齊爾城（甘肅安西），召開和解會議。和解會議並不能使他們和解，反而發生了一件禮儀上的重大糾紛。蒙古地區喇嘛教主教庫倫活佛（哲布尊丹巴胡土克圖。庫倫，今蒙古烏蘭巴托），他是土謝圖汗國的弟弟，在和解會議上，曾經跟達賴的使節席勒圖以平等的身份，同席而坐。噶爾丹可汗得到報告，認爲抓住了藉口，於是他義憤填膺的宣稱，庫倫活佛犯了不敬達賴的滔天大罪，必須予以重懲。

和解會議後的次年（一六八八），噶爾丹可汗自前進基地科布多（蒙古科布多）出發，向外蒙古攻擊。喀爾喀的三個汗部大敗，潰不成軍，不得不停止內鬥，緊急會商救亡措施。他們面前只有兩條路，一是歸附俄國，一是歸附中國。這是一項重大的決定，這決定勢將引起數百年甚至數千年的歷史反應。庫倫活佛堅持歸附中國，他說：「俄國不信佛教，穿的衣服也奇形怪狀。中國一片和平景象，又信佛教，穿的衣服看起來好像神仙。而且中國繁華富庶，有用不完的財寶，綢緞錦繡更多，依靠他們，生活一定愉快。」除了這些理由，還有一個更重要的沒有說出來的理由，就是他跟玄燁大帝間的私人友誼最篤。三部可汗一致接受他的意見。

玄燁大帝一面命三部撤退到內蒙古，發給臨時急賑救濟。一面向噶爾丹可汗呼籲放棄使用武力，退出外蒙古。噶爾丹答應放棄武力，但必須中國先行交出罪犯庫倫活佛，以及土謝圖汗。這是中國無法接受的，噶爾丹遂繼續東進，橫穿外蒙古高原，抵達二千五百公里外的克魯倫河下游。明年（一六九〇），大軍更深入內蒙古，直抵距北京只有三百五十公里的烏蘭布通（內蒙克什克騰旗南）。噶爾丹可汗企圖用壓力使中國屈服，他犯了橫挑強鄰的錯誤。

玄燁大帝親自統軍出長城攻擊，皇子允禔擔任先鋒，到達烏蘭布通，發現準噶爾兵團的主力——駝城。駝城是弓箭戰爭時代的產物，把駱駝的四腳綁住，臥倒在地，加上木箱和用水濕透了的毛毯，即成爲可以阻止騎兵衝突的堅強堡壘。但如果用來對抗新武器大砲，就太落伍了。允禵用激烈的砲火轟擊，駱駝大半死掉，駝城崩潰，噶爾丹可汗乘夜向西撤退。

可是噶爾丹已無法擺脫惡運，他的侄兒，即索諾木阿拉布坦的弟弟策妄阿拉布坦，在汗國的首都伊犁（新疆伊寧）宣佈即位，下令通緝弒君篡位的叛逆噶爾丹。噶爾丹撤退到科布多城後，不能再西進。他向俄國求援，願作俄國收復雅克薩城的先鋒。俄國因跟中國剛簽訂了尼布楚條約，所以對噶爾丹的提議，不作回答。

噶爾丹不是容易屈服的人物，他駐屯科布多整補訓練，五年後的九〇年代一六九五年，作最後的衝刺，跟遙遠東方三千公里外，嫩江河畔的內蒙古科爾沁部，祕密結盟，向喀爾喀部（外蒙古）發動夾擊。他希望用閃電戰術一舉消滅喀爾喀部，重新控制內蒙古，建立他的新汗國。當噶爾丹再度進攻，東進二千餘公里，抵達克魯倫河時，中國三路迎擊的大軍早已進入攻擊的位置。次年（一六九六），玄燁大帝親自北上一千公里，到克魯倫河畔的車臣汗牙帳（蒙古溫都爾汗），指揮作戰。噶爾丹望見了中國皇帝的黃龍大旗，才發現被科爾沁部出賣，中了中國的誘敵之計，他急令撤退，用最迅速的方法脫離中國東路和中路兩個兵團，日夜奔馳二百五十公里，到了庫倫（烏蘭巴托）東南三十五公里的昭莫多，正在慶幸終於脫險之際，卻不知道恰恰進入中國西路兵團司令官（撫遠將軍）費揚古的口袋陣地，噶爾丹大敗，他的妻子阿奴皇后，跟她的丈夫一樣的勇敢善戰，她身穿銅盔銅甲，率領精兵突圍，死於巨砲的轟擊之下。

噶爾丹雖全軍覆沒，仍拒絕投降。他退守科布多，但已不能再組織一支戰鬥部隊。明年，即本世紀（十七）最後第三年（一六九七），他服毒自殺。喀爾喀三汗部仍回外蒙古故地，不過形勢已經不同，外蒙古和噶爾丹轄下的科布多、烏梁海兩地區，面積共一百八十萬方公里的土地，自此納入中國版圖。

一五、東西方世界

——〇〇年代・一六〇〇年。（明政府平定貴州楊應龍民變），㈠英國設立東印度公司，積極向東方侵略。是年，遠征軍攻陷孟買，莫臥兒帝國無法抵抗。㈡日本毛利輝元攻德川家康，失敗。前期武家時代結束。德川家康在江戶（東京）設幕府，號令全國。江戶時代及後期武家時代開始。

——一〇年代・一六一五年（明王朝第十四任皇帝朱翊鈞召見群臣，大喝「拿下」），日本江戶幕府征夷大將軍德川家康，攻陷大阪，豐臣秀賴與母親同時自殺。

——一〇年代・一六一六年（後金汗國建立），英國作家莎士比亞，西班牙作家塞萬提斯，於本年四月二十三日，同一天逝世。

——一〇年代・一六一八年（努爾哈赤以七大恨告天，出兵攻明王朝），波希米亞王國擁立腓特烈五世當國王，神聖羅馬帝國皇帝魯獨爾夫，下令討伐，歐洲三十年戰爭起。

——二〇年代・一六二八年（陝西大旱，飢民張獻忠、李自成聚眾叛變），英國國會向國王查理一世提權利請願書，要求非經國會同意，不得拘捕人民。查理一世被迫簽字。

——二〇年代・一六二九年（後金第一次入塞。袁崇煥被誣陷下獄。高迎祥被推爲闖王），查理一世下令解散國會，獨裁專制如故。

——三〇年代・一六三五年（後金汗國最後一年，明年即改稱清帝國），日本征夷大將軍德川家光，下鎖國令，驅逐所有外國人，也禁止日本人出國，只准少數中國和荷蘭商船，可到長崎。此後二百一十九年間，史學家稱爲鎖國時期。

——四〇年代・一六四〇年（中國全國大旱大蝗，人與人相食），英國軍隊因索欠餉叛變，國王查理一世無奈，再召集國會籌款。

——四〇年代・一六四一年（清軍攻陷錦州），英國國會向查理一世提出大抗議書，指責他種種的不法行爲。

——四〇年代・一六四二年（清軍第五次入塞），英國革命爆發。

——四〇年代・一六四六年（明王朝第十九任皇帝朱聿鍵兵敗被擒，斬於福州），英王查理一世兵敗被擒。

——四〇年代・一六四九年（清政府正追擊明政府的殘軍，一連攻陷南昌、湘潭），英國國會法庭判決查理一世死刑，斬於斷頭台。宣佈成立共和國，選舉克林威爾擔任執政。

——五〇年代・一六五八年（鄭成功北伐，圍攻南京失敗），克林威爾逝世。

——六〇年代・一六六〇年（明王朝滅亡前一年），英國迎立故王查理一世的兒子查理二世當國王。

一六八〇年代・一六八五年（中國攻陷雅克薩城），英王查理二世逝世，他的弟弟詹姆士二世繼位，藐視國會，宣稱國王有權干涉國會制定的法律。

一六八〇年代・一六八八年（尼布楚條約簽訂前一年），英國發生不流血革命，新教徒祕密迎接查理二世的女兒瑪麗。女婿奧倫治公爵，從荷蘭入主英國。詹姆士二世逃亡法國。

一六八〇年代・一六八九年（尼布楚條約簽訂），英國國會通過權利法案，英國專制政治從本年起，完全消滅，這是英國對世界又一偉大的貢獻。

第三十一章　第十八世紀

十八世紀是人類歷史的轉捩點。

整個人類的生命，像一場無盡頭的接力競賽。十六世紀以前的億萬年漫長時間中，人類一直在緩緩步行。但自十七世紀起，歐洲的腳步加快。進入本世紀，歐洲開始跑步，科學上和意識形態上，同時都有非常重大的突破，把人類帶進一個新的世界，作為未來的更猛烈發展的基礎。諸如：

——約翰開發明飛梭（這是一個起步）。

——哈格理佛士發明紡紗機，一人工作，可抵八人。

——瓦特發明蒸氣機（人類開始脫離手工業時代，進入機器時代）。

——孟德斯鳩創立司法、行政、立法三權分立學說。盧梭創立天賦人權學說（這又是一個起步，奠定了民權的和人權的尊嚴。正是中國政治思想中所缺乏的東西）。

——美國脫離英國獨立，選舉總統，實行三權分立，成為世界上第一個沒有帝王而由人民選舉元首的國家。

——法國爆發大革命，發表人權宣言（盧梭學說的實踐，民主思想開始傳播，不可遏止）。

而中國對這些卻全部茫然不知，更沒有引起絲毫震動。在清政府繼續開疆拓土下，四百餘萬方公里的土地併入版圖。不過，到了八〇年代，黃金時代結束，被驅逐到一旁的大黑暗，重新合攏，中國又恢復不幸。

一、喇嘛教與西藏

在外蒙古喀爾喀部跟準噶爾汗國的衝突事件上，我們可以看到喇嘛教的影響力量。

喇嘛是西藏語。喇，意思是「上」。嘛，意思是「人」。喇嘛，就是「上人」，就是高僧。我們回溯十三世紀蒙古帝國跟吐蕃宗教國的關係，可發現吐蕃的沒落，全是被佛教這個奇異的支派所促成。十四世紀時，蒙古政權被中國逐出長城，吐蕃跟蒙古的聯繫也告斷絕。後來，不知道什麼原因，吐蕃的名字消滅，而被稱爲烏斯藏。到了上世紀（十七），又不知道什麼原因，烏斯藏的名字也消滅，而改稱爲土伯特。

跟喀爾喀分爲三部一樣，土伯特則分爲四區：

一、藏（後藏，今西藏西部）

二、衛（前藏，今西藏中部）

三、喀木（也簡稱康，今西藏東部及四川省最西部）

四、青海（青海湖及柴達木盆地，二十世紀二〇年代改稱青海省。）

喇嘛教主八思巴，於十三世紀時，被蒙古帝國加封為蒙古國師。在八思巴領導下，僧侶們都穿紅色袈裟，並娶妻生子，因之稱為紅教。政治權力加上靡爛生活，使紅教日趨腐敗。十四世紀五〇年代，一位改革家在青海西寧城附近一個藏民部落中降生，名宗喀巴，他是喇嘛教的馬丁路德。十四歲時就當紅教僧侶，二十歲時就大膽的提出改革方案。他改穿黃色袈裟，禁止娶妻，以便全心全意宣揚佛法，因之被稱為黃教。改革在極端和平中進行，沒有經過歐洲式宗教改革那種血流成河的屠殺場面。紅教終於衰落，黃教一天比一天興旺。

宗喀巴是一位最有想像力的大師，他為喇嘛教創立一個別開生面的權力繼承制度。他有兩位門徒，一名達賴，一名班禪。宗喀巴宣稱這兩位門徒都是佛陀投胎，永不死亡，肉體雖然毀壞，但靈魂卻立即再轉生世界，永遠不滅。達賴、班禪在肉體毀壞（死亡）時，事先就預言他的靈魂要到某一個方向或某一個地方，以化身重生。逝世之後，先由高級巫師（拉穆吹忠）四個人，誦經作法，熱鬧一陣，然後分別出發去尋覓化身——靈童。找到之後，迎回拉薩，經過一段時間的宗教教育，等靈童年齡稍長，再舉行坐床大典，成為喇嘛教的正式教主。坐床，就是坐在一張只有教主才可以坐的神祕寶床上，等於皇帝的登極大典，當然隆重非凡。

宗喀巴大師於十五世紀一〇年代一四一九年逝世，達賴以大門徒身份，繼承為喇嘛教教主，班禪以第二門徒身份充當副教主。從此之後，就實行化身（呼必勒罕）統治。十六世紀時，那位使明政府招架不住的蒙古俺答可汗，曾恭迎達賴三世到青海講道，蒙古人從那時候起，開始接受黃教。

上世紀（十七），四衛拉特之一的蒙古和碩特部領袖固始汗，從天山北路侵入青海（青海省）與喀木（西藏東部及四川省西部）。這時候，達賴、班禪同住在前藏的首府拉薩城，而仍信奉紅教的土王之一的藏巴汗，居住在後藏的首府日喀則城，跟黃教對抗。達賴宗教政府的最高執政官（第巴）桑結，向固始汗請求援助。固始汗接受這個邀請，出兵把藏巴汗殺掉，把原屬於藏巴汗的後藏土地，奉獻給教主。於是達賴仍住拉薩，而班禪則遷到藏巴汗所住的日喀則。固始汗大功告成之後，返回青海，留一個兒子率領蒙古軍隊，駐防拉薩。

上世紀（十七）八〇年代一六八二年，達賴五世逝世，最高執政官桑結祕不發喪，仍用達賴的名義，爲自己向中國請求封號，清政府不知道內情，就加封桑結爲土伯特國王。桑結跟當時準噶爾汗國的噶爾丹可汗，祕密結盟。噶爾丹對庫倫（蒙古烏蘭巴托）活佛的指責和對外蒙古的攻擊，都是桑結出的主意。直到上世紀（十七）九〇年代一六九七年，噶爾丹自殺，中國才知道一直是桑結從中搗鬼，向桑結責問達賴何在，並暗示要派遣軍隊去勘察達賴的生死。桑結國王才恐慌起來，急急忙忙找了一位名札陽嘉穆磋的十五歲靈童（這時候達賴五世已死了十五年，所以這個達賴六世必須十五歲，表示他已轉生十五年），宣稱他就是化身，舉行坐床大典。桑結向清政府報告說，他祕不發喪的目的只不過爲了安定民心。清政府知道他在胡說八道，但沒有追究。

西藏的政治形態是：三巨頭並立。土伯特國王桑結主持行政，喇嘛教主達賴六世主持宗教，和碩特汗國王子拉藏汗（固始汗的曾孫）主持軍事。

二、西南疆土的擴張——西藏

西藏三頭馬車制有嚴重的基本衝突，進入本世紀（十八），衝突表面化。拉藏汗對桑結國王事先沒有徵求他的同意，就確定誰是達賴化身，大不滿意，他說他將抵制到底。桑結認爲你這個蒙古酋長竟敢干涉我們西藏內政，簡直莫名其妙，決定把拉藏汗毒死。拉藏汗得到消息，先下手爲強，本世紀（十八）〇〇年代一七〇五年，發動突擊，把桑結殺掉，把達賴六世囚禁。中國和準噶爾汗國分別向拉藏汗要求迎接達賴六世，玄燁大帝深恐拉藏汗不買中國的賬，憂慮的說：「他們盲目的崇拜達賴，如果被準噶爾汗國迎接了去，可能發生很大影響。」但拉藏汗顯然願取得中國的友誼，他把達賴六世送往中國，不幸達賴六世卻在途中病故。

拉藏汗另行尋覓達賴化身，在博克達山（新疆吐魯番北博格多山）找到一個名伊西嘉穆磋的孩子，說他就是靈童，舉行了坐床大典，請中國加封。可是拉藏汗的政治手腕太差，他沒有跟那些高級巫師搞好，其中一個在喀木（西藏東部及四川省西部）裏塘（四川理塘）地方，找到了一個名格爾桑嘉穆磋的孩子，宣稱他才是眞正的靈童。青海和碩特汗國那些蒙古王公（酋長），支持這個新靈童。拉藏汗派軍隊去捉拿格爾桑嘉穆磋，老爹早抱着孩子逃到青海去了，他向中國申訴，也請求加封。於是出現眞假達賴的爭執，互相指責對方是假，而

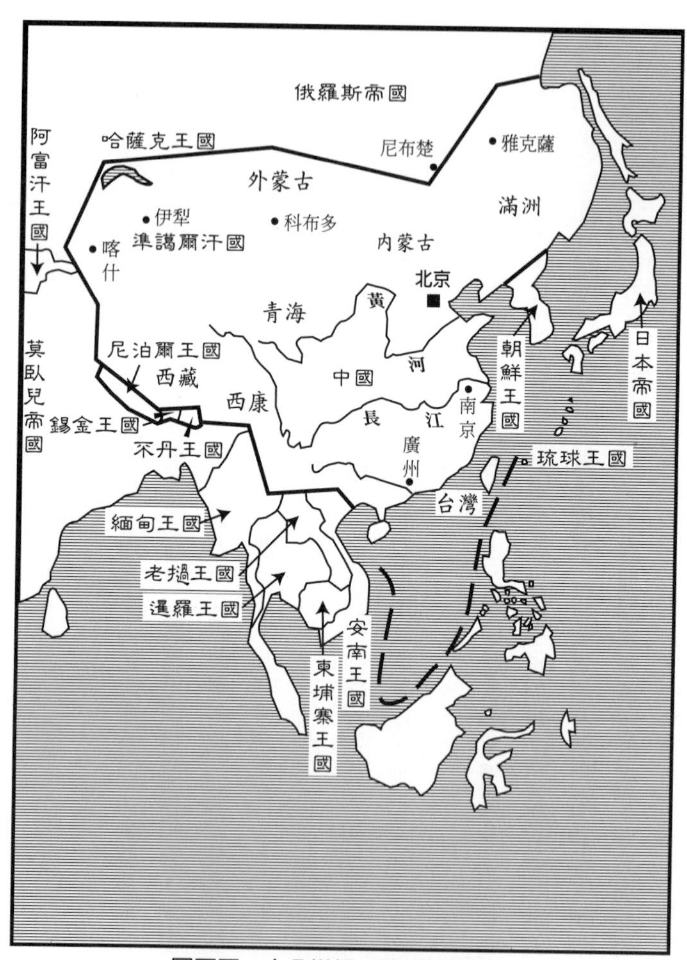

圖四五　十八世紀．清王朝初期

自稱是眞。

準噶爾可汗策妄阿拉布坦，跟拉藏汗有親上加親的婚姻關係。策妄阿拉布坦是拉藏汗的姊夫，而策妄阿拉布坦的女兒又嫁給拉藏汗的兒子丹衷，小夫婦一直住在伊犁（新疆伊寧）策妄阿拉布坦的王宮。

然而，國家的利益超過一切，策妄阿拉布坦渴望征服西藏，拉藏汗拒絕把達賴六世送給他，使他對自己的陰謀詭計，更不受良心責備。本世紀（十八）一〇年代一七一六年，策妄阿拉布坦組織一支八千人的遠征軍，命他的大將大策零率領，奇襲拉藏汗。這是世界上最勇敢、最困難和時間最長的一次閃電突擊。從伊犁到拉薩，航空距離一千九百公里，要越過六千公尺的天山——比阿爾卑斯山還高兩千公尺，繞過五百公里縱深的塔克拉瑪干沙漠，還要攀登七千公尺的崑崙山，才能爬上世界屋頂的西藏國境，然後又要在一千二百公里不見人煙的冰天雪谷中祕密行軍。

大策零這支遠征軍自一〇年代一七一六年十月出發，白天潛伏，夜間前進，十個月後，於次年（一七一七）七月，神不知鬼不覺的接近西藏首都拉薩。拉薩附近人煙稠密，既不能殺絕，又無法躲避，大策零對那些驚愕的藏民說，他們是送丹衷夫婦回國省親的衛隊。拉藏汗老了，中國方面一再警告他防備準噶爾汗國的突擊，拉藏汗認爲這是最幼稚的挑撥離間的手法。現在準噶爾遠征軍從天而降，攻陷拉藏汗所住的布達拉宮，把拉藏汗殺掉。爲了斬草除根，策妄阿拉布坦下令把女婿丹衷也殺掉。西藏於是併入準噶爾汗國版圖，策妄阿拉布坦完成了他父親、叔父、祖父們的偉大心願。

策妄阿拉布坦在戰略上獲得成功，但在政略上他犯了錯誤，他沒有估計到中國對這件事的關切和反應，中國在接到拉薩陷落的報告後，決定用武力干涉。次年（一七一八），清政府正式承認逃到青海的格爾桑嘉穆磋爲達賴七世，派遣軍隊送回西藏。但進入西藏後，在喀剌烏蘇河（怒江上游），被大策零擊敗。

中國當然不會罷休，兩年後（一七二〇），清政府派出第二次遠征軍，分三路進攻。駐在外蒙古科布多和巴里坤（新疆巴里坤）的兩個兵團，直接攻擊天山北路準噶爾汗國本土，使它不能向西藏增援。東路軍總司令（定西將軍）噶爾弼則由打箭爐（四川康定）西進，北路軍總司令（平逆將軍）延信，由西寧（青海西寧）穿過唐古拉山（今青海與西藏分界）南下。大策零戰敗，不得不放棄佔領了四年的別人的國土，由原道向國內撤退，但他們已沒有來時候旺盛的士氣，沿途死傷相繼，生還到伊犁（新疆伊寧）的不到一半。

中國遠征軍進入拉薩，撤銷一切國王和一切可汗的稱號，又撤銷土伯特國號，改稱西藏。任命故拉藏汗的一位僚屬康濟乃，當前藏最高執政官（固山貝子，噶布倫），另一位僚屬頗羅乃，當後藏最高執政官（台吉，噶布倫）。把喀木（四川省西部及西藏東部）巴塘（四川巴塘）以東，劃給四川省。

面積一百六十萬方公里的西藏——包括藏、衛、康，併入中國。

三、中西部疆土的擴張——青海

西藏併入中國後，青海起而反抗中國。青海本是土伯特王國四個地區之一，但它在上世紀（十七）初葉，就被蒙古人的和碩特部侵入，所以在青海廣大的高原上，蒙古民族跟西藏民族同樣的多。不過他們都是信奉同一喇嘛的虔誠教徒，因此蒙藏之間的感情，十分融洽。固始和碩特汗國最偉大的領袖固始汗，進入青海後，很快的就征服了全部土伯特王國。固始汗的後裔分爲兩支，一支在前藏，一支在青海。在前藏的一支，因拉藏汗被殺而結束。在青海的一支，由他的兒子鄂齊圖汗繼承，於上世紀（十七）被突厥族的噶爾丹可汗擊敗併呑。噶爾丹敗亡後，青海脫離準噶爾汗國的控制，成爲無政府狀態，各個部落獨立爲政，亂糟糟的群龍無首。中國政府遂找到固始汗的另一個兒子札什巴圖，封他爲藩王，作青海各部落的領袖，以對抗西方準噶爾汗國的壓力。

札什巴圖逝世後，王位由他的兒子羅卜藏丹津繼承。本世紀（十八）二〇年代中國進攻西藏時，羅卜藏丹津也率領他的蒙古兵團從征。這一次遠行，使他看到和碩特汗國昔日的光榮，激起他萬丈豪情，決心恢復祖父固始汗轟轟烈烈的霸業。於是他轉而把朋友中國當作仇敵，而把仇敵準噶爾汗國當作朋友。

西藏併入中國後的第三年（一七二三），羅卜藏丹津號召青海的蒙古人各部落酋長，取消中國清政府所封的「王爵」「公爵」的稱號，脫離中國的宗主關係。大多數蒙古部落和喇嘛教的重要寺院，都起而響應。清政府派駐在西寧城負責處理邊疆事務的副部長（侍郎）常壽，被羅卜藏丹津誘到大營中囚禁，集結兵力二十餘萬人，進攻西寧。雖然沒有把西寧攻下，但中國通往西藏的道路卻被切斷，沿邊震動。

——羅卜藏丹津實在沒有跟中國決裂的必要，事實上青海始終是獨立的。中國除了把「可汗」「酋長」稱謂改為「王」「公」外，從不干涉他們的內政。準噶爾汗國並不比中國好，它曾征服過青海，消滅過和碩特汗國，把蒙古人和西藏人置於統治之下。至少它不可能幫助羅卜藏丹津奪取西藏，它如果有這種力量，它自己會奪取。羅卜藏丹津沒有考慮到這些，也許考慮到了而認為並不如此。

中國的反應強烈而迅速，清政府任命年羹堯當總司令（撫遠大將軍），岳鍾琪當副總司令兼前敵總指揮（襄贊軍務，奮威將軍）。次年（一七二四）二月，岳鍾琪率五千人的騎兵，發動突襲。從西寧城向西急行軍十二日，於第十三日的黎明，在荒原上捕捉到羅卜藏丹津的主力。羅卜藏丹津的部隊從夢中驚醒，但戰馬都沒有備鞍，無法迎戰，霎時間全軍崩潰，四散逃命，羅卜藏丹津急換上女人的衣服溜掉，投奔準噶爾汗國。

岳鍾琪窮追不捨，每天奔馳一百五十公里，兩天後，追到一個稱為桑駱海（青海省西南角）的地方，只見紅柳蔽天，渺無人跡，才帶着他的俘虜，包括羅卜藏丹津的母親在內，凱旋而回。岳鍾琪自出發到大獲全勝，只用了十五天時間，就把面積約六十萬方公里的青海土地，完全征服，納入中國版圖。這是中國戰史上最有名的一役，跟大策零突襲西藏之役媲美。

四、準噶爾的覆亡與種族屠滅

我們可以察覺到一個現象，無論在外蒙古、西藏、青海，中國處處都遇到準噶爾汗國的強大力量。準噶爾汗國迫不及待的向外侵略，心情急躁而手段激烈，但他們恰恰遇到第三個黃金時代的中國，所以每一次都引起中國激烈的回報，不斷從他們口中奪出已吞下咽喉的大片領土。

準噶爾汗國一連串大有作爲的君主，對這種挫敗，有無限的憤怒，遂使中、準兩國邊界地帶的衝突，沒有寧日。中國顯然沒有力量摧毀他們，所以只是一味盼望和平共存，相安無事。在征服青海之後，就向準噶爾汗國建議重新劃定邊界。爲了表示誠意，淸政府特地把駐屯在哈密（新疆哈密）和科布多（蒙古科布多）的兩個兵團撤回。但策妄阿拉布坦可汗對和解沒有興趣，他仍希望至少取得西藏，談判沒有成功。二〇年代一七二七年，策妄阿拉布坦逝世，兒子策零嗣位，他比他父親更有才幹和雄心，當中國要求把和碩特汗國流亡可汗羅卜藏丹津交出來時，策零拒絕，並且用一種在中國皇帝看來十分不禮貌的語句，通知中國皇帝胤禛（玄燁大帝的兒子）說，他父親策妄阿拉布坦已經升天成佛，他自己的責任是使喇嘛教弘揚於世界，世界人類都因他而獲得安寧。這些話使他顯得比胤禛還要偉大，胤禛大爲光火。

二〇年代最後一年一七二九年，胤禛組成遠征軍，任命傅爾丹當總司令（靖邊大將軍），岳鍾琪當副總司令（寧遠大將軍）。三〇年代第一年一七三〇年，傅爾丹興築科布多城堡，作為永久性的軍事基地。第二年（一七三一），他得到非常生動的情報說，準噶爾汗國發生內亂，羅卜藏丹津率領他的殘餘部下打算投奔中國，被策零可汗發覺，發生戰鬥。傅爾丹大喜，即發動攻擊。可是，他的前鋒四千人挺進到科布多西方二百公里和通淖爾時，忽然胡笳四起，伏兵殺出，傅爾丹親率主力前往救援，於是連主力也陷進重圍。結果全軍覆沒，僅傅爾丹跟他的少數侍衛，狼狽逃回。岳鍾琪在烏魯木齊迅速發動進攻，已不能發生牽制的作用。策零可汗命他的得力將領大策零、小策零，乘勝向東推進，深入外蒙古腹地，幸而被外蒙古土謝圖汗部所屬的三音諾顏部（牙帳在今蒙古海爾汗杜蘭城）酋長策凌郡王擊滅（策零、策凌、大策零、小策零，使人混淆不清，大概那時候漠北部落很流行這種發音的名字）。清政府立即把策凌郡王擢升為親王，命他的三音諾顏部脫離土謝圖汗部，成為獨立的一汗部。本來只有三個汗部的外蒙古，到現在分成了四個汗部，而喀爾喀部的總名詞也被外蒙古取而代之。明年（一七三二），策零可汗再度攻入外蒙古，策凌親王率三萬蒙古兵團迎戰，策零可汗大敗，策凌親王追擊到光顯寺（額爾德尼召，即哈爾和林——蒙古帝國的古都和林）附近，切斷準噶爾兵團的退路，血戰兩天，準噶爾兵團崩潰，一半戰死，一半被擠到水裏淹死，策零可汗只跟少數衛士突出重圍。

中國遠征軍和通淖爾之敗，由於胤禛對岳鍾琪以十五天的時間征服青海的印象太深刻了，認為準噶爾汗國也是那樣脆弱。而他任用的滿洲人總司令傅爾丹，卻是一個庸才，對敵人毫無所知，所以才陷入極其幼稚的誘敵之計，雖然有光顯寺的大捷，也只能穩定情勢，不能恢復戰力。但對準噶爾汗國而言，光顯寺戰役卻是一個意外沉重的創傷，從此再沒有力量進攻。這時候策零可汗提議和解了，胤禎也放棄強硬立場，表示接受。三〇年代一七三四年，胤禎派部長級官員（尙書）傅鼐，前往準噶爾汗國首都伊犁（新疆伊寧），跟準噶爾劃定疆界，以阿爾泰山爲界碑，互相通商，中國並允許準噶爾可汗可以隨時前往西藏朝拜達賴（煎茶）。

這是中、準兩國間唯一的一次和解，維持二十五年。

在不能消滅對方的情形下，長期戰爭會使自己血枯力竭而死，和解是明智的。但和解建立在雙方同等強大的基礎上，一旦一方過度衰弱，尤其沒有第三者的力量平衡時，和解就會化爲烏有。準噶爾汗國在和解後不久，便發生內亂。四〇年代一七四五年，策零可汗逝世。嫡子那木札爾繼位，他是準噶爾汗國第一位暴君，五〇年代一七五〇年，當他要殺他的庶兄達札爾時，達札爾反而把他殺掉，自己坐上寶座。可是達札爾更糟，一七五四年，他又被貴族大策零（奇襲西藏的那位名將）的孫兒達瓦齊殺掉，由達瓦齊繼位可汗。不過達瓦齊還不如達札爾，他剛掌握大權就翻臉要殺幫助他取得大權的好友阿睦爾撒納。阿睦爾撒納是四衛拉特之一的輝特部（蒙古西北角）的酋長，他遂逃到中國。

中國皇帝弘曆（胤禎的兒子）親自接見阿睦爾撒納，用蒙古話交談，封他爲王爵，又送給他駿馬之類的名貴禮物，又請他參加在熱河原野（河北省最北部）舉行的狩獵，用盛大的場面歡迎他。大臣們對弘曆如此優待一個流亡政客，大大的不以爲然，但不久就發現其中原因，簡單的很，中國跟準噶爾汗國衝突八十餘年，而中國對準噶爾汗國內部，無論政治情勢和地理環境，都不了解，所以始終束手無策，如今平空得到嚮導，當然喜出望外。

阿睦爾撒納投降的明年（一七五五），清政府叛盟，兩路大軍同時向準噶爾汗國進攻。北路軍總司令（定北將軍）班第，副總司令（定邊左將軍）阿睦爾撒納，由外蒙古烏里雅蘇台出發。西路軍總司令（定西將軍）永常，副總司令（定邊右將軍）薩拉爾，由巴里坤（新疆巴里坤）出發。準噶爾汗國經過十餘年的自相殘殺，人心早已離散，加上阿睦爾撒納號召他們不要抵抗，所以準噶爾軍隊紛紛放下武器，人民夾道歡迎。中國兩路大軍沒有經過戰鬥，就輕易的佔領了首都伊犁（新疆伊寧），達瓦齊跟逃亡了三十一年之久的羅卜藏丹津，一同被俘。

一直到這時候，中國並沒有併呑準噶爾汗國的意思，只是想分而治之，使它的力量削弱，不再侵略中國。所以清政府下令恢復上世紀（十七）四衛拉特的原狀，使他們仍保持四個獨立的部落，互不統屬，個別的作爲中國的外藩，像外蒙古合併前的喀爾喀分爲三個獨立的部一樣。於是皇帝弘曆一口氣加封了四部的四個可汗，並邀請這批新貴到遙遠的東方熱河（河北承德），由弘曆接見，參加盛大的宴會。

對阿睦爾撒納，清政府加封他爲雙親王，以酬庸他的貢獻。但阿睦爾撒納有他更大的野心，他引導中國軍隊顚覆他祖國的目的，只在借刀殺人，借中國的刀殺他的政敵。他並不希望祖國分裂，所以他堅持仍維持汗國的體制，而由他當可汗。他這種想法跟中國的基本政策恰恰相反，清政府當然不能接受。阿睦爾撒納在大失所望後，決心叛離中國，他了解中國在這次遠征中所以迅速成功，有賴於他政治號召的力量，他估計這力量足可以把中國驅逐出境。於是，在佔領伊犁（新疆伊寧）的明年（一七五六），阿睦爾撒納宣佈獨立，那些剛接受清政府加封的四部可汗，也加入這個新興汗國的行列。中國遠征軍果然一敗再敗，準噶爾汗國的土地幾乎全部光復。這使皇帝弘曆大失面子，認為準噶爾人是不能用仁義感化的野蠻民族，必須嚴厲懲罰。

第二年（一七五七），弘曆重新組成遠征軍，北路蒙古兵團由蒙古人成袞札布當總司令（定邊左副將軍），西路滿洲兵團由滿洲人兆惠當總司令（定邊右副將軍），發動夾攻，恰恰這時候可怕的惡運抓了準噶爾，天花忽然流行，準噶爾戰士相繼死亡，軍隊自行瓦解。當中國遠征軍進逼伊犁（新疆伊寧）時，阿睦爾撒納束手無策，只好逃到哈薩克王國，再逃到俄國，他也染上了天花，一病而死。在中國堅決的要求下，俄國把他的屍體運到外蒙古的恰克圖城（蒙古阿勒坦布拉格），交還中國。

準噶爾汗國雖然覆亡，阿睦爾撒納雖然死掉，但反抗外國人的戰鬥沒有停止，未死於天花的準噶爾人用游擊戰作誓死不屈的抵抗，使兆惠疲於奔命。這更增加弘曆的憤怒，他下令兆惠執行他的滅種政策。屠殺開始了，滿洲兵團全面出動，無論城市鄉村，深山幽谷，沙漠水濱，每一個角落，都仔細的反覆搜查，連躲到山洞裏逃生的婦女和兒童，都被搜查出來後，立即處決，不使一個人漏網。殺到最後，恐怖氣氛達到頂點，準噶爾人精神崩潰，被搜查出來後渾身發抖，像羔羊一樣，不但不再反抗，反而一個個毫無聲音的低頭受刀。當準噶爾汗國強盛時，人口有六十餘萬，現在逃到哈薩克王國的約十餘萬人，留下的五十餘萬人中，約二十萬人死於天花，三十萬人被殺。準噶爾人從此在他們的故土上消失，只剩下一個地理名詞準噶爾盆地，和橫亙在中、俄兩國邊界上的準噶爾門（新疆博樂東北阿拉山口）要塞，供後人垂淚憑弔。

——一個人或一個小團體，爲了尊嚴的理由，寧可玉破，不爲瓦全，他們所作的壯烈犧牲，應受萬世的崇敬。但一個國家或一個民族，應有智慧和勇氣接受屈辱，瓦全還有復興之日，玉碎便永無希望了。準噶爾人的遭遇，使我們驚悸。

——阿睦爾撒納是拉藏汗的孫兒，丹衷的遺腹子，母親是策妄阿拉布坦可汗的女兒。策妄阿拉布坦襲殺拉藏汗後，又斬草除根的把丹衷殺掉，而把懷有身孕的女兒另嫁給輝特部的一位酋長。民間傳說，當遺腹子阿睦爾撒納呱呱降生時，滿身鮮血，大家深信他爲復仇而來，他果然達到目的。

五、西北疆土的擴張——新疆

準噶爾汗國滅亡時的疆域，包括兩大部份，一是天山北路準噶爾盆地，一是天山南路塔里木盆地。清政府把天山北路稱爲「準部」，天山南路稱爲「回部」。

征服了天山北路的準部，並不等於控制故準噶爾汗國全國領土。天山南路的回部是上世紀（十七）被噶爾丹可汗呑併的，現在侵略者失敗，回部不願再接受外人的統治。

回部範圍即塔里木盆地的範圍，當中是那塊龐大無比的塔克拉瑪干沙漠。在沙漠西端，羅列着十數個繁榮的城市，盆地上百分之九十的人口，集中在這十數個城市之中。

這就是中國歷史上最重要的古西域故地，紀元前二世紀張騫，紀元後一世紀的班超，就在這裏威震列國。七世紀時，唐王朝的軍隊再度進入，把它歸併中國，但八世紀時卻被吐蕃王國奪去。直到本世紀（十八），整整一千年之久，跟中國隔絕。一千年裏面，這個區域發生過無數我們不知道的事件，和無數傳說不一的興亡存廢的變化。所以，當中國遠征軍征服準噶爾汗國，越過天山南下時，所面對的已不是當年古色古香的西域，而是奇異而陌生的回部風光。

回溯九世紀時，回紇汗國瓦解，部眾星散。其中一部份進入西州（新疆吐魯番），稱爲西州回紇。他們後來由西州再向西南遷移，到達航空距離一千一百公里處的疏勒王國（新疆喀什），征服了它，改名爲喀什噶爾城。不知道什麼時候開始，回紇人拋棄了原有的佛教信仰，改信從西方阿拉伯傳來的伊斯蘭敎。人們因爲伊斯蘭敎爲回紇人所信奉，所以倒果爲因的把伊斯蘭敎稱爲回敎。到了十三世紀蒙古帝國時代，又不知道什麼緣故，回紇被改稱爲維吾爾，因他們信奉回敎的緣故，人們又倒轉過來稱他們爲回回、回民、回族，稱他們所居的地區，即天山南路爲「回部」。維吾爾人跟準噶爾人一樣，同屬於突厥民族，在蒙古帝國四大階級中，屬於第二等「色目」階段，比漢人的地位要高。

同樣不知道從什麼時候起，在回部興起一位伊斯蘭教教主，稱爲和卓木，地位跟喇嘛教的達賴，天主教的教皇相似，只不過和卓木是可以結婚的，所以教主的寶座是父子相傳。準噶爾汗國策零可汗，曾於本世紀（十八）二〇年代，把第二十五代的和卓木阿哈瑪特，連同他的兩個兒子布拉呢敦、霍集占，即著名的大小和卓木，誘到伊犁（新疆伊寧），當做人質。阿哈瑪特不久逝世，兩個兒子被囚禁如初。關於和卓木的世系，我們列如左表：

十八世紀	廿四代		
	廿五代	阿哈瑪特	
	廿六代	大和卓木布拉呢敦（一七五九）	小和卓木霍集占（一七五九）
	廿七代	薩木克	
十九世紀	廿八代	張格爾（一八二〇）	玉素普（一八三〇）
		七和卓木之一加他漢（一八四七）	

五〇年代一七五五年，中國遠征軍進入伊犁，把大和卓木送回他的故都葉爾羌（新疆莎車），但仍留下小和卓木幫助處理天山北路維吾爾人的事務。明年（一七五六），阿睦爾撒

納叛變，小和卓木也乘機逃回葉爾羌。又明年（一七五七），阿睦爾撒納失敗。中國遠征軍派遣使節到葉爾羌，要求接受中國的統治。大和卓木同意，但小和卓木反對，他說：「我們如果聽從了中國，弟兄之中，勢必有一個被送到北京當人質。從父親那一代起，我們像奴隸一樣，受人擺佈，應該是停止的時候了。而且中國新佔領敵國的土地，游擊戰激烈，人心惶惶，不可能對我們派出大軍。即令派出大軍，我們固守天山險要，他們糧道遼遠，補給困難，絕不能持久。」在座的各城城主（伯克），都贊成小和卓木的意見。於是，他們宣佈建立巴圖爾汗國，跟中國對抗。

然而小和卓木的判斷完全錯誤，判斷錯誤就要付出判斷錯誤的代價。中國遠征軍強行越過天山南下，山麓一些重要城市的城主不能抵禦，紛紛投降。第二年（一七五八），滿洲兵團司令（定邊將軍）兆惠，率領他的精銳四千餘人進攻葉爾羌，在距城一公里的黑水（葉爾羌河），渡河一半時，橋樑中斷，被分爲兩截，陷於包圍。可是，和卓木兵團既沒有攻擊用的重武器巨砲，又沒有鬥志。僵持了三個月，中國援軍到達，把兆惠救回阿克蘇城。第三年（一七五九），兆惠作第二次進攻，攻陷葉爾羌，大小和卓木向中亞的浩罕王國（烏孜別克浩罕城）逃亡。經過蔥嶺巴達克山部落（阿富汗東北部）時，被巴達克山部落酋長殺掉，把人頭獻給尾追不捨的中國追兵。巴圖爾汗國只有四年壽命，就告覆亡。

現在，準噶爾汗國全部領土，面積約一百九十萬方公里，由清政府改稱爲新疆，即新開闢的疆土——事實上是新收復的疆土之意，併入中國版圖。

六、清政府的民族政策

新疆合併後，中國的領土膨脹停止，但已是一個擁有一千三百餘萬方公里的龐大的超級強國。在世界歷史上，面積僅小於蒙古帝國，但比蒙古帝國屬下的元帝國，要大兩倍。兩個世紀以來領土膨脹情形，用左表說明：

世紀	年代	年份	地區	面積（方公里）	註
			中國本部	三・五三〇・〇〇〇	前三世紀秦王朝奠定中國基本疆域三百萬方公里，前二世紀西漢王朝開拓河西走廊二十萬方公里，第十三世紀元王朝開拓雲貴高原三十三萬方公里。
上世紀（十七）	三〇	一六三五	內蒙古	一・〇〇〇・〇〇〇	
	四〇	一六四四	東北	二・四八〇・〇〇〇	
	八〇	一六八三	台灣	三六・〇〇〇	
	九〇	一六九七	外蒙古	一・八〇〇・〇〇〇	

本世紀（十八）			
二〇	一七二〇	西藏	一·六〇〇·〇〇〇
	一七二四	青海	六六〇·〇〇〇
五〇	一七五九	新疆	一·九〇〇·〇〇〇
總計			一三·〇〇六·〇〇〇

從表上可以看出清政府對中國的貢獻是如何巨大和重要，他們爲中國開拓的疆土，較他們上世紀（十七）四〇年代從明政府繼承下來的領土，要大四倍，我們再用左表列出統計數字：

總計（方公里）	分計（方公里）	
一三·〇〇六·〇〇〇	明政府原有	三·五三〇·〇〇〇
	清政府擴張	九·四七六·〇〇〇

清政府並不是爲漢人開疆拓土，他們純是爲滿洲人擴張，不過後來不得不傳遞到漢人之手。而且他們入關之後，堅持自己也是中國人——滿洲裔的中國人，跟漢裔的中國人，完全

相同，所以他們理直氣壯的以中國主人自居，東搶西霸，廣置田宅。對其他的各民族，站在滿洲人的立場，釐定他們的民族政策。

對滿洲人　清政府採取兩項措施，一是堅決的保持滿洲故土（東北）作爲滿洲人獨佔地區，不准漢人出關（山海關）移墾，準備萬一演出被驅逐的結局時，滿洲人可以跟當年的蒙古人一樣，能夠退回老巢。二是每一個滿洲男孩誕生，立刻就有一份戰士的薪餉，目的在使滿洲人全民皆兵，專心從事戰鬥訓練，不爲外事分心。因爲滿洲人太少，本世紀（十八）不過四百餘萬，而漢人已有二億八千四百餘萬，滿洲人認爲必須這樣，才能勝任對漢人和其他民族的控制。

——結果是，一、東北地廣人稀，田地大部份荒蕪，在東北的滿洲人遂私下歡迎貧苦的漢人出關爲他們耕種，在嚴密的禁令下，漢人仍不斷增加。二、滿洲人不需要有任何努力就有一份薪餉，使他們的生活墮落，他們的時間並沒有用在戰鬥訓練上，反而用在聲色犬馬上，成爲滿洲人腐爛的根源。

對漢人　清政府完全效法明政府的手段，繼續用科舉作爲武器，使中華民族中所有知識份子比從前更嚴重的醬在獨佔性的儒家系統，和僵硬的八股文之中。同時對漢人傳統的中華民族本位主義，予以打擊，強迫中華民族接受多元觀念，承認滿洲人並非夷狄，同樣也是中國人，而且是中國的主人。

對蒙古人　清政府利用他們的戰鬥力，而根絕他們的智慧和知識，也就是徹底的愚民政策。除了阻止蒙古人接受教育，和阻撓蒙古人中華化外，還誘使蒙古統治階層「王」「公」之流生活靡爛，跟人民形成尖銳的對立，使他們不能追求更高的理想，而且也根本不知道有更高的理想。

對西藏人　清政府尊重他們信奉的喇嘛教，而禁止他們從事政治活動。事實上西藏人在喇嘛教的泥沼中，也沒有餘力去過問政治。清政府用隆重的禮節對待達賴和班禪，鼓勵西藏人出家當喇嘛，賦給喇嘛精神上的尊榮和物質上的利益，喇嘛是不准結婚的，在清政府的鼓舞下，本已日漸減少的西藏人，更加速減少。喇嘛教如果繼續不變的話，西藏人會走入自然滅種的結局。

對維吾爾人　清政府看他們比蒙古人西藏人，要低一級，連謀略性的優待都沒有，反而有相當難堪的迫害。滿洲官員虐待蒙古人、西藏人的事件不多，而虐待維吾爾人，以致激起民變的事件，卻層出不窮。而且把新疆看成東北第二，作爲滿洲人發展的專用土地，阻止漢人前往移民，早已移民過去的一些漢人，本來跟維吾爾人相處的十分融洽，清政府下令漢人必須單獨居住，不准跟維吾爾雜居。於是每一個城市都分裂爲二，漢人集中漢城，維吾爾人集中回城，絕對不許通婚，平時也不准有友誼上的交往，呈現一種人爲的畸形社會形態，目的只是爲了防止維吾爾人跟漢人結合。

這種情形，在行政區域劃分和地方政府的組織上，明顯的表現出來。中國本土被劃分爲十八個省，簡稱爲「本部十八省」，以漢人爲主，仍維持明王朝遺留下來的社會和政治結構。省長稱「巡撫」，兩省或三省（有時候也有一省）設立一個大軍區，大軍區司令官稱「總督」——也可以稱爲太上省長。這些地方政府的高級官員，當然全由滿洲人擔任。直到下世紀（十九）中期之後，滿洲人無力控制全局，才不得很不情願的任用漢人。

東北是滿洲人辮子王朝的發祥地，設立了三個「將軍」，一個駐盛京（遼寧瀋陽），稱盛京將軍。一個駐吉林（今吉林省吉林市），稱吉林將軍。一個駐齊齊哈爾，稱黑龍江將軍。他們辦公的官署，稱將軍衙門。但他們的轄區卻沒有名目，既不稱省，也不稱特別區。人們迫於需要，只好稱它爲省，而把全部滿洲故土，稱爲東三省，但事實上並沒有省，直到二十世紀〇〇年代，才由清政府改稱爲省。滿洲人的政治思想仍十分簡陋，只有部落（八旗）觀念，還沒有行政地區觀念。將軍事實上是總督兼省長，主要任務是維持治安，和防止漢人移民。

內蒙古，則設立三個官階比「將軍」次一級的「都統」，只管軍事。一個駐承德，稱熱河都統。一個駐張家口，稱察哈爾都統。一個駐綏遠城（內蒙呼和浩特），稱綏遠都統。主要任務在鎭壓蒙古人叛變和防止漢人移民。內蒙古人民則自己有自己的盟長（地區首長）、旗長（縣長），享有比漢人稍高的自治權力。

青海，設西寧將軍。西寧城在行政上屬於中國本部十八省之一的甘肅省，但駐在西寧城的滿洲人將軍，卻是青海地區的首長，地位跟東三省的將軍一樣。他統治下的有漢人、蒙古人、藏人，情況比內蒙古複雜。

外蒙古和西藏，在每一個地區的首府，設一個「辦事大臣」，駐外蒙古庫倫（烏蘭巴托）的稱庫倫辦事大臣，駐西藏拉薩的稱西藏辦事大臣。他們在性質上類似總督，但兼辦對外國的交涉。在外蒙古境內，與庫倫辦事大臣並置的，又有烏里雅蘇台將軍，職掌跟設於東北、青海的將軍相同。外蒙古人民和西藏人民享受的是更高度的自治，他們不直接的隸屬於辦事大臣，而仍然直接的隸屬於他們原來的首長，獨立王國的形式繼續存在，辦事大臣只不過清王朝皇帝的代表。

新疆，在它的首府伊犁（新疆伊寧，準噶爾汗國的故都），設伊犁將軍，跟東北、青海各將軍性質相同。另外在喀什噶爾（新疆喀什），設一個參贊大臣，負責天山南路維吾爾人和漢人間的事務。

七、朝鮮・琉球・安南

跟疆土開拓同時進展的，是藩屬關係的加強。藩屬，用現代話來說，就是被保護國。疆土的開拓是征服其他土地使成爲中國不可分的一部份。藩屬則仍是獨立國家，但向中國稱臣進貢，承認中國皇帝也是他們的皇帝，表示對中國尊敬服從，中國則允許他們跟中國貿易。中國不干涉他們的內政，但有權處罰和獎勵他們的國王，因爲他們的國王必須經過中國的加封之後，才算合法。藩屬國王也以被中國加封爲一種光榮和保障，他用此向懷有敵意的鄰邦顯示，他已獲得一個龐然大物當他的靠山。

——藩屬國的元首只能稱國王或可汗，不能稱皇帝。一旦稱皇帝，就等於脫離藩屬地位，跟中國平等。在中國看來，世界上只有一個皇帝，如果有兩個皇帝同時出現，就等於天上有兩個太陽，非拚個死活不可。所以有些藩屬，雖然已稱皇帝，但為了取得中國的保護，對中國仍謙卑的只稱國王。像以東京（越南河內）為首都的大越帝國皇帝，他對中國只稱中國所封的安南國王。

朝鮮王國是中國最古老的藩屬之一，世界上再沒有兩個國家能像中國跟朝鮮這麼長期的密切融洽。中國為保護朝鮮所付出的代價，超過一個父母對兒女所付出的。過去的事我們已敍述過，到了下世紀（十九），中國又為他作出第二次更大的流血犧牲。

另一個同樣古老的藩屬琉球王國，在十四世紀時，原是三個小國。十五世紀初葉，被其中之一最強大的國王尚巴志所統一，遂即派遣使節，遠涉大海，向中國進貢，請求中國保護。它的首都名中山城，因之中國就封尚巴志為中山王。不過日本人的勢力，因地理上更接近的緣故，不久也深入琉球各島。每逢中國使節到琉球時，國王總是下令，命日本人先行躲避起來，在天朝大臣停留在國內期間，禁止人民說日本話，並塗去街市上的日文廣告。

第三個古老的藩屬，是前面曾提到的對外稱大越帝國的安南王國。安南第一任國王黎利，於十五世紀脫離中國獨立，效法中國對首都稱「京」的習慣，把交趾城（河內）改稱東京，建立大越帝國，但仍尊奉中國為宗主國。黎氏王朝的政權後來落到大臣鄭氏家族之手。鄭氏所屬的將領之一的阮氏家族，起而反抗鄭氏上欺國王下壓群臣的作風，在南方的順化城，宣佈獨立，另行建立一個廣南王國，跟北方的鄭氏家族專權的大越帝國對峙，國土從當中分割爲二。

本世紀（十八）七〇年代，另一個阮姓家族崛起，稱爲西山黨，他們的領袖阮文岳，於一七七三年攻陷順化，把舊王殺掉，而自稱是廣南國王。舊王的弟弟阮福映逃了出來，他就是越南歷史上有名的嘉隆王。他逃到暹羅（泰國），又逃到富國島，日夜圖謀奪回政權。

西山黨既征服了廣南王國，新王阮文岳派他的弟弟阮光平北伐。本世紀（十八）八〇年代，阮光平攻陷東京（河內），廢掉皇帝黎維祁，自己坐上金鑾殿。黎維祁逃到北京，向宗主國求救。中國決定出兵，一七八八年，中國遠征軍總司令（兩廣總督）孫士毅，率領大軍護送黎維祁回國，擊潰阮光平的抵抗，進入東京（河內），黎維祁復位。於是孫士毅洋洋得意，認爲他的神機妙算超人一等，不再採取戒備措施。次年（一七八九）元旦，正當他大擺酒席，慶祝新年時，阮光平發動突擊，遠征軍潰敗，數千人被殺，黎維祁和孫士毅狼狽逃回中國。

但阮光平深知橫挑強鄰的結果是什麼，他預防中國採取長期的報復手段，就派遣使節到北京匍匐請罪。恰好中國當時的皇帝弘曆是一個虛榮心很強的人物，對阮光平的恭順態度，大爲歡喜。明年（一七九〇），弘曆八十歲生日，阮光平又親自到北京恭祝壽誕，弘曆就把黎維祁拋到腦後，而封阮光平當安南國王。

——但事情並沒有結束，西山黨的好景不常。逃亡中的嘉隆王阮福映，靠外交手段，得到侵入東方的法國強大軍力援助，於本世紀（十八）九〇年代反攻，一連攻陷順化和東京（河內），阮姓政權的西山黨瓦解，阮福映統一全國。下世紀（十九）〇〇年代一八〇二年，阮福映向中國報告復國經過，請求加封。凡是政治都是現實的，中國又把阮光平拋到腦後。一八〇四年，加封阮福映爲越南國王，即大越與廣南的合稱。從此安南改稱越南。

八、緬甸・尼泊爾・暹羅

緬甸是中國南方的緊鄰，但因萬山重疊，兩國的交往很晚。本世紀（十八）五〇年代，緬甸國王雍籍牙在給中國皇帝的報告上說，第一世紀九〇年代時，他的祖先雍田，曾被中國當時東漢政府第四任皇帝劉肇，封爲緬甸國王（當時稱爲撣國），還賜給一顆金印。不過中國史學家對此不敢肯定，因爲史籍上查不出這個記載，除非眞有金印作證。

緬甸跟中國發生關係，似乎開始於十三世紀，位於雲南的大理帝國消滅，雲南地區隨着蒙古帝國的擴張，而併於它子國之一的元帝國，緬甸才跟中國接壤。上世紀（十七）六〇年代，緬甸把請求政治庇護的中國明政府最後一位皇帝朱由榔，交給清政府。這件事情發生後，中、緬兩國的邦交，並沒有加強，甚至並沒有繼續。因爲緬甸不斷的內亂，中國也正全力在北方開疆拓土。

經過九十年的疏遠，本世紀（十八）五〇年代，緬甸名王雍籍牙在位，跟中國恢復邦交。他逝世後，兒子孟駁繼位，進攻東鄰的暹羅王國（泰國），把暹羅併入版圖。

緬甸勢力膨脹，使它不斷干涉中、緬兩國之間屬於中國的一些部落，這些部落向中國清政府乞援，清政府已十分不高興。但按下戰爭電鈕的人物，卻是清政府的一位贓官雲南總督吳達善，他向請求歸附的桂家部落（據說他們是跟隨朱由榔流亡到緬甸的群臣們的後裔）酋長宮裏雁，索取重賄，其中一件是珍珠馬鞍，宮裏雁無力奉獻，吳達善就把他逮捕入獄害死。宮裏雁的緬甸籍妻子囊古，爲丈夫報仇，向緬甸國王孟駁游說，緬甸遂在這位奇女子引導下，向中國沿邊發動不斷的攻擊劫掠。

中國政府改派明瑞出任雲南總督，於六〇年代一七六七年，率軍攻入緬甸，企圖奪取它的首都瓦城（曼德勒）。可是進入緬甸境後，在一個名叫象孔的地方，陷入緬軍的埋伏，全軍覆沒。中國政府再派第二次遠征軍，由傅恆當總司令（經略），於六〇年代最後一年（一七六九），再度深入。可是熱帶森林地區所特有的瘴氣——空氣汚染和瘧疾，無法克服，將領和戰士們相繼染病死亡，軍心恐懼，在中途停頓，不敢前進。恰恰這時候，緬甸政府得到消息說，暹羅王國故土上的中國僑民鄭昭，集結了武裝部隊，正攻擊緬甸的佔領軍。緬甸不願兩面作戰，就向中國請求和解，承認作中國的藩屬。遠在北京的弘曆皇帝，正在進退維谷，也樂得就此結束。但緬甸的態度十分強硬，當中國遠征軍代表跟緬甸軍司令眇旺模談判，中國要求緬甸歸還所侵佔的木邦（緬甸臘戌以北一帶）等三個部落的土地時，眇旺模左顧右盼，沒有聽完就掉頭而去，遠征軍代表只好瞪着眼睛回來。

緬甸當時的目的只求停戰，並不是眞心的低頭，所以當中國退軍之後，兩國敵對如故。

一直到了十八年後，一個曾經當過和尚，跟前任王室沒有關係的國王孟雲即位，他爲了取得大國的支持。於八〇年代一七八八年主動向中國進貢。中國政府於九〇年代一七九〇年，加封孟雲爲緬甸國王，才正式確定宗主國和藩屬國的關係。

跟緬甸同樣情形的，還有尼泊爾王國。

緬甸開始向中國進貢的那一年，也正是中國護送大越皇帝黎維祁返回東京（河內）復位的那一年——一七八八。就在這一年，遙遠的喜瑪拉雅山南麓的小國尼泊爾，突然向比它大一百倍的龐大的中國進攻。尼泊爾王國爲什麼如此，傳說不一，可信的一個傳說是，後藏喇嘛教領袖班禪的一個部屬丹津班珠丹，因爲受到不公平的酷刑（臉上被刺字），逃到尼泊爾。這時正當班禪積欠尼泊爾太多的貿易借款，一直不肯償還。尼泊爾早已憤怒，得到丹津班珠丹作嚮導，遂採取強硬手段。清政府一面派四川兵團入藏應戰，一面派藩屬事務部副部長（理藩院侍郎）巴忠，代表皇帝，擔任監軍。不知道什麼原因，巴忠竟做出一件使人連做夢都夢不到的荒唐怪事，他是由青海那條大道直接到拉薩的，不等四川兵團抵達，就先行跟尼泊爾代表談判，承諾每年付給尼泊爾一萬五千兩贈款，換得尼泊爾撤軍。但巴忠卻向皇帝弘曆報告說，尼泊爾已被他巧妙的辯才和義正詞嚴的立場所折服，自動退出中國國境。對於每年一萬五千兩的贈款，隻字不提，而只祕密通知達賴，請達賴按時送去。誰知道達賴一口拒絕，尼泊爾當然不肯甘心。九〇年代一七九一年，再度進攻，攻陷日喀則，班禪逃到拉薩。尼泊爾軍隊把班禪宮中所有的珍寶和日喀則民間的財物，搶劫一空。

——巴忠聽見尼泊爾索取贈款的消息，就跳井自殺。我們無法了解，天下竟有這種渾人，他怎麼會想到他可以對如此重大的國際交涉，能夠一手掩蓋。

中國遠征軍於次年（一七九二）抵達西藏，尼泊爾軍隊敗走。遠征軍尾追，越過喜瑪拉雅山聶拉木山口，進入尼泊爾國境。尼泊爾軍再敗走，遠征軍隊進攻它的首都陽布（加德滿都），旦夕可下。司令官（大將軍）福康安，這位被譽為皇帝弘曆手下第一名將，對自己的用兵如神，大為滿意，他自比為三國演義上的諸葛亮，手拿羽毛扇（這是諸葛亮的標幟），坐在四人抬的轎子上（效法諸葛亮的四輪車），一副戲台上人物的模樣，從容指揮作戰。尼泊爾乘他正自命不凡，疏於戒備之際，發動猛烈反攻，遠征軍大敗，死傷慘重，福康安狼狽逃命，幾乎成了第二個帶汁諸葛亮。

然而，當福康安好容易脫離追兵，穩定局勢，恐懼尼泊爾下一個攻勢時，尼泊爾卻派遣使節到軍前請求和解，願作中國的藩屬，定期進貢。福康安喜從天降，迫不及待的立即接受尼泊爾的請求，撤軍回國。事後才知道，並不是尼泊爾突然發作了神經病，而是另有原因，它曾向鄰近的駐在印度東部加爾各答的英國軍隊求救，英國那時還不願跟中國結怨，以免妨礙通商，而尼泊爾政府的另一個敵人披楞部落，正在南方國境發動攻擊。尼泊爾政府不願受到前後夾擊，而尤其恐懼中國的遠征軍會源源而來，沒有個完。

——尼泊爾當了中國的保護國之後，就發現了好處，成為中國最後喪失的藩屬，直到二十世紀初葉，還向中國進貢不輟。

不和中國土地相接的藩屬，除了琉球王國外，還有暹羅王國。現代暹羅——二十世紀時改稱泰國，它的開國國王鄭昭，是中國廣東省澄海縣人，驅逐緬甸佔領軍後，他立即派遣使節到北京，請求中國加封。可是當使節還在中途時，發生政變，鄭昭被他最親信的暹羅籍的部將卻克里所殺。卻克里顯然恐懼中國對鄭昭之死發生反應，於是改名鄭華，堅稱是鄭昭的兒子。於八〇年代一七八六年，再派遣使節前往北京，陳述他繼承王位的合法性。中國不知道內情，當然加封他爲暹羅國王。

暹羅和琉球都是沒有經過不愉快的戰爭場面而歸附的藩屬，暹羅跟中國的密切關係，遠超過緬甸和尼泊爾。舉一個例子可作說明，當本世紀（十八）最後一年（一七九九），中國太上皇弘曆逝世時，正在北京進貢朝見的兩位使節，一位是朝鮮使節，另一位就是暹羅使節，他們適時的代表他們的國王，爲皇帝服喪。

——卻克里對中國雖堅稱是鄭昭的兒子，但對他的臣民因無法隱瞞眞相的緣故，而自稱爲拉瑪一世，並解釋說，他並沒有叛變，乃是另外一個將領叛變，由他敉平。

九、藩屬外的進貢國

中國跟藩屬間的關係，可以分爲若干等級。

最密切的一級自然是朝鮮。中國爲了朝鮮的利益，和維護朝鮮的獨立的跟領土的完整，所付出的犧牲是可驚的。但中國對朝鮮毫無所求，戰爭一結束，軍隊即行撤退。

越南也包括在這一級之中，中國在下世紀（十九）也爲援越而對法國作戰。不過最重要的一件事還是意識形態方面，自上世紀（十七）明王朝滅亡，朝鮮和越南同時認爲滿洲人不過夷狄之輩，中國在中國故土已經消滅，滿洲人所篡奪的只是中國的軀殼，只能算是假中國。中國的靈魂，即眞中國，已轉移到朝鮮和越南的國土——朝鮮人堅持他們是正統的中國，越南人也堅持他們是正統的中國。那就是說，中國已變成了夷狄，朝鮮、越南才是中國。兩國對滿洲人的清王朝，在武力上雖然不能不低頭，但從心眼裏卻十分的瞧它不起。這種心理持續約一百餘年，直到本世紀（十八）結束時，才逐漸把清王朝跟中國合而爲一。

次一級的是琉球、暹羅。中國對這兩個國家的印象，認爲他們是那麼遙遠和那麼恭順。中國皇帝憐恤它們的遙遠，而喜悅它們的恭順，所以對於兩國幾乎是有求必應，最得實惠的還是他們的那些使節，賞賜他們也特別豐富，每次從中國回去，都滿載而歸。

第三級是緬甸、尼泊爾。這兩個國家有時候跟中國靠的很近，有時候又比較疏遠。中國對他們當然也不肯付出像對朝鮮、越南那樣的熱烈感情，只求這兩個鄰國不再在邊界製造麻煩，就很高興了。

除了上述的六個藩屬國外，中國還擁有數不清的貿易性質的進貢國。「進貢」的意義，在藩屬國來看是定期的向宗主國的一種呈獻，在中國來看是一種榮譽——這跟歐洲那種勒索或剝削性的進貢，完全不同。藩屬國最大的要件之一，就是定期的向宗主國進貢。但僅只進貢，並不一定是藩屬，中國是當時亞洲唯一的龐然大物，矗立在萬邦之中，四周相鄰的一些小國家小部落，面積人口都處於絕對的劣勢，文化物產也都顯然落後，免不了對中國巴結奉承，向中國政府呈獻該國的一些特產，諸如珠寶奇珍、奇異的動物植物，以及美女侏儒，表示他們的崇拜和友誼，希望用以釣出更大的利益。中國從紀元前十二世紀周王朝起，就習慣於這種奉承，認爲是一種天經地義、理所當然的事。爲了表示天朝大國的氣度，對進貢國的那些使節團，一向有完善的照顧。我們回溯八世紀時，那些到了中國就不肯離開的使節，累積下來竟達四千餘名之多，以致宰相李泌不得不下令驅逐，就可了解他們所受的待遇優渥到什麼程度。有些品格惡劣的使節，甚至還利用這種優待，進入中國國境後，就像強盜一樣，沿途橫暴，爲非作歹。中國政府總念及他們來自遙遠的蠻夷之邦，缺少教養，倍加原諒。所以外國進貢的使節，有時候竟成爲交通要道上的一大禍害。在進貢了之後，中國政府一定用豐富的賞賜作爲回報，價值往往超過貢物的數倍。朝鮮就不斷的對中國賞賜的綢緞過多而發出抱怨，因爲它促使朝鮮的紡織業破產，嚴重的打擊他們的農村經濟。除了豐富的賞賜，使節團在進貢的同時，必然順便（事實上卻是主要的）攜帶大批貨物，乘機做一次大買賣。所以若干國家不惜採取戰爭的壓力，以要求增加進貢的次數。

在這種情形下，向中國進貢的非藩屬國和大小部落，多不勝數，而以第七第八第九，三個世紀爲最多，當時唐政府對所有進貢的國家或部落，一律封他們的國王或可汗爲某州都督。這種州，稱爲羈縻州，唐政府既不一定知道州在什麼地方，被封爲都督的那些國王可汗，對中國文字也不認識，只不過僅是中國史學家在紙上記下的一筆而已。本世紀（十八）時，這種情形依舊，如哈薩克王國、布魯特汗國（塔吉克）、布哈爾汗國（烏孜別克布哈拉）、浩罕王國（烏孜別克浩罕）、阿富汗王國、不丹王國、哲孟雄王國（錫金）、巴克達山汗國（阿富汗東北部）、柬埔寨王國，都是進貢國家。

舉一個例子就可以說明他們進貢的性質，位於今克什米爾吉爾吉特市東北，有一個小小的坎巨提王國，它每三年向中國進貢一次，每次進貢砂金一兩五錢（它的價值相當於一個人兩星期的伙食費用），並不送到北京（那太遠了），而由新疆省地方政府代表接受，回報他們的是綢緞、銀幣，和茶葉。假使世界上有一種一本萬利的交易，那就莫過於向中國進貢了。這並不是中國呆如木瓜，而是一種榮譽心和類似父母或長兄、長姊，那種天下共主責任感的綜合反應，即永不願使依靠中國的友邦失望。

——外國人不會了解這種恢宏的心胸。下世紀（十九），中國為朝鮮、為越南而跟新興的帝國主義者作戰，以致受到嚴重的挫折，割地賠償。外國人便嘲笑中國人莫名其妙，竟為了一個宗主國的虛名，而接受實質的災難。但這正是中國文化中反抗強權、扶危濟困的主要精神。

一〇、華僑

除了疆土的開拓，和藩屬國進貢的增多，中國人也大量向海外移民。

中華人移殖朝鮮，以及經過朝鮮進入日本，早在紀元前就開始了。但大規模移向東南亞

——包括菲律賓群島、印尼群島、印度中國半島、馬來半島，可能遲至第七世紀才開始。到十五世紀鄭和下西洋時，才迅速增加。然而，中華人向外發展，不但不能像歐洲人那樣，受到政府的支持保護，恰恰相反的，反而受到嚴厲的禁止。儒家思想是保守而尊祖的，對於爲了追求財富而拋棄祖先墳墓，離開父母之國，遠赴蠻夷番邦的人，十分痛恨。因而稱他們是海賊奸民，用法律和監獄取締他們，在這種情形下，華僑在海外遂成爲被遺棄的可憐孤兒。可是中國沿海一帶，人口稠密而土地貧瘠，東南亞卻地廣人稀，而且屬於熱帶氣候，謀生比較容易。沿海人民遂用逃避或賄賂的方法，躲過官員們的干涉，大批向海外湧出，這些貧苦無依的亡命之徒，以做小生意開始，不久就在蠻荒的各地，建立家園，跟土著人民，相處得十分親密。

十六世紀之後，歐洲人向東侵略。西班牙最先佔領菲律賓（一五四二）。十七世紀時，荷蘭繼又佔領爪哇（一六一九）。這批帝國主義者以主人自居，對中國人採取壓迫政策。華僑不能忍受時，起而反抗，因爲沒有國家力量作後盾的緣故——不但不作後盾，明、清王朝政府，還希望外國人早一點把中國逃到那裏的海賊奸民剷除。所以華僑每一次反抗，都受到慘重的打擊。像西班牙，曾在菲律賓對中國人作過三次充滿了原始獸性的大屠殺，每次都使用滅絕種族的手段：

一、十七世紀〇〇年代一六〇三年（明王朝酒肉皇帝朱翊鈞在位，正行斷頭政治），菲律賓華僑二萬餘人，被西班牙屠殺。

二、十七世紀三〇年代一六三九年（清軍攻明王朝，第五次入塞），菲律賓自第一次屠殺後，三十餘年間，中華移民陸續增加到三萬二千人。西班牙又作第二次屠殺，死兩萬餘人，僅一萬餘人得以倖存，但被列爲賤民階級，每人要繳納負擔不起的六元的人頭稅，而且必須改信他們所信奉的天主教（信教一項難不住中華人，中華人的宗教觀念淡薄，信什麼教什麼神都不在乎，這一點使西班牙人大惑不解）。

三、十七世紀六〇年代一六六二年（明王朝滅亡的次年），鄭成功佔領台灣，驅逐荷蘭人，勝利消息使菲律賓首府馬尼拉的中華人大爲振奮。於是引起西班牙第三次大屠殺，中華人武裝自衛，至死不屈，但無法抵抗西班牙正規軍的砲火攻擊。結果全體中華人，包括所有的婦女和兒童，被西班牙人屠殺罄盡。

帝國主義者的心腸都是凶惡的，西班牙如此，荷蘭也不例外。本世紀（十八）一七四〇年，在爪哇首府巴達維亞（雅加達）屠殺中華僑民，使河水都變成血水，史學家稱爲「紅河慘案」。

中華人雖然受到如此一而再、再而三的可怕的迫害，但向東南亞（包括三次滅種大屠殺的菲律賓，和紅河盈血的爪哇）的移民不斷，這是中華人彈性精神的發揮。到了本世紀（十八）末期，散佈在東南亞各地的華僑，估計有二百餘萬人，而且建立了很多城邦式的獨立王國，最著名的諸如：

一、廣東省人羅芳伯，在婆羅洲（加里曼丹島）西端坤甸，建立芳伯共和國，自任總統

（大統制），繼任元首由當地的中華移民選舉。

——下世紀（十九），亡於荷蘭。

二、廣東省人吳元盛，在婆羅洲北部建立戴燕王國，自任國王，王位世襲，立國百餘年。

——下世紀（十九），亡於荷蘭。

三、廣東省潮州人張傑緒，在安波那島（納土納島）建立沒有特定名號的王國，自任國王。

——下世紀（十九）張傑緒逝世，內部發生紛爭，王國瓦解。

四、福建省人吳陽，在馬來半島建立另一個沒有特定名稱的王國。

——下世紀（十九）被向東擴張的英國消滅。

這只是幾個英雄人物，而屹立到二十世紀今天的暹羅王國的開國國王鄭昭，還不包括在內。

華僑的歷史是一篇血淚史，世界上沒有一個國家的移民，受到過像中華移民所受到的那種永無終止的可怕災難。就像被父母遺棄而又走進蛇窟的孤兒一樣，除了自己保護自己外，沒有人保護他們。當中國國力最強大時，如本世紀（十八）初葉，對他們不但毫無幫助，反而巴不得他們在海外死盡滅絕。到了下世紀（十九），國勢衰弱，又逢歐洲帝國主義的武力洶湧而至，東南亞華僑的處境，就更艱難。所有中華移民的據點，都被白種人現代化的武器抹去，中華人被當作豬仔一樣，被販賣到更遙遠的地球的那一邊的美國去做苦工——美國鐵路至少一半以上都灑着中華人的汗和淚。東南亞成爲白種人的天下，貧苦的中華人常出賣自己一段時間（十年或十五年）給白種人當奴隸，期滿之後，再用自己賣身的代價，經營小本生意，他們所受的壓迫剝削，並不比運往美國的同胞好。一位對東南亞相當熟習的英國作家，曾感嘆說：「做一個十九世紀的中華人，眞是一種苦刑。」這句話說明華僑的悲慘遭遇，但也顯示中華人倔強的一面。中華人有中華人的祕密武器，這祕密武器是：高度的含垢忍辱，高度的勤勞吃苦，和高度的警覺。使他們在萬難之中崛起，而且壯大，竟掌握東南亞各國的經濟大權，大大的出乎那些手執屠刀的帝國主義國家意料之外。

一一、文字獄

清政府爲中國開疆拓土是它光榮的一面，但它也有不光榮的一面，那就是它所發動的先後持續一百餘年之久的文字獄措施。

中國每一個王朝幾乎都有文字獄，這是極權政治的特色之一，不過都是一些偶發事件。直到十四世紀明王朝開國皇帝朱元璋，才把文字獄作爲一種合法的謀殺手段，這手段到了淸政府手中，更進一步的作爲一種鎭壓漢人反抗的血腥工具。

產生文字獄的心理背境，十分簡單。當權者內心有潛在的罪惡感和自卑感時，自顧形慚之餘，對別人的一言一語，都會硬拉到自己頭上，老羞成怒，採取強烈的報復。尤如一個禿子一聽別人提到電燈泡就七竅生煙一樣，朱元璋因爲自己曾當過小偷，就總以爲知識份子都要揭他的瘡疤。滿洲人明明是背後垂着豬尾巴的夷狄，自然總以為漢人會藉着文字來轉彎抹角的表示對他們的輕視。

所以，每一個文字獄，都是當權者神經衰弱、做賊心虛的一種反應。

我們將清王朝最著名的一些文字獄，列為左表，以代表冗長的敘述：

世紀	年份	皇帝	主要被害人	籍貫	內容
十七	一六六〇	三任 福臨	劉正宗 張晉彥		詩人劉正宗有詩集出版，張晉彥給他作序，在序文中有「將明之材」之句，清政府認為這句話詭譎曖昧，難以解釋。劉正宗絞死，張晉彥處斬。
	一六六三	四任 玄燁	莊廷鑨	湖州（浙江湖州）	這是最大的文字獄之一，莊廷鑨所著的明史，對滿洲人有斥責的和不太恭敬的句子。莊廷鑨已死，剖棺剉屍。他的弟弟、子孫，跟為該書作序的人，以及書商、刻字工人，全部處斬，家屬發配黑龍江給窮披甲人為奴。
十八	一七一一	四任 玄燁	戴名世 方孝標	桐城（安徽桐城）	戴名世著南山集，曾用明王朝末任皇帝朱由榔的年號，又主張朱由崧以下三個皇帝應載入明史，又引方孝標所著滇黔紀聞，稱讚方孝標所記吳三桂的事正確。

				戴名世全族屠戮。方孝標已死，剖棺剉屍，兒子孫兒一律處斬（後改發配黑龍江）。
一七二五	五任 胤禛	汪景祺	錢塘（浙江杭州）	汪景祺所著西征隨筆，記載年羹堯征服青海時的見聞，胤禛認爲有對他老爹玄燁不滿意的暗示。汪景祺處斬，妻子發配黑龍江給窮披甲人爲奴。
一七二六	五任 胤禛	查嗣庭	海寧（浙江海寧）	查嗣庭是教育部副部長（禮部侍郎），在江西主持考試時，試題中有「維民所止」一句，胤禛認爲他故意砍掉「雍正」的頭（「雍正」是胤禛的年號）。查嗣庭自殺，但仍剉屍，所有的兒子一律處斬，家屬貶竄極邊。
一七二七	五任 胤禛	鄒汝魯		鄒汝魯是祭祀部部長（太常寺卿），拍胤禛的馬屁，呈獻河清頌，胤禛認爲諷刺他故意變更祖宗制度（在儒家思想系統中，變更祖宗制度是一種大逆不道的叛逆行爲）。鄒汝魯革職，發配長江堤岸作苦工。
一七二九	五任 胤禛	呂留良	石門（浙江桐鄉）	呂留良是一位有名的學者，早已逝世，所著維止集，堅持漢民族本位，斥責滿洲人是夷狄。湖南省另一學者曾靜，偶爾看到，深被感動。認爲當時高級將領岳鍾琪是宋王朝名將岳飛的後裔，滿洲人是女眞的後裔，有不共戴天之仇。就派他的門徒張熙，前往成都，

年	帝王	人物	籍貫	事蹟
				策動岳鍾琪革命，被岳鍾琪逮捕告發。胤禛下令把呂留良剖棺戮屍，呂留良子孫處斬，家屬發配黑龍江。但卻出人意表的赦免曾靜、張熙一死，以示寬大，下令說：「即令我的子孫，也不可對二人加害。」又把他歷次下的諭旨和曾靜的一些口供（誰知道這些口供是怎麼來的），合訂一冊，定名大義覺迷錄，頒發全國研讀。然而怪事卻發生在六年後的一七三五年——
一七三〇	五任胤禛	謝濟世	全州（廣西全州）	謝濟世是監察部委員（御史），因彈劾河南省長（巡撫）田文鏡，發配阿爾泰山軍營效力。他在軍營中註解四書之一的大學，用古書禮記的見解，而不用理學大亨朱熹的見解。胤禛認為譭謗聖人，命斬首。綁赴刑場執行時，忽又下令赦免，改罰做苦工。
	五任胤禛	陸生楠	廣西	陸生楠是建設部科長（工部主事），跟謝濟世同案，在軍營中著通鑑論，共十七篇，胤禛認為他譭謗帝王，影射自己，下令立即處決。
	五任胤禛	賈士芬	河南	賈士芬是北京白雲觀的一個老道士，奉召進宮治病，咒語中有「天地聽我主持，鬼神歸我驅使」之句，胤禛大怒，立即斬首。

一七三五	六任 弘曆	曾靜 張熙	靖州（湖南靖州）	這一年，距呂留良剉屍已經六年，胤禛逝世（據說被呂留良的孫女刺斃）。兒子弘曆登上寶座，把老爹煌煌諭旨的諾言一筆勾銷，曾靜、張熙處斬，家屬發配。又把老爹的大義覺迷錄列爲禁書。
一七五三	六任 弘曆	盧魯生		弘曆屢次到江南遊歷，民不聊生。江西撫州（臨川）校級軍官（千總）盧魯生，假借宰相（大學士）孫嘉淦名義，撰寫勸止弘曆再南遊的奏章，辭意悲痛，全國流傳。盧魯生磔死，兩個兒子處斬，受牽連定罪下獄的一千餘人。
一七五四	六任 弘曆	世臣	滿洲（正紅旗）	世臣是教育部副部長（禮部侍郎），作詩，有句說：「秋色招人懶上朝」，弘曆認爲他染上漢人習氣，不滿現實，革職，發配黑龍江。
一七五五	六任 弘曆	胡中藻 鄂昌	廣信（江西上饒） 滿洲（鑲黃旗）	胡中藻是內閣學士（儲備宰相），所著堅磨生詩鈔，有句說：「一把心腸論濁清」，弘曆認爲他故意把「濁」字加在「清」字之上，居心不良，立即處斬（依詩的格律，濁字必須放在清字上邊）。鄂昌是廣西省長（巡撫），跟胡中藻作詩唱和，在塞上吟一詩中，稱蒙古人爲「胡兒」，弘曆認爲鄂昌自己就是胡兒，詆譭同類，喪心病狂，下令自殺。

一七五七	六任 弘曆	彭家屏	徐州（江蘇徐州）	彭家屏曾當過浙江省民政廳長（布政使），退休在家，刊行族譜，名大彭統記（徐州古名彭城），看起來像是帝王世系的模樣。遇到弘曆字樣，又沒有缺筆（寫到權勢人物名字所用的單字時，故意缺少最後一筆，這是中國專制政體下的一種文字魔術，以表示尊敬），弘曆命彭家屏自殺。
	六任 弘曆	段昌緒	夏邑（河南夏邑）	段昌緒家裏收藏有吳三桂的宣言（檄文），宣言上有段昌緒所加的表示讚許的圈點。宣言被發現，段昌緒處斬。
一七六四	六任 弘曆	賴宏典		賴宏典是秦州（甘肅天水）州長（知州），向北京高級官員請託謀求升遷，信裏說：「點將交兵，不失軍機」，弘曆認爲他明目張膽的謀反，處斬。
一七六七	六任 弘曆	齊周華	天台（浙江天台）	齊周華是呂留良的學生，並且因呂留良的案件貶竄到邊荒，他期滿回家後，印行他的文集。弘曆認爲書中有很多觸犯忌諱的話，下令把齊周華磔死。
一七七七	六任 弘曆	王錫侯	新昌（江西宜豐）	王錫侯編撰字貫一書，弘曆認爲他故意仿效玄燁編撰的康熙字典，冒犯唐突，不可寬恕。尤其該書在凡例

				一章中，遇到玄燁、胤禛、弘曆諸字，都沒有缺筆，更屬大逆不道。王錫侯處斬，所著書十種，全部焚毀查禁。
一七七八	六任 弘曆	徐述夔	東台（江蘇東台）	徐述夔早已去世，遺著一柱樓詩中，有「清風不識字，何故亂翻書」；「舉盃忽見明天子，且把壺兒擱一邊。」弘曆認為「壺兒」就是「胡兒」，顯然誹謗政府。徐述夔剖棺剉屍，兒孫和地方官員，全部處斬。
	六任 弘曆	沈德潛	長洲（江蘇蘇州）	沈德潛當過教育部長（禮部尚書），弘曆非常賞識他，作詩時常請他刪改，弘曆作不出詩時，有時還請他祕密代作。沈德潛逝世後，弘曆命他的家人進呈他的詩集，發現他把代弘曆捉刀的詩也收集在詩集之中，這對弘曆的虛榮心是一個很重的打擊。恰好詩集中有詠黑牡丹一首，有句說：「奪朱非正色，異種也稱王」。弘曆命剖棺剉屍。
一七八一	六任 弘曆	尹嘉銓	博野（河北博野）	尹嘉銓曾擔任過最高法院院長（大理寺卿），退休家居。所著書中自稱「古稀老人」，又有句說：「為王者師」，弘曆認為狂悖荒唐，絞死。

從這些案例，我們可以了解文字獄的本質，即有權人物對文字所加的奇異曲解。像賈士芬的咒語「天地聽我主持，鬼神歸我驅使」，不過是巫師們一貫的「口中念念有詞」的勾當，竟然成爲謀反的證據，可以當作文字獄的典型說明。尹嘉銓自稱「古稀老人」，這是一句古老的成語，但弘曆卻酸溜溜的說：「我自稱古稀老人，早已佈告天下，他怎麼也敢自稱古稀老人？」竟想用政治手段製造自己的文學地位，可謂異想天開。

文字獄的審判是中國歷史性司法黑暗——人權毫無保障的再一次的大暴露。每個案件發生時，皇帝先交給高級官員組成的專案小組研究如何處理，向皇帝提出所謂的「公論」——當時的術語稱「九卿公議」。專案小組所提出的「公論」，當然千篇一律的認爲那倒楣的被告罪大惡極，堅決的要求用酷刑「凌遲」處死，家屬全部砍頭。皇帝立即表示他的寬大恩典，特別加恩，免去凌遲，改處絞刑（或改處斬首），全族（或全家）男女老幼，改爲發配到黑龍江（黑龍江黑河）或寧古塔（黑龍江寧安）給窮披甲人爲奴。

這種審判像一幕漫畫家筆下的卡通，包括皇帝在內，不過一群小丑。沒有人敢提出較輕處罰的建議，更不要說爲當事人呼冤了，而且即令對當事人一句有利的話都不敢說，否則不但救不了被告，反而使自己也陷了進去。王錫侯案，江西省長（巡撫）海成，僅建議革去他「舉人」的身份，弘曆就勃然大怒，下了一道殺氣騰騰的諭旨說：「海成請僅革去王錫侯的舉人，所謂人臣尊君敬上的心安在？亂臣賊子，人人得而殺之的大義又安在？海成眞是天良喪盡，辜負我命他當官的大恩。」海成還是幸運的，沒有被砍頭。徐述夔案的江蘇省民政廳長（藩司）陶易，就沒有那麼好的運氣了，他曾經拒絕受理對徐述夔的檢舉，結果判處死刑。

文字獄的奇異謀殺，產生左列幾項影響：

一、漢人知識份子本已拘限於儒家學派狹小的範圍，現在在這狹小的範圍中，史學、文學，以及對儒家學派經典的評論闡揚，都受到不可測的咒語禁制。知識份子只好走兩條路，其中一條路是更加埋頭在傳統的八股文、科舉之中，努力做官。八股文的特徵是在紙面上寫盡仁義道德，在紙面上堅持人生以仁義道德爲根本，而仁義道德又以帝王和統治階級的利益爲標準，於是全國士大夫——現任官、退休官，和以當官爲唯一盼望、但尚未當上官的讀書人，全體用帝王所喜悅的方式，阿諛帝王。

二、另一條路是使知識份子專心一意從事考據工作。所謂考據，就是用這本古書去考證那本古書，用這本古書上的字去考證那本古書上的字，把平生精力鑽在古書的舊紙堆裏，成爲一個工匠，不需要想像力，也不需要理解力，只要鑽的年代稍久，就可以自稱或被稱爲學者。這種學術，自然不會觸怒任何人。

三、人民對現實政治和政府前途，更漠不關心。因爲不關心，所以就沒有愛心——也可以說因爲沒有愛心，所以就不關心，不關心和沒有愛心就不擔憂它的覆亡，既不擔憂它的覆亡，就不會作任何批評。人們所聽到看到的，全是歌功頌德。這是中國歷史上人民對政治和政府冷漠的重要原因，文字獄使政府跟人民間的距離，更加擴大。

四、大黑暗再度來臨。

本世紀（十八）的西方，被讚揚爲理性的世紀，政治形態和意識形態，以及人性的尊嚴和人權的保障，都有突破性的進展。而中國人卻瞀在反理性的恐怖之中，連作詩的想像力，都被瞀死。

一二、大黑暗的反撲

事實上，起自十四世紀的大黑暗，並沒有衰退，它只是被清政府萬丈光芒的武功逼到一旁。第三個黃金時代主要的是指對外的開疆拓土，它對國內的貢獻，僅只限於維持了社會的秩序。第三個黃金時代像一個暫時天朗氣清的颱風眼一樣，滿洲人以入關初期那種旺盛的活力，一鼓作氣的爲中國擴張出廣大的空間。但在內政上，他們沒有可以跟他們軍事力量相稱的政治能力，以致把明政府的罪惡傳統，大多數都接受下來。所以大黑暗的凶潮毒霧，仍在颱風眼四周滾動澎湃。任何政權都是一個有機體，清政府的青春期一過，大黑暗四面八方反撲而至，只剎那間，中國社會又陷於明王朝時代那種伸手不見五指之境，文字獄是促成大黑暗迅速反撲的主要原因之一，因它促使官員們喪失了理性、道德，和法律觀念。發現保持官位的方法，只在於俯首帖耳，不在於明辨是非。

大黑暗重臨的按電鈕人物，就是在文字獄浪潮中表現最瘋狂的弘曆，這個在位六十年之久的皇帝，在後半段時間，開始對政治厭倦，但並不是對權力厭倦，他沉湎在「下江南」的遊蕩生活中，這種生活是對大黑暗發出的邀請書。

玄燁大帝曾到過江南六次，每次都很儉樸，目的在察看堤防和了解東南地區的社會。弘曆到江南也有六次，誓言他的目的也是如此。問題在於，他的目的恰恰不是如此，他跟楊廣、完顏亮一樣，同染着大頭症，六次下江南不過發洩他的自炫慾。六次下江南的時間和目的地，列於左表：

第一次	五〇年代一七五一年	到杭州、海寧
第二次	五〇年代一七五七年	到杭州
第三次	六〇年代一七六二年	到杭州、海寧
第四次	六〇年代一七六五年	到海寧、杭州
第五次	八〇年代一七八〇年	到杭州、海寧
第六次	八〇年代一七八四年	到杭州、海寧

中國歷史上有三個因下江南而聞名於世的酒肉皇帝，那就是七世紀的楊廣，十六世紀的朱厚照，跟本世紀（十八）的弘曆。弘曆下江南所組成的南巡集團，聲勢之大，不亞於他的兩位前輩，每次都有萬人之多，像一群初登岸的飢餓海盜一樣，所到之處，幾乎都要洗劫一空。江蘇省教育廳長（學政）尹會一，曾上奏章勸阻，奏章上說：「民間疾苦，怨聲載道。」弘曆光火說：「民間疾苦，你指出什麼地方疾苦？怨聲載道，你指出什麼人載道？」皇家教師（侍讀學士）紀曉嵐，是儒家學派巨子，他因主編四庫全書而被人尊重，曾趁便透露江

南人民的財產已經枯竭，弘曆大怒說：「我看你文學上還有一點根基，才給你一個官做，其實不過當作娼妓一樣豢養罷了，你怎麼敢議論國家大事？」

在這種意識形態的統治之下，政府的清廉和行政效率，完全消失。弘曆最得意的是宣稱他有左列十大武功，因而自稱「十全老人」。

一、四〇年代　一七四九年　平大小金川
二、五〇年代　一七五五年　平準部
三、五〇年代　一七五七年　再平準部
四、五〇年代　一七五九年　平回部
五、六〇年代　一七六九年　平緬甸
六、七〇年代　一七七六年　再平大小金川
七、八〇年代　一七八八年　平台灣
八、八〇年代　一七八九年　平越南
九、九〇年代　一七九一年　平尼泊爾
十、九〇年代　一七九二年　再平尼泊爾

認眞的研究結果，弘曆的武功只不過一個——征服準噶爾汗國，但他卻把一個分爲三個——平準部、再平準部、平回部。一百九十萬方公里疆土的開闢，僅此就可在歷史上佔不可磨滅的一頁，弘曆的大頭症卻使他湊足十項不可，結果反而使他的醜態畢露。大金川（四川金川）、小金川（四川小金）是藏民族部落間的紛爭，清政府加以干涉；台灣是漢人林爽文的抗暴革命；這三大武功都是血腥的對內鎮壓。平緬甸是一場敗仗，平越南也是一場敗仗，平尼泊爾是一場丟醜的陋劇和另一場敗仗。無論如何，我們都看不出什麼武功和大武功，但我們卻可看出死傷狼藉，以及軍事和政治的腐敗。

然而，最嚴重的是弘曆所犯的最後一個錯誤，從七〇年代起，他把大權交給一位侍衛出身的滿洲花花公子和珅，擢升和珅當宰相（大學士・軍機大臣）兼北京治安總司令（九門提督）。

和珅跟十六世紀明政府的宰相嚴嵩，先後輝映，具有同一類型的特殊機緣和做官技巧，用諂媚和恭謹的外貌，把自以爲聰明絕頂的皇帝，玩弄於股掌之上。和珅上台後不久，就建立起全國性的貪污系統，全國官員發現，如果不向上級行使巨額的賄賂，就要被無情的排除，甚至被投入監獄，他們不得不適應這種政治形勢。所用的賄賂全部來自貪污——工程上的中飽（像剋扣治理黃河的費用），和司法上的冤獄。有些總督和省長（巡撫）因貪污太狠而被告到弘曆那裏，弘曆也大大的震怒，不斷的使用死刑。但烈火不除去，只賴一兩盃冷水加到滾沸的鍋子裏，根本無濟於事。一切都恢復到十六世紀明王朝末期的原狀，誅殺越嚴厲，貪污越嚴重，他們唯恐怕被檢舉和被檢舉後不能掩飾，必須使用更多的賄賂，去尋求保護。文官如此，武官更爲惡劣，他們無法利用工程和冤獄，於是就剋扣戰士的糧餉，和利用軍事行動直接向人民搶劫，當人民阻止他們搶劫時，他們就指人民是盜匪，橫加屠殺。

和珅像一個無底的洞，全國官員們的賄賂巨款，瀑布般的傾注到裏面。

本世紀最後一年（一七九九年），弘曆逝世。冰山倒了，和珅也跟着倒下去。新任皇帝顒琰——弘曆的兒子，立即把和珅逮捕處死，清算他的財產時，總數有九億兩，這還不包括他家人們貪污的龐大數字。那時國庫全年的總收入，才八千萬兩，和珅當權二十年，貪污的數目等於十二年的全國總收入，使人驚駭。法國國王路易十四於本世紀（十八）一〇年代一七一五年逝世時，全部財產僅二千萬法元（法郎），已招全國的唾罵，以當時的幣值，一兩折合三・七五法元計算，這位歐洲雄主的財產，不過中國一個貪官財產的一百七十分之一。而十六世紀的貪官嚴嵩，只貪了二百萬兩，不過和珅的四百五十分之一。

弘曆跟和珅兩個滿洲肥佬，密切合作，傾所有的力量，把清王朝的根基鑿空，把大黑暗招回。

一三、官逼民反（上）

本世紀（十八）五〇年代弘曆第二次下江南之後，大批農民即破產流離，水災旱災，以及因貪汚而富有的士大夫和地主們的兼併，引起更多的農民失去土地。我們從當時詩人鄭板橋的一首逃荒行，可看出在所謂「十全老人」弘曆領導下的社會悲慘畫面——

十日賣一兒，五日賣一婦。來日剩一身，茫茫即長路。長路迂以遠，關山雜豺虎。……嗟予皮髮焦，骨斷折腰臂。見人目先瞪，得食咽反吐。……道旁見棄嬰，憐拾置擔釜。賣盡自家兒，反爲他人撫。……身安心轉悲，天南渺何許。萬事不可言，臨風淚如注。

這位賣盡兒女、日暮途窮的農民，當他臨風淚盡而仍不能活下去時，他可能跟他揀到的孩子一齊餓死，但也可能變成另一種人，跟其他同一命運的農民結合在一起抗暴。從本世紀（十八）六〇年代開始，各地即不斷發生農民暴動的事件。七〇年代後，又增加了和珅的能源，全國民變，遂更風起雲湧。我們選擇十多個重要的民變領袖，列如左表：

年代	年份	民變領袖	發生地	註
六〇	一七六五	賴黑林拉	烏什（新疆烏什）	回部
	一七六七		昌吉（新疆昌吉）	準部
	一七六八	黃教	鳳山（台灣高雄）	
七〇	一七七四	王倫	壽張（山東陽穀東南）	白蓮教
	一七七五	劉松	鹿邑（河南鹿邑）	白蓮教

	一七七七	王伏林	河州（甘肅臨夏）	回民
八〇	一七八一	蘇四十三	河州（甘肅臨夏）	回民
	一七八四	田五	馬家堡（甘肅臨洮西南）	回民
	一七八六	林爽文	彰化（台灣彰化）	天地會
九〇	一七九三	劉之協	扶溝（河南扶溝）	白蓮教
	一七九五	石柳鄧	銅仁（貴州銅仁）	苗民
	一七九六	聶傑人	枝江（湖北枝江）	白蓮教
		王三槐	太平（四川萬源）	白蓮教

白蓮教流行在北方，天地會流行在南方，都是一種宗教性的祕密組織。因爲經常聚會的緣故，對官員的貪污暴虐和政治上的迫害，容易把憤怒化成集體的反抗行動。

七〇年代，白蓮教領袖之一的劉松，在河南鹿邑縣起兵抗暴失敗，被殺。他的門徒之一劉之協逃亡。十八年後九〇年代，劉之協忽然在河南扶溝縣出現，但立刻就又失蹤。弘曆又驚又怒，命令嚴厲搜捕。這時和珅當權已久，貪污已經成爲社會的一種正常風氣，搜捕逃犯正是弘曆賜給官員們的發財良機，千千萬萬大小官員就乘此良機，高喊捉拿白蓮教，而對人民作有計畫的敲詐勒索，被稱中國心臟地區的各省，如山東、河南、山西、陝西、湖北、四川、甘肅，中產階級以上的家庭，在冤獄手段下，幾乎全部破產。至於無產可破的貧苦家庭，只有三條路可以選擇：一是被捕入獄，在酷刑下自動承認自己是白蓮教匪徒，被綁赴刑場處死。一是像詩人所敍述的那位農民一樣，拋棄家園，流離他鄉，或終於餓死，或僥倖沒有餓死。另一是憤怒而起，武裝抗暴。聶傑人、王三槐，以及遠在台灣的天地會領袖之一的林爽文，都是首先發難人物。

在這些變民領袖中，王三槐事件，可使我們對民變性質加強認識。九〇年代一七九八年，四川總督勒保，向王三槐招降，發誓保證他的安全。王三槐相信勒保的誓言，可是勒保卻把王三槐逮捕，宣稱是在剿匪戰役中生擒的。皇帝顒琰命將王三槐送到北京，親自審問他為什麼要叛變，王三槐回答四個字：「官逼民反。」顒琰教他舉例說明，王三槐就把官員們貪汚暴虐的情形，一一說出。顒琰大為震動，追問說：「四川全省，難道沒有一個不貪汚的官員？」王三槐回答說：「只有一個，就是劉青天。」指的是四川南充縣長劉淸。我們可以想到這些被稱為盜匪的樸實農民，內心所懷的痛苦。他們只求官員不貪汚或少貪一點汚就心滿意足，但這種最低的願望，竟無法實現，這是大黑暗時代最明顯的一個特徵。顒琰雖然對官員的貪汚大為震動，但形勢已經造成，他已無力改革，對於被人民稱為「青天」的劉淸，也不能保護，劉淸在稍稍擢升後，被貪官群排擠革職——排擠的理由光明正大，但眞正的理由則是當眾人都害痲瘋時，不允許某一個人健康。王三槐仍被酷刑磔死，以警告全國人民，無論官員如何貪污殘酷，只能接受，不能反抗，反抗就是叛亂，罪不可逭。

然而，殺了王三槐不過使變民少了一個領袖，王三槐的部眾由他的助手冷天祿率領，繼續跟清政府戰鬥。其他的革命群眾因勒保的背信，使他們的反抗行動更爲堅強。

和白蓮教、天地會同時並發的，還有苗民族的抗暴。

苗民族在紀元前二十七世紀，被漢民族領袖姬軒轅擊敗後，輾轉退到貴州、湖南兩省廣大的山區，而跟外界隔絕。他們沒有文字，文化程度遠落在漢人之後。上世紀（十七）二〇年代，清政府下令取消苗民族部落酋長（土官）世襲制度（土司），改由政府派遣的官員（流官）治理。苗人純樸誠懇，把官員當作神明。

於是苗人區域遂成爲貪污官員的樂園，漢民族的敗類奸商和地主，跟滿洲官員勾結，用詐欺或威迫的手段，侵佔苗人的土地。而且更進一步擄掠苗人的兒童和婦女，販賣到遠處當奴隸或妓女，反正法律永遠是站在有權勢這一邊的，苗人有無限的悲慟和痛苦，無處申訴。本世紀（十八）三〇年代一七三五年，曾因駐防軍隊搶奪苗人婦女販賣，激起一場廣大的暴動，被清政府用武力鎮壓下去。九〇年代一七九五年，同樣的暴行激起同樣的暴動，上表所列的石柳鄧不過是最先發難的領袖之一，他不久就戰死，但是事實上全體苗人都參加叛變，他們的口號是：驅逐漢人，索回被騙和被霸佔去的土地。

清政府跟對白蓮教、天地會一樣，採取高壓手段。不過清政府的軍隊，包括滿洲兵團、蒙古兵團，跟以漢人為主的綠營兵團，都已腐爛不堪。當六〇年代對烏什（新疆烏什）事變用兵時，高級將領每頓飯不過費用銀幣半兩，只有一斤鮮肉和幾樣鹹肉（鹽酪）。而到了八〇年代，對白蓮教、苗人用兵時，即令在荒山窮谷，每頓飯無不山珍海味，需要銀幣二百餘兩（注意當時的購買力：五口人家的生活，一年的費用不過四十兩，高級將領一頓飯的費用，夠二十五個人吃一年）。時間相隔只三十年，風氣已敗壞到如此不可收拾之境。

這種軍隊，跟上世紀（十七）明政府的軍隊一樣，只能作為製造革命的工具。所以當本世紀（十八）結束時，中國又處處混戰。

一四、最偉大的一部小說——紅樓夢

讓我們再一次從砍殺聲中，回到文學世界。

中國在十六世紀一口氣產生三部小說——三國演義、水滸傳、西遊記，使中國文學邁進了小說時代。詩雖然照常發展，甚至遠播到海外，像日本、朝鮮、越南、琉球，各國的知識份子，差不多對中國詩都有很深的造詣。它們派到中國的使節，幾乎每一位都是詩人，這可以從他們跟中國皇帝和跟中國官員們的互相酬答的作品上，獲得證明。但詩在當時仍屬於高級知識份子所專用。而小說自從三部巨著作突破性的誕生後，它的領域跟外太空一樣的廣闊，供文學家騁馳。

十六世紀的三部小說，只是數百年大眾化白話文嘗試的一個總結，經過二百年的辛苦耕耘，到了本世紀（十八）六〇年代，出現奇葩，一部輝煌的一百餘萬字的巨著紅樓夢問世。

紅樓夢共一百二十章（回），包括角色二百餘人。敍述男主角賈寶玉，跟女主角林黛玉、薛寶釵間的三角愛情故事，後來賈寶玉跟薛寶釵結婚，林黛玉在他結婚之夕病死。接着賈家破產，富貴榮華和那些絕頂聰明美麗的女郎，或死或散。賈寶玉無法忍受這種打擊，也無法抹去他對林黛玉的懷念，於是離家遠去，失蹤在茫茫大地上，據說是到一個人跡所不能到的所在，削髮爲僧。沒有幾個人能把全書一口氣讀完，感情豐富的讀者在讀到林黛玉死時，便傷心掩卷。

紅樓夢的作者曹雪芹，他是滿洲貴族，祖父、父親、叔父，連續擔任江寧（江蘇南京）皇家紡織廠廠長（江寧織造）四十四年之久。紡織廠是直屬皇宮的最大的生產機構之一，負責宮廷綢緞的供應。所以曹家擁有可觀的由貪汚得來的財富，玄燁大帝六次南遊時，有五次都住在曹家，由曹家負責招待（接駕）。這是一種光榮，同時也顯示曹宅具有豪華的建築和設備，才能容納和供應皇帝出巡時所帶的千萬人組成的蝗蟲集團。曹雪芹就在這種環境中長大。

曹家大概在曹雪芹二十歲左右時，辭掉（或被免除）紡織廠的職務，遷到北京定居，不久因爲貪汚案發而破產，曹雪芹開始貧窮潦倒。他沒有謀生能力，終於衣食無着，這對一個從富貴中長大的人來說，是一種難以承受的巨變。於是他開始寫作，以他過去的生活作爲藍圖，寫下紅樓夢一書。他於四十七歲的本世紀（十八）六〇年代一七六四年除夕逝世，據說他逝世時紅樓夢只寫了八十章，最後的四十章由另一位作家高鶚代他續完。我們不敢肯定這種說法，因爲世界上很難在同一時間和同一空間，會出現兩個從氣質見識到生活背景，從文學修養到心理狀態，都完全相同的偉大小說家。曹雪芹逝世時，環境是凄涼的，而且他絕沒有想到，他爲他的國家留下無價之寶。

我們用下列三項說明紅樓夢的崇高價值：

第一、在文學上，紅樓夢的成功至爲驚人，迄至二十世紀，中國還沒有一部小說可以超過它。它佈局的氣魄像汪洋大海，描寫的細膩深刻，像脂粉一樣的沁人肌膚。二百餘角色每人都有他的性格，互不相同，只要聽他們的說話，就可分辨出他們是誰。只要分辨出他們是誰，就可知道他們對刺激產生什麼反應。每一個情節都含有深長的意義，而且用的是白描技巧，這是長篇小說創作領域中最艱難的一種技巧。曹雪芹始終把握住一個原則，即用言語和動作去表達心理——跟專注重心理描寫的笨重手法，恰恰相反，使讀者在淡淡的聲調下，發生澎湃的感情。世界上還找不到一本小說能像紅樓夢一樣，包括這麼多人，而又觀察的如此入微。

第二、在言語上，紅樓夢使用的是純北京話。北京話音調悅耳而詞彙豐富，這些優美的特點在紅樓夢裏充份發揮出來。很多人物都以善於詞令而被稱讚，像賈寶玉的丫頭小紅，她能把一群身份和關係互不相同的一些凌亂言語，以閃電般的速度，表達清楚。紅樓夢問世一百餘年後的二十世紀，北京話終於被法律定爲中國的標準國語。所以如此決定，受紅樓夢的影響很大。

第三、在社會史上，紅樓夢是一個包羅萬象，蘊藏豐富的寶藏。因為本世紀（十八）之前中國社會在本質上和結構上，變化很少。紅樓夢可以說是自紀元前三世紀西漢王朝直到十九世紀西洋文化衝擊前，二千年間中國社會的總解剖。至少它顯現出來大黑暗時代的中國社會的橫斷面。我們可以透過這部引人入勝的巨著，認識專制政體和儒家思想下，中國人的社會結構、家庭結構、行為規範，和各種奇形怪狀的意識形態，以及奴隸制度、政治制度、地主跟佃農的關係，士大夫階層的組成，貪污賄賂的藝術，司法黑暗和人權被蹂躪的內容，貴族生活的內容，權力在親情中的地位，儒家倫理基礎「孝」的實質意義，宗法與多妻制度以及嫡子庶子的衝突；古中國的男女愛情觀念、婚姻基礎、妾的地位，等等問題，都有非常豐富和詳細的說明。紅樓夢不但是一部具有無限重讀性的作品，而且隨着年齡智慧的增長，心理背景及社會背景的不同，每一次閱讀，都有一次新的發現。

紅樓夢於本世紀（十八）六〇年代問世，立即受到滿洲貴族和儒家系統猛烈抨擊，滿洲人認為它暴露了滿洲貴族的靡爛生活，儒家系統認為它誨淫誨盜，壞人心術。但它卻受到廣大歡迎，不久就興起一種稱為「紅學」的專門研究紅樓夢的學問，這部巨著對普通讀者的感染力之大，直到二十世紀初期，男青年還都以賈寶玉自居，女青年還都以林黛玉自居。

一五、東西方世界

——〇〇年代・一七〇三年（玄燁大帝第四次下江南），俄國沙皇彼得一世定都聖彼得堡。

——四〇年代・一七四八年（清政府第一次討伐大小金川），法國學人孟德斯鳩出版法律的精神，提出立法、司法、行政三權分立理論。

——六〇年代・一七六二年（弘曆第三次下江南），俄國皇后喀德鄰二世，殺掉她的沙皇丈夫彼得三世，自稱喀德鄰大帝。

——六〇年代・一七六九年（中國與緬甸戰役結束），英國人瓦特發明蒸氣機，這是一個劃時代的發明，從此西方跟東方，分歧爲兩個世界。

——七〇年代・一七七六年（第二次大小金川戰役結束，改大金川爲阿爾古廳，小金川爲美諾廳），美國宣佈獨立。

——八〇年代・一七八九年（中國封阮光平爲安南國王），法國大革命爆發，七月十四日，攻陷巴士的監獄，釋放政治犯，發表人權宣言（距上世紀【十七】英國發表權利法案，恰一百年）。

——九〇年代・一七九二年（中國跟尼泊爾戰爭結束），法國改建共和國（第一共和），斬國王路易十六於斷頭台。

——九〇年代·一七九九年（弘曆逝世，和珅在獄中自殺），拿破崙解散執政團，稱法國共和政府第一執政。

第三十二章　第十九世紀

本世紀是西洋——包括歐洲和北美洲的黃金世紀。但在中國，卻是最羞辱的痛苦世紀，大黑暗日增沉重。

歐洲人，以及由歐洲分支過去的美洲人，在人類接力競賽的中途，由跑步而飛奔。人類歷史上從來沒有過的事物，和從來沒有過的思想，風起雲湧的出現，西洋文明開始形成一種巨流。歐美兩大洲進入一個嶄新的科學、群眾、追求人性尊嚴，以及瘋狂的向外擴張的轟轟烈烈的偉大時代，諸如：

——發明火車鐵路、電燈、有線無線電報、電話、電車、電影、愛克斯光、留聲機、輪船、打字機。

——發現石油。

——開創郵局，開鑿蘇彝士運河。

——軍中女護士制度確立，女職員被僱用，婦女權利逐漸提高。

——工廠礦廠林立，資本家興起，勞工問題日趨嚴重。國際勞工協會（第一國際），國際社會主義者勞動聯盟（第二國際），先後建立。

——絕對專制政體，和無限權力的君主制度沒落，議會民主政府，迅速普遍興起。

——各種前所未聞的思潮，如資本主義、國家主義、帝國主義、大國沙文主義、民族主義、軍國主義、無政府主義、社會主義、共產主義，紛紛產生。

——不斷發明和更新戰爭武器：如大砲、巨艦。

中國一直到本世紀四〇年代，對上述新生事物，還一無所知。大黑暗如故——政治思想如故、學術思想如故、社會結構如故、科學知識如故、科舉八股文如故、貧窮愚昧如故、貪污腐敗如故、男人作揖叩首如故、女人纏小腳如故。一切如故，而且惡化。拒絕進步和改革的結果，使龐大的中國從光輝燦爛的頂峰，墮落為一名國際間的丑角，不斷戰敗，不斷割地賠款，但當權者冥頑不靈如故。

五〇年代時，出現一個大規模的武裝覺醒運動，建立太平天國。九〇年代，又出現一個變法覺醒運動。但他們都被守舊的冥頑勢力擊敗。本世紀結束時，中國已面臨被列強瓜分的命運，亡在旦夕。

一、官逼民反（下）

上世紀（十八）的兩大民變，白蓮教的反抗歷時九年，到本世紀（十九）〇〇年代一八〇四年；苗人的反抗歷時十二年，到本世紀（十九）〇〇年代一八〇六年，先後被清政府的高壓手段敉平。

兩大民變雖然失敗，但政治腐爛已深，貪污和冤獄手段已成爲官員們的正常發財途徑。清政府在艱苦的軍事鎮壓取得勝利後，鼓舞了控制局勢的信心，認爲得到教訓的不是政府，而是人民，人民應該從血的教訓中了解叛變必死，謀反必亡，抗暴必被撲滅。所以清政府本身絲毫沒有改革，貪污和冤獄反而更普遍和更深入，暴虐的方法也更殘忍。新的群眾反抗力量，遂在各地重新爆發。前半世紀五十年間幾件重要的民變，列如左表：

年代	年份	群衆領袖	發生地	註
〇〇	一八〇三	蔡牽	台灣海峽・南中國海	
	一八〇六	陳達順	寧陝（陝西寧陝）	
	一八〇七	周士貴	西鄉（陝西西鄉）	
一〇	一八一三	林清	北京黃村（北京大興）	天理教
		李文成	滑縣（河南滑縣）	
		萬五	三才峽（陝西岐山）	
二〇	一八二〇	張格爾	喀什噶爾（新疆喀什）	回部

三〇	一八三〇	玉素普	喀什噶爾（新疆喀什）	回部
	一八三一	趙金龍	永州（湖南永州）	
四〇	一八四六	馬國海	緬寧（雲南臨滄）	回教徒
	一八四七	加他漢	喀什噶爾（新疆喀什）	回部

我們選擇林清跟張格爾二人作代表，加以說明。

林清是天理教的領袖之一，天理教就是白蓮教，當白蓮教被迫不能露面時，林清就用天理教現身。這位冒險家有一個氣魄恢宏的驚人計畫，準備一舉攻陷皇宮，佔領北京。另一位領袖李文成，則在河南滑縣發動群眾暴動，組成武裝部隊北伐呼應。這個計畫最大膽的一點是，它採取擒賊先擒王的手段，準備先活捉皇帝。

一〇年代一八一三年，林清率領群眾進攻皇宮，不幸失敗。李文成在暴動前夕被人檢舉，地方政府用酷刑把他的雙腿折斷。他的部下倉促起事，但因北京方面失敗的緣故，最後也告失敗，滑縣城內二萬漢人居民，全數被清政府屠殺。

張格爾是上世紀（十八）回部（新疆天山南路）大和卓木布那敦的孫兒。清政府官員的貪汚暴虐，在回部更甚，維吾爾人處境比內地的漢人更爲絕望。他們大批向西逃亡，越過蔥嶺（帕米爾高原），投奔同種同教，而又使用同一言語的浩罕王國（烏孜別克浩罕）。浩罕對他們的同胞所受的虐待，深爲憤怒。

事變的觸發人物是清政府派駐回部的行政長官（參贊大臣）斌靜，這位滿洲贓官把維吾爾人當作畜生一樣看待，二〇年代一八二〇年，張格爾在浩罕王國軍事援助下，攻陷天山南路大多數城市，但他顯然缺少擔任這種偉大事業所必須具有的英雄才能，他還沒有把滿洲人的勢力完全驅逐出境，就急忙於專心從事內政的改革，而清政府始終掌握着塔克拉瑪干沙漠之北最大的據點阿克蘇城。

張格爾政權只有八年壽命，八年後的一八二八年，清政府反攻，張格爾被他的部屬出賣，呈獻給清政府。當時皇帝綿寧（顒琰的兒子）教人把張格爾送到北京，他要親自詢問他叛變的原因。高級官員們——一群貪污蠹蟲，立即想到上世紀（十八）顒琰親自審判王三槐，被王三槐提出「官逼民反」的往事，恐怕張格爾也在皇帝面前揭發他們種種的貪暴罪行，就用一種毒藥灌到張格爾口中，使他的咽喉腐爛，不能言語。當他裝在鐵籠之中，經過三千公里的長途跋涉，被送到綿寧面前時，口吐着白沫，痛苦萬分。綿寧問他的話，他無法作答。綿寧比他老爹還要低能，他根本無意、也無力弄清楚這場事變的眞相，所以他並沒有把張格爾放出鐵籠，教他用筆寫出來，也沒有追究張格爾何以瘖啞如此。張格爾跟王三槐一樣，受到磔刑。

我們列表只到四〇年代爲止，並不是以後再沒有民變，而是五〇年代之後，民變更大更多，如太平天國、捻軍、回教徒、阿古柏汗國，比起林清、張格爾，要升高百倍，我們將逐項敍述。

二、中國與西洋的畸形關係

在中國民變沸騰聲中，西洋（歐洲，以及後起之秀的美洲）各國悄悄的在這個大黑暗國家的門口出現，要求通商貿易。

回顧雙方面的關係是不愉快的。

中國文明在大黑暗時代之前，遠超過西洋。十三世紀馬可孛羅眼中，中國簡直遍地黃金。可是十四世紀明政府採取愚民政策，大黑暗時代開始，對所有的外來文化深閉固拒，中國遂跟西洋隔絕，遠落在西洋之後。

歐洲在十五世紀發生劇烈變化，西班牙發現新大陸，葡萄牙發現繞道非洲好望角到達印度的航線。各國商人和基督教傳教士陸續向東方發展，葡萄牙商船隊於十六世紀一〇年代一五一七年，抵達廣州。六十年後的八〇年代一五八〇年，義大利傳教士利瑪竇，抵達澳門，並於一五八三年，進入較爲接近腹地的肇慶（廣東肇慶）傳教。

因爲隔絕太久的緣故，中國人對外國，尤其是歐洲，可以說一無所知。當利瑪竇於十六世紀最後一年（一五九九）到達北京，求見當時斷頭政治皇帝朱翊鈞時，政府高級官員在記載典章制度的會典書籍上，查不出有義大利這個地方，就堅決否認世界上有義大利的存在，幸而會典上載有大西洋國，於是利瑪竇只好承認他就是大西洋國的人民。

葡萄牙商船隊在中國有很好的收穫，初次到廣州四十年後的十六世紀六〇年代一五六三年，明政府把荒涼的小小澳門半島，劃給葡萄牙，作爲西洋各國商人的居留地。但澳門太過於狹小了，顯然無法成爲商業中心，他們要求進入南中國第一大港兼第一大都市廣州。清政府直到十七世紀收復台灣，不再受海上威脅之後，才於十七世紀八〇年代一六八五年，開放廣州作爲商埠。葡萄牙、英國、法國、荷蘭、西班牙的商船隊和商人，洶湧而至。不過這時候的中國已非馬可孛羅時代的中國，西洋也非馬可孛羅時代的西洋，東方和西方互不相識，互不了解，各懷着跟對方相異的觀念和相異的價值標準。

對於西洋的通商貿易，中國所表現的是一種憐恤的態度。中國始終是一個農業社會，一切自給自足，基本上不需要外國的產品。尤其是一些鄰國的文化程度相當落後，面積人口又小又少，中國不僅是萬王之王的天朝上國，而且也是物產豐富的世界中心。所以中國沒有西洋那種因小國林立而產生的狹隘的國家觀念，更沒有西洋那種因同樣因素而產生的貿易觀念。只有對藩屬國和進貢國，中國必須負起宗主國的責任，才准許他們前來中國貿易。如果他們對中國有重大的冒犯或拒絕中國的要求，好像不肯交出中國的逃犯之類，中國即停止貿易，作爲一種懲罰，這懲罰通常都會使對方屈服。

中國對西洋的白種人，有一種離奇的印象——猶如白種人對中國人有一種離奇的印象一樣。雖然中國人也曾有一小部份見過歐洲人，並跟他們打過交道做過生意，但這少數人並不能改變大多數人的意見，上自皇帝和統治階級士大夫，下到小巷子擺地攤的窮苦小民，他們都堅信西洋人是一個沒有文化的野蠻民族，鼻子特別巨大，皮膚像死人一樣的蒼白，長着貓一樣奇怪顏色的眼睛，鬍子跟眉毛都是紅色的，腳長有三十五公分（一尺二寸），而且身上發出一種奇臭。這種長相已夠使中國人驚駭失措了，更可怕的事還有：英國王位竟可以由女兒繼承，女王逝世後，再由女王的子女繼承，這種改姓亂統的現象，使一向提倡忠於一姓，提倡宗法正統的儒家系統的知識份子，認爲英國顯然是無父無君的蠻夷之邦。而法國國王長髮披肩，常常烹食兒童，顯然是一個女扮男裝的活妖精。俄國女皇更糟，經常更換情夫，幾個月或一年，就把情夫砍頭，再換一個接替，也屬於人妖之類。根據這些認定，中國悲哀的發現，西洋人跟犬羊沒有分別，具有犬羊特有的性格，不知道禮義廉恥仁義道德是何物。

在上述認定的基礎上，中國人更進一步的認定西洋人既然有犬羊的本質，他們又以牛奶作飲料，證明他們非吃牛奶、酪漿就不能維持生命。牛奶、酪漿不容易消化，膠結在肚子裏，必須吃大黃和大量飲茶，才能使它化解。假如幾個月不吃的話，雙目就會失明，腸胃就會壅塞。所以西洋人宴客時，最貴重的食品，莫過於大黃，即令最貧苦的人家，也都在胸前掛一小口袋大黃，時常用舌頭去舐一舐，或用鼻子去嗅一嗅。而大黃和茶葉，只有中國才出產，因之，野蠻的西洋人，必須依賴中國。中國只要拒絕通商，那就是說：中國只要拒絕賣給他們大黃茶葉，就能立即致那些西洋鬼子於死命。

最初，西洋商人對東方龐然大物的中國，深懷敬畏，奉命唯謹，並不在乎做出低三下四喪失尊嚴的事。以跪拜禮來說，這個在以後不斷因它而鬧僵的最尊敬的禮節，西洋人開始時完全順從。十七世紀三〇年代一六三七年，英國貿易團代表約翰威特，到了當時還沒有闢爲商埠的廣州，就用雙膝着地的跪拜禮，晉見中國官員。五〇年代一六五五年，荷蘭使節戈義爾，晉見中國皇帝福臨，也行三跪九叩重禮。上世紀（十八）二〇年代一七二七年，葡萄牙使節亞勒散，晉見中國皇帝胤禎，同樣下跪。不僅如此，西洋人自己不爭氣，他們互相排擠，互相使用醜陋的手段，向中國官員打小報告，甚至誣陷傾害對方，目的只在博取中國的歡心，以謀取多賺幾個錢。中國官員高高在上，當然也無法把他們瞧得起。

廣州既闢爲商埠，西洋商人獲准進入廣州，中國稱他們爲「夷商」，對他們有很多限制，諸如：夷商必須住在他們自己的「商館」之內，不准跟中國人接觸，一切由中國商人組織的「洋行」（代理店）代理。夷商把貨物全部交給洋行，由洋行付給貨款。

——這仍是古老的傳統制度，回溯十六世紀激起倭寇事件的「市舶司」，對「洋行」就可有一個概念。不過市舶司是政府經營，洋行是商人經營。

上世紀（十八）五〇年代一七五九年，中國清政府頒佈了一項對西洋商人的管制條例，有左列重要規定：

一、夷商每年五月到十月，才可到廣州貿易，過期就要回國或回澳門。

二、夷商在貿易期間，必須住在商館之內，不准攜帶武器，不准僱用中國僕婦。

三、夷婦不准進廣州。

四、在貿易期間，夷商每月八日、十八日、二十八日，才可到公園遊玩。

五、夷商不准坐轎。

六、夷商不准直接晉見中國官員，有所請求時，應寫妥呈文請洋行代轉。

七、夷商不准到街上購買東西，不准探聽物價，不准買中國書籍。

這個條例顯示出自十四世紀到本世紀（十九）約五百年之久，中國對西洋的畸形觀念，和商業上的畸形關係。

三、英國勢力的東進

所謂畸形觀念和關係，這是二十世紀的觀點，在當時的中國，卻認爲十分正常。西洋自上世紀（十八）發生工業革命，帝國主義條件成熟，通商貿易成爲各國的主要生存條件。各國在中國的商業，英國迅速的超過葡萄牙而居第一位，所以對中國跟西洋各國間的畸形狀態，不能滿意。上世紀（十八）九〇年代一七九三年，英國派遣馬甘尼率領一個六百餘人龐大的使節團，攜帶價值高達一萬三千英元（鎊）巨額的禮物，前來北京，希望跟中國達成下列協議，建立充份的外交關係：

一、英國派遣駐中國使節。

二、准許英國在舟山、天津貿易，並仿效澳門先例，在舟山附近，指定一個小島，居留商人和存放貨物。

三、允許駐在澳門的英國商人，居住廣州。

四、請對英國商品在內河運送時，免稅或減稅。

馬甘尼的使節團到達天津後，中國清政府的官員不分靑紅皂白，就把一面「暎咭唎貢使」的旗幟，插到他們的船隻上，宣稱馬甘尼前來朝賀皇帝弘曆的八十壽誕，其實弘曆的八十壽誕，於三年前（一七九〇）已經過去了。

英國的國力在上世紀（十八）已夠強大，所以英國人的膝蓋也就比從前尊貴。馬甘尼到北京後，拒絕雙膝跪地，認爲如果跪地，就等於承認英國是中國的受保護國——藩屬。馬甘尼的堅決態度，對中國皇帝的傳統權威，是一種挑戰。不過弘曆的虛榮心不願這場晉見告吹，因爲還沒有從萬里外那麼遙遠地方來過的貢使，所以特別准許馬甘尼用覲見英王時一膝下跪的禮節。但對馬甘尼所提出的要求，卻全部拒絕。弘曆的目的只在滿足自己的大頭症，不在爲一個番邦解決問題。爲此，他特地向英王頒發了兩件詔書，說明中國不能答應他的請求的理由。

第一件詔書上說：

告訴國王：你遠隔重洋，傾心中華文化，特派使節，恭恭敬敬，捧着表章，航海前來，叩祝我的萬壽。我披閱奏章，見你詞意懇切，足以證明你恭順的誠意，深爲嘉許。

你表奏上請求派你國一人居駐天朝，照管你國買賣一節，跟天朝的體制不合，絕對不可。西洋國家很多，非只你一國，如果都請求派人留居北京，豈能一一准許。又豈能因你一國的請求，而破壞天朝制度。天朝撫有四海，對奇珍異寶，並不重視，你此次進貢各物，念你誠心遠道呈獻，我已下令，命有關部門收納。其實天朝的恩德和武威，普及天下，萬國來朝，任何貴重的東西，應有盡有，這是你的使節親眼看見的，所以不需要你國貨物，特此詳細示知。

第二件詔書上說：

告訴國王：昨日你的使節，又以你國貿易之事，呈請大臣轉奏，無一不是要求變更以前所定的制度，不便批准。自來西洋各國，跟你國夷商，來天朝貿易，都住在澳門。天朝物產豐富，無所不有，根本不需要跟外夷互通有無。只因天朝所產茶葉、瓷器、絲巾，是西洋各國所沒有的必需品，所以特別開恩憐恤，准你們在澳門開設洋行。而今你國使節在原規定之外，多作妄求，懇請在舟山、天津登岸貿易，此事不能允許。又懇請在舟山附近，指定一小島存貨，此事尤不可行。又請撥給廣州城附近一處地方，居住你國夷商，自應遵照往例，仍在澳門居住。又稱英吉利夷商要求免稅減稅，查夷商貿易，往來納稅，都有一定規章，自應遵照舊章辦理。至於你國所奉的天主教，天朝自開闢以來，聖帝明王，教化四方，中華與夷狄之間的分別，甚爲嚴格。你國使節之意，欲請放任夷人傳教，更絕對不可。我對進貢的外國，只要它誠心向化，無不特別體恤，表示懷柔。你國在遙遠的海外，誠心進貢。我所賞賜的優待，也倍於他國。現在再明白曉諭。你當上體我心，永遠遵奉。

——這兩件詔書所表示的中國的立場，並沒有誇大之處。像自稱爲「天朝」，並不是中國自己捏造出來的光采，在本世紀（十九）之前，所有的藩屬國，如朝鮮、越南、暹羅，上自國王，下到農夫，他們對中國一向稱爲天朝。朝鮮人越南人絕對不說：「你是中國人，我是朝鮮人越南人。」而只說：「你是天朝人，我是朝鮮人越南人。」

馬甘尼雖受到盛大的優待，卻毫無所獲。馬甘尼回國時，弘曆命他縱穿中國本土，從陸路南下，目的在使「英夷」震驚於中國的富庶和強大，以嚇阻他們的邪念。

然而，那時大黑暗已經反撲，政治的腐敗已經使社會潰爛。馬甘尼是一個具有敏銳觀察力的外交家，他沒有被北京豪華的排場所迷惑，反而對他所接觸的事物，作出一一中肯的判斷。

馬甘尼首先發現清政府的貪污病菌，已深入肺腑，而貪污和強大是不能並存的。弘曆批准使節團的招待費每天銀幣五千兩，這是一個駭人的巨款，但大多數被經手的官員剋扣中飽。一位負責招待的趙大人告訴馬甘尼說，某一年廣州附近的縣份被大水淹沒，皇帝頒發銀幣五萬兩作爲救濟金，但在北京就先被中央官員剋扣三萬五千兩，只剩下一萬五千兩發到廣州。發到廣州後，再被省級和縣級官員剋扣，難民所得到的不過象徵式的數目。其次，馬甘尼發現中國的科學極度落後，而科學落後和強大也是不能並存的。當趙大人吸煙時，馬甘尼從口袋中拿出火柴代爲點燃，趙大人對這位夷人把火藏到身上而竟毫無傷害，大爲驚訝，馬甘尼就送他一盒，以表示並非巫術。再其次，馬甘尼發現中國社會上普遍的貧窮和不安定——這跟弘曆希望他發現中國富庶的目的，恰恰相反，因爲沿途他看見太多的乞丐，和太多的破陋而荒蕪了的建築，以及大多數中國人所過的水準以下的生活。馬甘尼也發現中國的武裝部隊如同一群叫化子，不堪一擊。清政府沿途特地爲使節團舉行了很多次示威性的檢閱，以向英夷展示武力，但馬甘尼看出那些可笑的寬衣大袖的國防軍，並沒有受過嚴格的軍事訓練，使用的又都是西洋早已拋棄了的刀槍弓箭之類落伍的武器。

最重要的是，馬甘尼發現清政府官員和中國知識份子的冥頑不靈。馬甘尼對中國社會上太多的盲人和四肢殘廢的人，非常同情，向清政府提議英國願派遣醫學人員前來中國。又提議在北京設立一個氫氣球，作爲科學研究之用。官員們聽到這些提議，對英夷有這麼多奇才異人，大大的震驚稱奇，但在一陣震驚稱奇之後，就好像沒有這回事一樣，閉口不再談及。當馬甘尼厭倦了那些不夠水準的示威性檢閱，而要求同行的一位福大人檢閱一次使節團的儀仗隊以開開眼界時，福大人傲然回答說：「看也可，不看也可，這種火器操法，沒有什麼稀罕。」馬甘尼的結論是：「清政府的政策跟自負有關，它很想凌駕各國，但目光如豆，只知道防止人民智力進步。」他預言韃靼王朝將繼續壓制人民，並將發生變亂。

馬甘尼返國二十三年後，本世紀（十九）一〇年代一八一六年，英國作第二次試探，派遣第二位使節亞墨爾斯出使中國。清政府仍把他當作貢使看待，船隻上懸掛「朝貢」旗幟如故。亞墨爾斯也拒絕下跪，經過無數次談判，最後還是同意跪一條腿。但是當皇帝顒琰坐在金鑾殿上召見他的時候，藩屬事務部長（理藩院尚書）和世泰，卻通知亞墨爾斯說，非雙膝下跪不可，亞墨爾斯就拒絕晉見。顒琰又召見副使，副使也不肯雙膝下跪，和世泰只好報告顒琰說，他們都病了。在中國歷史上，這還是第一次發生的奇事，顒琰覺得他大大的沒有光采，下令把使節連同他們「進貢」的禮物，一併驅逐。

亞墨爾斯被趕走，使英國了解，靠談判的方法無法改變中國加到英國商人身上的不平等的待遇，必須使用談判以外的方法。馬甘尼對清政府的印象，在以後的日子裏，遂成爲英國對中國外交政策的主要參考資料。

於是，二十四年後的四〇年代一八四〇年，爆發鴉片戰爭。

四、鴉片戰爭

鴉片，是一種供吸食用的痲醉性毒品。

八世紀時，鴉片便經阿拉伯人之手，輸入中國，一直作爲藥物使用。大概到了十六世紀，聰明的人才發現它可以被燒成煙霧吞到肚子裏，明政府斷頭政治皇帝朱翊鈞，據說就是著名的吸毒犯之一。當時葡萄牙是最大的販毒國。十七世紀末，英國征服印度後，把鴉片專賣權授給治理印度的東印度公司，遂大量向中國傾銷。根據統計，每年增加的數字，十分驚人，我們用左表列出：

世紀	年代	年份	進口約數	註
上世紀（十八）	二〇	一七二九	一四・〇〇〇公斤	
	九〇	一七九〇	二八〇・〇〇〇公斤	
本世紀（十九）	三〇	一八三六	二・一〇〇・〇〇〇公斤	
		一八三七	二・四〇〇・〇〇〇公斤	

當時的鴉片價格，每公斤約值銀幣五兩，所以進入本世紀（十九）三〇年代，每年僅鴉片一項，即流出國境銀幣一千萬兩左右。這是一種殘酷的貿易，把毒藥賣給愚昧無知的中國人，使他們中毒，再把他們搾窮。如果放任它發展下去，必然產生兩種後果，一是中國財富罄盡，社會崩潰，一千多萬方公里龐大國土上，一片荒蕪。一是中國人體格敗壞，一個個骨瘦如柴，種族滅絕。

有頭腦的中國人警覺到這兩種後果的嚴重，謀求解救。三〇年代一八三八年，皇帝綿寧命各大臣提出意見，大多數都主張禁絕，而尤以湖廣（湖南省・湖北省）總督林則徐，態度最爲激烈。他在奏章上說：「如果再漠視這種貿易，則數十年後，中國再沒有可以抵抗敵人的士兵，也再沒有維持軍隊的糧餉。」綿寧採納了大多數人的意見，任命林則徐當欽差大臣——皇帝代表，前往廣州查禁。

三〇年代最後一年（一八三九），林則徐到達廣州，他是一個勇於負責的人，但當時大黑暗反撲後的時代背景，不允許他有豐富的國際知識，他跟其他官員一樣，習慣於使用高壓手段。他到廣州八天後的三月十八日，就下令禁絕鴉片，命外國商人把現存的鴉片，於三天內全部交出，還要具結保證：「以後永不夾帶鴉片，如果違犯被查出時，甘願船隻立即沒收，人員就地處決。」第二天，即三月十九日，外國商人所住的商館即被包圍，中國僕婦跟附近居民，也都撤退。其他國家都願作此承諾。英國商務監督查理義律，也願具結保證以後英國商船絕不夾帶鴉片，但遇到有違犯這項禁令時，他要求兩點：一是，沒收鴉片，必須付給補償。二是，對於違法人員，不能就地處決，必須經過公開的審判，才可以定罪。

——英國自十七世紀起，就堅持人權的尊嚴，政府不能隨便逮捕，逮捕後也必須經過陪審團合法公開的審判。爲此甚至把他們的國王砍掉腦袋。所以對中國這種不經過審判就在現場處決（就地正法）的辦法，認爲是野蠻的行爲，反感特別強烈。但中國傳統思想中缺少法治觀念和人權觀念，認爲既然當場搜出贓物，還有什麼可辯解的，審判豈不多餘。假設世界上有「精神文明」的話，僅此一項，英國人創立的民主法治這種屬於精神方面的文明，實是對人類最偉大、最使人由衷欽敬的文明。

林則徐不理會查理義律的要求，宣稱如果不交出鴉片，便斷絕商館的飲食供應。查理義律被包圍到第十天，不得不屈服，交出全部鴉片一百四十萬公斤，但仍拒絕具結，遂跟全體英國商人，撤出廣州，退到澳門。就在這時候，想不到節外生枝的發生了林維喜命案。英國水手在九龍醉酒後行凶，把村民林維喜毆死。中國認爲「殺人償命」是天經地義的事，要求引渡凶手。查理義律認爲凶手當時自己不能控制自己，如果交給中國，一定斬首，所以他自己就當了法官，罰凶手二十英元（鎊），判有期徒刑六個月。這表示在查理義律眼中，英國的人命貴不可言，中國的人命只值二十英元。林則徐再下令把所有英國人逐出澳門，查理義律跟英國商人，只好擠到一艘英國商船上，在南中國海拋錨，等候英國政府的訓令。

很顯然的，這事情並沒有結束，但在中國官場上的鋸箭桿觀念看來，英國夷商既被逐走，眼前再沒有他們的影子，事情當然已經結束。於是，林則徐興高采烈的向皇帝綿寧報告說，英夷已被趕走，鴉片已被禁絕。綿寧生長在全是女人和宦官的深宮之中，他的無知比林則徐更甚，見了林則徐的報告，高興的跳起來，認爲這是進一步給驕傲不馴的英夷一個更重懲罰的時候了，於是，他下令永遠斷絕英國的通商貿易。

在英國方面，最初的反應是溫和的，他們不肯因中國禁絕鴉片的緣故發動戰爭，因爲中國人如果到英國販賣鴉片的話，準會被處死刑。英國外交部通知查理義律說：「女王陛下的政府，不能支持不道德的商人。」拒絕下令軍艦進入珠江，命查理義律用和平手段解決爭端。這份訓令使查理義律陷入進退失據的窘境。可是，當英國政府得悉綿寧下令永遠禁止通商之後，維多利亞女王以下，包括國會的反對黨，都十分激動。通商貿易是英國帝國主義賴以生存的命脈，不能忍受破壞，他們遂決定使用武力打開中國市場的大門，大黑暗時代的中國，顯然不是這蕞爾三島的對手。

——這一場戰爭，事實上是貿易戰爭，不是爲鴉片而戰，而是爲貿易而戰。但它卻是由鴉片引起的，而且人們也樂意把這項骯髒的罪名加到侵略者的頭上，所以稱它是鴉片戰爭。

四〇年代一八四〇年，英國遠征艦隊抵達澳門，共擁有軍艦十六艘，戰鬥部隊四千人，查理義律以全權大使身份，決定直接跟中國清王朝的中央政府交涉。他只留下少數軍隊封鎖廣州，自己率領大部份艦隻北上，在中途攻陷舟山群島上的定海縣（浙江舟山），建立補給站，然後直抵天津的外港大沽。綿寧這時候才大吃一驚，命直隸（河北省）總督琦善趕到天津談判。英國來勢凶猛，本來要展示它的砲火威力的，但駐紮在舟山群島的英軍，得上了傳染病，已有很多人死亡，查理義律急於結束在北方的停留，於是他接受琦善所提的條件：一、清政府承諾處罰辦事不公平的林則徐。二、清政府承諾再派大員到廣州，聽取英國商人的冤情。當查理義律和英國艦隊撤退後，綿寧對琦善竟以三寸不爛之舌，說退英夷，認爲是天下奇才。於是把林則徐撤職，發配到邊遠的伊犁（新疆伊寧）充軍，任命琦善當欽差大臣兼兩廣總督，負責跟英國談判。

琦善事實上是一個飯桶，他於當年（一八四〇）十一月到廣州。查理義律向他提出的不是什麼英國商人的冤情，而是最後通牒，除了要求立即恢復自由貿易外，還要求割讓香港（

廣東新安縣南部小島）作爲貿易根據地。琦善既不敢答應，又不敢報告綿寧，唯有乞靈於中國「官場」上的傳統手段，推拖敷衍，盼望大事化小，小事化無。查理義律了解這種手段，他知道縱令談判一百年，也不能解決問題。明年（一八四一）一月，英軍發動攻擊，佔領虎門、穿鼻兩個要塞，琦善束手無策，只好在英國所提的文件上簽字，這就是穿鼻條約：

一、割讓香港給英國，但稅收仍歸中國。

二、補償沒收英國商人的鴉片價款銀幣六百萬兩。

三、承認中英兩國的地位平等。

綿寧接到報告後，大爲震怒，下令逮捕琦善，任命滿洲另一位貴族奕山當總司令（靖逆將軍）；湖南兵團司令官（湖南提督）楊芳，當副總司令，率領他的精銳部隊一萬人，增援廣州。查理義律聽到琦善撤職的消息，知道事情發生變化，就命英軍發動攻擊，再度佔領虎門、穿鼻兩個要塞，軍艦直抵廣州城下，開砲轟城。奕山比琦善更糟，嚇得渾身發抖，不知道如何是好，完全依靠楊芳。楊芳是內戰時攻打白蓮教和回教變民的名將，對內很有辦法，對外便醜態畢露了。他發現英國艦隊在艦身動盪之中發砲，仍能準確的擊中目標，認爲那顯然是一種妖術。在民間故事裏，汚穢的東西可以使妖術失靈，於是他就在廣州大肆騷擾，收集了大量的豬血羊血，以及糞便等物，羅列城頭。可是英國艦隊的妖術如故，砲彈的巨響終於使這一對總司令副總司令心膽俱裂，他們狼狽逃出廣州，乞求英軍不要進城，他們願立即付出錢幣六百萬兩巨款，作爲酬報。查理義律表示接受，他所以接受，並不是爲了這六百萬兩，而是在等候英國政府對穿鼻條約的訓令。

英軍不進入廣州，使奕山認爲事情已告結束，連穿鼻條約也不了了之。他向綿寧報告說：「英夷大將軍前來廣州上訴苦情，當商人把積欠他們的貨款六百萬兩付淸後，即行退走。爲了憐憫人民的困難，已暫時允許英夷繼續通商。」這也是「官場」的技巧之一，「瞞上不瞞下」，綿寧也再一次認爲一切事情都已過去。

英國政府對穿鼻條約拒絕批准——其實中國當時已經廢除，英國縱使批准也必須使用武力才能教中國履行。英國認爲香港稅收仍歸中國，不能叫做割讓，賠款只有六百萬兩，數目太少。於是把查理義律免職，另派樸鼎查爵士接替他的職務。樸鼎查的態度更爲強硬，他到任後就率領軍艦十四艘，陸軍二千五百人，從澳門北上。首先攻陷福建廈門，接着北上浙江省，攻陷定海（浙江舟山），在鎭海（浙江寧波東北）登陸，又攻陷寧波（浙江寧波）。曾經宣稱要抽英夷的筋做馬鞭的華東戰區總司令（欽差大臣兼兩江總督）裕謙，於全軍覆沒後自殺。綿寧又驚又氣，任命宰相奕經出任東南戰區總司令（統籌東南沿海防務·揚威將軍），剿滅英夷。

次年（一八四二）春，奕經率二萬人精銳的大兵團，反攻寧波，被一千餘人的英軍擊潰，奕經僅逃出性命。英艦進攻乍浦（浙江平湖乍浦港），清政府最自豪的滿洲兵團，看見那些夷人的軍艦像山一樣逼面而來，上面噴着妖怪一樣的滾滾濃煙，天空一片漆黑，不覺的魂飛天外，竟然一哄而散。英軍不久即攻陷上海，逆長江而上，再攻陷鎮江（江蘇鎮江），切斷江南運糧到北京的運河，然後再駛到江寧（江蘇南京），在江心停泊。樸鼎查提出最後通牒說，如果中國不接受英國所提出的條件，就開砲轟城。

清政府的將領對於一向瞧不起的英夷，現在已聞風喪膽，文職官員更驚慌失措，只求早日了結這樁公案。皇帝綿寧除了在奏章上批一些大言不慚的話，以顯示他的愚昧無知外，最後只好派滿洲大臣耆英當全權代表，在江寧（江蘇南京）城上豎起白旗，接受英國的條件，簽訂南京條約。

——英國以兩千五百人，進入面積比它本土大五十倍，擁有四億人口的龐大帝國，竟橫衝直撞，如入無人之境。直到下世紀（二十）中日參與第二次世界大戰，歷時一百年之久，中國就是打的這種每戰必敗的仗。大黑暗使中國軍隊腐爛，武器窳敗，士氣消沉，用任何方法都無法振作，因為這不單是軍隊問題，軍隊不能孤立於政治之外。

五、巨變

南京條約共十三條，下列是主要的內容：

一、中國賠償英國鴉片損失和軍費銀幣二千一百萬兩。

二、中國割讓香港全部主權於英國。

三、開放廣州、福州、廈門、寧波、上海五個港口爲商埠，允許英國設立官員（領事）駐紮自由貿易（五口通商）。

四、中英兩國地位平等，公文來往，用平等款式，中國不得再稱英國爲英夷。

這是中國第一次簽訂的現代意義的戰敗條約，戰敗國當然倒楣——割地賠款。五口通商，也是一種正常的國際關係。英國從「英夷」升格到跟天朝同樣的地位，更顯示南京條約的平等意味，何況中國在事實上仍稱英夷如故，在心裏仍瞧不起如故。可是，南京條約的一些附約，接着簽訂，就不是那麼回事了。這些附約是：

一、一八四二年，再簽善後章程八條。

二、一八四三年，再簽五口通商章程十五條。

三、一八四三年，再簽虎門條約二十條。

在這些名稱不一的附約中，有下列規定：

一、英國人之間，或英國人跟中國人之間，任何爭執，英國人不受中國司法審判，而由英國官員審判（領事裁判權）。

二、英國軍艦可在五個商埠停泊，保護商民。

三、英國在五個商埠，可以租地建屋（到了一八四六年，英國在上海正式劃定區域，稱爲租界。在租界地內，視同英國本土，中國不能行使主權。以後各國紛紛仿效，中國國內遂又有國）。

四、中國以後給與其他國家任何利益，也應同時給與英國。

這才是眞正的不平等條約，在這些附約中，英國利用中國清政府官員對國際事務的茫然無知，一半恐嚇，一半欺騙，使清政府在糊裏糊塗中任憑英國擺佈。而對引起戰爭的鴉片問題，反而像沒有那回事一樣，雙方誰都不提。英國是故意躲避形諸文字，因爲用條約保護販賣毒品，將成爲歷史上的汚點；尤其中國一旦醒悟過來，要求互惠，英國勢將非常尷尬。清政府已精神恍惚，唯恐怕提起鴉片這個不祥之物，會招來更大的痲煩。就在這種誰都心裏有數，卻閉口不言的情況下，鴉片恢復進口，而且比從前進口更多，中國人吸毒的數目也瘋狂增加。

——到了本世紀（十九）末，大多數官員和稍富有的中國人，都沉湎在煙榻之上，我們應對這個烏煙瘴氣的社會景觀，保持深刻印象，才可以了解中國一天比一天陷於絕境的緣故，鴉片的普及是重要原因之一。

中國閉關自守五千年的古老大門，從此被英國的軍艦大砲打開，再不能復合。接着美國總統泰勒，派遣全權大使顧盛，拿着一封「孤統攝二十六邦」的國書，乘軍艦到了廣州，清政府官員已成了驚弓之鳥，急忙跟他簽訂望廈條約。法國軍艦像逐臭的蒼蠅一樣，也聞風而至，清政府代表耆英鼓起膽量，稍為表示遲疑，法艦就開到廣州海面示威，宣稱將北上攻擊舟山群島，耆英也急忙跟他簽訂黃埔條約。又接着是葡萄牙、西班牙、比利時、普魯士（德國）、奧匈帝國、義大利、荷蘭、丹麥、瑞典等等，一些中國曾經聽說過，或從沒有聽說過的彈丸小國，在過去就是前來進貢也不見得夠資格的，現在排隊而來。清政府手忙腳亂，無法招架，於是只要他們能報出一個國名，清政府就一一跟他們簽訂條約。所有這些條約中，都有「利益均沾」條款，他們雖沒有把中國打敗，結果卻每一個都是戰勝國，跟蝗蟻一樣叮在中國身上吸血，凡英國在南京條約附約中所享有的片面最惠國特權，諸如領事裁判權、軍艦護僑權之類，他們也都同時獲得。在這些彈丸小國眼睛中，中國是一個土頭土腦的大肥佬，如果不乘機坑騙一下，簡直良心上過不去。

這是自從盤古開天闢地以來，從沒有過的巨變，中國所面臨的差不多全是中國一向自負的傳統文化中所沒有的東西，不但軍艦大砲從來沒有，連隨着軍艦大砲帶進來的新思想新觀念也從來沒有。中國固有的生活方式和固有的意識形態，開始受到強有力的西洋生活方式和西洋意識形態的無情衝擊。

在生活方式方面，諸如：

項目	歷時	創始王朝

君父合一型的帝王制度	四千五百年	紀元前二十七世紀黃帝王朝
家奴制度（人口買賣）	四千五百年	同右
雙膝下跪磕頭	三千年	紀元前十二世紀周王朝
絕對父權的家庭制度	三千年	同右
宦官制度	三千年	同右
文言文	三千年	同右
房屋建築和衣服穿着的禁制	三千年	同右
司法和監獄制度	三千年	同右
年號紀年制度	二千年	紀元前二世紀西漢王朝
科舉（考試制度）	一千二百年	六世紀隋王朝
女人纏足	九百年	可能是十世紀宋王朝，可能更早，沒有人知道是什麼時候開始的。
八股文	五百年	十四世紀明王朝

男人辮子	二百年	十七世紀清王朝

意識形態方面，大部份屬於士大夫階層的儒家系統思想，和農業封建的適應思想，諸如：

項目	逐漸代之而興的新的意識形態
崇古思想	疑古、輕古，和把握現代、展望未來的思想。
大中華民族本位主義	多元的民族主義，各民族完全平等。
做官思想	做事和服務思想。
輕視工業、商業、勞動、科學、醫學、藝術思想	重視工業、商業、勞動、科學、醫學、藝術。
面子觀念	切實檢討自己錯誤和缺點。
君父型家長型政治思想，跟忠於一姓的政治思想	民主政治思想。
男尊女卑，女子片面貞操觀念	男女平等觀念。
馬馬虎虎差不多思想	認眞思想。

上列的這些固有的文化傳統，從沒有人懷疑過它們的價值和正當，更沒有人反對，偶爾有人反對，力量也非常微弱，或者被政治力量迅速壓制。但現在開始面對着尖銳而猛烈的挑戰。

——衝擊和挑戰立刻遇到反應，衛道之士前仆後繼的去保衛它們。但是，他們保衛的越努力，中國脫胎換骨的時間，也就是使中國新文明誕生的陣痛時間，也越延長。中國所受的傷害，也因之越大。舊傳統的生活方式一直到二十世紀清政府被推翻，滿洲人被趕下金鑾殿，才算革除。但舊傳統的意識形態，直迄二十世紀末葉仍餘波蕩漾。

六、太平天國

五口通商使外國貨物像潮水一樣湧進中國，中國農村經濟結構，受到嚴重破壞。鴉片普及到窮鄉僻壤，它所產生的影響，跟禁煙前林則徐等一些禁煙人士所預料的完全相同，而清政府照舊冥頑不靈，並沒有從鴉片戰爭中吸收任何教訓，猶如醬缸中的樹木不能吸收任何養料一樣。高階層統治群，包括皇帝在內，住在婢僕如雲的小天地中，眼睛從看不見怪模怪樣的西洋人，也看不見破產的農村和農民們的悲慘流離，他們依然歌舞昇平，從不去想中國爲什麼如此衰弱，和如果再發生戰爭時，中國如何抵禦那些軍艦大砲。

但歌舞昇平僅只屬於統治階層。惡化中的官逼民反，卻繼續惡化。而且因爲對外國作戰失敗，清政府和滿洲人的紙老虎已被戳穿。四面八方的民變，更如火如荼。最大的一支民眾武力，由基督敎徒洪秀全領導，爆發的時間在鴉片戰爭結束之後第八年，即五〇年代一八五〇年。爆發地點在廣西省的桂平縣金田村。

洪秀全是花縣（廣東花都）人，花縣屬於說古中原話的客家人的縣份。跟當時每一個知識份子一樣，他自幼就接受儒家系統教育，熟讀儒書，立志遵循科舉程序，上進當官。可是，他到廣州參加了四次考試，卻連士大夫最低級的「秀才」頭銜，都沒有得到。後來他接受了基督敎的信仰，崇拜耶穌所描繪的天國中的太平景象，成爲一個狂熱的敎士。他創立「上帝會」，宣稱耶穌並不是獨生子，他還有一個弟弟，就是洪秀全。洪秀全認爲上帝是天父，耶穌當然是天兄。他把家中供奉的佛敎神像和儒書，以及孔丘、孟軻的牌位，全部搗碎燒掉。

這種發了瘋的舉動，使社會震駭，衛道之士群起攻擊他，他逃到廣西省，跟他的門徒馮雲山，深入桂平縣紫荊山，向山上那些來自廣東的客家燒炭工人傳敎，信徒數目急劇的增加。廣西連年發生旱災，民變蠭起，就在一八五〇這一年，一省中就有九支民眾抗暴武力，每支都擁有千餘人或七八千人。省長（巡撫）鄭祖琛，又是一位有名的贓官，迫使那些不肯參加民變的人也不得不參加。洪秀全就把他的信徒組織起來，成立太平軍。

清政府用它那些腐敗不堪的軍隊首先討伐太平軍，包圍洪秀全所在地金田村。次年（一八五一），太平軍突圍北上，攻陷永安（廣西蒙山），就在永安宣佈建立太平天國，洪秀全被尊爲天王，作爲太平天國的元首。他把他的五位傑出的助手，都加封王爵。

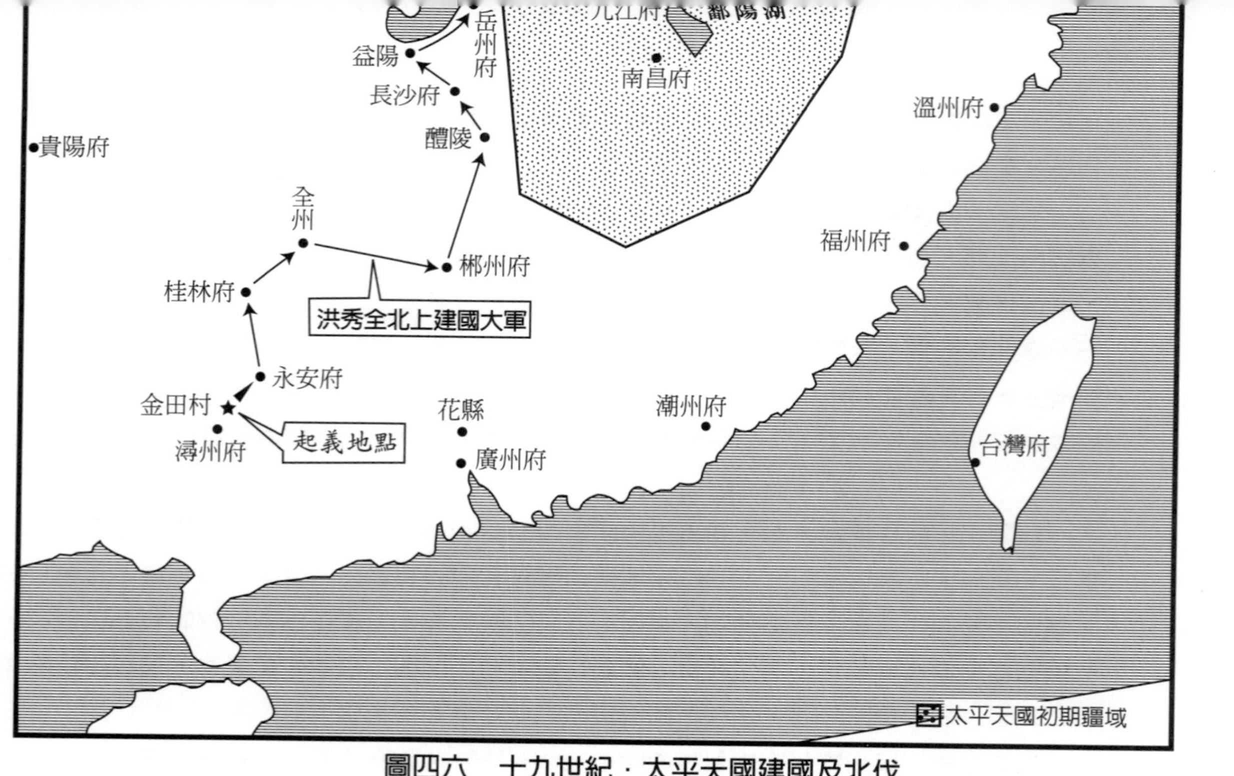

圖四六　十九世紀‧太平天國建國及北伐

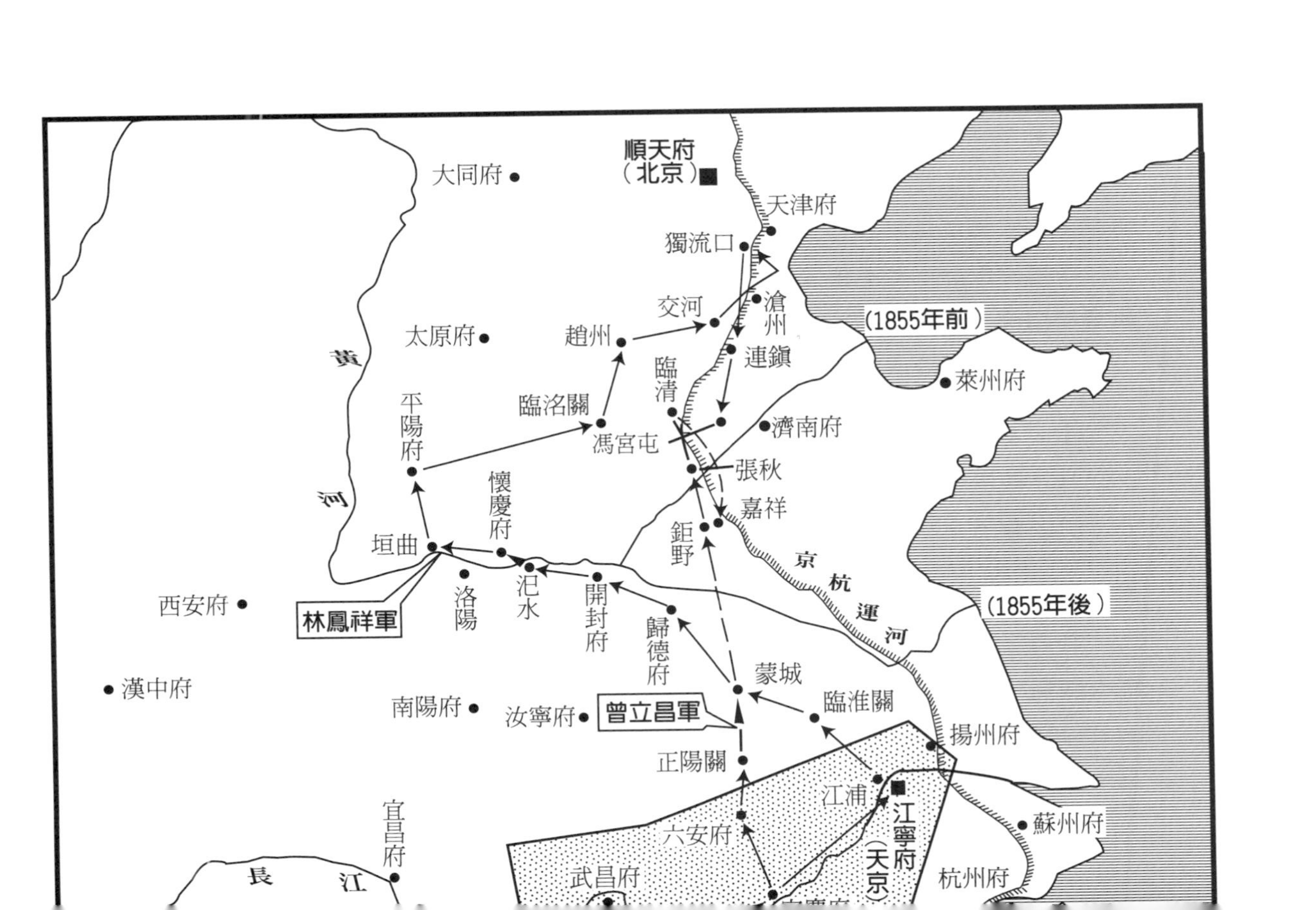

順天府
（北京）
大同府
天津府
獨流口
交河
滄州
連鎮
太原府
趙州
黃
河
臨洛關
臨清
平陽府
馮宮屯
濟南府
萊州府
（1855年前）
張秋
嘉祥
鉅野
懷慶府
垣曲
汜水
開封府
洛陽
西安府
林鳳祥軍
京
杭
運
河
（1855年後）
歸德府
蒙城
臨淮關
漢中府
南陽府
汝寧府
曾立昌軍
揚州府
正陽關
江浦
江寧府
（天京）
蘇州府
六安府
宜昌府
長
江
武昌府
杭州府

再次年（一八五二），太平軍放棄永安，攻陷全州（廣西全州）。進入湖南省後，攻長沙失敗，於是繞過長沙北上，攻陷岳州（湖南岳陽）。在岳州，他們從地下掘出十七世紀吳三桂所埋藏的巨砲，實力陡然增加，立即攻陷湖北省的重鎮漢陽（湖北武漢長江北岸）。——吳三桂埋藏的巨砲，已是二百年前的古董了，卻竟然排上用場，仍能在戰場上發揮威力，說明清政府軍隊在二百年中，毫無進步。

一八五三年，太平軍攻陷湖北省城武昌（湖北武漢）。順長江東下，最後攻陷江南最大的城市江寧（江蘇南京），定為國都，改稱天京。

太平天國的政治號召，可分為左列三項：

一、把滿洲人逐出中國
二、取消大部份不合理的生活方式
三、建立一個基督教的社會

在這種要求下，太平天國做出種種使守舊的頑固派痛心的劇烈改革，諸如：禁止婦女纏足，禁止吸食鴉片，禁止崇拜偶像和崇拜祖先，禁止娼妓，禁止男子娶妾，禁止人口買賣，禁止飲酒，禁止賭博，禁止迷信巫師巫婆，割掉辮子，厲行土地改革，創立田畝新制度，收土地為國有，照人口平均授田，創立新曆法，廢止陰曆，改用陽曆。這一連串的措施，使中國平空躍進到一個新的境界，清政府對這個跟普通民變不同的新生力量，大起恐慌。一八五三年，太平天國定都天京後不久，就派出兩支大軍北伐，第一軍由大將軍林鳳祥率領，由天京出發，挺進到距天津只三十公里的靜海縣獨流鎮，引起北京清政府震動。第二軍由大將軍曾立昌率領，由安徽安慶出發，挺進到山東省臨清州。但這兩支北伐兵團卻像斷了線的風箏一樣，沒有援軍，也沒有補給供應。一八五五年，第一軍退到直隸省（河北省）東光縣的連鎮覆沒，第二軍退到山東省西南境潰散。

北伐失敗，使太平天國推翻滿清政府，而由自己統一中國的希望破滅。並由於下列三項原因，迅速沒落。

其一、清政府在滿洲正規軍瓦解後，乞靈於漢人的民兵（團練），即地方性的自衛組織。清政府一位漢人副部長（侍郎）曾國藩，正在他的故鄉湖南省湘潭縣爲他死去的老娘守三年之喪。他是一個典型的儒家系統士大夫，對太平天國破壞那些固有生活方式的行爲，有強烈的反感。他以恢復傳統生活方式——他稱之爲「維護名教」，作爲政治號召（他竭力的避免提到向異民族效忠的尷尬問題），組織以湖南省人爲主體的湘軍，攻擊太平天國，成爲太平天國唯一的勁敵。

其二、太平天國以基督教立國，雖然天父、天兄之類已經嚴重的離經叛道，但西方那些基督教國家，卻十分興奮，又加上對清政府的惡感，他們都盼望太平天國成功。一八五三年，法國大使朵博爾隆到天京晉見洪秀全，對太平軍的嚴格紀律，以及安定的社會秩序，至爲驚異。可是，太平天國成長的太快，所有的領導人物，對國際局勢，跟清政府那些酒肉官員同樣的茫然無知，他們不知道利用外國的援助。而清政府和湘軍中的若干將領，卻已覺悟到跟外國人結合的有利影響。於是本來可以幫助太平政府的西洋力量，反而倒轉過來幫助清政府。

其三、最主要的是，太平天國由廣西起兵到天京定都，只不過短短的四年。領導階層固然都是傑出的人物，但他們的成功過於迅速，從燒炭工人貧農，轉眼間成了帝王將相，作爲國家最高領導人，可以說沒有經過嚴重的折磨和必須的訓練，使他們不能適應新的形勢。定都天京後不久，他們就走上黃巢、李自成的覆轍，立即開始腐敗，習慣於他們所反對的墮落生活，而且被權力攪佈得發狂，開國的領袖們大部份死於自相殘殺。

——任何新興力量都有兩個最致命的危機，一是腐化，完全背棄他們最初的革命精神和奮鬥目標。一是不能團結，發生一連串自斬手足式的內鬥。太平天國如果在這兩方面不失敗，士大夫的民兵和外國人的干預，都不足以使他們失敗。

在這三種壓力下，太平天國終於不支。六〇年代一八六四年，南京已被曾國藩的湖南兵團（湘軍）包圍了三年，洪秀全在圍城中逝世，他的兒子洪瑱繼承王位。不久城破，太平天國最後一位新崛起的優秀將領李秀成，保護洪瑱突圍，但被湖南兵團衝散，洪瑱失蹤，李秀成被曾國藩擒獲。李秀成被擒後僞裝屈服，親筆寫了一篇供詞，要求曾國藩派他去向仍散佈在南中國各地的太平軍招降。但曾國藩顯然不願跳進這個圈套，所以仍是殺了他。

李秀成死，太平天國滅，建立政權十四年。

太平天國所作的改革，至少使中國躍進一百年。而現在纏足、辮子、娶妾、吸食鴉片，以及等等其他被維護的「名教」，一一恢復舊觀。只有一件沒有恢復，那就是清政府滿洲人手中的軍權，從此轉移到漢人手中。

七、捻軍・回變

太平軍引發的戰爭限於南中國。

北中國的戰爭同樣激烈，它是捻軍發動的。捻軍比太平軍起兵爲早，而結束卻晚。捻，作動詞用時，指用大拇指和食指把紙片或棉絮搓成一條線樣形狀的動作。作名詞時，意思是指「一小撮人」。本世紀（十九）一〇年代，淮河南北兩岸廣大的地區上，民間燒香拜佛，往往以一小撮人爲一個團體，從事迎神和驅逐疫鬼的工作，一小撮人就稱爲一捻。他們在實質上是白蓮教，但表面上不是。官員的貪汚和水災旱災造成的饑饉，迫使農民大批離開土地，加入這種燒香拜佛的團體，到處流亡乞食。在乞不到食時，就向地主富戶和官員士大夫家劫掠。清政府把他們當作盜匪剿捕，他們飄忽不定，用游擊戰術抵制。

一八一四年，清政府聽說捻軍的領袖是一位名叫王妞子的女人，下令通緝，結果通緝不到。但經過這次打草驚蛇的搜捕騷擾，捻軍遂逐漸由小股合併爲大股，練成勁旅。當時清政府正在對付天理教和其他更嚴重的民變，對捻軍沒有採取更進一步的行動。

到了五〇年代，太平天國定都天京（江蘇南京）。捻軍領袖張洛行，以安徽省蒙城縣雉河集（安徽渦陽）爲根據地，接受太平天國的封爵，分兵四出，攻城略地。清政府把征討太平天國的責任交給曾國藩的湖南兵團（湘軍），用漢人打擊漢人。而由滿洲兵團對付捻軍，他們認爲捻軍比較脆弱。

六〇年代一八六三年，張洛行被叛徒苗沛霖出賣，擒獻給清政府以殘暴聞名的剿匪總司令僧格林沁。張洛行的侄兒張總愚繼續作戰，於兩年後的一八六五年，即太平天國覆亡的次年，在曹州（山東荷澤）把僧格林沁擊斃。清政府最後一張王牌輸掉了，不得不再依靠漢人，命曾國藩跟另一位也是民兵出身，被稱爲「淮軍」（以安徽省人爲主）領袖的李鴻章，乘消滅太平天國的餘威，負責對付捻軍。

一八六六年捻軍被清軍攔截，分爲兩支。張總愚親率一支進入陝西省，稱爲西捻。另一領袖賴立光率領一支進入湖北省，稱爲東捻。一八六七年，東捻挺進到揚州瓦窰舖（江蘇江都），在清軍雲集下覆沒。明年（一八六八），西捻折回山東省，在茌平縣迷失道路，陷入黃河跟運河間的泥沼地帶，也全軍覆沒。

捻軍戰爭歷時五十五年，而最後十六年輾轉華中各地血戰。他們沒有最高的政治指導原則，也沒有崇高的理想，只盲目的攻擊清軍或被清軍追逐，只能騷動，不能成功。

在中國的中部地區，即以甘肅蘭州爲中心的廣大範圍，跟太平軍和捻軍興起的同時，則有回教徒的叛變。

中部地區的回教徒，跟西部地區（新疆省）的回教徒，最大的差異是，西部的回教徒大部份是維吾爾人，他們幾乎全部保持固有的風俗和言語。中部的回教徒據說他們的祖先是阿拉伯人，於一千年前的八世紀唐王朝時，遷居中國，現在除了宗教信仰這一點之外，其他都已徹底華化，但在相貌上仍顯露着阿拉伯血統，跟漢人比較起來，他們的鼻子較高，鬍子較多。

中部回教徒的行動分佈三個地區：

一　雲南省　一八五五年，雲南回民領袖杜文秀在大理縣（九世紀時南詔王國的國都）起兵。

二　陝西省　一八六二年，陝西回民領袖任武，在渭南縣起兵。

三　甘肅省　一八六二年的同時，甘肅回民領袖馬化龍，在金積堡（寧夏吳忠金積鎮）起兵。

雲南省除了省城昆明外，其他縣份幾乎全都叛變。但回教徒內部的分裂使他們轉勝爲敗，也使那個當時漢人很少的地區免去像越南一樣脫幅而去。到了七〇年代一八七二年，清政府軍攻陷大理城，歷時十八年的混戰結束。

陝西省回教徒的武裝力量比較小，但因接近關中（陝西省中部）重鎮西安——一千零三十八年的故都的緣故，影響卻超過雲南百倍，清政府軍總司令（西安將軍）多隆阿，在進攻盩厔（陝西周至）縣城時被擊斃，滿洲人已第一千次的被證明腐敗無能，只好改派湖南兵團的另一位漢人將領左宗棠繼任。六〇年代一八六八年，最後一位變民領袖（但他卻不是回教徒）董福祥投降，歷時七年的混戰結束。

甘肅省的回變規模最大，從東到西一千二百公里的省境之內，跟雲南省的情形相同，除了省城蘭州外，其他城堡都響應馬化龍的號召。左宗棠於解決陝西省的回變之後，即行西征。七〇年代一八七〇年，攻陷金積堡（寧夏吳忠金積鎮）。一八七三年，攻陷碾伯（青海樂都·大分裂時代南涼王國的國都）、肅州（甘肅酒泉·大分裂時代北涼王國的國都），歷時十二年的混戰結束。

八、英法聯軍

焦頭爛額的滿洲人的清政府，正困於激烈的內戰時，又因為過度的愚昧，引起致命的英法聯軍戰爭。

中美望廈條約上，有十二年期滿再行修訂的條款，中英南京條約卻沒有。但中英南京條約、中法黃埔條約卻有利益均沾條款，所以也就等於有這個條款。

五〇年代一八五四年——距中英南京條約一八四二年簽訂，已十二年；距中法黃埔條約、中美望廈條約一八四四年簽訂，已十年。英法兩國公使向廣州兩廣總督葉名琛，要求就修約事宜，舉行談判。清政府那時還沒有外交部，對各國的外交事務，不在中央政府所在地的北京處理，而由在廣州的兩廣總督負責，這種畸形的形態，說明清政府的心理，那就是把這種棘手的事推的越遠越好。葉名琛是一個傳統的腐敗老官僚，昏聵顢頇而又自以為很聰明，他對外國人的態度是，一律拒絕接見，管你是普通商人或代表國家的使節，用以表示他的尊貴和對皇帝的忠貞。法國駐華公使布爾隆（注意到這一點，那時的外國駐中國使節是住在廣州的），自一八五二年來中國，到一八五五年回國，四年之間，屢次要求進見葉名琛，都見不到一面。美國駐華公使史派克，自一八四六年到一八四八年，自一八五〇年到一八五二年，兩次共六年之久，也無法見到葉名琛。接替他的新任公使馬歇爾於一八五二年到職，請葉名琛指定日期呈遞國書，直到一八五四年離任，連個回信都沒有得到。

在這種外交形態下，英法修訂條約的要求，如果能得到反應，那才是天大的怪事。英法兩國公使當然也瞭如指掌，他們早已洞察到中國官場的伎倆，所以在向葉名琛提出要求，完成這種外交上的例行程序後，就一齊北上，到了天津，向清政府提出，准許兩國的使節進駐北京，再准許開放天津跟廣州一樣的爲通商港口。皇帝綿寧看到報告後，氣得死去活來，尤其對於外國使節長期駐在北京的一項，認爲自從他祖宗創建清王朝以來，還沒有聽說過比這更荒謬的事。

英法兩國發現，除非使用武力，不能達到目的。

用武力必須有一個藉口，而藉口來了。一八五六年，廣東省的巡邏艇在珠江口截住一艘實際上是中國人所有，但在香港註册，掛着英國國旗，名叫亞羅號的船隻，逮捕了船上十二個中國人，並把英國國旗拔下丟掉。巡邏艇水兵顯然不知道國旗的意義，因爲中國那時候還沒有國旗。英國領事巴夏禮向葉名琛要求釋放那十二個人，並用書面道歉。葉名琛倒是把十二個人釋放了，但對道歉的要求好像沒有見到一樣。於是英艦轟擊廣州，廣州人民在憤怒中縱火焚燒英國商館，高呼「殺盡蠻夷，不留一人。」英國國內得到消息，輿論激昂。

法國也在焦急的尋找藉口，藉口也來了。就在同一年（一八五六），法國籍天主教神父馬賴，在廣西省西北部荒僻的西林縣，被西林縣政府的官員當作江洋大盜斬首。法國立即跟英國採取共同行動。

次年（一八五七），英法聯軍向葉名琛提出最後通牒，要求十日內舉行談判。葉名琛用官場上的特技「推」「拖」手段應付。十日期限到了，聯軍攻擊，廣州陷落，葉名琛被生擒。

——葉名琛跟四世紀淝水戰役晉政府的宰相謝安，是從一個模子澆出來的人物，唯一不同的是，葉名琛缺少謝安那種好運氣。所以謝安在恍恍惚惚中成功，葉名琛卻在恍恍惚惚中失敗。謝安用郊遊和下棋表示他的胸有成竹和從容不迫，葉名琛用的是扶乩拜神和睡大覺。葉名琛被捉住後，英國把他送到印度囚禁，於明年（一八五八）逝世。但恨他誤國的一些中國人士卻堅持說，他被英國當作一種奇異的動物，裝在木籠之中，運到各國展覽。其實這種憤怒不見得公平，如果顢頇的官員都要接受這種待遇的話，大黑暗時代中的千千萬萬官員，包括清政府的皇帝在內，恐怕沒有幾個不具備被展覽的資格。

次年（一八五八），英法聯軍艦隊北上，攻陷大沽，進逼天津。清政府不得不接受修約的原則，由宰相桂良到天津跟隨軍而來的英法公使談判。二十八歲的年輕皇帝奕詝（綿寧的兒子），仍嚴厲的拒絕外國使節進入北京，而英法堅持非進入北京不可。桂良被擠在夾縫中大爲狼狽，於是他企圖用國內的官場詐術來解決，在給奕詝的報告上說：「（現在跟他們簽訂的條約），並不作爲什麼眞憑實據，不過借這幾張紙，暫時打發他們把軍艦從港口撤退。將來如果不願履行，只要說我辦理不善，嚴加治罪。所謂條約，就成爲廢紙。」

桂良是簽字了，這項在簽字時清政府就預備背信的天津條約，包括下列重要事件：

一、英法兩國派遣使節駐紮北京，中國派遣使節駐紮倫敦、巴黎。

二、開闢牛莊營口（遼寧營口）、煙台（山東煙台）、台灣（台灣台南）、淡水（台灣台北）、汕頭（廣東汕頭）、瓊州（海南瓊山）爲通商港口。

三、中國賠償英法軍費銀幣六百萬兩（英四百萬兩，法二百萬兩）。

四、英法商船可自由航行中國內河。

五、中國重申不得再稱呼西洋人爲夷狄。

六、雙方政府批准後，明年（一八五九）在北京換約。

皇帝奕詝對眞正喪權辱國如內河航行的條款，毫不在意，獨對外國使節進駐北京這件事，認爲是一種不能忍受的奇恥大辱。所以等到英法聯軍艦隊一走，他就下令迅速重建大沽砲台，指派七年後死於捻軍的親王僧格林沁率領他的精銳兵團，沿海佈防。

第二年（一八五九），換約時間已到，英法兩國公使乘軍艦抵達大沽。清政府通知他們，大沽已經設防，不能通行，請改在大沽北面十五公里的北塘登陸。兩國公使眼中根本瞧不起清政府的所謂設防，不肯接受勸告，逕行在大沽上岸，大沽砲台開砲射擊，英法艦隊應戰，雖然有美國軍艦在發現英法艦隊情況緊急時，突然參戰相助，向中國發砲，但英法艦隊仍然失敗，其中四艘沉沒，六艘重傷，狼狽逃走。

——美國軍艦這種暴行，清政府連抗議都沒有提出，因爲它根本不知道美國軍艦已違犯國際公法。清政府大小官員像呆瓜一樣，白挨了悶棍，還不知道它是悶棍。

然而，無論如何，總算是把英法艦隊擊退，這是鴉片戰爭以來一次對外戰爭的勝利，使花花大少型的皇帝，葉名琛型的官員和士大夫階層，雀躍歡呼。一致認爲已經重振了天朝的威風，把夷狄制服，從此天下太平。

第二年，六〇年代一八六〇年，英法艦隊捲土重來，猛烈的砲火摧毀了大沽砲台，陸軍登陸後即攻陷天津。但住在皇宮女人堆裏、已三十歲的皇帝奕詝，信心卻非常堅強，看見英國女王維多利亞的國書譯文上，有自稱「朕」的字樣，不禁冷笑，在一旁批註說：「夜郎自大」。下令僧格林沁，要他對英法聯軍：「迎頭痛擊，把醜類全部殲滅。」

然而僧格林沁兵團沒有力量支持奕詝的冷笑，不斷敗退，天津與北京間軍事重鎮楊村（天津武清）失守，英法聯軍距北京只剩下八十公里，奕詝跟他老爹綿寧一樣，除了在報告上批一些大言不慚的話外，別無他法。最後，只好聲明願意接受天津條約。可是，當三國正要簽字時，英國代表巴夏禮忽然提出「可怕的」條件，那就是在條約批准換約時，所有的國書，都要由使節親自呈送給國家元首。那就是說，外夷蠻官竟然企圖跟天朝皇帝面面相對，這簡直比使節進駐北京的要求更使得奕訢暴跳如雷，因為那些夷狄在面對面時一定拒絕下跪，而下跪磕頭是中國最重要的傳統文化之一，有二千餘年的悠久歷史，任何有天良有見識的愛國人士，都不允許它受到破壞。

清政府的談判代表，奕訢的弟弟奕訢親王，發現毛病就出在會講中國話的巴夏禮一個人身上，他認爲如果把巴夏禮排除，英法聯軍便失去了靈魂。於是他下令逮捕巴夏禮。——跟巴夏禮同時被捕的隨從人員，共三十九人，囚在北京監獄。中國傳統式的監獄是恐怖的，在一個沒有人權思想，沒有良好刑事訴訟法的社會，必然如此。後來，當清政府被迫把巴夏禮釋放時，只剩下三十四人；十數天的囚禁中，五人死於獄卒的酷刑。

逮捕巴夏禮促使英法聯軍進攻北京，僧格林沁兵團在距北京十五公里的八里橋地方崩潰，奕訢逃出北京，逃到北方爲避暑之用的熱河（河北承德）。有趣的是，英法聯軍這時反而停止前進，提議再度談判，爲的是恐怕談判代表奕訢親王也跟着跑掉，他們便找不到談判對象了。奕訢完全屈服，把巴夏禮釋放，在北京城上豎起表示投降的白旗，迎接英法聯軍入城。這不是北京第一次對外國陷落，卻是第一次對歐洲國家陷落，而這敵人的總數不過只有一萬六千人。英軍爲了報復巴夏禮所受的虐待，和他的隨從們在監獄中的慘死，把一股怒氣出到北京郊外中國皇帝豪華別墅圓明園上，縱火焚燒。圓明園是清政府用中國人民的血和淚築成，作爲皇帝一個人和他周圍女人們專用的遊逛和娛樂場所，現在化成一堆瓦礫。

逃到熱河的奕詝，羞愧而沮喪，他發現僅只在大臣的奏章上批一些大話不能贏得勝利，他授權給他弟弟奕訢親王，答應英法聯軍所提出的全部條件，只求聯軍早日退出北京。奕訢，這個二十餘歲、面色蒼白的青年，又氣又怕，終於戰戰兢兢的跟英法聯軍分別簽訂北京條約。

北京條約，包括下列重要事項：

一、天津條約除賠款一項外，其餘繼續有效。

二、中國賠償英法軍費銀幣一千六百萬兩（英法各八百萬兩）。

三、割讓九龍半島給英國。

四、各國使節進駐北京，並覲見皇帝。

五、增開鎮江（江蘇鎮江）、漢口（湖北武漢）、江寧（江蘇南京）、九江（江西九江）、天津爲通商港口。

六、允許外國傳教士在中國內地傳教，並有權購置房屋田產。

英法徹底勝利，清政府執政下的中國徹底失敗。但取得重大利益的英法帝國主義，對太平天國的立場卻因之轉變，認爲太平天國是他們既得利益的最大阻礙，遂轉而積極幫助給他們既得利益的清政府；對清政府而言，卻是一種意外的收穫。

九、俄國攫取九十八萬方公里疆土

英國攻陷廣州，生擒葉名琛後的第二個月，也就是五〇年代一八五八年的春天，距廣州三千公里外遙遠的北方，俄國西伯利亞東部總督木里斐約夫，向中國清政府提出建議，要求准許俄國駐華公使前往北京，跟清政府商談共同對付英國的策略，一方面也「順便」商談重新劃定兩國的邊界。

俄國自從上上世紀（十七）尼布楚條約，被中國阻擋，不能前進，到本世紀（十九）止，將近二百年，兩國漫長的邊界上，一向保持靖寧。然而，中國因大黑暗反撲，日益衰弱——一個國家，尤其是一個大國過份衰弱，就是一種不可原諒的罪惡，因爲它能引誘其他國家的侵略狂熱。本世紀（十九）四〇年代，木里斐約夫曾派人祕密潛越邊界，調查黑龍江沿岸情況。五〇年代時，他親自出馬，乘汽船深入中國領土，到黑龍江畔重鎭瑷琿城（黑龍江黑河）。在瑷琿城，他親眼看到中國軍隊的裝備，不禁大吃一驚。瑷琿城當時駐軍一千餘人，只有少數十七世紀進攻雅克薩城時所用的舊砲，這在西洋各國早已送到博物館了；也只有少數士兵有鳥槍，大多數士兵都手持長矛，背負弓箭。木里斐約夫認爲，對這種一百六十年之久都不進步的國家，如果不馬上發動侵略，簡直死不瞑目，俄國沙皇政府支持他的主張。

清政府對所有的外國都不相信，當然不願接受俄國的建議去對抗英國，至於「順便」重劃邊界，清政府聲嘶力竭的聲明說，尼布楚條約是「鳴砲誓天」的萬年和約，用不着再談。

可是鑑於拒絕英法修約的後果，對俄國不敢堅持到底，於是命黑龍江軍區司令（黑龍江將軍）奕山爲全權代表。奕山就是十七年前在廣州以銀幣六百萬兩巨款向英軍贖城的那位渾身發抖的滿洲權貴，用這種人跟外國辦理外交，結果如何，是可以預知的。談判開始後不久，木里斐約夫就看出奕山不過是一個膿包，毫無忌憚的告訴奕山說，中國應該交出黑龍江以北土地，兩國即以黑龍江爲界。然後把用俄文和滿文寫好的條約交給奕山，要奕山簽字。奕山最初不肯，一味自說自話的重申尼布楚條約是萬年和約，僵持了兩天，木里斐約夫放下面孔，宣稱奕山應負一切談判破裂的責任，就回到停泊在江心的俄國軍艦上睡覺去了。奕山在璦琿城中心神不寧，夜間登高向江心眺望，只見俄艦上燈火齊明，而耳邊又彷彿聽到什麼地方傳來隆隆的砲聲，他嚇得第二次的渾身發抖，好容易盼到天亮，立即派人去請木里斐約夫駕臨璦琿繼續談判，木里斐約夫反而端起架子，拒絕見面，只把已寫好的條約交給去請他的人帶回，奕山更加六神無主，迫不及待的簽了字。

這就是著名的中俄璦琿條約，內容只有兩條，規定中俄在東方的疆土，以黑龍江爲界。黑龍江以北，外興安嶺以南，六十四萬方公里中國的廣大領土，包括中國人爲它兩次流血並取得決定勝利的雅克薩城在內，不明不白的被俄國詐欺而去。而且又規定烏蘇里江以東的中國領土，由俄國跟中國共管。

璦琿條約的簽訂，使俄國喜出望外，它發現清政府比它想像的還要愚蠢無知，所以渴望再有機會跟清政府談判，如果能天天都在談判，那就更好。

第二次機會閃電般來了。瑷琿條約於一八五八年四月簽訂，五月間，英法聯軍進攻大沽，俄國駐華公使普提雅廷趁熱鬧趕到天津，通知清政府說，如果把滿洲（東北三省）沿海割讓給俄國，就可以阻止英法聯軍進攻滿洲腹地，普提雅廷在照會中特別表明心跡說：「俄國軍隊進駐沿海，並不是欺凌中國，而是完全爲了中國的利益。」清政府代表桂良稍微表示不敢接受這種幫助，普提雅廷咆哮說：「俄國一心一意爲了中國好，如果中國不給面子，我們從此不再管這一類的事。」清政府恐怕俄國參加英法聯軍，經過討價還價的談判，最後終於簽訂中俄天津條約，比勞師動眾才獲得簽字的英法天津條約，還早十五天，距瑷琿條約，也同樣只十五天。它的重要內容如下：

一、開闢上海、寧波、福州、廈門、廣州、台灣（台灣台南）、瓊州（海南瓊山）爲通商港口（七口通商）。

二、利益均沾條款適用於俄國。

三、中俄兩國未定邊界，重新勘定（中國西北疆土喪失的伏筆）。

俄國還要求割讓烏蘇里江以東領土，桂良心神恍惚，口頭上連連應允。口頭上的應允雖然沒有法律上的效力，但有鼓舞俄國要求再舉行談判的效力。

兩年後，六〇年代一八六〇年，英法聯軍進入北京，俄國前任駐華公使伊格那切夫也狐假虎威，進入北京，向失魂落魄的奕訢親王，表示他有辦法使英法聯軍撤退，但中國必須把烏蘇里江以東領土正式割讓給俄國，作爲酬謝。

英法聯軍所以發生，跟鴉片戰爭所以發生一樣，都基因於淸政府對當代國際社會，連最低的基本常識都沒有。英法聯軍的目的只求淸政府履行天津條約，並無意打進中國的首都。旣然陰差陽錯打進了中國首都，一則缺少冬天裝備，一則又怕淸政府瓦解，妨礙他們的商人做生意，所以一心一意希望早日簽訂和約，早日撤退。淸政府官員對這些一無所知，每日憂心忡忡，唯恐英法長期佔領。在簽約之後，英法聯軍本要依限撤退，偏因內部一點小事，延緩了幾天，奕訢就慌了手腳，認爲是俄國從中搗鬼，他向皇帝奕詝報告說：「恐怕俄夷之事一天不解決，英夷的兵一天不走。」就又暈暈忽忽的簽訂了中俄北京條約：

一、割讓烏蘇里江以東土地給俄國。

二、中俄兩國在中亞，以山脈河流自然形勢，和中國哨兵站爲邊界。

三、俄國在喀什噶爾（新疆喀什）、伊犁（新疆伊寧）、塔爾巴哈台（新疆塔城）自由貿易，並有購地建屋，和傳教之權。

烏蘇里江以東領土有三十四萬方公里，包括海參崴在內，在俄國的詐欺下，又莫名其妙的全部喪失。

中國旣沒有被俄國打敗，俄國也沒有費一槍一彈，只憑恐嚇和詐術，就硬生生的奪取了九十八萬方公里的中國領土，是日本面積的兩倍半，而且這還是第一批，更多的恐嚇和詐騙還在後面。這不像是眞實的國際交涉，倒像是一篇童話故事。

一〇、新疆的脫離與收復

太平天國覆亡的那一年（一八六四），西北的新疆地區，又爆發更嚴重的反抗戰爭。陝西回變領袖人物之一的妥明，從陝西到了新疆天山北路的重鎮烏魯木齊，住在烏魯木齊軍區副司令（參將）索煥章家中，企圖發動另一個回變，以打擊已失去控制力的清政府。恰巧軍區總司令（都統）平瑞，正向各縣徵收捐稅，稅吏馬金、馬八，都是回教徒，貪汚暴虐，各縣漢人紛紛起來反抗。馬金、馬八反而倒打一耙，指控這是抗暴的漢人有計畫的要消滅回教徒，號召回教徒用武力對付。古城（新疆奇台）首先發生流血械鬥，索煥章乘着混亂，把平瑞殺掉，擁戴妥明當王，建立獨立政權。

明年（一八六五），另一位從陝西逃到天山南路的陝西回民領袖金相印，在喀什噶爾（新疆喀什）暴動，把清政府的官員趕走。天山西麓，位於中亞的浩罕王國（烏孜別克浩罕），派了它的大將阿古柏，帶着維吾爾人回教徒領袖大和卓木布士爾克（可憐的張格爾之子），率領強悍善戰的安集延（烏孜別克安集延）兵團，進入中國領土，援助金相印。浩罕人也屬於維吾爾民族，於是漢人回教徒跟維吾爾人回教徒合流。

布士爾克在喀什噶爾稱王，他既沒有才能而又想干預阿古柏的軍權，兩年後（一八六七），阿古柏政變，把布士爾克逼下寶座，送去阿拉伯半島麥加朝聖。阿古柏登位，稱畢調勒特可汗，建立哲德沙爾汗國。七〇年代一八七〇年，阿古柏北伐，攻陷烏魯木齊，當了七年王的妥明，在逃亡途中死掉，阿古柏遂統一了新疆全境，只伊犁（新疆伊寧）地區除外，伊犁於一八七一年被俄國突擊佔領。

阿古柏的龐大汗國，很快的就跟英俄兩國締結通商條約。又跟當時回教教主蘇丹所統治下的土耳其帝國，建立密切關係。二百萬方公里的新疆，事實上已與中國脫離。

一八七三年，甘肅回變結束，陝甘總督左宗棠向中央要求收復新疆。新疆這時脫離中國已經十年，分裂的形勢已經形成，清政府高級官員對這個棘手問題，像對一顆病牙一樣，小心翼翼，沒有人敢去碰它。如今左宗棠提出收復國土的嚴正主張，使他們不得不正視現實。當權的高級官員分爲兩派，一派稱海防派，以討伐捻軍的安徽兵團（淮軍）首領李鴻章爲主，認爲中國的外患，來自海洋，所以主張加封阿古柏爲國王，使他像朝鮮、越南一樣，永作中國的藩屬，也就是說，這一派主張把新疆放棄。另一派稱塞防派，以湖南兵團（湘軍）首領左宗棠爲主，他在給中央政府的報告上說：「保衛新疆就是保衛蒙古，保衛蒙古就是保衛北京。」他和他的朋友主張必須收回新疆。

最後塞防派勝利，七〇年代一八七六年，左宗棠的西征大軍攻克烏魯木齊，天山北路光復。英國駐北京的公使烏亞德，要求清政府允許阿古柏獨立，以保持中亞的和平。這時清政府已不敢再把外國當作夷狄，而且已逐漸生出一種恰恰相反的自卑感，對所有外國，尤其對英國，心懷畏懼。連中國駐英公使，在當時思想最新最進步的郭嵩燾，也都同意這是一個妥善的辦法，以免觸怒英國。但左宗棠竭力反對，他說：「英國愛護阿古柏如果出於眞心，爲什麼不把印度割讓給他？」

明年（一八七七），左宗棠的西征大軍越過高插雲霄的天山山脈南下，阿古柏無力抵抗。而浩罕王國在前一年已被俄國併吞，阿古柏也得不到外援，進退失據，就在庫爾勒城服毒自盡。他的兒子們跟四世紀大分裂時代後秦天王姚興的兒子們一樣，大敵當前而仍拒絕團結，反而誓不並存，互相殘殺。結果在內鬥中勝利的一方——阿古柏的兩個年輕兒子和三個孫子，被左宗棠的西征大軍捕獲，用酷刑磔死。

新疆脫離中國版圖十四年之後，再入版圖。

——回溯十五世紀交趾省（越南北部）因民變而永遠失去的往事，阿古柏跟黎利沒有兩樣。新疆面積十倍於越南北部，最後仍回到中國，主要靠塞防派一批英雄堅定的立場，和左宗棠以下將領們卓越的軍事指揮。歷史上得失之間，往往間不容髮。

——中亞所有的獨立王國，在本世紀（十九）全被俄國征服。阿古柏以一個浩罕人，在中國國土建立汗國，即令中國同意，我們用歷史眼光可以斷定，俄國必然的尾追而至。俄國對阿古柏，不會比對哈薩克王國或對浩罕王國更尊重。

一一、俄國再攫取六十三萬方公里疆土

然而，伊犁地區仍在俄國軍隊佔領之下。

伊犁地區位於新疆西北天山主脈跟支脈婆羅科努山之間，面積約七萬方公里，是本世紀（十九）新疆全境耕地最肥沃、工商業最發達、人口最稠密的一個矩形平原，清政府統治新疆最高官署「伊犁將軍衙門」，就設在伊犁城（新疆伊寧）內。一八七〇年，阿古柏攻陷烏魯木齊。一八七一年，俄國就發動突襲，佔領伊犁地區。對這種明目張膽的侵略行爲，它向中國解釋說，因爲中國已不能在那裏行使職權，所以基於朋友的道義，暫時代爲管理，以免落到叛軍之手；一旦新疆的動亂平息，就雙手奉還。俄國認爲中國絕不可能再回到新疆，伊犁地區併入俄國，已成定局。

一八七六年，中國竟然回到新疆，俄國大失所望。依它所作的承諾，必須從伊犁撤退。俄國無法拒絕撤退，但要求談判撤退條件。談判，是它最喜歡的事了。

我們現在追溯一件十二年前（一八六四）中國在俄國高壓下簽訂的喪失五十八萬方公里領土的塔城條約（或稱勘分西北界約記）。

根據一八六〇年中俄北京條約，兩國在中亞的邊界是：「從沙賓達巴哈的界牌起，順着山脈河流的形勢，和中國常駐的哨兵站（卡倫）等處，直到浩罕。」沙賓達巴哈，就是沙賓山口，在外蒙古唐努烏梁海西北，是中俄共同邊界上的一個山隘。

一八六二年，外蒙古軍區總司令（烏里雅蘇台定邊將軍）滿洲人明誼，跟俄國代表劃界。明誼這才發現，山脈河流形勢跟中國常駐的哨兵站是兩回事，以山脈河流形勢，也就是以分水嶺爲基準的話，則中國所有的哨兵站，都遠在分水嶺以西二三百公里之外。北京條約簽訂時，以奕訢親王爲首的官員，沒有一個人了解中國眞正的邊界到底在什麼地方。明誼認爲應該以中國哨兵站爲主，因爲那表示中國力量實質上就在那裏。俄國立刻派出大批哥薩克騎兵，沿着一千餘公里的邊界，發動攻擊。中國哨兵站在沒有援軍的情況下，不能抵抗，被迫節節後退，一直退到俄國心目中的地點，然後說：「好吧，就以你們的常駐哨兵站爲基準談吧。」明誼狼狽不堪。

一八六四年，新疆民變爆發，妥明在烏魯木齊叛變稱王，明誼恐怕俄國跟變民結合，就接受俄國的要求，簽訂了塔城條約，俄國再一次從中國手中不動聲色的攫取了五十八萬方公里的領土，這一塊矩形的有日本一倍半大的廣大土地上，包括六千三百方公里的伊賽克湖，和三千方公里的齋桑湖，以及中亞重鎭的阿拉木圖城（今哈薩克共和國首都）、和皮什別克（今吉爾吉斯共和國首都比什凱克）。

然而，俄國仍不滿意，七年後（一八七一），塔城條約的墨蹟方乾，俄國乘阿古柏攻陷烏魯木齊（新疆烏魯木齊）之際，又出兵佔領伊犁（新疆伊寧）。

俄國既要求談判交還伊犁的條件，中國只好跟它談判。七〇年代一八七九年，清政府派滿洲權貴崇厚，前往俄國首都聖彼得堡，這是中國歷史上第一次派遣使節到外國首都辦理交涉。

崇厚在觀念上認爲只要收回伊犁城，便算完成任務。而且星象家曾警告他，這一次出國對他非常的不利。所以他急於早日在條約上簽字，以便迅速回國，擺脫惡運。因之他到了俄國後，很快就簽訂了下列的里華幾亞條約（又稱伊犁條約）：

一、俄國把伊犁城（新疆伊寧）交還中國。

二、中國賠償俄國佔領費五百萬俄元（盧布）（中國銀幣二百八十萬兩）。

三、割讓霍爾果斯河以西（二萬方公里），及特克斯河流域（三萬方公里）與俄國。

四、齋桑湖以東，重新劃界（這就是說，還要舉行俄國最喜歡的談判）。

條約的結果是，中國只收回一個伊犁城，城以西和城以南的領土全部喪失，從伊犁到天山南路必須經過的特克斯河，也被切斷。這時候清政府對國際事務，開始多少有點了解，再加上英國暗中為中國出主意，於是清政府拒絕批准這個條約，並且宣佈崇厚因沒有接到訓令就擅自返國，把他逮捕，判處死刑（星象家的不祥預言應驗了）。

清政府若干大臣還聲稱要用武力收回伊犁。中國全國的輿論沸騰，左宗棠也集結軍隊，準備進攻。俄國的態度非常強硬，但那時他們還沒有西伯利亞鐵路，運兵困難。而且新征服的中亞諸國，有乘機反抗，跟中國合作的危險。最後，中俄兩國恢復談判，清政府這一次沒有再派滿洲權貴了，而派漢人曾紀澤當全權代表。

八〇年代一八八一年，簽訂聖彼得堡條約（又稱收回伊犁條約）：

一、割讓霍爾果斯河以西（二萬方公里）給俄國（總算保住了特克斯河流域三萬方公里）。

二、賠償軍費九百萬俄元（盧布）（多了四百萬俄元，九百萬俄元約合中國銀幣五百萬兩）。

俄國仍不肯罷休，兩年後（一八八三），再跟中國勘定齋桑湖以東邊界，簽訂科塔條約（外蒙科布多與新疆塔城間邊界條約），用不着問，吃虧上當，割地如儀的仍是可憐的中國，面積三萬方公里（約有台灣島那麼大）的齋桑湖地區，再斷送給俄國。

俄國對清政府無論採取什麼方式愚弄，沒有一次不得心應手。僅西北邊境一隅，中國的失地，就達六十三萬方公里。連以前所割東北邊境的領土，至此共達一百六十一萬方公里，我們用左表說明詳細的內容：

年份	條約	中國喪失土地	面積（約）（單位方公里）
一八五八	璦琿條約	黑龍江以北、外興安嶺以南	六四〇・〇〇〇
一八六〇	中俄北京條約	烏蘇里江以東	三四〇・〇〇〇
一八六四	塔城條約	新疆西北	五八〇・〇〇〇

一八八一	聖彼得堡條約	霍爾果斯河以西	二〇・〇〇〇
一八八三	科塔條約	齋桑湖地區	三〇・〇〇〇
共計	一・六一〇・〇〇〇方公里		

這一百六十一萬方公里，有三個法國、或四個日本那麼大，都是中國國防上絕對不可以喪失的重地，任何中國人都不會忘記這筆巨債。中國在清政府滿洲權貴領導下，被俄國一大塊一大塊的宰割，卻沒有惹起當時世界上任何人的注意。比起英國、法國以及以後的日本軍國主義那種開槍開砲、聲震四鄰的公開搶劫，俄國的手段，更高一級。而最使中國人啼笑皆非的是，俄國每一次攫取中國土地，都在它堅稱對中國十分友善，和堅稱它是中國最好的朋友之後。

一二、中法越南戰爭

聖彼得堡條約簽訂兩年後（一八八三），中國又爲了保護越南，而跟法國發生戰爭。

上世紀（十八）末，流亡在外的廣南國王阮福映，得到法國傳教士的協助，於一七八九年，跟法國簽訂同盟條約，允許法軍長駐交趾中國地區（越南南部），並把土倫（峴港）割讓給法國。法國承諾派遣一支軍隊，幫助阮福映復位。五年後一七九四年，法國遠征軍攻陷首都順化，西山黨政權消滅。這時正逢法國大革命，無法消化它的勝利果實，而把軍隊撤回。阮福映繼續北伐，滅掉安南王國，統一全境。

本世紀（十九）初葉，阮福映請求中國加封，中國改封他爲越南國王，他就是越南歷史上著名的嘉隆王。二〇年代一八二〇年，阮福映逝世，他臨死時，囑咐他的兒子阮福晈說：「不可忘記法國的大恩，對法國要敬愛不衰，但千萬不要把土地割給法國。」可是他的後裔對法國卻採取敵視態度，法國傳教士受到動輒被殺的迫害，法國的憤怒自在意料之中。

延遲到五〇年代一八五六年，法國才採取行動，海軍少將魯約里，到順化呈遞國書，要求越南履行一七八九年跟嘉隆王阮福映簽訂的條約。越南政府理也不理，原封退回。魯約里就在土倫（峴港）登陸，摧毀越南砲台。越南政府等法國艦隊撤退後，把在越南傳教的法國傳教士，屠殺淨光，作爲報復。

三年後，一八五九年，英法聯軍在中國大沽口挫敗，但對越南並不放鬆。法國艦隊再度光臨越南，攻陷交趾中國的首府西貢（胡志明市）。越南只好屈膝，於一八六二年，跟法國簽訂西貢條約，把交趾中國割給法國。

法國政府對於佔領越南三分之一的國土，似乎已經滿意，但法國商人卻垂涎被稱爲「北圻」地區的越南北部，商人久辟酉在北圻首府，交趾古都東京（河內），發現一條可以通往中國雲南省的交通新道，就是紅河。他利用這條河道販賣軍火到雲南省，賣給正在作戰的回教變民，和清政府的軍隊。但軍火在越南卻是違禁物品，越南官員無法阻止他，就要求駐在西貢的法國總督召回這位商人。七〇年代一八七三年，法國總督派遣海軍官員葛爾里前往調查，葛爾里率領兩艘軍艦到達東京（河內）後，竟被久辟西說服，建議總督派兵併吞越南北部——北圻。越南官員對葛爾里痛恨入骨，就跟山區的黑旗軍祕密聯絡，葛爾里遂在黑旗軍一次狙擊戰中，中伏被殺。

黑旗軍的領袖劉永福，是中國廣東省人，在五〇年代中國遍地民變時，劉永福是其中的一支，但他不像太平軍那些領袖有政治理想。太平天國失敗後，清政府逐漸恢復秩序，劉永福在中國無法立足，就率領他的部眾逃到越南，在中越邊境北圻西北部山區一帶屯墾，當然也免不了種種不法的勾當，自成一個獨立王國。越南一向把中國人當作天朝人，所以對劉永福的侵入，既無力驅逐，也不想驅逐。劉永福這批約兩千餘人的綠林豪傑，使用黑顏色的旗幟，越南人因之稱他們為黑旗軍。當劉永福把葛爾里等五顆法國人頭呈獻給越南國王阮洪任（二任王阮福皎的孫兒）時，阮洪任大為高興，認為法國已經喪膽，就任命劉永福當三宣兵團副司令（三宣副提督）。

葛爾里之死，引起法國更大的壓力。明年（一八七四），越南政府再次屈服，跟法國簽訂第二次西貢條約。

一、法國承認越南是獨立國。

二、越南外交由法國代理。

三、開放紅河自由航行。

法國駐中國公使把條約副本，通知清政府，清政府正式覆函聲明：「條約中有承認越南是獨立國條款，中國大惑不解，越南自古就是中國的屬邦，所以對此條約，中國不能承認。」越南對這種連外交權都喪失了的屈辱條約，也根本不準備履行。可是中越兩國別無他法，只把希望寄托在黑旗軍上，希望黑旗軍能對紅河通航發生阻撓作用。越南政府告訴法國說，因爲來歷不明的黑旗軍盤據保勝城（中越邊界上紅河東岸的重鎭老街城）的緣故，紅河無法通航。一面不理會法國代理外交，繼續向中國派遣朝貢使節，法國用武力阻止貢使出發，貢使卻提前一天動身，使法國軍隊撲了一個空。

法國當然不肯罷休，八〇年代一八八二年，海軍司令李威利，由西貢率艦隊北上，在北圻登陸，攻陷東京（河內），要求越南履行第二次西貢條約。越南向宗主國中國乞援，中國向法國交涉，兩國代表在天津簽訂天津草約，在草約上，法國同意紅河以北是中國保護區，中國承認紅河以南是法國保護區。但這個草約呈報給兩國政府時，立即受到反對，北京認爲這樣做等於瓜分越南，而且堅信黑旗軍是法軍的剋星；巴黎認爲法國必須全部佔領越南，不能讓中國分一杯羹。

次年（一八八三），中法兩國同時宣佈草約無效。法國大軍即進攻越南首都順化，越南國防軍瓦解，國王阮福昇（阮洪任的兒子）投降，跟法國簽訂順化條約，承認越南是法國的保護國，內政外交，全歸法國管理。越南政府高階層拒絕承認，把阮福昇罷黜，另立他的兒子阮福昊當國王，一面派急使到中國求救。清政府的反應十分迅速，立即派遣援越遠征軍進入越南，在東京（河內）附近的北寧府、山西府、興化府一帶佈防。可是等到法軍發動攻勢，援越遠征軍和被估計過高的黑旗軍，全部潰敗。清政府只好再跟法國談判。

第二年（一八八四），中國代表李鴻章，法國代表福祿諾，在天津簽訂李福協定（或稱天津簡明條款）。

一、中國軍隊從越南撤退。

二、中國仍是越南宗主國，但不再過問法國和越南間所訂的條約。

三、中國不向法國索取賠款。

然而，這草約再度受到兩國政府的反對，中國政府認爲這樣等於出賣越南，法國政府認爲中國仍保留宗主國名義，可能引起後患。法國首先突擊越南東北邊境城市諒山，被中國援越遠征軍擊退，法國駐北京代辦謝滿祿就向清政府提出最後通牒，限中國在兩天內承諾賠償法國軍費八千萬法元（法郎）。清政府拒絕，謝滿祿逾期得不到回答，即下旗回國。中國皇帝載湉下令各省備戰，而法國艦隊已開始攻擊。清政府的軍隊腐敗如故，停泊在福建福州閩江口的艦隊和號稱固若金湯的馬尾砲台，被闖進來的法國艦隊全部摧毀。法國艦隊再攻擊台灣，在基隆登陸，佔領滬尾（台灣淡水），封鎖台灣海峽，切斷中國南北海道。

明年（一八八五），法國軍隊再在台灣海峽中的澎湖群島登陸。法國艦隊司令海軍中將孤拔，就死在澎湖。他的死，中國說是被中國擊斃，法國說是害病逝世。但法國的陸軍從東京（河內）向北進攻時，在中越邊界上的鎮南關（友誼關），被一位因這一次戰役而成名的中國將軍馮子材擊敗，並乘勝追擊，重佔諒山，進逼東京（河內）。這對於一向習慣於勝利的法國，是一個人心震動的打擊，消息傳到巴黎的明日，法國內閣倒台。

就在這種情況下，中法接受調停，簽訂越南條約，承認李福協定，但取消中國是越南宗主國的條款，越南從此淪為法國的殖民地。中國雖然被迫放棄越南，但中國已盡了宗主國應盡的力量，沒有逃避。

——當時，越南的嘉隆王朝政府，跟中國的清王朝政府，同等的腐敗和同等的無知，對外國只一味的閉着眼睛。這時候距鴉片戰爭已三十年，清政府應該了解通商貿易的本身，並不是一件罪惡，應該鼓勵越南接受。不去這樣做，卻去幫助越南利用烏合之眾的黑旗軍阻撓紅河通航，即令阻撓成功，對於已經土崩瓦解的越南危局，實質上也沒有補益。幸而中國乘着諒山的勝利，立即和解，否則法國非常有可能繼續佔領台灣、澎湖，造成割讓的事實。

一三、自強運動

本世紀（十九）四〇年代的鴉片戰爭，是一個劃時代的戰爭，然而清政府的皇帝和官員卻把它當作歷史上跟外國作戰的一個普通戰役，勝敗乃兵家常事，算不了什麼，中國雖然打了敗仗，只不過一時的挫折，格言上說過，有小屈必有大伸，一旦具有無限權威的皇帝赫然震怒，大展雄威，重張天討，那些夷狄醜類，仍將匐匍在王師腳下。可是緊接着六〇年代英法聯軍攻進北京，滿洲權貴們親身挨到巨棒，尤其是簽訂北京條約的奕訢，這位青年親王首當其衝，受的刺激更大，這促使奕訢處於領導一項發奮圖強運動的地位。英法戰爭結束的次年（一八六一），皇帝奕詝逝世，六歲的兒子載淳坐上皇帝寶座，載淳的母親那拉蘭兒以皇太后的身份臨朝，由奕訢主持政府（官銜是「恭親王・議政大臣・軍機大臣」），他遂得以實行他的主張。

沒有人反對發奮圖強，問題是如何發奮圖強。鴉片戰爭時，英國只不過出動軍隊二千餘人；英法聯軍時，兩國也不過出動軍隊一萬餘人，竟把擁有四億人口，當時世界上最大的超級大國打得落花流水。奕訢跟漢人中若干掌握實權的官員曾國藩、李鴻章之輩，恍然大悟，認爲西洋人的政治不如中國，唯一比中國高明的，不過「船堅砲利」罷了。中國只要也船堅砲利，就可以制服英法諸夷。至於如何才能船堅砲利，則只要採取下列三項措施就能達成目的：

一、向西洋購買軍艦大砲。

二、中國自己設立工廠製造軍艦大砲。

三、派遣留學生到西洋各國去學他們的本領。

唯一的問題是，深恐西洋那些夷狄對軍艦大砲的建造使用方法，祕密不肯傳授；但當發現那些夷狄不但肯傳授祕密，而且還熱心的傳授時，不禁大爲驚喜。於是，自強運動就在上述的理論基礎上，積極推動。從六〇年代英法聯軍戰爭結束，到九〇年代中日甲午戰爭爆發，三十五年之間，我們用下表說明清政府的主要措施：

年代	年份	設施	註
四〇	一八四二	（鴉片戰爭結束，中國戰敗，簽訂南京條約。）	
五〇	一八五三	（美國海軍艦隊司令培理，率艇闖入日本東京灣。）	
六〇	一八六〇	英法聯軍戰爭結束，中國戰敗，設立總理各國事務衙門（外交部）。	中國中央政府自此才有外交機構。
	一八六二	上海發行申報（日報），北京設立同文館（外國語學校）。	上海申報是中國第一份報紙，以後逐漸普及。
	一八六三	製定三角形飛龍戲珠旗爲中國國旗（龍藍色，珠赤色，地黃色。一八八一年改爲長方形）。	中國自此才有國旗。

七〇

一八六四	上海設江南製造局（海軍兵工廠），又設譯書局。	中國開始自製現代化的武器。
一八六六	福州馬尾設海軍造船廠。	造艦是自強運動中心工作之一。
一八六七	（日本明治維新。）	
一八六八	江南製造局製惠吉艦成，向英國購買的安瀾等六艦，也駛回國。	中國開始有現代化海軍，自是艦隻不斷擴充。
一八七〇	天津設立機器製造局（兵工廠）。	
一八七二	選派青少年赴美國留學，每年三十人。上海設招商局（公私合營的客貨海運輪船公司）。	中國第一批留學生。中國第一個現代化商業機構。
一八七三	皇帝載淳接見各國駐華使節，接受國書。	這是一件破天荒的大事，爲了這個禮節，曾血流成河，千萬人死亡。
一八七五	建立北洋艦隊。	這時中國海軍居世界第七位，自強運動達到高峰。
一八七六	選派軍官赴德國學陸軍，赴英國學海軍。修築上海、吳淞間鐵路。派郭嵩燾爲駐英國公使。	中國始有鐵路，始有駐外國使節。

	一八七七	鑄造銀元，代替傳統的幣制單位「兩」。	每元含純銀七錢二分（一兩的三分之二強）。
	一八七八	唐山設開平礦務局（煤礦）。蘭州設織絨總局（紡織公司）。	中國軍艦過去都用英國煤，自此才用本國出產。
	一八七九	架設大沽、北塘砲台到天津電報線。	中國始有電報。
八〇	一八八〇	天津設水師學堂（海軍軍官學校）。	
	一八八五	成立海軍衙門（海軍總司令部）。設立天津武備學堂（陸軍軍官學校）。	
	一八八八	（皇太后那拉蘭兒在北京建豪華蓋世的頤和園，移用海軍經費一千萬兩，海軍自此不能再增加新艦，也不能再更新設備。）	
九〇	一八九〇	湖北設大冶鐵工廠，漢陽設兵工廠。	
	一八九三	湖北設織布廠、紡紗廠、製麻廠、繅絲廠、針釘廠、毡絨廠。	
	一八九四	（中日甲午戰爭爆發。）	

自強運動最重要的是設立總理各國事務衙門，它是英法聯軍打進首都北京後的新生事物。過去各國只能跟清政府指定的邊疆地方官員交涉，像俄國只能跟庫倫（蒙古烏蘭巴托）的辦事大臣，歐美各國只能跟廣州的兩廣總督交涉。清王朝中央政府只有一個藩屬事務部（理藩院），處理藩屬國的事務。即令在鴉片戰爭之後，仍然如此，所以英法修約之議初起時，兩廣總督葉名琛拒不見面，英法連談話的對象都找不到，才決定改用武力。

總理各國事務衙門的設立，表示清政府終於在心理上承認世界上尚有平等地位的國家。它等於現代的外交部，但外交不過是總理各國事務衙門的主要工作之一，事實上它是自強運動總司令部，奕訢是最高統帥，稍後出任北洋通商大臣兼直隸（河北省）總督的李鴻章，則是總執行官。總理各國事務衙門負責推動的幾乎是包羅萬象的各種前所未聞的嶄新業務，諸如：

一、教育　自強運動需要通曉外國語文的人才，同文館（外國語學校）不僅培植語文人才，除了英文、法文、俄文、德文四個學系外，同時還培植科學人才，有天文系、化學系、地質學系、格致系（物理學系）、醫學系、是近代國立大學的雛型。

二、海關　這本應是財政部（戶部）的事，現在由總理各國事務衙門主持，聘請英國人當海關的首長，稱「總稅務司」。沿海沿江口岸和沿邊商埠，所有對外貿易的稅收，留下十分之三作自強運動的經費，其他十分之七繳入國庫。

三、海陸軍　總理各國事務衙門又是海軍部兼陸軍部。海軍艦隊、船隻、軍港，和海軍附屬單位，如軍械局、造船廠、海軍軍官學校，全由總理各國事務衙門負責。陸軍軍官學校、砲台要塞，新的陸軍訓練，以及海陸兩軍一切向外購買武器事務，也都歸總理各國事務衙門，當時的國防部（兵部）幾乎成了一個不重要的機構。

四、其他　不僅僅上述的那些而已，其他像礦產開發、鐵路、電線、輪船、國內和海外航線、工業工廠之類，凡是跟船堅砲利有關的，甚至雖然無關，但只要跟外國有關，就都由總理各國事務衙門主持。

因爲自強運動主要的形態是軍事的西洋化，和跟東西洋各國的洋人打交道，所以也被稱爲「洋務」。大量金錢投下來，中國不久就在外貌上呈現出一種金碧輝煌的場面，新式海軍陣營堂皇，戰鬥力強大的北洋艦隊最先成立，另外還有三支比較小的艦隊，即南洋艦隊、粵洋艦隊，和一八八四年在閩江口被法國全部擊沉的閩洋艦隊，擁有號稱世界第七位海權大國的巨艦巨砲。本世紀（十九）七〇年代之後，中國在世界上雖已不是超級強國，但仍保持一等強國的尊嚴。

然而，政治腐敗和官員的貪污無能，使新建立起來金碧輝煌的軍事力量，不過是一副漂亮的拳擊手套。被擊敗的末期癌症的老拳師，在觀察強大對手的優點時，不歸功於對手的強壯如牛，反而歸功於對手有一副漂亮的拳擊手套——比湖南兵團司令官楊芳歸功於對手有妖法，已是很大的進步了。老拳師認爲只要他也有這麼一副漂亮的手套，就可發生同等的威力，甚至更大的威力，因爲自己的身體（政治的和社會的）比對手健康得多。清政府的自強運動目的就是要弄那麼一副漂亮的拳擊手套，現在他們已經弄到。

只有少數人發現問題並不這麼簡單，其中一位就是駐英公使郭嵩燾，這位科舉出身的官員，卻有時代的見解，他在英國寫信給李鴻章，警告說：

西洋立國二千年，政治和教育，都非常修明。跟遼金崛起的情形，絕不相同。……西洋富強，固不超過礦業、輪船、火車。但它們所以富強，自有原因。……我們必須風俗敦厚，人民家給戶足，作爲基石，然後才可以談到富強。豈有人民窮困不堪，而國家能富強之理。現在談富強的人，把國家大事，看作跟人民無關。官員貪污，盜賊橫行，水災旱災不斷，上下交困，每天都在憂患禍亂。這時輕率的追求富強，只不過浪費金錢。……船堅砲利（「兵事」）是最末微的小事，政治制度才是立國的根本。……中國之大患，在於士大夫沒有見識。

總理各國事務衙門曾把郭嵩燾的各種報告，彙集出版，我們所引的不過其中一小片段，但可看出他的眞知灼見。然而，他的眞知灼見不但不能在當時引起正面反應，反而被全國沸騰的士大夫階層的衛道輿論，痛詆他是數典忘祖的漢奸賣國賊。

九〇年代一八九四年，中日甲午戰爭爆發，清政府戴上這副漂亮的拳擊手套出場。

一四、第二次保衛朝鮮

第七、第八世紀二百年間，中國文化大量輸入日本，使日本跟在朝鮮之後，成爲世界上採用中國文字爲本國文字的兩個國家。十三世紀時，中國跟日本同時受到蒙古帝國的侵略，中國被蒙古人建立的元帝國政府統治，而日本靠颱風的幫助，幸免於難。

十七世紀三〇年代一六三五年，日本征夷大將軍（江戶幕府）德川家光，下令驅逐所有的外國人，禁止日本人出國，在國外的日本人也不准返回日本，只允許中國和荷蘭少數商船到長崎貿易。這是著名的鎖國令，日本像一個塞着瓶口的瓶子，跟外界隔絕。

日本鎖國二百一十九年，本世紀（十九）五〇年代一八五三年，即太平天國定都天京（江蘇南京）的那一年，美國海軍的一個艦隊，在艦隊司令培理的率領下，來中國保護美國僑民。在航行中途，不知道什麼原因，突然闖進日本的東京灣（江戶灣），要求日本同意通商，培理送兩幅白旗給日本官員，告訴他們作爲戰敗時投降之用，又告訴他們說，今年不能久留，明年當再度來此。日本全國在驚恐中等到了明年（一八五四），培理果然如約光臨，日本沒有抵抗就告屈服，跟美國簽訂神奈川條約，鎖國時代結束，門戶大開。但最大的影響發生在八年後的六〇年代一八六二年，日本殺死了一個英國人，英國軍艦砲轟鹿兒島。日本跟中國一樣，受到巨艦大砲的刺激，決心發奮圖強。

五年後（一八六七），即太平天國滅亡之後第三年，以及阿古柏在新疆稱可汗的那一年，日本明治天皇即位，下令變法，這就是歷史上使全世界嘆爲奇蹟的「明治維新」，征夷大將軍（江戶幕府）德川慶喜，把統治大權奉還給明治天皇，明治天皇把首都從京都遷到靠海的江戶，改名東京，跟七世紀六四六年「大化革新」全盤吸收中國文化一樣，明治維新則是全盤吸收西洋文化——從生活方式到意識形態。只短短數年，日本就從荒陋落後狀態之中，一躍而成爲一個完全新面貌的現代化的年輕國家。

——紀元前四世紀中國大黃金時代中，秦國變法成功，是人類最大的魔術。本世紀（十九）日本也變法成功，應該是人類第二次最大的魔術。日本人創下的這個使全世界都目瞪口呆的改變，各國學者都試圖發掘出其中奧祕的原因，卻得不到一致的結論。

日本一旦崛起，立即向外侵略。

七〇年代一八七一年，琉球王國的船隻在台灣海面沉沒，船民在登上台灣島時，其中五十餘人被島上牡丹社（台灣屏東牡丹鄉）的土著殺害。這件事跟日本無關，但日本認爲有關。一八七四年，日本新建立的、連運輸艦都沒有、還得租用美國輪船供應補給品的艦隊，開到台灣，屠殺人民，焚燒村落。清政府不得不賠償銀幣五十萬兩，日軍才飽載而歸。這件事距日本明治維新只不過第八年，便如此迫不及待的使它的鄰居流血，一方面顯示日本變法效果之大和成長之迅速，一方面也顯示日本器小易盈。

——日本不久就禁止琉球國王尚泰向中國進貢，尚泰派出密使到北京乞援，但清政府對這個孤懸海外的藩屬，已無力保護。七〇年代最後一年（一八七九），日本把尚泰擄到東京，改琉球王國為沖繩縣，琉球遂亡。

台灣事件，使日本發現侵略妙不可言，像一個強盜發現劫掠妙不可言一樣，他可以用最少的代價，得到最豐富的報酬。日本的下一個劫掠目標，立即轉到三百年前碰過釘子的古老王國朝鮮身上。

攻擊台灣的次年（一八七五），日本艦隊闖入朝鮮首都漢城所面臨的江華灣，小艇更深入漢江測量水道。朝鮮砲台發砲阻止，日本艦隊攻陷砲台，這跟西洋對付中國的手段一模一樣。朝鮮只好答應日本的條件，簽訂下列要點的江華條約：

一、日本承認朝鮮是獨立國家。

二、日本在朝鮮享有領事裁判權。

三、朝鮮開放兩個港口（元山、仁川）通商。

朝鮮把條約的內容和簽約經過，報告中國，清政府這時候正在全力收復新疆，無力反應，就勸告朝鮮李氏王朝政府乘這個機會，主動的開放門戶，跟世界各國廣泛的建立外交的和商務的關係，使日本的力量受到牽制。可是朝鮮宰相金允植拒絕說：「與其通洋而存，寧願絕洋而亡。」李氏王朝已歷時五百年，現政權掌握在王妃閔氏家族手中，貪污腐敗到無以復加的程度，僅積欠軍隊的糧餉，就達十三個月，連以貪污腐敗聞名於世的清政府酒肉官員，都大吃一驚。八〇年代一八八二年，即中國簽訂伊犁條約的次年，漢城爆發兵變，憤怒的士兵攻擊王宮，閔妃負傷逃走，國王李熙被囚，變兵又攻擊支持閔氏家族的日本公使館，日本若干軍官被殺。李熙的父親，那位早已失去權勢的前任攝政王（大院君）李是應，出面維持秩序，主持政府。

事實上李是應是這次兵變的幕後領導人，他是一個昏庸的老官僚，缺乏必須有的政治頭腦，以致同時的觸怒了中國和日本。中國認爲囚禁被中國所册封的國王，即令是國王的父親，也是大逆不道，而且也深恐日本抓住軍官被殺的藉口，向朝鮮進一步勒索。日本對日本公使館被攻擊，人員死亡，當然怒不可遏，尤其日本是一個正需要面子的暴發戶，不能忍受這種侮辱。於是，中日兩國軍隊分別在朝鮮登陸，當日本公使花房義質宣佈日本軍隊將對李是應政府採取行動時，中國遠征軍司令（廣東水師提督）吳長慶，已用迅雷不及掩耳的手段把李是應拘禁，專艦送回中國，迎接國王李熙復位。日本既失去發作的對象，只好接受調解，由朝鮮付出銀幣五十萬兩的賠款，跟日本簽訂濟物浦條約，承認日本有在朝鮮駐軍保護公使館的權利。

朝鮮不甘心日本的駐軍，請求中國軍隊也不要撤退，以平衡日本的威脅。清政府同意，命吳長慶的一位部將袁世凱擔任駐屯軍司令官。

朝鮮不斷的內憂外患，使國內分爲兩黨，一是「獨立黨」，主張效法日本變法，實行政治改革。一是「事大黨」，主張繼續侍奉天朝——中國，維持現狀。兩黨在中日兩國駐朝官員分別支持下，鬥爭激烈。

兩年後，朝鮮又發生甲申（一八八四）事變。這時中國正忙着爲越南跟法國作戰，日本認爲中國已沒有餘力照顧朝鮮，獨立黨遂發動政變，率領由日本軍官訓練的新軍，屠殺事大黨，衝進王宮，強迫國王下令徵召日軍入宮護駕。日本公使竹添進一郎，主張馬上把國王祕密送到日本作爲人質，但獨立黨恐怕激起人民的憤怒，無法善後，主張先行送到漢江口的江華島。中國駐屯軍司令官袁世凱得到消息，立即攻擊王宮，一面向朝鮮人民揭露日本的陰謀。憤怒的朝鮮群眾把王宮包圍，協助中國軍隊晝夜攻打。日軍不能支持，只得捨棄國王，跟獨立黨突圍，撤退到四十公里外的仁川港。

甲申事變是日本明目張膽的干涉朝鮮內政，在國際上引起各國紛紛指摘。所以它雖然吃了虧，但態度無法強硬。拖到次年（一八八五），終於跟中國簽訂解決朝鮮問題的中日天津條約，規定中日兩國同時自朝鮮撤退，以後朝鮮如果再度發生變亂，需要出兵時，由兩國同時出兵。這個條約使朝鮮成了中日兩國的共同保護國。但在朝鮮人心目中，根本不承認日本有這種資格。

日本像一隻貪得無厭的餓狼，目不轉睛的注視着朝鮮，祈求老天爺使它快一點發生變亂。中國則恰恰相反，唯恐怕朝鮮有什麼風吹草動，引起日本的干預。只有朝鮮閔氏家族控制下的政府，對此茫無感覺，閔氏家族好像跟朝鮮王國有血海深仇，不把這個王國消滅誓不甘休，在重握政權之後，更頑強的拒絕改革。中國稍後把他們的政敵前攝政王李是應釋放回國，閔氏家族於是又把中國恨入骨髓，企圖聯絡俄國跟中國和日本對抗。

一個稱爲東學黨的朝鮮人民反抗行動，在朝鮮全國爆發。

一五、中日甲午戰爭

東學黨是朝鮮民間崛起的反抗暴政，和反抗除了中國人以外所有外國人的組織，閔氏家族用最殘酷的手段鎮壓他們，結果激起全國大暴動，朝鮮政府失去控制。九〇年代一八九四年，即中國古老曆法的甲午年，朝鮮向中國請求派軍平亂。當中國軍隊出發時，依照中日天津條約，通知日本，兩國軍隊遂同時到達朝鮮。日本這一次已拿定主意，再也不走了，他們從甲申事變（一八八四）焦急的等待了十年，才等到這個天賜良機。

東學黨聽到中國軍隊登陸的消息，精神上失去支持，即行潰散，天大的變亂霎時間歸於平息。中國通知日本，要求兩國軍隊同時撤退，日本提出種種不能馬上撤退的理由，然後，突然間發動攻勢，把王宮佔領，逮捕閔氏家族以消除人民的怨恨，請出李是應再當攝政王。國王李熙在壓力下，下令廢除跟中國簽訂的一切條約，又下令徵召日本軍隊驅逐侵犯朝鮮主權而又拒不撤退的中國軍隊。

中國急向朝鮮增援，當增援的軍艦濟遠號跟廣乙號，運送陸軍到牙山（漢城南八十公里）回航，駛到距牙山六十公里的豐島海面時，受到日本艦隊偷襲，廣乙號擱淺，自己炸毀。濟遠號竭力抵抗後不支，懸起白旗詐降，然後乘隙逃走。日艦在追擊途中遇到中國第二批增援部隊所乘的高陞號商輪，和操江號護航艦。高陞號被擊沉，增援部隊一千二百人僅七十餘人逃生。操江號攜同所載運的銀幣二十萬兩軍餉投降。

中日兩國同時宣戰。

戰爭分別在陸海戰場進行。中國駐防牙山的陸軍，自豐島海戰後，就受到日軍的猛烈攻擊，無法抵抗，即向漢城北方二百公里外的重鎮平壤撤退。中國在平壤集結的軍隊有一萬四千人，司令官（諸軍總統）葉志超是官場中的典型人物，膽小如鼠，視錢如命，又沒有聲望，其他將領們也都是大小官僚，除了吸食鴉片外，每天都擺酒歡宴，既不體恤士兵，也不理會逼面而來的大敵，他們都相信「船到橋頭自然直」的官場哲學。等到日軍以一萬五千人發動攻擊時，大軍即行崩潰，葉志超首先逃走。日軍乘勝尾追，越過鴨綠江，深入中國領土的遼東半島，順利的佔領位於半島最南端、中國最優良的旅順軍港。日本這時已決心永遠的攫取旅順，所以在旅順作滅種式的大屠殺，中國人全部死盡，只有三十六人逃生。

平壤潰敗三天後，中國北洋艦隊，包括戰艦十二艘、砲艇二艘、魚雷艇四艘，從大連出發，運送增援平壤的武裝部隊在大東溝（遼寧東港）登陸，在回航途中的黃海上，跟同樣擁有十二艘戰艦，和四艘魚雷艇的日本艦隊相遇。

北洋艦隊司令（提督）丁汝昌站在旗艦定遠號的艦橋上指揮，下令艦隊作一字形雁陣應戰。可是副司令兼旗艦艦長（右翼總兵旗艦管帶）劉步蟾，發現如此則旗艦定遠號恰恰在最危險的前端，將第一個受到砲擊，於是他在轉達命令時，竟改為人字形雁陣，使定遠號位於他認為比較安全的中央後方位置。英國顧問泰樂爾看見陣勢跟司令所下的命令不符，對這種在海軍中聞所未聞、幾近叛變的陣前抗命，大爲震駭。他急忙奔上艦橋，企圖挽救，但時間已不許可，日艦已經逼近，劉步蟾下令開砲。奇怪的事情發生了，當定遠號的大砲發射第一砲時，那個年久未修，早就鏽爛了的艦橋，被震斷裂，丁汝昌和泰樂爾被雙雙拋到半空而後跌到甲板上。丁汝昌腰部重傷，泰樂爾失去知覺。日艦的猛烈砲火，把定遠號的桅檣摧毀，以致懸掛不出指揮的旗幟，各艦遂成了一群各自爲政的盲鴨。

海戰只五小時，中國戰艦五艘沉沒，其餘全部重傷，落荒而逃。日本則僅旗艦松島號重傷，無一艦被擊沉。

北洋艦隊這時仍剩下軍艦二十六艘，包括戰艦七艘、砲艇六艘、魚雷艇十三艘，集結在基地威海衛（山東威海）。旅順陷落後，威海衛更加重要，仍控制着渤海海口，阻止日艦進攻天津。黃海戰役三個月後，日本海陸夾攻威海衛，陸軍由山東半島最東端的成山角登陸（七世紀時，中國援助朝鮮半島上新羅王國的遠征軍，就在這裏乘艦出發），日軍登陸後，攻陷威海衛的要塞砲台，北洋艦隊反而暴露在自己岸砲的威脅之下。日本海軍又一連兩夜發動魚雷艇偷襲，定遠號被擊擱淺，來遠號和威遠號則被擊沉，兩艦上的戰士傷亡慘重，但兩艦的艦長卻安然無恙，因爲兩位艦長都上岸嫖妓去了，根本不在艦上。

這是一個絕望的局勢，中國海軍主力全在北洋艦隊，其他南洋、粵洋兩個艦隊都微不足道，而且地域觀念和派系觀念，使他們樂意於看到以李鴻章爲首的北洋系勢力瓦解，所以北洋艦隊根本不可能有援軍。不久，司令部所在地的劉公島上發生兵變，水兵棄艦登陸，要求司令丁汝昌「放他們一條生路」，而島上駐防的陸軍卻搶着攀上軍艦，要求快快逃命。秩序已亂，英國顧問瑞乃爾建議丁汝昌鑿沉殘餘軍艦，士兵徒手投降。丁汝昌採納，下令沉船，可是那些艦長們恐怕沉船後會觸怒日本人，可能性命不保，所以拒絕執行命令。丁汝昌又打算率領各艦突圍，更沒有人理他，丁汝昌只好服毒自殺。

拒絕沉船，又拒絕突圍的艦長之一程璧光，乘着懸掛白旗的砲艇出港，向日本艦隊投降。歷時二十四日的威海衛戰役結束，曾經烜赫一時，作爲自強運動結晶的北洋艦隊，灰飛煙滅。清政府知道大勢已去，尤其是那位皇太后那拉蘭兒，急於慶祝她六十歲的快樂生日，所以迫不及待向日本乞和。

次年（一八九五），中國代表李鴻章，在他領導的事業全部失敗後，到日本低頭接受屈辱的和平，簽訂馬關條約：

一、中國承認朝鮮獨立自主。

二、中國割讓遼東半島、台灣、澎湖給日本。

三、中國賠償日本軍費銀幣二億兩（這是一個天文數字）。

中國戰敗，朝鮮陷於驚恐，在朝鮮人的眼中，偉大的天朝是不會戰敗的。朝鮮失去了靠山，六神無主，只有默默的承認日本爲他們的宗主國。

——本世紀（十九）最後第三年（一八九七），日本命朝鮮國王改稱皇帝，並改稱爲大韓帝國。下世紀（二十）一〇年代一九一〇年，即清政府被中國人推翻的前一年，日本命李熙簽訂跟日本合併條約，朝鮮遂亡。朝鮮當中國的藩屬一千餘年，兩國感情融洽，如足如手，中國對朝鮮沒有任何領土野心，這一次又爲了保護它，而連自己的領土都賠了進去。但它當日本的藩屬只不過十六年，就被併吞。

馬關條約既然簽訂，中國的重大損失已成定局，然而國際間錯綜複雜的形勢，卻發生三國出面強迫日本退還遼東半島的事件。俄國、德國、法國，聯合起來向日本提出抗議，認爲割讓遼東的要求，過份苛刻。這事件的動機十分簡單，當中日戰爭爆發之前和已經爆發之後，清政府渴望俄國或其他任何一國出面干預，但沒有一國肯幫這個忙。等到條約簽訂，俄國才發現它垂涎已久，遠東最大的不凍港旅順和旅順所在地的遼東半島，竟落到日本人手中。德、法兩國也願利用俄國的心理狀態，向俄國和中國表示惠而不費本的友誼，作爲以後索取報酬的張本。純粹自私的動機，在外交詞令下，看起來好像是正義的行動。

日本無力跟三國抗衡，答應把遼東半島退還中國，但由中國增加銀幣三千萬兩的贖金。

——三國干涉還遼事件，使清政府的當權人物對俄國感激零涕，認爲俄國眞是中國最好的朋友。這份感激之情維持了五年，直至下世紀（二十）第一年（一九〇〇），俄國乘八國聯軍進攻中國之際，突然間出兵佔領面積達一百一十萬方公里的東北三省，清政府才大夢方醒。

一六、中國失敗的原因

在發奮圖強上，日本起步比中國遲。中國門戶開放了十年之後，日本門戶才開放。中國發動自強運動七年後，日本才明治維新。但海軍居世界第十一位的蕞爾小國日本，卻一舉擊潰了海軍居世界第七位的龐然大物的中國，使全世界都大大的震驚，不得不承認中國是遠東病夫。——當時，歐洲人稱土耳其帝國是近東病夫。

都是發奮圖強，爲什麼日本辦得到而中國不能，不但本世紀（十九）不能，而且拖到下世紀（二十）中葉以前，仍然不能。

這可以由對門戶開放所持的態度上，得到啓示。

美國艦隊敲開鎖國二百餘年的日本，日本並不把它當作一種恥辱，反而慶幸由於這個刺激，使日本早日驚醒。中國不然，像一個赤身露體而衰老患病的夢遊患者，被鴉片戰爭驚醒後，發現自己所處的窘境，而認爲驚醒他的人罪該萬死。

日本面對着巨變，內心充滿着恐懼和自卑，立刻就認清必須全盤接受西洋文化，才能生存。中國則倖倖然怒不可遏。對西洋文化懷着一種輕蔑和仇視的心情，在不得不屈服時，也只勉強接受一副漂亮的拳擊手套，這已是讓步的最大限度。也就是說，日本認爲萬事不如人，它的改變出自內心的徹底覺悟。中國則始終堅持從古代傳下來的儒家系統的那些儒書，仍是救世良方，只要加以現代化的解釋就可以了。

中日兩國有同一的文化基礎，卻對同一刺激，產生兩種恰恰相反的反應。爲什麼會如此？

我們認爲主要的左列四項原因：

一、中國有長期的科舉制度，日本沒有。

二、中國有士大夫僵化了的階層，日本沒有。

三、中國人在經濟上有安全感，日本人沒有。

四、中國帝王有危險感，日本帝王沒有。

日本於七世紀大化革新時，把中國文化幾乎全部接受過去，不知道什麼原因，卻單單的拒絕或遺漏了中國知識份子最瘋狂崇拜的科舉制度。科舉制度有它的主要功能，它使政權向下微作一隙的開放，使擁有相當資產的平民有機會藉此一線狹徑，爬到政權高峰。但也使帝王用它來控制知識份子，這些被長久控制的知識份子，在帝王跟平民之間，形成一個新的統治貴族。他們異於舊有的血統上的貴族，而是一種由科舉考試而產生的貴族，即士大夫階層。他們以研究儒家學派的儒書和做官爲唯一職業，俸祿和貪汚使他們的財富增加，再把這些財富投資到土地上，所以每一個士大夫都擁有土地和一個寄生性的家族。這些士大夫和這些家族，就像大海裏無數礁石，而中國政府則像一隻巨舟，在這些礁石之間，蹣跚行駛。日本因爲從沒有科舉的緣故，它幸運的沒有製造出來這些礁石，日本政府航行的大海是遼闊的，只要領導人決心改變方向，它就可以改變，不會遭遇到像中國領導人所遭遇到的密如星斗般礁石的阻嚇。

科舉制度主要內容是考試兩千年前的儒書，儒家學派強烈的保守和崇古本質，也就成爲士大夫最突出的冥頑性格，八股文的機械訓練，更使士大夫腦筋裏殘存的想像力蕩然無存。士大夫習慣於不用自己的思想，所有的著作都是代替聖人系統發言，於是養成一種不切實際發高燒的毛病，對社會上的任何改革和進步，都狂熱的對抗。日本知識份子也有這種毛病，但毛病要輕得多，大多數都能冷靜的思考到自己國家的缺點，虛懷若谷的接受西洋的生活方式和西洋文化的意識形態。

日本的長子繼承制度也使日本社會的資金容易累積，比中國社會蘊藏較高的活力。長子繼承制度一定使次子以下的子弟（至少佔全國青年三分之二）都有一種不安全感，他們發現父母的財產跟自己無關時，只有走出家庭，赤手空拳到陌生的社會上創立事業。中國是平均繼承的，每一個男子都有一份遺產，他缺少創業的刺激，如果他雄心勃勃的去創業——除非是去參加科舉考試，社會上沒有一個人會讚揚他奮發進取，反而會認爲他不知道安份守己。

十九世紀以前的中國的家庭，往往跟家族同義，紅樓夢上的賈府就是一個士大夫地主家庭的典型形態，沒有工作不能生產的成年人，他不必工作，只要停在家裏，照樣可以享受被重視的生活。而在老年時，尤其佔優越地位，所以中國人永遠在礁石保護之下，而不是在政府巨舟的保護之下。日本人沒有礁石作他們的藏身之所，他們必須奮鬥。

中國政府的性質和皇族的地位，跟日本的完全不同。日本皇帝被形容爲萬世一系，是一種傳奇的政治形態，日本有過將近七百年的幕府政治，但幕府的最高官位不過「征夷大將軍」，他們把天皇的權力剝奪罄盡，但從沒有人想到把天皇排除，自己去當天皇。中國任何一個有權力的野心家，第一件想到的事就是把皇帝擠下寶座，由自己的屁股坐上去，並且還要用極殘忍的手段對付失去權力的帝王，以免他死灰復燃。帝王本身自然也用同樣殘忍的手段對付那些有權力的野心家，以免他們的屁股發癢。所以中國統治階級對於權力問題，具有高度的敏感和緊張，帝王的最大工作不是治理國家，而是防止官員或將領獨攬大權。一些高級官員或軍事將領，也特別用不攬大權——事實上也就是不負責任，來表示自己並不是野心家。西洋文化中的民主政治，主要的精神是帝王無權，權在民選的宰相和議會，而這恰恰的嚴重違反了中國政治傳統，更觸犯了權力中心最大的禁忌。日本天皇事實上一直沒有權力，所以也從不擔心喪失權力，征夷大將軍歸還大政，不過把權力從舊式的幕府轉移給新式的內閣與國會而已。

所以中國專制政體下的帝王，是世界上危險感最大的人，對野心家的恐懼心理，助長一種對中國傷害最大的貪污罪行。貪污在中國數千年不能絕跡，而在大黑暗時代尤其無孔不入，原因之一就是帝王有意培養它，當憤怒的人群紛紛控告某一有權人物貪污暴虐時，帝王往往暗自高興，認爲手握大權的人一旦把注意力放到貪污上，他就再不會有坐金鑾殿那種野心。英明的玄燁大帝，就公開承認，絕對不貪污的官員根本沒有。以貪污爲中心的官員們的結合，形成一個只有中國才有，而其他各國所無的「官場」和官場特有的意識形態，在官場中，以善頌善禱和不負責任爲第一要務。這些跟西洋近代文化，尤其跟自然科學工業以及軍備業務，不能並存。日本卻在一開始就肅清了貪污，建立起來一個非常有效率的文官制度，這是重要的分野。

石頭投入河流會生出漣漪，蘋果種進肥沃的土壤會發芽成長。石頭投入醬缸只會聽到「噗」的一聲，蘋果種進醬缸很少能發芽，即令發芽，也無法成長，即令成長，結出的果實也使人沮喪。中國沒有力量擺脫數千年累積下來、沉澱下來的渣滓廢物的污染，這是中國的不幸。

一七、百日維新·戊戌政變

中國在被日本擊敗後，弱點全部暴露。二十年前七〇年代時，中國知識份子爲墮落的祖國解嘲，說中國是一頭睡獅，終會覺醒，有些外國人同意這個看法。現在西洋各國對這個睡獅的表現，哄堂大笑。當非洲、土耳其，和印度莫臥兒帝國，先後被歐洲瓜分之後，他們認爲瓜分中國的時機已經成熟，而且必須迅速下手，否則就可能會被別人搶走。在本世紀（十九）最末短短的五年內，各國對中國急吼吼宰割的成果，我們摘要列爲左表：

年份	對中國的宰割行動	註

一八九五	德國在天津、漢口劃定租界	自此中國國內有國，中國主權在租界內不能行使。
一八九六	俄國、法國在漢口劃定租界	
	日本在杭州劃定租界	
	俄國在中東鐵路沿線駐軍	各國跟着援例，紛紛派軍駐紮各地保護各國的利益。
一八九七	法國要清政府保證海南島不割讓他國	這是瓜分中國的準備工作，各國開始劃定各國的勢力範圍。
	日本在蘇州劃定租界	
一八九八	德國租借膠州灣（山東青島），並要清政府保證山東省不割讓他國	租借就是佔領，小的瓜分自此開始。
	俄國租借旅順、大連	距三國干涉還遼僅只三年，中國白歡喜一場，多花了三千萬兩銀幣。
	日本要清政府保證福建省不割讓他國	
	英國租借威海衛（山東威海）	

	英國租借新界	
	法國要清政府保證廣東、廣西、雲南三省不割讓他國	
	日本在天津、漢口、沙市(湖北荊沙)、福州劃定租界	
一八九九	英俄兩國約定長城以北爲俄國勢力範圍，長江流域爲英國勢力範圍	
	日本在廈門劃定租界	
	法國租借廣州灣(廣東湛江)	

從上表可以看出，中國已千瘡百孔，支離破碎，開始受到各國的凌遲酷刑。過去他們對中國還保持着對待一個一級強國應有的禮貌，現在完全露出帝國主義的猙獰嘴臉，不再作任何化裝。像俄國對旅順、大連，它的艦隊突然闖進港口，聲稱有租借它的必要，就大模大樣作軍事佔領，清政府只好答應。英國對威海衛，法國對廣州灣，都是直率的提出他們的要求。中國清政府這個末期癌症的老拳師，在失去了漂亮的拳擊手套之後，只有挨打的份。

各國的勢力範圍也就是各國預定的瓜分地區，都已協調妥當，只等動手的信號。幸而這

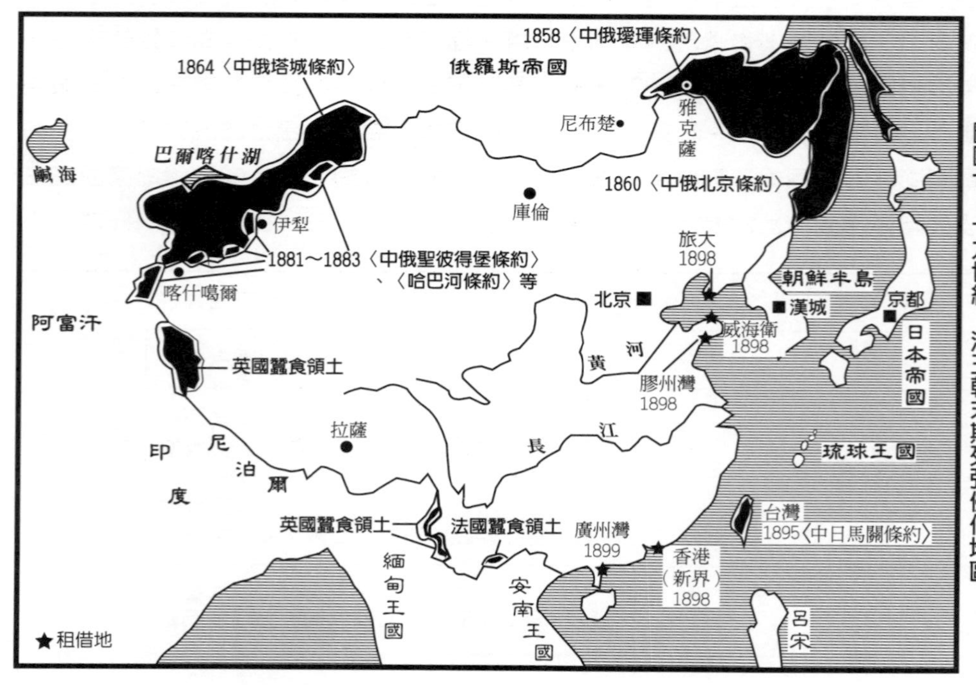

圖四七　十九世紀・清王朝末期列強侵佔地區

個信號沒有出現，卻出現了美國的敏銳反應，美國不願意被排除在瓜分的行列之外。本世紀（十九）最後一年（一八九九），美國國務卿（外交部長）約翰開發表聲明，強調維護中國領土的完整和政治的獨立，以及各國在中國有均等的通商貿易機會。這就是著名的「對華門戶開放宣言」，各國因爲它可以消除各國在中國對抗的緊張形勢，先後表示贊成。

中國就在這種脆弱的均勢之下，苟延殘喘。

但被瓜分的危機，已使廣大的青年知識份子覺醒。

馬關條約簽訂的那一年（一八九五），北京正在舉行科舉制度下的全國考試，集中在北京參加考試，來自全國各省的數千名考生（舉人），悲憤交集，推舉一位廣東省的考生康有爲當領袖，領導大家向皇帝載湉上書，要求效法日本的明治天皇，變法維新。專制政府等級森嚴，這份請願書當然到不了載湉面前。次年（一八九六），康有爲已考取了進士，再向載湉上書，載湉仍然不會看到。不過以康有爲當領袖被稱爲維新黨的知識份子們的吶喊，已掀起政治性的狂飆，成爲十二世紀宋王朝大學生在被金軍包圍的首都開封，發動激烈的知識青年救亡運動以來，第二次激烈的知識青年救亡運動。自強運動是當權官員發動的武器改良，現在是青年們要求發動的政治改革。

經過皇家教師副宰相兼財政部長（協辦大學士戶部尚書）翁同龢的推薦（在康有爲失敗後，翁同龢又誓言他沒有推薦過），年輕的皇帝載湉，發現了這個救亡運動。他在讀到康有爲稍後所著的波蘭亡國記、突厥亡國記，不禁痛哭流涕，這位頭腦淸晰的君主，對他的王朝和中國的前途，懷着極大的憂慮。本世紀（十九）最後第二年（一八九八），古曆的戊戌年，二十九歲的載湉，接見地位卑微的康有爲。接着從四月二十三日起到八月五日，一百零三天中，載湉頒發了左列一連串嚴厲的詔令，實行公孫鞅式的變法：

一、科舉考試仍保留，但廢除八股文，改用議論體裁。

二、設立北京大學（京師大學堂），各省原有的舊式書院（專門研究儒家的四書五經，造就科舉考試人才），一律改爲現代化的中學小學。並創辦茶絲專科職業學校。

三、命滿洲兵團，全部改用現代化武器，用新式訓練。並將漢人組成的綠營兵團，改爲警察。

四、撤銷疊床架屋的若干中央機構，如詹事府（皇太子宮事務部），通政司（皇宮文件奏章收受處），光祿寺（皇宮供應部），鴻臚寺（屬國或外國使節招待部，職權跟理藩院——藩屬事務部重複），太常寺（祭祀部），太僕寺（畜牧部），大理寺（最高法院，職權跟刑部——司法部重複）。

五、選派滿洲貴族出國遊歷考察。

六、改良司法部門，改良刑事訴訟法，改革監獄弊端。

七、命各省出版農業叢書，獎勵各種工商發明。

除此之外，康有爲還建議載湉進行更激烈的左列明治維新式的改革：

一、建立內閣會議制度，由皇帝召見大臣討論國事（開懋勤殿）。
二、禁止婦女纏足。
三、請載湉率先剪去辮子，改穿西服（斷髮易服）。
四、請遷都上海，擺脫舊勢力，在新環境中改革。
五、借巨款六億元，改良軍隊，廣築鐵路。

一百零三天中，載湉所作的這些衝擊，使全國那些朽爛透頂了的官員士大夫階層，像被挑了巢的螞蟻一樣，驚恐失措，駭叫奔走，亂成一團。自從十一世紀王安石變法失敗以來，中國歷史即顯示出一個定律，在士大夫政治形態下，任何變法和改革都不可能。以王安石無懈可擊的道德聲望，和崇高的宰相地位，皇帝趙頊又有絕對控制政府的權力，都歸於慘敗。康有爲不過一個新進的小官——工程部科長（工部主事），要他領導負載如此沉重的政府，做出比王安石還要激烈十倍的改變，失敗自在意料之中。

變法運動在技術上也發生錯誤，包括載湉在內，維新黨沒有一個人有實際的政治經驗，他們不先謀求廣大人群的覺醒，反而在自己的力量還沒有能控制局勢之前，剝奪了太多人的既得利益，因而樹立太多的政敵。像突然間廢除八股文，僅此一項就使全國知識份子恨入骨髓，因爲在這世界上，除了八股文外，他們再不會其他東西了，廢除八股文就等於把他們全都埋葬。像突然間撤銷那麼多具有兩千年歷史的古老官署，立刻就觸怒依靠那些官署爲生的官員和寄生人物，他們散佈在北京的大街小巷，製造出憤怒的輿論，看起來北京就像是沸騰了一樣。沒有做好準備工作而作太猛烈的剎車，會導致車輛翻覆。沒有做好準備工作而作太猛烈的改革，會引起暴力對抗。

守舊黨的勢力事實上比維新黨強大百倍以上，儒家學派理學巨頭宰相徐桐，就是代表人物之一，他連從洋樓前面走過都不肯，他堅持「寧可亡國，不可改革」。監察部委員（御史）文祥是滿洲人，他向載湉警告說，維新黨的目的只在救中國，不在救清王朝。文祥的見解供給滿洲人反對改革的理論根據，他們誓言：「寧把國家送給友邦，也不交給家奴。」家奴，指的是漢人。

皇帝在理論上有絕對的最高權力，但必須獲得軍隊的效忠，載湉也曾注意到這一點，他曾把河北省司法廳長（直隸按察使）負責在天津訓練新軍的袁世凱，擢升爲副部長（侍郎）階級，並且接見他，建立私人感情。但袁世凱是官場中人物，官場中人物只效忠權力較大的一方，那時中央的軍權全部握在守舊黨領袖直隸（河北省）總督滿洲人榮祿的手裏，而榮祿正率領王公大臣（包括那些被裁撤的古老官署的高級官員），日夜在皇太后那拉蘭兒——載湉的伯母兼姨母身旁，向她哭訴清王朝滿洲人的危機。而袁世凱又適時的告密說，皇帝載湉將有對那拉蘭兒不利的行動。

於是，爆發政變，那拉蘭兒從她那挪用海軍經費，在北京西北六公里外興建的豪華蓋世的頤和園，悄悄返回北京，把載湉幽禁，下令逮捕維新黨。康有爲跟他的學生梁啓超在英國和日本公使館掩護下，逃到海外。六名維新黨的領袖，包括大黑暗時代中最偉大的思想家之一的譚嗣同，都被以叛逆罪名處決。其他的維新黨人，都被貶謫。

那拉蘭兒跟十一世紀的反改革主流司馬光一樣，掌到大權後，馬上下令恢復原狀。科舉考試仍恢復用八股文，各古老官署仍恢復設立，司法恢復苦刑拷打，監獄仍恢復巴夏禮所受的那種黑暗。守舊黨歡聲雷動，歌頌那拉蘭兒是滿洲民族的救星，亙古以來最英明的女聖。

——歷史不斷呈現一種現象，對國家民族前途憂心如焚的人，往往受到最大的痛苦。而顢頇污穢的既得利益群，反而是最快樂的人。

一八、義和團

清王朝已到了末日，亡在旦夕，老太婆那拉蘭兒再對它砍下決定性致命的最後一刀。這一刀就是她利用的義和團。

我們先說明清王朝皇帝寶座在本世紀（十九）的傳位世系，他們間的關係位置如左表所示：

十八世紀	本世紀（十九世紀）				二十世紀
第六代	第七代	第八代	第九代	第十代	第十一代

六任帝 弘曆			
七任帝 顒琰			
八任帝 綿寧			
九任帝 奕詝（妾：那拉蘭兒）		醇親王 奕譞	
十任帝 載淳	端親王 載漪	十一任帝 載湉	醇親王 載灃
	皇太子 溥儁		十二任帝(亡) 溥儀

那拉蘭兒本是奕詝的婢女，因生了兒子載淳，才在名位上擢升爲嬪妃（載漪是另一位姬妾生的）。六〇年代一八六一年，即英法聯軍攻陷北京的次年，奕詝在熱河（河北承德）行宮中逝世，據說是被外國使節進駐北京並且還要他接見的條款氣死的。六歲的載淳繼位，那拉蘭兒名正言順的當了皇太后。她是六世紀北魏帝國胡太后的翻版，有太多的小聰明和太多的小權術，甚至干涉到兒子房帷間的私事。七〇年代一八七四年，載淳僅十九歲，就胡裏胡塗的死掉。載淳沒有兒子，依傳統制度，應該由載淳的異母弟弟載漪，或由載漪的兒子繼位。但在極權政治下，傳統和制度都是爲箝制被統治者而設，不是爲拘束統治者自身而設。那

拉蘭兒堅持立五歲的載湉，因為載湉的母親是那拉蘭兒的妹妹，載湉又只是一個兒童，那拉蘭兒可以長期的握住權力不放。

百日維新和袁世凱的誣陷，使那拉蘭兒認為載湉罪不可逭，守舊派王公大臣對載湉更為怨恨，那拉蘭兒決心把他推下寶座。她知道清政府已不能一意孤行，這件大事必須試探外國的態度。試探的結果是，各國對載湉有很好的印象，強烈反對。那拉蘭兒於是想到謀殺，每天命皇家御醫進宮，給沒有病的載湉診病，一面傳出消息說皇帝的病情沉重。各國公使一致表示關切，各省重要官員也紛紛要求保護皇帝，謀殺念頭只好取消，但陰謀沒有中止。

戊戌政變的明年（一八九九），即本世紀（十九）最後一年，那拉蘭兒宣佈立載漪的兒子溥儁當皇太子（大阿哥），預備採取合法的外貌，把載湉排除。清政府示意各國使節進宮道賀，各國使節根本不理。這不但使那拉蘭兒難堪，也使立即奪取帝位的計畫落空。於是，一批蠢才，包括那拉蘭兒，皇太子之父載漪，以及全體守舊黨，一個個義憤塡膺。而那拉蘭兒又看到轉變為保皇黨的康有為、梁啓超，在日本發表把她攻擊的狗頭噴血的言論，老太婆遂把外國人看作眼中釘，但她束手無策，因為她王朝的軍隊抵擋不住外國人的槍砲。

就在這個時候，她接到報告說，山東省一些稱為「義和拳」的愛國民眾，有一種神奇的法力，用不着變什麼法，改什麼革，只要口中唸唸有詞，洋人的槍砲就不能把自己擊傷。老太婆大喜過望，最困難的問題已經解決，她要向所有的「洋鬼子」——這是代替「夷狄」的新興名詞，作一次總的清算。

義和團最初的名稱是義和拳，屬於白蓮教的一支，事實上就是本世紀（十九）一〇年代一八一三年曾在北京、滑縣發動暴動失敗的天理教的化身。中國自從四〇年代鴉片戰爭以來，一次又一次的巨額賠款，和貿易上（主要的是鴉片）大量入超，再強壯的人都會把血抽乾。加上官員們日趨嚴重的貪污，使國家的財富枯竭，農村殘破。失去土地的農民迅速增加，一個廣大的民變，自六〇年代捻軍平息後，現在再度爆發。但是門戶開放後的國際背景，使他們的目標很容易的轉到外國人身上，直覺的認爲外國人是他們所受災難的唯一根源。

外國傳教士的傳教熱情是可佩的，但來到中國的傳教士中，卻擁有一些癟三無賴之輩，對他們認爲落後地區（事實上確是如此），驕傲侮慢，不可一世，有時候還做他們本國政府的暗探。而一些中國教徒，也不再拜祭祖先，任憑祖先的墳墓荒蕪，都使他們的親族和鄰居怒氣沖天。而且份子複雜，有些更利用傳教士洋人的力量，橫行鄉里，爲非作歹。傳教士袒護教徒，地方官員畏懼洋人，袒護傳教士，傳教士遂往往成爲地方上的惡霸，使鄉民的怨恨更與日俱增。中國人對教會所辦的慈善事業，如育嬰室、醫院，無法了解，就繪影繪聲的歷歷指控教士修女都挖兒童的心肝，吃死人的眼睛。

義和拳本是跟洋人無關的民間組織，但現在瞄準了洋人和中國籍的教徒。他們起初跟那拉蘭兒一樣，對外國同樣的敢怒而不敢言。可是不久他們中間的聰明人就發明了「鐵布衫」「金鐘罩」等祕密武器，一旦唸動咒語，身上就像裹上一層鋼甲，刀槍不入。用簡單的咒語代替艱苦的科學發展，用不傷害既得利益的法術代替革新變法，就可以轉弱爲強，發生奇蹟，這正是腐敗的守舊人士最聽得進去的消息。

山東省省長（巡撫）毓賢是守舊黨中最堅定的滿洲人巨頭，他對義和拳大大的既驚又喜。義和拳不斷的攻擊外國傳教士，等到發現省長並不反對時，他們就進一步的公開殺戮。毓賢下令把「義和拳」改稱「義和團」，使他們在形式上成爲一個正式的民間組織，又爲他們提出「扶清滅洋」口號，以加強他將來向中央政府推薦的可能性。各國對層出不窮的暴行提出抗議，清政府不得不把毓賢召回北京，擢升出賣載湉的袁世凱繼任山東省長。袁世凱的頭腦到底比毓賢稍爲清楚，他禁止義和團濫打濫殺。義和團反抗，袁世凱就用他所統率的新軍鎮壓，把義和團的領袖朱紅燈處決。義和團在山東不能立足，紛紛逃到直隸（河北省）。

毓賢到了北京，向皇太子之父載漪、宰相徐桐、副宰相兼司法部長（協辦大學士刑部尙書）剛毅，保證義和團是天老爺特地派下來的救星，有神靈附體。這一批腦筋化不開的人渣，欣然向那拉蘭兒推薦，老太婆大喜之情，前面已經敍述過了。

一九、東西方世界

——〇〇年代・一八〇三年（白蓮教戰亂第八年），美國人富爾敦發明輪船。

——〇〇年代・一八〇四年（白蓮教戰亂第九年），法國終身執政拿破崙稱帝，法蘭西第一共和終。

——〇〇年代・一八〇六年（陝西寧陝縣兵變），神聖羅馬帝國皇帝法蘭西斯二世宣佈除去帝號，僅稱奧地利國王。神聖羅馬帝國自是消失。

——一〇年代·一八一二年（清政府下令嚴禁滿洲皇族跟漢人通婚），拿破崙進攻俄國，陷莫斯科（明年，法軍潰敗）。

——一〇年代·一八一四年（清政府下令不准建築洋式房屋，商號不准用洋字。捻軍四起），英、普、奧、瑞典，聯軍攻陷巴黎，囚拿破崙於厄爾巴島。法國故王之弟路易十八復辟。

——一〇年代·一八一五年（英國第二次使臣亞墨爾斯抵北京的前一年），拿破崙偷返法國，與聯軍決戰於滑鐵盧，再敗，被流放大西洋聖赫雷那島。

——三〇年代·一八三七年（林則徐在廣州焚燬鴉片前二年），英王威廉四世逝世，侄女維多利亞嗣位（在位六十五年，爲英國大黃金時代）。

——四〇年代·一八四四年（鴉片戰爭結束後第二年），美國人模爾斯發明電報。

——四〇年代·一八四八年（太平天國建立前三年），㈠巴黎發生暴動，法王路易腓力普逃往英國。法國再建共和國（第二共和），選出拿破崙的侄兒路易拿破崙當總統。㈡民主共和的革命思想不可遏止，維也納發生暴動，奧國宰相梅特涅逃往英國。㈢馬克斯、恩格斯發表共產主義宣言。

——五〇年代·一八五二年（太平天國建國第二年），法國總統路易拿破崙稱帝，改名拿破崙三世，法國第二共和亡。

——五〇年代・一八五四年（太平天國建國第四年），克里米亞戰爭爆發，英、法、土耳其向俄國宣戰。英國女子南丁格爾組隊赴前線擔任看護，軍中女護士制度自此建立。

——六〇年代・一八六〇年（太平天國建國第十年）。英法聯軍攻陷北京，焚燒圓明園。中國割烏蘇里江以東三十四萬方公里領土給俄國），美國林肯當選總統，南方十一蓄奴州宣佈獨立，成立美洲聯邦。

——六〇年代・一八六一年（太平天國建國第十一年），美國林肯總統就職，認爲各邦不可自由脫離，命軍隊開入南方，戰爭遂起。史學家稱美國南北戰爭。

——六〇年代・一八六四年（太平天國亡），各國工人代表集會倫敦，組織國際勞工協會（第一國際）。

——六〇年代・一八六五年（太平天國亡後的明年），美國南北戰爭結束，恢復統一，林肯總統遇刺身死。

——七〇年代・一八七〇年（阿古柏可汗統一新疆全境），普法戰爭爆發，法帝拿破崙三世被普軍生擒。巴黎人聞訊，宣佈改爲共和國（第三共和）。

——七〇年代・一八七一年（俄國佔領伊犁），㈠普魯士國王威廉一世在巴黎加冕爲德意志帝國皇帝。㈡巴黎共產黨及社會主義者，成立公社。國民會議派軍鎮壓，公社堅守四十餘日失敗。

——八〇年代・一八八〇年（聖彼得堡條約簽訂前一年），從這一年起，歐洲各國蜂擁入侵非洲，二十年間，瓜分罄盡。

——八〇年代·一八八九年（清帝載湉親政），各國工人代表集會巴黎，組織國際社會主義者勞動聯盟（第二國際）。

——九〇年代·一八九〇年（中日甲午戰爭前四年），法國上尉屈里弗斯冤獄案起，保王黨誣陷他是德國間諜，共和黨力爲他伸雪。

——九〇年代·一八九七年（戊戌政變前一年。德國佔領青島、俄國佔領旅順、大連的前一年），義大利人馬可尼發明無線電報。

第三十三章　第二十世紀

對中國而言，二十世紀是一個驚濤駭浪的大災難世紀，自從紀元前二十七世紀、黃帝王朝建立的那一天起；四千六百年來，所發生事情的總和，都沒有這一百年來所發生的事情那麼多、那麼重大，和那麼嚴重。在本世紀，中國傳統文化和西方文化，發生短兵相接的總體對決，結果中國節節失敗。中國人瘋狂的尋找失敗的原因，於是，中國國土，遂成爲西方文化的實驗場。一百年內，至少發生了下列四件大事：

——推翻清王朝，也結束歷時約五千年之久的專制政治，建立亞洲第一個民主共和國。

——接受西方基督教信仰，建立亞洲第一個基督教王國。

——中國人自己發明了三民主義，建立亞洲第一個高舉主義大旗的帝國。

——接受馬克斯共產主義，建立亞洲第一個共產主義帝國。

這些驚人的跳躍翻騰，使中國人互相殘殺、互相侮辱，得到的不是正面成長，而是無限悲慟。八〇年代之後，國人對傳統文化所以被西方文化擊潰，使國土成爲痛苦大地的原因，開始檢討。不得不承認：二十世紀是中國人蒙羞的世紀，和向人類文明繳白卷的世紀。而展望未來二十一世紀的一百年。中國人的腳步，恐怕更爲艱難。

一、八國聯軍

本世紀（二十）的第一年（一九〇〇），義和團在涿州（河北涿州）、保定（河北保定）一帶，殺害鐵路上工作的外國人，外國使節提出交涉，那拉蘭兒派守舊黨另一巨頭，部長級的北京市長（尚書知順天府）趙舒翹，前往調查。調查的結果在調查之前就已寫好，他歸來後報告說，義和團都是忠義之士，確確實實不畏懼任何槍砲。於是那拉蘭兒命義和團開進北京，親自接見他們的領袖（大師兄）曹福田，曹福田向老太婆保證，他的法術可以把天下所有洋人殺光。直隸（河北省）總督裕祿也迎接女領袖黃蓮聖母到他的官署，下跪叩頭，請求拯救天下蒼生。黃蓮聖母宣稱，她已命令天兵天將降下大火，把外國人全數燒死。皇太子溥儁在頤和園裏，一副義和團裝束，自稱是副領袖（二師兄），誓言掃除那些阻礙他立即登基的洋鬼子。

於是，暴亂如火如荼，不可收拾。北京、直隸（河北省），和稍後任命毓賢當省長（巡撫）的山西省，全陷於義和團的凶殺風暴之中。外國人很少能逃出生命，婦女嬰兒也不能倖免。不僅外國人，凡是信基督教的中國人，以及跟西洋事務有關的中國人，如帶西洋眼鏡、穿洋裝的人，同樣的惡運當頭。跟西洋有關的東西，如洋樓、鐵路、電線，也都被焚燒。暴民在光天化日之下乘機搶劫，遍地大火，一片血腥，義和團、暴民，跟守舊黨則如癡如狂。

各國對這種流血的動亂，十分震驚，駐北京的一些使節紛紛向中國政府要求火速派兵保護。他們還不知道，摧毀使館正是中國政府的主要計畫，他們認為使館是夷狄的巢穴，只要能把使館摧毀，夷狄就會徹底的被斬草除根。就在本年（一九〇〇）五月十五日，日本使館書記官杉山彬到火車站探聽援軍的消息，在中途被宰相榮祿直轄的軍隊（武衛軍）刺死。五月二十四日，德國公使克拉德親自去總理各國事務衙門交涉，在中途被皇太子之父載漪所統率的軍隊（虎神營）射殺。北京對外電報、鐵路等一切交通通訊，都告斷絕，那拉蘭兒認為時機已到，下令正規軍跟義和團聯合進攻集中在東交民巷的各國使館，屠殺洋人，第二天，即五月二十五日，那拉蘭兒下詔向世界所有跟中國有邦交的國家宣戰。

這眞是人類有史以來最荒唐的政治行動。義和團最初的動機是單純的，他們自發的民族感情，直覺的對抗外國人和外國人奴才的中國人。他們沒有受過良好的教育，沒有知識，這從他們所敬奉的神靈，全是封神榜、西遊記、三國演義上的角色，可以看得出來。不幸落到愚昧的大小野心家之手，遂變成可憐可恨、不分靑紅皂白、一味排外的狂熱暴徒，假如他們成功，中國的命運將更悲慘。義和團的罪惡不在義和團，而在利用義和團的守舊黨，守舊黨都是知識份子，他們應該了解刀槍不入是不可能的，至少他們可以加以驗證，教一個義和團唸咒後，用子彈射擊一下他的耳朵試試。在皇太后那拉蘭兒召集的將向全世界宣戰的御前會議上，也有人提出如此建議，但皇太子之父載漪大聲吼叫說：「好的，這正是喪失民心的第一良法。」這一群滿洲人和中華人混合的頑劣權貴，像一窩瞎了眼的豬群，憤怒的撞下萬丈懸崖，凡阻止他們栽下去的人都被當作叛徒。

宣戰日期是本世紀（二十）開始的第一年（一九〇〇）五月二十五日。

世界各國最初都不敢相信自己的耳朵，等到證實眞有這種怪事時，無不嚇了一跳。德國皇帝威廉二世宣稱，他要用對付野蠻人的手段對付中國。於是英國、美國、義大利、德國、法國、日本、奧匈帝國、俄國，共八個國家，組成著名的八國聯軍，在天津大沽港登陸。六月十八日，攻陷天津，向北京推進，去拯救被圍攻的使館。其實各國使館並沒有陷落的危險，他們雖然只有四百人守衛，清政府正規軍跟義和團數萬人進攻，都無法攻破。但義和團系統對外雖沒有力量，對內卻十分凶暴。去年（一八九八）戊戌政變殘留下來的維新黨，跟在御前會議上指出義和團不可靠，主張冷靜，反對暴行的官員，都被處決。他們把排外行動作爲敲詐勒索和報復私仇的手段，隨意的指稱某人信奉天主教，就可殺戮。一個轟轟烈烈的民族自覺運動，到此徹頭徹尾的變了質，北京內外成了恐怖世界。

七月二十日，八國聯軍攻陷北京，距老太婆那拉蘭兒向全世界宣戰，僅五十五天。十數萬赤着背、唸着咒語，瘋狂上陣的義和團，和步履蹣跚，手握着鴉片煙槍的正規軍，同時一潰不可收拾。逃散的義和團被受過騷擾劫掠的農民們捕獲殺掉。八國聯軍進入北京後，採取報復行動，中國人於受過義和團的蹂躪之後，再受洋人的蹂躪。

那拉蘭兒像喪家之犬一樣，帶着載湉逃走，她臨走時還對載湉再作一次打擊，把他最寵愛的一位妃子投到井裏溺死。老太婆逃到西安（陝西西安），急派馬關條約的簽訂人李鴻章，跟親王奕劻，前往北京向八國哀哀乞和。

然而，更大的事情又在東北發生。

當八國聯軍從天津正向北京挺進途中，俄國突然出動大軍向中國東北三省發動大規模的入侵，黑龍江省長（將軍）壽山兵敗自殺。俄軍長驅直入，一連佔領哈爾濱、奉天（遼寧瀋陽），直抵長城的起點山海關，只七十天，俄國便攫取了面積一百一十餘萬方公里的中國領土。

這就是本世紀（二〇）第一年（一九〇〇）中國所發生的變化和所呈現的悲慘景象。李鴻章到了北京後，向八國認罪，請求停止軍事行動，各國的反應冷淡，他們再度密議乘這個機會把中國瓜分。至少有三千萬以上無辜的中國人，家破人亡，痛哭無告，代替愚蠢的清政府承受懲罰。而那拉蘭兒在西安卻冥頑不靈如故，每天照樣快快樂樂的看戲。

——回溯十八世紀準噶爾汗國的故事，它最後一位可汗阿睦爾撒納生下來時，滿身鮮血，民間堅信他是為復仇而來。據說，當十七世紀清王朝的前身後金汗國初崛起時，第一任皇帝努爾哈赤，征服同屬於女真民族的那拉部落，屠殺極為殘酷，那位老酋長死前悲痛的說：「我們縱使只剩下一個女子，也要復仇。」那拉蘭兒正是這位老酋長的後裔，她正在不知不覺中為她的種族，報此三百年前的血海深仇，努爾哈赤的子孫，將被她復仇之手埋葬。

國家圖書館出版品預行編目資料

中國人史綱 / 柏楊作 . -- 二版 . -- 臺北市：
遠流， 2018.05
冊：　　公分 . --（柏楊歷史研究叢書：第1部）

ISBN 978-957-32-8262-4（上冊：平裝）. --
ISBN 978-957-32-8263-1（下冊：平裝）. --
ISBN 978-957-32-8264-8（全套：平裝）

1. 中國史

610　　107004894

柏楊精選集／倚夢閒話

1 玉雕集

《玉雕集》是柏楊最先在報刊寫專欄〔倚夢閒話〕的結集，共二十二篇，後有回應讀者的補充。全書都在寫女人，自頂上之髮，臉之眉、眼、鼻、唇、牙、耳，身體之頸、乳、腰、手、肌膚、腿，以至女人的高跟鞋、玻璃絲襪、口紅等等。每篇寫其情狀，描述女人用心力於其上的辛苦，男人觀感如何，西風東漸與中國文化的交會，以及針對社會價值的誤解，給予適當的澄清。

柏楊敞開心胸，談的詳細，教人仔仔細細地正視，女人的眼耳鼻舌，是大大的學問。他在輕鬆、趣味之中，剝除女性的桎梏。重要的是，從女人的身上進入中國文化與西風東漸的兩相掙扎；由女人，我們看到了社會發展正朝着什麼樣的方向前去。

【倚夢閒話】

1. 玉雕集
2. 怪馬集
3. 堡壘集
4. 聖人集
5. 鳳凰集
6. 紅袖集
7. 立正集
8. 牽腸集
9. 蛇腰集
10. 剝皮集

柏楊精選集／倚夢閒話

2 怪馬集

《怪馬集》共五十七篇，針對社會百態發表議論。內容以現狀爲主，先敍社會現象，指出大眾的崇拜與迷思，剖析其中不合理、不恰當之處。他以人性爲目標，欲破除迷信，比如說：「只要中國的法治精神不立，人民就只好喜歡武俠小說。」傳統文化逐漸成爲柏楊的火力焦點。此外，他又借李宗吾之「厚黑學」——中國官場之心黑臉厚、逢迎做作，仿擬古典語法敍寫今事，不但達到以古諷今的效果，亦同時解構了經典的權威性。

本書特點在於大量「說故事」。借鏡時事、電影以及古今中外典故以作爲議論的基礎。引用得當，使讀者容易了解事件癥結，亦明白作者抨擊的對象爲何。柏楊就在這種嘻笑怒罵的外表下，表現出深惡痛絕的神色。其街閭巷弄式的嘲弄，遂與其嚴肅的心志形成龐大的張力，加強了正義之怒的強度。

【倚夢閒話】

1. 玉雕集
2. 怪馬集
3. 堡壘集
4. 聖人集
5. 鳳凰集
6. 紅袖集
7. 立正集
8. 牽腸集
9. 蛇腰集
10. 剝皮集

3 堡壘集

《堡壘集》共五十二篇。本書主要論述男女婚姻的種種現象與問題。作者以「座右鏡」譬喻現代男女選擇伴侶之要：需充分理解自身的年齡、個性、學識等條件，照照鏡子，「抬頭望明鏡，低頭思條件，然後再去求偶，便聰明得多矣。」並舉「摘麥穗」的故事，以此指出：求偶是「不能回頭」的。又從男女的性情、修養、年歲等，闡論「怨偶」的形成背景，蓋男女雙方需彼此多求長進，各自檢討，「愛情是相對的」，別因一時衝動，盲目了眼睛。

本集的寫作特點在於許多小故事。不論是現實的、歷史的，或是虛構的，輔助說理，使人容易明白，形成了柏楊一貫的寫作藝術。另外，摘去男女在愛情之下偽裝的假面具，透視做作、高姿態、無理的心態與行動，指涉愛情本質的多變與不穩定，妙語如珠，讀來直指人心，讓人拍案叫好。

【倚夢閒話】

1.玉雕集
2.怪馬集
3.堡壘集
4.聖人集
5.鳳凰集
6.紅袖集
7.立正集
8.牽腸集
9.蛇腰集
10.剝皮集

柏楊精選集／倚夢閒話

4 聖人集

《聖人集》共三十五篇。本書主要論述中國人性及官場生態。柏楊面對陰暗的人性，針對醜陋、卑劣，發而爲文。

他又抨擊官場百態：國大代表爭待遇、擺架子，官崽積壓公文、拍馬屁等，於官員嘴臉嘲諷尤烈，並創一「三作牌」的稱號：「君不見警察局門牆上的大標語乎，曰『作之親』，曰『作之君』，曰『作之師』，不是三作是啥？」諷刺警察大人作威作福、崇洋媚外，不替升斗小民服務，反可能「揍你辱你」。作者原訂書名爲「見鬼集」，「見鬼」之稱，和他諷刺官崽的口氣，有相乘的效果。

本書呈現柏楊的另一寫作特色：「反諷」。站在被責備者的那一邊，爲其辯解，甚至補充說明別人辱罵的話，卻是愈描愈「黑」，特別顯見苦澀的趣味。

【倚夢閒話】

1. 玉雕集
2. 怪馬集
3. 堡壘集
4. 聖人集
5. 鳳凰集
6. 紅袖集
7. 立正集
8. 牽腸集
9. 蛇腰集
10. 剝皮集

柏楊精選集／倚夢閒話

5 鳳凰集

《鳳凰集》共三十五篇。本書主要敍述兩大冤案及作者在《梁祝》上演之後的觀感。「兩大冤案」指日本的吉田石松獄案和法國的屈里弗斯冤獄。作者詳細描述兩案經過，在其中，政府官員自以爲「政府就是對的」心態，犧牲了淸白的良心，作者特別指出正義是不可違背的；還有爲蒙冤者申訴的人士，其高尙的勇氣與不畏強權的精神值得我們借鏡。

另外，《梁祝》故事引自「七世夫妻」的傳說，隱含了「爭取婚姻自由，和對黑暗社會的反抗」，這是青年男女在「吃人禮敎」下爭取的喘息空間。作者再一步引申，「……民間最崇拜的七世夫妻，他們都是被迫而起。用自己的終身幸福和生命，向惡勢力挑戰，惡勢力不僅指社會上那些不相干的人，也包括自己的父母」。七世夫妻「向惡勢力挑戰」的精神，與本書前兩大冤案的意義相合，這種無畏的精神正是作者提供給我們的啓示。

【倚夢閒話】

1. 玉雕集
2. 怪馬集
3. 堡壘集
4. 聖人集
5. 鳳凰集
6. 紅袖集
7. 立正集
8. 牽腸集
9. 蛇腰集
10. 剝皮集

柏楊精選集／倚夢閒話

6 紅袖集

【倚夢閒話】

1.玉雕集
2.怪馬集
3.堡壘集
4.聖人集
5.鳳凰集
6.紅袖集
7.立正集
8.牽腸集
9.蛇腰集
10.剝皮集

《紅袖集》一書共三十二篇，為柏楊回應讀者來函所提有關愛情、婚姻諸多疑難雜症而寫的，全書主題從離婚的是非、父母反對兒女交往對象的對策，乃至女人難解、門當戶對的觀念、怕老、嫉妒、老處女等，大體來說不脫男女範疇，因而以「紅袖」為名，在內容上顯然是《玉雕集》、《堡壘集》的延續。

卷首，柏楊即以驢子寓言為鑑，規勸天下男女莫因死守自尊而自鑄悲劇，復翻譯注解〈恆娘〉一文以示婚姻維繫之道。

柏楊廣覽群書，綜觀古今婚姻問題，從古代夫權時代打老婆者、怕老婆者，到今日個人主義抬頭時代驢子性格者，皆以其獨到的見解分析其成因以及消解之道。本書完成時間雖距今已有三十餘年，但一些觀點仍可供時下人間男女參考。

柏楊精選集／倚夢閒話

7 立正集

《立正集》共五十一篇，柏楊自己說書名與內容「風馬牛不相及」，主要談的是新觀念，當然，也談舊觀念不易砍除，以書中討論甚多的「節育」為例，即可見反對人士對新事物的各種質疑。

此外，本集亦針對當時兩件社會新聞，就愛情、泛道德主義、親子倫理等主題，從各當事人立場申論。其中，採取「隔離政策」以斷絕兒女私訂婚姻的對策，在《紅袖集》中固已言明，而本集中對父母插手兒女婚姻的兩大基礎：人生經驗和天下沒有不愛子女的父母，更提出「看走了眼學」及「愛得不得其法」來破解。對愛情和婚姻，柏楊以為，能使它不發生問題，或不讓問題破裂，都是大智大慧，最糟的是：有了問題，反而拿出鐵鎚朝它猛砸。

【倚夢閒話】

1.玉雕集
2.怪馬集
3.堡壘集
4.聖人集
5.鳳凰集
6.紅袖集
7.立正集
8.牽腸集
9.蛇腰集
10.剝皮集

柏楊精選集／倚夢閒話

8 牽腸集

《牽腸集》共四十七篇，延續《紅袖集》的主題再談婚姻和女人。從大男人打老婆演變而為洋式的老婆打老公耳光，所談論的除了「管、教、養、衛」以及「慧麗兼具」的馴夫術之外，逐漸成型的女權思想亦已包含其中。與此相關的，尚有柏楊針對當時社會對「餓死事小，失節事大」此一傳統教條所做的深度思考，以及他站在男性的立場對女子應如何預防和應對性侵擾的看法。

除了女人之外，本集的內容尚有柏楊無處不可讀書的經驗談、生病看病治病的雜談、對人類胡亂發展科技的擔憂、閱讀科幻小說《亞當先生》的心得、胡金銓《龍門客棧》雜談，以及對凌波巡迴演唱的一些觀感等。生活中看似平淡無奇的一些偶發事件，在柏楊詼諧而又充滿機鋒的雜文之筆寫來，仍是充滿了震撼性。

【倚夢閒話】

1. 玉雕集
2. 怪馬集
3. 堡壘集
4. 聖人集
5. 鳳凰集
6. 紅袖集
7. 立正集
8. 牽腸集
9. 蛇腰集
10. 剝皮集

柏楊精選集／倚夢閒話

9 蛇腰集

《蛇腰集》共六十篇，內容以婚姻的平衡（門當戶對）佔相對多數的篇幅。在傳統的家世、財富、朋友的平衡之外，柏楊更提出健康、知識、性格、見解、氣質境界的平衡，避免夫妻雙方產生一頭大一頭小的失衡現象，或可讓大家回頭思考一下該如何在現實生活中經營婚姻。

本集亦關涉其他社會人心的議題。如肥胖，柏楊說胖不損害女人的人格，卻損害女人的美貌，所以認爲女人當克制自己的食慾，努力減肥。又如一位名銜眾多的治癌博士，非僅未醫好病人的癌症，反在治病期間既索取巨額醫藥費，又強求病人家屬連登兩篇廣告讚其醫技，柏楊對他獲得博士學位的「名著」以及豐盛的活動力，皆做了強力的抨擊，對醫術與醫德皆有所討論。

此外，針對文革期間的惡行惡狀亦有一針見血的批判。

【倚夢閒話】

1.玉雕集
2.怪馬集
3.堡壘集
4.聖人集
5.鳳凰集
6.紅袖集
7.立正集
8.牽腸集
9.蛇腰集
10.剝皮集

柏楊精選集／倚夢閒話

10 剝皮集

《剝皮集》共四十一篇，是〔倚夢閒話〕雜文專欄結集的最後一冊。包含過年、剃頭、對聯、官場、保險、交通、婚變等話題，談的很雜，但有一中心主旨：面向中國文化的灰色地帶，想藉由種種生活事項警醒大眾。

本書對於「醬缸文化」仍繼續批判：「醬缸文化往往是沒有原則的，更往往是只對人不對事的，所以醬缸蛆和硫磺蛆，只敢找自以為對方不敢還手的捏，對炸彈是不敢捏的……」柏楊屢以「醬缸」形容傳統文化，實有深意。

本書名為《剝皮集》，柏楊在序中自道：「我敢剝誰的皮？誰的皮又肯笑容滿面的叫我剝哉？要敢也只敢剝我老人家自己的皮，可是我又怎下得狠心剝自己的皮哉！」其為文之用心、寫作的觀點等，也就昭然若揭了。

【倚夢閒話】

1. 玉雕集
2. 怪馬集
3. 堡壘集
4. 聖人集
5. 鳳凰集
6. 紅袖集
7. 立正集
8. 牽腸集
9. 蛇腰集
10. 剝皮集